ちくま学芸文庫

自然権と歴史

レオ・シュトラウス
塚崎 智 石崎嘉彦 訳

Natural Right and History

by

Leo Strauss

Published by The University of Chicago Press, 1953

目次

凡例

一、本書は Leo Strauss, *Natural Right and History*, The University of Chicago Press, 1953. の翻訳である。

二、本文中の記号の使用法は次のとおりである。

(一)「 」は原文中の引用符に対応する。

(二)［ ］で囲んだ部分は原著者のものであるが、〔 〕で囲んだ部分は訳者による補訳である。

(三)〈 〉で囲んだ部分は訳注である。

(四) 原文のイタリック体に対応する部分には、書名の場合を除き傍点を付した。書名の場合には、『 』で表示した。

三、原著の注はすべて脚注であるが、本訳書ではこれを一括して巻末に収載した。

四、本書のドイツ語訳 *Naturrecht und Geschichte*, übersetzt von Horst Boog, K. F. Koehler Verlag, Stuttgart, 1956. を参照して多くの教示を得た。また本書の「序論」「I」「II」については、富沢克・谷川昌幸両氏による邦訳「自然法と歴史」(『同志社法学』一四二・一四三・一四五号、一九七六―七七年)がある。参照して多くの教示を得た。謝意を表する次第である。

序

責任ある統治を論ずる政治哲学は、アメリカの政治学においては、長年にわたってなおざりにされてきた領域である。この期間の特徴は、伝統的に統治＝被統治の関係を判定するさいの基準とされていた自然法を全面的に斥《しりぞ》けたことにある。法律や権利は国家から発出した。民主主義体制においては、多数者の意志が法律を創出し、権利を付与する、と主張された。それ以外には、主権国家を拘束するいかなる法の制約もありえなかった。近年になって、あの二十世紀特有の現象——全体主義体制——が、政治哲学者たちの間に伝統主義的な自然法の教理の研究を復活させ、国家権威の制限を強調させたのだった。

シュトラウス教授のこの著作は、教授のウォールグリーン〈一八七三—一九三九。米国の実業家。薬剤師より身をおこしてドラッグストアチェーンの主となった〉財団講義にもとづくものであるが、自然権哲学の鋭利な分析を展開している。それはある種の現代政治理論に対する批判であり、伝統主義者の観点の基礎的原理を見事に提示したものである。

ウォールグリーン財団理事長
ジェローム・カーウィン

緒言

本書は、私が一九四九年十月シカゴ大学において、チャールズ・R・ウォールグリーン財団の援助のもとに行なった六回の講義に加筆したものである。講義を公刊するに当たっては、できるだけ講義の原形を保とうと努めた。

自然権の問題に関する私の見解をまとめて講述する機会を与えて下さったチャールズ・R・ウォールグリーン財団に対して、とりわけ同財団の理事長ジェローム・G・カーウィン教授に対して、感謝の意を表したい。またウォールグリーン財団の行き届いた事務的配慮に対しても謝意を表したい。

本書のいくつかの節は、そのままの形で、あるいは簡略化された形で、以前に発表されたことがある。第Ⅰ章は *Review of Politics*, October, 1950. において、第Ⅱ章は *Measure*, spring, 1951. において、第Ⅲ章は *Social Research*, March, 1952. において、第Ⅴ章（A）

は *Revue internationale de philosophie*, October, 1950. において、第V章（B）は *Philosophical Review*, October, 1952. において、発表されている。

また *Revue internationale de philosophie* の編集者が寛大にも論文の転載を認容されたことに対しても謝意を申し述べたい。

L・S

一九五二年十月

イリノイ州シカゴにて

ある町にふたりの人があって、ひとりは富み、ひとりは貧しかった。富んでいる人は非常に多くの羊と牛を持っていたが、貧しい人は自分が買った一頭の小さい雌の小羊のほかは何も持っていなかった。彼がそれを育てたので、その小羊は彼および彼の子供たちと共に成長し、彼の食物を食べ、彼の椀から飲み、彼のふところで寝て、彼にとっては娘のようであった。時に、ひとりの旅びとが、その富んでいる人のもとにきたが、自分の羊または牛のうちから一頭を取って、自分の所にきた旅びとのために調理することを惜しみ、その貧しい人の小羊を取って、これを自分の所にきた人のために調理した。

〔サムエル記下第一二章一―四――日本聖書協会訳（一九五五年）による――訳者〕

さてエズレルびとナボテはエズレルにぶどう畑をもっていたが、サマリヤの王アハブの宮殿のかたわらにあったので、アハブはナボテに言った、「あなたのぶどう畑はわたしの家の近くにあるので、わたしに譲って青物畑にさせてください。その代り、わたしはそれよりも良いぶどう畑をあなたにあげましょう。もしお望みならば、その価をお金でさしあげましょう」。ナボテはアハブに言った、「わたしは先祖の嗣業をあなたに譲ることは断じていたしません」。

〔列王記上第二一章一―三――日本聖書協会訳（一九五五年）による――訳者〕

自然権と歴史

序論

私はこの一連のチャールズ・R・ウォールグリーン講義を合衆国独立宣言の一節を引用することから始めるが、このことは〔この講義がウォールグリーン・アメリカ制度研究財団の援助によるという〕きわめて明白な理由からのみならず、他のいくつかの理由からも適切であると考える。その一節は幾度となく引用されてきたが、その重みと崇高さのゆえに、過度の使い慣れからくる軽蔑や、誤った引用から生じる嫌悪感をひき起こすという不面目な結果はまぬがれている。その一節に言う。「我々は、自明の真理として、万人が平等に創造され、創造主によって、一定の奪いがたい天賦の権利を付与され、そのなかに生命、自由および幸福の追求が含まれることを信ずる」と。この命題に献身したアメリカ国民は今や、疑いもなく一つにはこの献身の結果として、地上の諸国民のうちで最も強大かつ繁栄をきわめた国民となっている。ところで成人に達したこの国民は、かつて自らをはぐくみ育てたあの信念を、今もなお心に抱いているだろうか。今もなおあの「真理」を「自明である」と考えているだろうか。およそ一世代前のアメリカの外交官はまだ、「人間の諸権利の自然的および神的根拠は……すべてのアメリカ人にとって自明である」と言うことができた。ほぼ同じころ、一人のドイツ人学者はなお、ドイツ思想と西ヨーロッパならびに合衆国の思想の違いを、次のような言い方で述べることができた。すなわち、西ヨーロッパが今なお自然権に決定的な重要性を置いているのに対して、ドイツにおいては「自然権」や「ヒューマニティー」という言葉そのものが「今やほとんど理解不可能なものとなり……それらの言葉本来の生命と生彩をまったく失ってしまった」というのである。この学者はさらに続けて、ドイツ思想は自然権という観念を放棄しながら、またそれを放棄することを通して「歴史感覚を創出し」、かくしてついには無制限の相対主義にまで行き着いた、と言う(1)。二十七年前のドイツ思想のかなり正確な記述であったものが、今や西洋思想一般についても当てはまるように見える。戦場で打ち負かされ、いわば政治的存在としては抹殺された国民が、自分自身の思想の軛《くびき》を相手方に押しつけることによって、勝者から勝利の最も崇高な果実を奪い取ってしまったという例は、なにもこれが初めてではないだろう。アメリカ国民の思想についてては実際どのようなことが言えるにせよ、たしかに今日のアメリカの社会科学は、一世代前にはなおドイツ思想を特徴づけるものとある種のもっともらしさをもって述べることのできた自然権反対の態度を受け入れるにいたっている。

今なお独立宣言の諸原理を固持している学者でも、その大多数はこれらの諸原理を自然権の表現として解するのでなく、イデオロギーや神話としてではないにしても、一つの理想として解している。現代のアメリカの社会科学は、それがローマ・カトリック系の社会科学でもない限り、すべての人間は進化の過程あるいは神秘的な運命によって種々の衝動や熱望を付与されているが、自然権だけは確実に付与されていない、という命題に自らを献《ささ》げているのである。

それにもかかわらず自然権が必要なことは、今日でも、過去何百年、いやそれどころか何千年にわたってそうだったのと同じく、明白である。自然権を否定することは、あらゆる権利が実定的な権利であるというに等しく、そしてこのことは、何が正しいかはもっぱらさまざまな国の立法者や法廷によって決定されることを意味している。ところが、「不正な」法や「不正な」決定について語ることは明らかに意味のあることであり、ときには必要でさえある。このような判断を下す際の我々の含意は、実定的な権利から独立し、実定的な権利より高次の正・不正の基準、つまり我々がそれを参照して実定的な権利を判定しうる基準が存在するということである。今日多くの人々が抱いている見解では、いま問題にしている基準なるものはせいぜい、我々の社会や我々の「文明」によって取り入れられ、その生活様式や制度の中に具体化された理想にすぎないということになる。しかし、この見解にしたがえば、あらゆる社会は、人喰い人種の社会も文明社会に劣らず、それ自身の理想をもっていて、もし原理が、ある社会に受け入れられているという事実だけで十分に正当化されるのであれば、カニバリズムの原理は文明社会の原理と同様に、擁護しうるもの健全なものとなる。この観点からすれば、カニバリズムの原理もたしかに、端的に悪として斥けることはできなくなる。そして、我々の社会の理想も明らかに変化しつつあるものである以上、我々がカニバリズムの方向への変化を平然と受け入れることのないようにしてくれるのは、もっぱら惰性化し活力をなくした慣習のおかげということになろう。我々の社会の理想より一段と高い基準がなにもないとすれば、我々はその理想から批判的距離をとることが全くできなくなる。しかし我々が自分たちの社会の理想の価値という問題を提起しうるという事実そのものが、次のことを証明している。すなわち、人間のうちには彼が属する社会に完全には隷属してしまうことのない何かがあるということ、したがって我々はそれに照らして我々自身の社会の理想のみならず他のいかなる社会の理想をも判定しうる基準を探究することができるし、またそうしなければならないということである。そのような基準は様々な社会の必要のうちに見出すことはできない。なぜなら社会とその諸部分は、相互に衝突しあう数多くの必要をもつからである。ここに必要の優先順位の問題が生じる。もし我々が、それに照らして真の必要と虚偽の必要とを弁別でき、さらに様々なタイプの真の必要の序列を見分けることのできる基準をもたないなら、この優先順位の問題は合理的な方法で解決することはできない。もし我々が、自然権の知識をもたないなら、社会の衝突しあう必要が提起する問題は解決することができないのである。そこで、自然権の否定は必然的に悲惨な結果に至らざるをえないように思われる。多くの人々によって、いやそればかりか最も声高の自然権反対論者によってさえ悲惨とみなされている諸々の結果が、今日の自然権否定からの帰結であることは明らかである。現代の社会科学は、我々が選びとった一定の目的のための手段に関しては、我々を大いに賢くあるいは利口にしてくれる。しかしそれは、妥当な目的と不当な目的、正しい目的と正しくない目的を区別するに際しては、我々の助けとはなりえないことを自認している。そのような科学は道具的であり、道具以外の何ものでもない。つまりそれは生まれながらにして、現存の権力や利害の侍女なのである。現代の社会科学は、もしそれが――理由は神のみぞ知る――寛大なリベラリズムを論理の一貫性より優先させなくなれば、かつてマキアヴェリが実行したように思われることを実際にやってのけるだろう。すなわち、自由な人民に対してのみならず僭主に対しても、同等の能力と敏速さをもってアドバイスを与えることだろう。(2) 現代の社会科学に従うかぎり、我々は副次的に重要な事柄すべてにおいては賢明でありうるし、また賢明になりうるであろうが、しかし最も重要な点に関しては完全な無知に身を委ねるほかはない。すなわち、我々は自らの選択の究極の原理に関しては、つまり自らの選択の適否に関しては、いかなる知識ももちえない。我々の究極的原理は、我々の恣意的で、したがって盲目的な選好の他には何の支えも持たないことになる。こうして我々は、些事にたずさわる時には正気で冷静でいるのに、重大な問題に出くわすと狂人のごとく一か八かの賭けに打って出る人と、同じ立場に立つことになる。——つまり正気の方は小売りしながら、狂気の方は卸売りという具合なのだ。もし我々の原理が盲目的選好の他に何の支えも持たないとすれば、人がやってみようと思うことは、すべて許されることになろう。現代における自然権の否定は、ニヒリズムに至る。否むしろそれはニヒリズムと同じである。

それにもかかわらず、寛大な自由主義者たちは、この自然権の放棄を平然とどころか、安堵の気持さえもって眺めている。本質的に善なるものや正なるものについての真正の知識など我々には得ることが不可能である以上、我々は善や正についてのすべての意見に寛容であるほかないし、あらゆる選好やあらゆる「文明」を同等に尊重すべきものと認めるほかない——こう彼らは信じているように思われる。つまり、限りない寛容のみが理性に合致するというわけである。しかしこのことは、他の選好に対しても寛容なすべての選好にその合理的ないし自然的権利を承認することに、否定的に表現すれば、すべての非寛容ないし「絶対主義者」の立場を否定もしくは断罪する合理的ないし自然的権利を承認することに立ちいたる。絶対主義者の立場は、それが明白に虚偽の前提、すなわち、人間は何が善であるかを知ることができるという前提に基づいているゆえ、断罪されなければならないというのである。あらゆる「絶対的なもの」を熱心に否定しようとする試みの根底に見られるのは、ある種の自然権の承認、より正確にいえば、唯一必要なことは多様性ないし個別性の尊重だとする、自然権に関する特殊な解釈の承認である。しかし多様性ないし個別性の尊重と自然権の承認のあいだには、一種の緊張関係が存在する。自由主義者たちが、自然権の最もリベラルな解釈によってさえ多様性ないし個別性に対して課せられる絶対的制限に耐えがたくなったとき、彼らは自然権をとるか、それとも個別性の自由な発展をとるか、その間で選択を迫られることになった。彼らは後者を選んだ。そしていったんこの一歩が踏み出されると、寛容も多くの価値ないし理想のうちの一つにすぎなく思われてきて、その反対の非寛容に本質的に優越するものではなくなった。換言すれば、非寛容も尊さにおいては寛容と等価と思われるようになったのである。しかしすべての選好ないし選択が等価的であるということで済ましておくことは、実際には不可能なことである。もし選択順位の不等の原因を、選択の対象である目的間の順位の不等に求めることができないとすれば、選択の行為そのものの間の順位の不等に求めなければならない。そしてこのことは結局次のことを意味する。すなわち、見せかけのもしくは低劣な選択とは区別された真正の選択とは、断固としたあるいはきわめて真剣な決断に他ならないということである。しかしながら、そのような決断は、寛容よりもむしろ非寛容に類縁のものである。自由主義的相対主義はその根を、寛容の自然権的伝統のなかに、すなわち、万人が自分の理解する限りでの幸福を追求する自然権を有するという観念のなかにもつが、それはそれ自体、非寛容の一つの苗床なのである。

ひとたび我々が、自らの行為の原理には盲目的な選択より他に何の支えもないことに気づけば、我々はもはやそのような原理を本気で信じることはない。我々はもはや心底からそのような原理に頼って行為することはできない。我々はもはや責任ある存在として生きることもできなくなる。生きて行くためには、容易に沈黙させられる理性の声を沈黙させなければならない。理性の声が我々に対して告げるのは、我々の原理はそれ自体としてはいかなる他の任意の原理とも同等に善くもあり悪くもあるということだからである。我々が理性を磨けば磨くほど、ニヒリズムを磨くことになり、それだけ社会の忠実な構成員ではなくなる。そしてニヒリズムが不可避的に行き着く実際的帰結は、狂信的蒙昧主義である。

この帰結のきびしい経験が、自然権に対する一般的関心を再燃させることになった。しかしまさにこの事実あればこそ、我々は特別に用心が必要なのである。憤りというのは、善意の悪い相談相手だ。我々の憤りによって明らかになるのは、せいぜいのところ我々が善意のものであるということである。それは我々が正しいことの証明にはならない。狂信的蒙昧主義を嫌悪するあまり、自然権を狂信的蒙昧主義の精神で受け入れるようなことになってはならない。ソクラテスが目指したものを、トラシュマコスの手段と気質で追求する危険をおかさぬよう注意しよう。たしかに、自然権の必要性が重大だからといって、そのことは必ずしもその必要性が満たされうることの証明にはならない。願望は事実とは異なるのである。ある見解が、よく生きるために不可欠であることを証明したからといって、それによって証示されることは、当の見解が有益な神話であるということにすぎないのであって、それが真理であることの証明にはならないのである。有用性と真理とは全く異なった二つの事柄である。理性が我々の社会の理想を乗り越えるよう我々に強いるからといって、この一歩を踏み出すことによって我々が真空状態に直面したり、あるいは非両立的でしかも同等に正当化されうる「自然権」の諸原理の多様性に直面したりする羽目にはならないことを、保証するものではない。問題が重大であるだけに、偏らない理論的で公平な議論が我々に義務として課せられるのである。

自然権の問題は今日では、現実的な知識の事柄であるよりもむしろ想起の事柄である。それゆえ我々は、入り組んだ争点の全体に精通するためには歴史的研究を必要とする。しばらくの間、我々はいわゆる「思想史」の研究者にならねばならない。一般的な見解に反して、このことは公平な取り扱いの難しさを除去するよりは、むしろ加重することになろう。アクトン卿〈一八三四―一九〇二、英国の歴史家〉を引用すれば、「もろもろの思想の系譜を明るみに出す発見にもまして刺激的な発見はない。鋭い定義と仮借ない分析は、社会がその分裂を覆いかくしていたヴェールを取り除き、政治論争を妥協の余地を残さないまでに激烈にし、政治同盟をその効用を奪うまでに根拠の不確かなものとし、社会的・宗教的闘争の全情熱をもって政治を熾烈なものにする」。我々がこの危険を克服しうる道は、怜悧な抑制が激越で盲目的な党派的熱狂に対する唯一の防御策であるような、そういった次元を離れることにしかない。

自然権をめぐる争点は、今日では、党派的忠誠の問題として提示されている。我々の周囲を見まわすと、重装備して厳重に防御を固めた二つの敵対する陣営が存在する。一方は各種の自由主義者によって占められ、他方はトマス・アクィナスのカトリック系およびカトリック系の弟子たちによって占められている。しかし両軍団とも、そしてそれに加うるに、垣根に腰かけて日和見を決めこんだり、ダチョウよろしく砂の中に頭を突っ込んで決して事実を直視しようとしない手合いも、さらに比喩を重ねていえば、みんな同じ舟の中なのである。つまり彼らはすべて現代人である。我々はみな同じ困難にとらえられているのである。自然権はその古典的形態においては目的論的宇宙観と結ばれていた。すべての自然的存在は自然的目的、自然的運命をもっていて、それが、自然的存在にとってはいかなる種類のはたらきが善いものであるかを決定するのである。人間の場合には、こうしたはたらきを見分けるには理性が必要とされる。人間の自然的目的という究極の点に照らして、何が本性的に正しいかは、理性がこれを決定する。目的論的人間観は目的論的宇宙観の一部をなすが、これらは近代自然科学によって破壊されてしまったかにみえる。アリストテレスの観点からすれば、――この問題においてアリストテレス以上にすぐれた判定者であるなどと誰があえて主張できよう――機械論的宇宙観と目的論的宇宙観のあいだの争点は、天、天体、およびそれらの運動の問題が解決される仕方によって決着がつけられる。(3) ところでこの点に関して、そしてそれはアリストテレス自身の観点からすれば決定的な点であったが、争点は非目的論的宇宙観に有利な方向で、決着をみたようである。この重大な決定から二つの相反する結論が導き出されうるであろう。その一方によれば、非目的論的宇宙観は非目的論的な人生観によって徹底されなければならないことになる。しかしこの「自然主義的」解決は重大な困難にさらされる。つまり、人間の目的を単に欲求や衝動によって措定されたものと考えることでは、人間の目的を十全に説明することはできないように思われるからである。そこでもう一方の解決が優勢になった。これは次のことを意味する。すなわち、人々は非目的論的自然科学と目的論的人間科学との、根本的かつ近代に典型的な二元論を受け入れざるをえなくなったということである。これはとりわけ近代におけるトマス・アクィナスの追随者たちがとらざるをえなかった立場であって、この立場はトマス・アクィナス自身の包括的見解のみならずアリストテレスのそれとの決裂をも前提するものである。我々が陥っている根本的ディレンマは、近代自然科学の勝利に起因する。そしてこの基本的問題が解決されるまでは、自然権の問題に対する十全な解決を見出すことはできない。

言うまでもなく、今回の講義ではこのような問題を扱うことはできない。この講義は自然権の問題のうち、社会科学の範囲内で解明されうる局面に限定されなければならないだろう。今日の社会科学は、二つの関連してはいるが異なった根拠にもとづいて自然権を否定する。一つには「歴史」の名において、また一つには「事実」と「価値」の区別の名において、自然権を否定するのである。

I　自然権と歴史的アプローチ

歴史の名においてなされる自然権への攻撃は、大抵の場合、次のようなかたちをとる。すなわち、自然権は人間理性によって識別され普遍的に承認される権利であることを主張するが、しかし歴史（人類学も含めて）の教えによれば、そのような権利は存在せず、想定されている一様性のかわりに我々が見出すのは、権利や正義についての無限に多様な観念である。換言すれば、正義の不変の原理が存在しなければ自然権は存在しえないわけだが、歴史は、正義の原理はすべて変転することを示しているではないか、というのである。この議論がまったくの的外れであることに気づくまでは、歴史の名による自然権への攻撃の意味を理解することはできない。まず第一に、「全人類の同意」など決して自然権が存在するための必要条件ではない。現に自然権の最も偉大な教師たちの幾人かは次のように論じてきた。すなわち、もし自然権がまさしく理性的であるとすれば、自然権の発見は理性の発展を前提とするのであり、したがって自然権が普遍的に知られるということにはならないだろう、つまり、未開人の間では自然権に関する真の知識など期待されるべくもない、というのである。(1) 換言すれば、ある場所またはある時期に否定されたことのないような正義の原理など存在しないことを証明したからといって、当の否定が正当であったとか合理的であったということを証明したことにはならないのである。さらに、時代が異なり国家が異なれば、正義の観念もさまざまであることは、常に知られてきたことである。現代の研究者たちがさらに多くの正義の観念を発見したからといって、その発見が何らかの仕方で基本的争点に影響を及ぼしているなどという主張は馬鹿げている。とりわけ、正・不正の観念の無限の多様性についての知識は、自然権の観念そのものと両立不可能であるどころか、その観念が出現するための不可欠の条件なのである。正の観念の多様性を知ることは、まさに自然権の探究への誘因そのものである。歴史の名による自然権の否定が何らかの意義をもとうとすれば、それは歴史的証拠以外の基礎をもたねばならない。その基礎は、自然権の可能性の、あるいはその認識可能性の哲学的批判――何らかの仕方で「歴史」と結ばれた批判――でなければならない。

正の観念の多様性から自然権の非存在へと推断することは、政治哲学それ自体とともに古い。政治哲学は、正の観念の多様性が自然権の非存在を、あるいはすべての権利の人為的性格を証明しているという主張とともに始まるように思われる。(2) 我々はこの見解を「コンヴェンショナリズム」と呼ぶことにする。歴史の名による現代の自然権否定の意味を明らかにするためには、我々はまず、一方のコンヴェンショナリズムと他方の十九世紀および二十世紀思想特有の「歴史感覚」ないし「歴史意識」との間の種的差異を把握しなければならない。(3)

コンヴェンショナリズムは、自然と人為の区別があらゆる区別のうちで最も基本的であると前提していた。それは、自然が人為的なものや社会の命令とは比較にならぬほど高い尊厳を有すること、つまり自然が規範であることを意味していた。権利と正義が人為的であるという命題は、権利と正義が自然のうちに基礎をもたないこと、それらが究極的には自然に反するものであること、そしてそれらが明示的にせよ暗示的にせよ共同社会の恣意的決定に根拠をもつことを意味していた。つまり、それらはある種の合意の他には基礎をもたないのであり、そして合意は平和を生み出すことはあっても、真理を生み出すことはできないのである。他方、近代の歴史的見解の支持者たちは、自然が規範であるという前提を神秘的だとしてしりぞけ、自然が人間のいかなる作為より高い尊厳を有するという前提を認めない。それとは反対に彼らは、人間と、人間の変転する正義の観念をも含めた作為を、他のすべての実在物と同等に自然的と考えるか、さもなければ彼らは、自然の領域と自由あるいは歴史の領域との根本的二元論を主張する。そして後者の場合彼らは、人間の世界、人間的創造の世界が自然をはるかに越えた上位にあることを、暗に意味しているのである。したがって彼らは、正・不正の観念が基本的に恣意的なものだとは考えない。彼らはそれらの観念の起因するところを見出そうとし、それらの多様性と順序を明らかにしようと努める。それらの観念の由来を自由の行為にまで跡づけながら、彼らは自由と恣意性との根本的相違を主張する。

古代の見解と近代の見解の相違は何を意味するのだろうか。コンヴェンショナリズムは古代哲学の一特殊形態である。コンヴェンショナリズムと、たとえばプラトンのとった立場との間には、明らかに深い相違がある。しかし古代の論敵たちは、最も基本的な点に関しては一致していて、両者とも自然と人為の区別が基本的であることは認めている。それというのも、この区別は哲学の観念そのもののうちに含まれているからである。哲学することは洞窟から太陽の光の方へと、すなわち真理の方へと上昇することを意味している。洞窟は知識と対立する意見の世界である。意見は本質的に変易する。意見が社会の命令によって安定させられなければ、人間は生きて行くこと、すなわち共に生きて行くことができない。意見はかくして権威的意見となる。すなわち、公的ドグマあるいは世界観となる。そこで、哲学することは、公的ドグマから本質的に私的な知識へと上昇することを意味する。公的ドグマは本来、全体包括的な真理や永遠の秩序の問題に答えるには不十分な試みである。[4] 永遠の秩序に関する不十分な見解は、永遠の秩序の観点からすれば、いずれも偶然的ないし恣意的である。不十分な見解はその妥当性を、その内在的な真理性にではなく、社会の命令すなわち人為に仰いでいる。したがってコンヴェンショナリズムの基本的前提にあるのは、哲学とは永遠なるものを把握せんとする試みであるとする考えに他ならない。自然権に対する近代の反対者たちは、まさにこの考えを否定する。彼らによれば、人間の思想はすべて歴史的であり、したがっていかなる永遠なるものも決して把握できないのである。古代人にしたがえば、哲学することは洞窟から立ち去ることを意味するのに対し、我々の同時代人によれば、哲学することはすべて本質的に、「歴史的世界」、「文化」、「文明」、「世界観」、すなわちプラトンが洞窟と呼んだところのものに属することになる。我々はこの見解を「歴史主義」と呼ぶことにする。

我々は先に、現在なされている歴史の名による自然権の否定が、歴史的証拠に基づくのではなく、自然権の可能性や認識可能性の哲学的批判に基づいていることを指摘した。我々は今や、いま述べた哲学的批判が特殊的に自然権や道徳原理一般の批判にとどまらないことを指摘したい。それは人間思想それ自体の批判なのである。とはいえ、自然権の批判は歴史主義の形成において重要な役割を演じたのである。

歴史主義は十九世紀に、永遠的なるものの認識、あるいは少なくともその予見は可能であるという信念に守られて出現した。しかしそれは、幼年期にそれを庇護してくれた信念を、次第に掘りくずしていった。歴史主義は我々の時代に突如として成熟した形で姿を現わした。歴史主義の生成は十分には理解されていない。我々の知識の現段階では、それ以前のすべての哲学において優勢であった「非歴史的」アプローチとの決定的な決裂が、近代の発展のどの時点で生じたかを言うことは困難である。おおよその見当をつけるという目的のためには、それ以前には隠れていた動きが表面化し、社会科学を公然と支配し始めたその時期からスタートするのが便利である。その時期とは、歴史学派出現の時期である。

歴史学派を導いた思想は、純粋に理論的性格のものからは程遠いものであった。歴史学派はフランス革命とその大変動を準備した自然権理論への反動として現われた。過去との暴力的断絶に反対して歴史学派が強調したことは、叡知であり、伝統的秩序を保持し存続させることの必要性であった。このことは、何も自然権そのものを批判せずともなしえたであろう。たしかに前近代的自然権は、既成の秩序、すなわち、今ここに現存するものを否定して、自然的ないし合理的秩序に無謀にも訴えるというようなことを許してはいなかった。しかし歴史学派の創始者たちは、何らかの普遍的あるいは抽象的原理を受け入れるならば、こと思想に関する限り、必ずや革命的で攪乱的な不安定要因となること、そしてこの効果は、一般的にいって、当の原理が保守的な行動方針を是認するか革命的な行動方針を是認するかに全くかかわりないことに、ともかくも気づいていたように思われる。それというのも、普遍的原理を承認することは、既成の秩序、すなわち、今ここに現存するものを、自然的ないし合理的秩序に照らして判定するよう人を仕向けるからであり、今ここに現存するものは、普遍的で不易の規範におそらく及びそうにないからである。(5) かくして普遍的原理を承認することは、運命によってあてがわれた社会秩序に対して、人々がそれを心底からわが物としたり、それを受け入れたりすることを、妨げることになりやすい。それは人々を地上における居場所から疎外し、彼らを異邦人に、地上によるべなき異邦人にさえしてしまいかねない。

普遍的規範の存在ではないにせよ、その意義を否定することによって、歴史学派の創始者たる卓越した保守主義者たちは、実際のところ、彼らの論敵たちの革命的な努力を継続し、尖鋭化しさえしたのである。論敵たちの努力はある特殊な自然観念によって鼓舞されていた。その自然観念は、不自然ないし人為的なものと超自然ないし彼岸的なものの両方に対せられた。革命家たちは、自然的なものはつねに個別的であり、したがって斉一的なものは不自然ないし人為的である、と想定していたと言ってよい。個々の人間は、たんなる自分の幸福ではなく、自らがそうだと解するかぎりでの自分自身の幸福を追求しうるためにこそ、解放されるべきであり、また自らを解放すべきであった。しかしながら、このことは一つの普遍的で斉一的な目標が万人のために設定されていること、すなわち、各個人の自然権は人間たるかぎりでの人間すべてに一様に属している権利であることを意味していた。しかし斉一性は不自然であり、したがって悪であるといわれた。個々人の自然的多様性と完全に一致するかたちで権利を個別化することは、明らかに不可能であった。社会生活と両立不可能でなくしかも斉一的でもない唯一の種類の権利は、「歴史的」権利、たとえば人間の権利と対比されるイギリス人の権利であった。場所的で時間的な多様性が、反社会的個人主義と不自然な普遍性の間に、安全で確固たる中間的地盤を提供するように思われた。歴史学派が正義観念の場所的で時間的な多様を発見したというのではない。明白なことは発見されるまでもないことだからである。我々が言いうることは、せいぜい、歴史学派が場所的で時間的なものの価値、魅力、本質を発見したということ、あるいは、場所的で時間的なものの普遍的なものに対する優越性を発見したということである。歴史学派はルソーのような人間の傾向を極端化して、場所的なもの時間的なものが普遍的なものより高い価値をもつことを主張したと言えば、一層慎重な言い廻しをしたことになろう。その結果、普遍的であると称するものも、ついには、何か場所的にそして時間的に限定されたものから派生したもの、消滅状態にある（*in statu evanescendi*）場所的で時間的なるものとして現われた。たとえば、ストア派の自然法理論は、ある特定の場所的社会のある特定の時間的状態——つまりギリシア都市〈シュトラウスは city と city state を区別しているため、本書では city を「都市国家」とはせず、「都市」と訳す〉の解体の単なる反映として現われたということになろう。

革命家たちの努力は、一切の彼岸的なもの、(6) あるいは超越的なものに対して向けられた。超越とは何も啓示宗教の領分のことだけではない。きわめて重要な意味において、それは、自然的政治秩序すなわち最善の政治秩序の探究としての政治哲学の本来の意味のうちに含まれていた。プラトンやアリストテレスが理解した最善の政治体制は、おおかた、今ここに現存するものとは異なった、あるいは一切の現実的秩序を越えたものであり、またそうあることを意図していた。最善の政治秩序の超越性に関するこの見解は、十八世紀における「進歩」の理解の仕方によって著しく修正されたが、しかしなお、その十八世紀的観念のなかに保存されていた。そうでなければ、フランス革命の理論家たちは、既存のすべての、あるいはほとんどすべての社会秩序を断罪することはできなかったであろう。歴史学派は、普遍的規範の存在を否定するのではないにせよ、その意義を否定することによって、現実的なるものを超越せんとする一切の努力の唯一堅固なる基盤を破壊してしまった。したがって、歴史主義は、十八世紀のフランス・ラディカリズム以上に極端な近代的現世主義の一形態であると言うことができる。たしかに歴史主義は、「この世」に人々を完全に安住させることを目指しているかのように振る舞っていた。普遍的原理はいずれも、少なくとも大多数の人間を、潜在的に故郷喪失の状態に陥れるという理由で、歴史主義は歴史的原理を称揚して普遍的原理を貶《おとし》めた。歴史主義は次のことを信念としていた。その過去、その遺産、その歴史状況を理解することによって、人々は次のような原理、すなわち、昔の歴史主義以前の政治哲学の原理が主張したのと同程度に客観的で、しかも抽象的でも普遍的でもなく、したがって賢明な行動や真に人間的な生活に対して害を及ぼすことなく、具体的かつ個別的であるような原理——特定の時代、特定の国民に適合的な原理、特定の時代、特定の国民に相対的な原理に到達できるであろう、と信じていた。

歴史学派は、客観的でありつつ特定の歴史状況に相対的な基準を発見しようとするなかで、歴史研究に、それが以前に有していたよりずっと大きな重要性を与えた。しかしながら、歴史研究から我々は何を期待しうるかについて歴史学派が抱いていた考えそのものは、歴史研究から得られたものではなく、十八世紀の自然権の教理から直接また間接に由来した仮定の結果であった。歴史学派は民族精神の存在を仮定した。すなわち、国民あるいは民族が自然的単位であると仮定したり、歴史的進化の一般法則の存在を仮定したり、あるいはまたこの二つの仮定を結合したりした。歴史研究に決定的な推進力を与えたそのような仮定と、真正の歴史的理解の要件ならびに帰結との間には、矛盾があることがやがて明らかになった。これらの仮定が放棄されたその時期に、歴史主義の幼年期は終わりを告げるにいたった。

歴史主義は今や実証主義の一特殊形態として立ち現われるにいたった。すなわち、それは神学と形而上学が完全に実証科学によって取って代わられたと考え、実在についての真正の知識を経験科学の提供する知識と同一視する学派の、一特殊形態として現われたのである。本来の実証主義は、「経験的」ということを、自然科学の手法に即して定義していた。しかし歴史的主題が本来の実証主義によって取り扱われる仕方と、実際に経験的手法をとる歴史家によって取り扱われる仕方との間には、歴然たる相違が存在した。まさに経験的知識のためには、自然科学の方法は歴史研究にとって権威あるものと考えられるべきではない、と主張することが必要になった。それに加えて、「科学的」心理学や社会学が人間について語らなければならなかったことは、大歴史家から学びうることに比べれば、取るに足りない貧弱なものであることが分かってきた。かくして歴史は、真に人間的なものについての、人間としての人間についての、つまり人間の偉大と悲惨についての、唯一の経験的で、したがって唯一の確固たる知識を与えるものと考えられた。すべての人間的探究は、人間から出発して人間に立ち戻るのであるから、人間性の経験的研究は実在的なものに関する他のいかなる研究よりも一段と高い尊厳を要求してしかるべきように思われた。歴史——一切のいかがわしいあるいは形而上学的な仮定と絶縁した歴史——が最高の権威となったのである。

しかし、歴史は歴史学派が提示した約束をまったく守ることができないことが判明した。歴史学派は普遍的あるいは抽象的原理の信用を失墜させることに成功していたし、歴史研究こそが個別的あるいは具体的基準を明らかにするものであると考えていた。しかし公平な歴史家は、歴史からはいかなる規範をも導き出せないことを告白しなければならなかった。こうして客観的規範は何も残らなくなった。歴史学派は、個別的あるいは歴史的基準が権威をもつようになりうるのは、それがある普遍的原理、すなわち、個人の形成にあずかった伝統や状況が示唆する基準に対して、当人がこれを受け入れたり、敬意をはらったりするよう義務づけるところの普遍的原理に基づく場合にかぎる、という事実を曖昧にしてしまった。しかるに普遍的原理というものが、すべての歴史的基準、あるいはすべての勝利を得た大義の受け入れを、認めるというわけではないであろう。すなわち、伝統に順応したり、「未来の波」に跳び乗ったりすることは、尊崇されてきたものを焼却したり、「歴史の趨勢」に抵抗したりすることに比べて、明らかにましだというわけでもなければ、いつでもましだというわけでもないのである。かくして歴史そのものによって示唆される一切の基準は、根本的に曖昧であり、したがって基準とみなされるにふさわしくないことが明らかになった。公平な歴史家にとって「歴史過程」は、人間が行ない、生み出し、考えたものによって、つまり掛値なしの偶然にすぎぬものによって織りなされた無意味な織物——白痴によって語られた物語として現われた。歴史的基準、この無意味な過程によって差し出された基準は、その過程の背後にある神聖な力によって聖化されるべきことをもはや主張することはできない。唯一残された基準はといえば、純粋に主観的性格のものであって、個人の自由な選択の他には何らの支えも持たない基準であった。それ以来、善き選択と悪しき選択との区別を認める客観的基準はなくなってしまった。歴史主義はニヒリズムに達する。人間を完全にこの世に安住させようとした試みは、人間を完全に故郷喪失の状態に陥れることで終わったのである。

「歴史過程」が無意味な織物であるとか、「歴史過程」のごときものはそもそも存在しないというような見解は、なにも目新しいものではない。それは基本的に古代の見解であった。各方面からのかなりの反対にもかかわらず、その見解は十八世紀になっても依然、力をもっていた。歴史主義が到達したニヒリスティックな結果は、歴史主義以前の一層古い見解への回帰を示唆しえたはずである。しかし歴史主義の実際的主張、すなわち、それは過去の歴史主義以前の思想が与えたのよりも一段とすぐれて確固たる人生の指針を与えうるという主張が明白な失敗に終わっても、歴史主義の成果だと称される理論的洞察の威光は消滅しなかった。歴史主義とその実際的な失敗によってもたらされた風潮は、人間そのものの真の状況についての――それ以前の人間が普遍的で不易の原理を信奉することによって自ら見えなくしてきた状況についての、未曾有の経験として解釈された。それ以前の見解に反して、歴史主義者たちは、歴史研究から生まれる人間観に、決定的な重要性を与えつづけた。歴史研究としての歴史研究がとりわけ、そして何よりもまずかかわるのは、恒常不変で普遍的なものではなく、変転する個別的なものである。歴史そのものが我々に示すのは、思想と信念の恥ずかしいばかりの多様性、とりわけ、人間がいだく思想と信念のすべては過ぎ去るという、気のめいるような光景である。歴史はまた、すべての人間の思想は独自の歴史的文脈に依存するが、この文脈そのものは多少とも異なった先行の文脈に後続していて、この先行する文脈から根本的に予知できない仕方で現われること、つまり、人間の思想の基礎は予知できない経験あるいは決定によって置かれていることを、示しているように思われる。すべての人間の思想が特定の歴史状況に属するものである以上、人間の思想はすべてそれが属する状況とともに消滅していかざるをえず、新たな予知できない思想によって取って代わられねばならない。

歴史主義者の主張は、今日では、歴史的証拠によって十分に支持されたものとして、あるいは、明白な事実を表現するものとしてさえ、まかり通っている。しかし、その事実がそれほどまでに明白だとすれば、どうしてそれが過去の最も思慮ぶかい人々の注意をまぬがれえたのか、理解するのに困難である。歴史的証拠に関していえば、それは歴史主義者の主張を支えるには明らかに不十分である。歴史は我々に、ある見解がすべての人々によって、あるいはすべての有能な人々によって、あるいはおそらく最も声高の人々によって棄てられ、他の見解が受け入れられた次第を教えてくれる。しかし歴史は、その変化が正しかったかどうか、否定された見解は否定されるに値したかどうかを、我々に教えてはくれない。ただ当の見解の公平な分析のみが――当の見解の支持者たちの勝利に目をうばわれたり、その敗北に茫然自失したりすることのない分析のみが、その見解の価値に関して、したがってまたその歴史的変化の意味に関して、何ごとかを我々に教えうるであろう。歴史主義者の主張が何か確固たるものを持とうとするならば、その主張は歴史にではなく、哲学に基づかなければならない。すなわち、あらゆる人間の思想は究極的には気まぐれで暗い運命に依存していて、人間としての人間に理解可能な明白な原理に依存するのではないことを証明する、哲学的分析に基づかなければならない。その哲学的分析の第一の基層をなすのは、理論的形而上学および哲学的倫理学ないし自然権の不可能性を証明すると称する「理性批判」である。厳密にいえばあらゆる形而上学的および倫理学的見解は支持しがたいこと、すなわち、それらが端的に真理であるとする主張に関しては支持しがたいということが、ひとたび仮定されうるならば、それらの見解の歴史的命運は必然的にそれ相応に定まったことになろう。そこで、様々な時代における様々な形而上学的および倫理学的見解の盛行の原因を、それが盛んであった時代にまでさかのぼって追求することが、きわめて重要ではないにせよ、もっともな課題となる。しかしこのことによって、実証科学の権威がゆさぶられるわけではない。歴史主義の根底に横たわる哲学的分析の第二の層は、実証科学が形而上学的基礎に依存していることの証明である。

哲学的・科学的思想に対するこのような哲学的批判――それはヒュームとカントの努力の継承である――は、それ自体をとってみれば、懐疑主義にいたるものであろう。しかし懐疑主義と歴史主義はまったく異なる二つのものである。懐疑主義は原理上、自らを人間思想とともに古くからあるものとするのに対し、歴史主義は自らを特定の歴史状況に属するものとみなす。懐疑主義者にとって、一切の主張は不確実であり、したがって本質的に恣意的であるのに対して、歴史主義者にとって、様々な時代、様々な文明において支配的な主張は恣意的であるどころではない。歴史主義は、非懐疑主義的伝統から、すなわち、人間の知識の限界を確定しようと試み、したがって一定の範囲内では真正の知識が可能なことを認めた、あの近代の伝統から派生している。歴史主義はあらゆる懐疑主義とは対比的に、少なくとも部分的には、人間思想の批判に、つまり、いわゆる「歴史の経験」の明確化を要求するような批判に基づいている。

我々の時代の人間で相当の知識をもつ人ならば、いかなる過去の思想家の教えをも、それがまるごと端的に真理であるとは考えないであろう。それぞれの場合に経験の示すところでは、その教えの創始者は当然視してはならないものを当然視するかと思えば、後の時代に発見されたある種の事実や可能性を知らない。今までのところ、あらゆる思想は決定的な点において根本的修正が必要なこと、つまり、決定的な点において不完全ないし制約があることが明らかになっている。さらに過去を振り返れば、一方向における思想の進歩はすべて、他の点における思想の退歩を代償にしてあがなわれたものであることが認められるように思われる。つまり、ある制約が思想の進歩によって克服される場合、以前の重要な洞察はその進歩の結果としてきまって忘れられるということである。その場合全体として見れば、進歩はなかったのであり、あるタイプの制約から他のタイプの制約への変化があったに過ぎないのである。最後に我々は、以前の思想の最も重要な制約は、以前の思想家たちのいかなる努力によっても到底克服されえなかった性質のものであったことに、気づくように思う。他の事情はさておき、特定の制約の克服に向かう思想的努力はいずれも、他の点での目配りに欠けることになるものである。今まできまって起こったことは、将来も繰り返し起こるであろうと想定することは、理にかなったことである。人間の思想は本質的に制約されており、その制約たるや歴史状況の相違に応じて異なっていて、しかも、ある一時期の思想を特徴づけるほどの制約は、いかなる人間的努力によっても克服されえないといった有り様である。それ以前に獲得された全知識の意味を根本的に改変するような、全く予想だにしなかった驚くべき物の見方の変化は、これまで常にあったし、これからも常にあるだろう。全体についての見解、とりわけ人生の全体についての見解は、いかなるものも究極のものであるとか、普遍的妥当性をもつとか主張することはできない。一切の教理は、それがいかに究極的なものにみえようとも、早晩他の教理に取って代わられるであろう。かつての思想家たちの著作を我々がいかに細心の注意を払って研究しようとも、我々には全く近づけず、近づけるようになることさえできない洞察を、彼らが有していたことを疑う理由はなにもない。我々のもつ制約が、そのような洞察の可能性を我々が想定してみることさえ妨げているからである。人間の思想のもつ制約は本質的に認識不可能なものであるゆえ、その制約を、社会的、経済的、その他の条件によって、すなわち、認識可能なあるいは分析可能な現象によって考えても、意味をなさないのである。つまり、人間の思想の制約なるものは、運命によって設定されているというわけである。

歴史主義者の議論にはある種のもっともらしさがあるが、それは過去における独断論の優勢ということから容易に説明がつく。「我々は偉人たちが知らなかったことを全部知っている学士たちをもっている」[7]というヴォルテールの苦情を、我々が忘れることは許されない。それはさておき、第一級の思想家の多くは、彼らが多くの重要な点において決定版とみなした全体包括的な教理——根本的修正の必要なことがいつも明らかになる教理を提出してきた。それゆえ、我々は歴史主義を、独断論に対する我々の闘いの同盟者として歓迎しなければならない。しかし、独断論——すなわち、「我々の思考の目的地を我々が思考に倦むに至った地点と同一視する」[8]傾向——は、人間にとってきわめて自然であるゆえ、過去にのみ固有の事柄とは思えない。歴史主義は独断論が我々の時代に現われるときに、好んで身にまとう偽装ではないかと、疑ってみるよう強いられる。我々には、いわゆる「歴史の経験」なるものも、その歴史が、必然的進歩（すなわち、過去の思想へ回帰することの不可能性）への信念と、多様性ないし独自性（すなわち、あらゆる時代や文明の同等の権利）の至高の価値に対する信念との、複合的影響のもとに見られるにいたった場合には、思想史の鳥瞰図となるように思われる。徹底した歴史主義は、そのような信念をいささかも必要とはしないようである。しかしそれは、自らが引き合いに出した「経験」なるものが、そのような問題の多い信念の結果でないのかどうかを、いまだかつて吟味したことはないのである。

歴史の「経験」について語るときの人々の含意では、この「経験」とは歴史的知識から生まれるがそれに還元できない包括的洞察のことである。それというのも、歴史的知識はいつでもきわめて断片的であり、またしばしば非常に不確実であるのに対して、経験と称されるものはおそらく全体包括的で確実なものだからである。しかし、経験と称されるものが究極的には多くの歴史的観察に基づいていることは、ほとんど疑いを容れない。そこで問題は、これらの歴史的観察から次のように主張する権限が与えられるかということである。すなわち、新しい重要な洞察の獲得はそれに先立つ重要な洞察の忘却にいたるということ、また、先行する思想家たちは後の時代に関心の中心となった基本的可能性に考えを及ぼすことはどうしてもできなかっただろうということを、主張する権限が与えられるかという問題である。たとえば、アリストテレスは奴隷制の不正について考え及ばなかったと言うのは、明らかに間違いである。彼は事実それを考えていたからである。しかしながら、アリストテレスは世界国家については考え及ばなかった、と言うことはできよう。しかし、それはなぜだろうか。世界国家は、アリストテレスが夢想だにしえなかったテクノロジーの発展を前提とする。そしてそのテクノロジーの発展の方は、それはそれで、科学が本質的に「自然の征服」に奉仕するものとみなされ、テクノロジーがいかなる道徳的・政治的監督からも解放されることを必要としていた。アリストテレスが世界国家に思い及ばなかったのは、科学が本質的に理論的なものであり、テクノロジーの道徳的・政治的規制からの解放は悲惨な結果に至るであろうことを、彼が絶対的に確信していたからである。テクノロジーの無制限で無規制の進歩にともなう科学と技術の融合は、普遍的で永続的な僭主支配をさし迫った可能性と化してしまうというわけだ。アリストテレスの見解——すなわち、科学は本質的に理論的なものであるのかどうか、テクノロジーの進歩は厳格な道徳的・政治的規制を必要とするのかどうかという問題に対する彼の解答——はすでに論駁されていると言うのは、ただ軽率な人だけだろう。ところで、アリストテレスの解答についてどのように考えようとも、彼が解答を与えた当の基本的問題は、今日の我々の切実な関心をひく基本的問題とたしかに同じものである。このことを認めることによって同時に我々は、アリストテレスの基本的問題を時代遅れとみなした時代こそ、何が基本的論点であるかについての明晰な意識を完全に欠落させていたことに気づくのである。

歴史は、歴史主義者の推論を正当化するどころか、むしろ次のことを証明するように思われる。すなわち、あらゆる人間思想、そして確実にあらゆる哲学思想は、同一の基本的テーマないし同一の基本的問題にかかわっていること、したがって事実および原理についての人間の知識がどのように変化しようとも存続する枠組みが存在するということである。この推論は明らかに次の事実と、すなわち、これらの問題についての明晰な自覚、それらへのアプローチ、それらに対して提出された解答が、思想家ごと時代ごとに多かれ少なかれ異なるという事実と、両立可能なものである。もし基本的問題があらゆる歴史的変化のなかにおいて存続するものならば、人間の思想はその歴史的制約を超えることができ、超歴史的な何ものかを把握することができる。これらの問題の解決をはかるあらゆる試みが失敗に終わることが運命づけられており、しかもそれらの試みの失敗は「あらゆる」人間思想の「歴史性」のゆえに運命づけられていることが、たとえ事実だとしても、そのことに変わりはないであろう。

ここで止まってしまえば、自然権の主張を望みのないものとみなすに等しいだろう。もし人間が権利について知りうることはと言えばせいぜい権利の問題だけでしかないとすれば、あるいは、もし正義の原理の問題が相互に排除しあう多様な解答を許し、それらの解答のいずれもが他の解答に優越するものであることが証明されえないとすれば、自然権は存在しえない。もし人間の思想が、その本質的な不完全性にもかかわらず、正義の諸原理の問題を真正な仕方で、したがって普遍的に妥当する仕方で解決できないとすれば、自然権は存在しえない。より一般的に表現すれば、もしも人間の思想が、ある限定された領域内で真正の普遍的に妥当する最終的知識、あるいは特殊的主題についての真正の知識を、獲得することができないとすれば、自然権は存在しえないのである。歴史主義とてこの知識の獲得可能性は否定できない。それというのも、歴史主義自身の主張がこの可能性の承認を含んでいるからである。歴史主義は、あらゆる人間思想、あるいは少なくとも当面の問題に関連するあらゆる人間思想が歴史的であると主張することによって、人間思想は、将来のいかなる意外な出来事によっても何ら影響されることのないきわめて重要な普遍的に妥当する洞察を、獲得しうることを認めているのである。この歴史主義者の主張は、一つの孤立した主張ではない。それは人間的生の本質的構造についての見解と不可分のものである。そしてこの見解は、すべての自然権理論と同一の超歴史的性格ないし主張をもつのである。

そこで歴史主義者の命題は明白な困難にさらされるが、その困難はより精密な性格の考察によっても解決されることはできず、ただ回避あるいは隠蔽されうるだけである。歴史主義は、人間の思想や信念はすべて歴史的であり、したがって当然消滅する運命にあると主張するが、歴史主義そのものが一個の人間思想である。したがって、歴史主義は一時的な妥当性しかもちえず、端的に真なるものではありえないのである。歴史主義者の命題を主張することはそれを疑うことを意味し、したがってそれを超えることを意味する。実際、歴史主義は、一個の永続的真理、あらゆる思想あらゆる時代に妥当する真理を明るみに出した、と主張している。思想というものはこれまでどれほど変化し、これからどれほど変化しようとも、つねに歴史的であることに変わりはないであろう、というのである。あらゆる人間思想の本質的性格、ひいては人間性の本質的性格ないし限界についての決定的洞察という点に関していえば、歴史はその終極に達した。歴史主義もやがては歴史主義の否定によって取って代わられるかもしれないという予想に、歴史主義者が動じる気配はない。そのような変化は、人間思想を最も強力な妄想へと退行させるに等しいことを、彼が確信しているからである。歴史主義は、あらゆる人間思想に対して自らが下した判定から首尾一貫性をおかして自らを除外するという事実のうえに、栄えている。歴史主義者の命題は、自己矛盾的であり不合理である。我々は、歴史を超越することなしには、超歴史的な何ものかを把握することなしには、「あらゆる」思想の歴史的性格——すなわち、歴史主義者の洞察とその含意を除外したあらゆる思想の歴史的性格——を見てとることはできないのである。

もし我々が根本的に歴史的なあらゆる思想を、「包括的世界観」あるいはそのような世界観の一部と呼ぶとすれば、我々は次のように言わなければならない。すなわち、歴史主義はそれ自体何ら包括的世界観ではなく、あらゆる包括的世界観の分析であり、あらゆるそのような世界観の本質的性格の説明である、と。すべての包括的見解の相対性を承認する思想は、ある包括的見解の魔力のもとにある思想やその見解を取り入れている思想とは異なる性格をもつ。前者は絶対的で中立的であるが、後者は相対的でコミットしている。前者は歴史を超えた理論的洞察であるが、後者は運命的配剤の結果なのである。

徹底した歴史主義者は、歴史主義者の命題の超歴史的性格を認めることを拒否する。同時に彼は、無条件の歴史主義が一個の理論的命題としては不合理であることを認める。それゆえ彼は、様々な包括的見解や「歴史的世界」や「文化」についての、それ自体超歴史的な理論的ないし客観的分析の可能性を否定する。この否定は、一個の理論的見解であることを標榜していた十九世紀歴史主義に対するニーチェの攻撃によって、決定的に準備された。ニーチェによれば、一切の包括的見解の相対性を認識し、そのことによってそれらの価値を低下させるような人間的生の理論的分析は、人間的生そのものを不可能にするだろう。なぜなら、それは生や文化や活動がその中でのみ可能である庇護的雰囲気を破壊すると思われるからである。それに加えて、理論的分析はその基盤を生の外側にもつのだから、それは生を決して理解できないであろう。生の理論的分析はコミットすることがなく、しかもコミットメントに対して致命的であるのに、生はそもそもコミットメントを意味するのである。生の危機を回避するために、ニーチェは次の二つの方法のうちの一方を選ぶことができた。すなわち、彼は生の理論的分析の厳密に秘教的な性格を強調すること——つまり、プラトンの気高い作り話〈『国家』四一四B—四一五C参照〉という考えを復活させること——ができたか、あるいはそうでなければ、理論そのものの可能性を否定して、思想を本質的に生ないし運命に従属あるいは依存するものとして考えることができたであろう。ニーチェその人ではないにせよ、ともかくも彼の後継者たちは、第二の選択肢を採用したのであった(9)。

徹底した歴史主義の命題は、次のように述べることができる。すなわち、あらゆる理解、あらゆる知識は、それがいかに限定的で「科学的」であるにせよ、一つの準拠体系を前提している。すなわち、その中で理解や認識が成立する一つの地平、一つの包括的見解を前提している。そのような包括的ヴィジョンによってのみ、一切の見ること、観察すること、方向づけることが、可能になる。この全体についての包括的見解は、それがまさにすべての推論の基礎であるゆえ、推論によって妥当性を与えられることはありえない。したがって、そのような包括的見解も様々のものが存在することになり、しかも各々の見解が他に劣らず正当ということになり、我々は何らの合理的手引きなしに、その一つの見解を選ばなければならなくなる。一つを選ぶことが絶対に必要であり、中立や判断保留は不可能である。我々の選択はそれ自身の他には何の支えも持たず、いかなる客観的ないし理論的確実性によっても支えられていない。我々の選択が虚無、すなわち意味の完《まった》き不在から区別されるのは、我々がまさにそれを選択しているということによってにほかならない。厳密に言えば、我々は様々な見解の中から選択できるというのではない。単一の包括的見解が運命によって我々に押しつけられるのであって、我々のすべての理解や方向づけが行なわれる地平は、個々の人間および彼の所属する社会の運命によって生み出されるのである。あらゆる人間思想は、運命に、すなわち、思想が支配できず、またそのはたらきを予測することもできない何ものかに依存している。しかし運命によって生み出された地平を支えるものは、究極的には個人の選択である。というのも、当の運命は個人によって受け入れられなければならないからである。運命によって押しつけられた世界観および基準を苦悩のうちに選びとるか、それとも虚妄の安全あるいは絶望のうちに自己を見失うかは自由であるという意味において、我々は自由である。

そこで徹底した歴史主義者は次のように主張する。すなわち、それ自体コミットし、「歴史的」である思想はその姿をあらわすと主張し、そしてとりわけ、それ自体コミットし、「歴史的」である思想に対してのみ、他のコミットし、「歴史的」である思想に対してのみ、あらゆる真正の思想の「歴史性」の真の意味があらわになると主張する。その歴史主義者の命題は、コミットすることなく超然とした思想のレヴェルでは、その本性上十分には表現することのできない基本的経験を表現している。その経験の明証性は、そのような経験を表現する際にいつでも不可避的にまつわる論理的困難によって、たしかに曇らされはするが、全く損なわれるわけではない。自らの基本的経験を考慮しつつ、徹底した歴史主義者は、歴史主義者の命題の決定的な、そしてその意味において超歴史的な性格が、その命題の内容を疑わしいものとすることを否定する。あらゆる思想の歴史的性格についての決定的で取り消しのきかない洞察は、その洞察が人間としての人間に、したがって原理的にはあらゆる時代に到達可能である場合にのみ、歴史を超越するであろう。しかし、その洞察が本質的にある特定の歴史状況に属する場合には、それは歴史を超越しない。それは特定の歴史状況に属する。そしてそのような状況は、歴史主義者の洞察の条件であるのみならず、その源泉でもあるのである。[10]

すべての自然権の教理は、正義の基本原理が原理的には人間そのものにとって到達可能なものであると主張する。それゆえ自然権の教理は、最も重要な真理が原理的には人間そのものにとって到達可能なことを、前提しているのである。徹底した歴史主義は、この前提を否定して、次のように主張する。すなわち、すべての人間思想の本質的限界への基本的洞察は人間そのものには到達不可能であり、換言すれば、そのような洞察は人間思想の進歩や労働の結果えられるものではなく、測りがたい運命の予見できぬ賜物である、と。思想が本質的に運命に依存することが、まさにいま理解され、以前には理解されなかったことも、運命のしからしむるところである。歴史主義も運命に依存している点では、他のあらゆる思想と共通している。それが他のあらゆる思想と異なるのは、それが運命のおかげで、思想の運命への根底的依存性に気づくようになった点にある。後の世代の者に対して運命がどのような驚くべきことを用意しているかを、我々は全く知らないし、運命はこれまでに啓示したことを、将来ふたたび覆いかくすこともありうる。しかし、そうだからと言って、啓示されたことの真理性が損なわれることはない。あらゆる思想の歴史的性格を理解するために、人は歴史を超越する必要はない。歴史の過程のなかには特権的瞬間、絶対的瞬間、あらゆる思想の本質的性格が透見される瞬間というものが存在する。歴史主義は自己自身の判定から自らを除外することにおいて、ただ歴史的現実の性格を反映していること、事実に対して忠実であることを主張しているにすぎない。歴史主義の命題の自己矛盾的性格は、その責めを歴史主義にでなく現実に帰されるべきものである。

歴史の中に絶対的瞬間を仮定することは、歴史主義にとって本質的なことである。この点において、歴史主義は、ヘーゲルによって古典的な仕方で立てられた先例を、ひそかに踏襲している。ヘーゲルは、あらゆる哲学はその時代の精神の概念的表現であると教え、しかも、彼自身の時代に絶対的性格を帰属させることによって、彼自身の哲学体系の絶対的真理を主張した。彼は、彼自身の時代が歴史の終極であり、したがって絶対的瞬間であると仮定したのである。歴史主義は、歴史の終極が到来したなどということは表向きには否定するが、暗黙のうちにはそれと正反対のことを主張する。すなわち、将来起こりうるいかなる方向転換も、正当な仕方では、思想の運命への不可避的依存ならびに人間的生の本質的性格に対する決定的洞察を疑わしいものにすることはできない。つまり、決定的な点に関して、歴史すなわち思想の歴史の終極が到来したというのである。しかし人は、絶対的瞬間に生活し思考すると、単純に仮定することはできないのであり、その絶対的瞬間なるものはいかにしてそれと認められうるのかを、何らかの仕方で示さなければならないのである。ヘーゲルにしたがえば、絶対的瞬間とは、哲学すなわち知恵の探求が知恵へと転換する瞬間、換言すれば根本的な謎が完全に解決される瞬間のことである。しかしながら、歴史主義の存立は、理論的形而上学および哲学的倫理学ないし自然権の可能性の否定にかかっている。すなわち、それは根本的な謎の解決可能性の否定にかかっている。それゆえ、歴史主義によれば、絶対的瞬間とは、根本的な謎の解決不可能という性格が完全に明らかとなった瞬間、すなわち、人間精神の根本的妄想が払い去られた瞬間でなければならない。

しかし人は、この根本的な謎の解決不可能という性格を認めつつも、これらの謎を理解することのうちに哲学の任務を見続けることもできよう。この場合、人は非歴史主義的・独断論的哲学を非歴史主義的・懐疑論的哲学によって置き換えるにすぎないことになろう。歴史主義は懐疑主義をこえて進む。歴史主義は次のことを仮定している。つまり語の完全かつ本来的な意味における哲学、すなわち、全体についての意見を全体についての知識に置き換える試みは、その目標に到達不可能であるのみならず不合理である、と仮定しているのである。その理由は、哲学という観念そのものが、独断論的つまり恣意的な前提に、より特殊化して言えば、ただ「歴史的で相対的」であるにすぎない前提に、依存しているからである。それというのも、哲学つまり意見を知識によって置き換える試みそのものが、単なる意見に基づくのであれば、哲学は明らかに不合理だからである。

哲学そのものの独断論的で恣意的な性格、あるいは歴史相対的性格を確証しようとする最も有力な試みは、以下の線にそって進められる。哲学、すなわち、全体についての意見を全体についての知識によって置き換えようとする試みは、全体が可知的であり知解可能であることを前提する。この前提は、それ自体における全体が、知解可能なかぎりでの全体、客体となりうるかぎりでの全体と同一視される、という帰結にいたる。つまり、この前提は、「在ること」と「知解可能なこと」ないし「客体」の同一視にいたる。客体、すなわち、認識主体の客体となりえない一切のものの独断論的無視、あるいは主体によって支配されえない一切のものの独断論的無視にいたるのである。さらに、全体は可知的であるとか知解可能であると言うことは、全体は恒常的構造を有するとか全体そのものは不変であり常に同一であると言うのと、同じことである。もしこれが事実だとすれば、全体が未来の任意の時期にどのようであるかを予言することは、原理上可能である。全体の未来は思想によって予見されうるのである。いま述べた前提は、最高の意味において「在ること」を「常に在ること」と独断論的に同一視することにその根拠をもつと言われる。詳しく言えば、哲学の理解する「在ること」は、最高の意味における「在ること」は「常に在ること」を意味するのでなければならない、という意味での「在ること」であるという事実に、その根拠をもっていると言われる。哲学の基本的前提の独断論的性格は、歴史の発見によって、あるいは人間的生の「歴史性」の発見によって、あらわにされたと言われる。その発見の意味は次のようないくつかの命題によって表わすことができる。全体と称されるものは実際にはつねに不完全であり、それゆえ真に全体なのではない。全体はその未来を予見できない仕方で本質的に変化している。それ自体における全体は決して把握できないし、知解可能でない。人間思想は、予見できない何かに、決して客体となりえない何かに、決して主体によって支配されない何かに、本質的に依存している。最高の意味での

「在ること」は、「常に在ること」を意味することはできない——あるいは少なくとも必ず意味するとはかぎらない。

我々にはこれらの命題を論じようと試みることさえできない。我々は以下の考察のみにとどめて、それらから離れなければならない。徹底した歴史主義は、自然権の観念そのものが、語の完全かつ本来的な意味における哲学の可能性を前提しているという事実の意味を、我々が理解するよう強いる。同時にまた、哲学によってその妥当性が想定されている最も原理的な前提を、偏見なく再検討することの必要を、我々が理解するようにも強いる。これらの前提の妥当性という問題は、多かれ少なかれ持続的な哲学の伝統を取り入れたり、それに固執したりすることによって片付けられうるものではない。というのは、自らの上にきらびやかな大建造物を建てることによってその貧弱な基盤を覆い隠すのが、伝統の本質だからである。哲学の最も原理的な前提の偏見なき再検討など、所詮はアカデミックで歴史的な事柄にすぎないという、そうした印象を生み出すようなことは、一切言われるべきでないし、なされるべきでもない。しかしながら、そのような再検討が加えられぬうちは、自然権の問題は一個の未解決の問題でありつづけるほかない。

それというのも、我々は、自然権の問題が歴史主義によって最終的に解決されたと仮定することはできないからである。「歴史の経験」およびそれほど曖昧ではないが人間的事柄の複雑さの経験にしても、自然権が存在するという哲学的論点の根底に存する正・不正に関する単純な経験のもつ明証性を、曇らせはしても、払拭することはできない。歴史主義は、これらの経験を無視するか曲解するかのいずれかである。さらに言えば、歴史主義を確立しようとする最も徹底した試みは、次の主張において頂点に達した。すなわち、およそ人間が存在しないと仮定した場合には、「存在者」(*entia*)はありうるが「存在」(*esse*)はありえぬ、つまり、「存在」はなくとも、「存在者」はありうる、という主張においてである。この主張と、最高の意味での「在ること」は「常に在ること」を意味するという見解の否定との間には、明白な連関がある。そのうえ、歴史主義が過去の思想を理解する仕方と、過去の思想の真正の理解との間には、歴然たる対比が常に存在した。歴史的客観性の否定すべくもない可能性は、あらゆる形態の歴史主義によって、公然たると隠然たるとを問わず否定されている。とりわけ、初期の(理論的)歴史主義から徹底した(「実存主義的」)歴史主義へと移行していくなかで、「歴史の経験」は批判的分析の洗礼をうけたことはなかった。「歴史の経験」は真正の経験であって、経験についての一つの問題の多い解釈ではないことが、当然視されていた。現実に経験されたことは、それとは全く異なった、そしておそらく一層適切な解釈の余地を残しているのではないか、という問題は提起されなかった。とくに、正義の問題のような基本的問題が、その妥当性の一時的否定によっていかに曖昧にされようとも、それらの問題に対するあらゆる人間的解決がいかに移ろいやすく暫定的なものであろうとも、あらゆる歴史的変化の中にあって存続し、己れの同一性を保持するという見解を、「歴史の経験」が疑わしいものにしたわけではない。これらの基本的問題を問題として把握することによって、人間精神は自らを歴史的制約から解放する。哲学とは、我々が無知であることの知であるという、根源的なソクラテス的意味での哲学を正当化するのに、これ以上なにも必要ではない。すなわちそれは、我々が何を知らないかの知であり、基本的問題の自覚であるとともに、それらの解決に関して人間の思惟とともに古くから考えられてきた基本的選択肢についての意識なのである。

歴史主義と非歴史主義的哲学との間の争点が決着をみないかぎり、自然権の存在はもとよりその可能性さえ未解決の問題にとどまるほかないとすれば、我々の焦眉の急は、その争点を理解することである。その争点は、それが歴史主義の観点から提起される仕方においてのみ見られるならば、理解されない。それは非歴史主義的観点から提起される仕方においても見られなければならない。このことは、あらゆる実際上の目的のためには、歴史主義の問題を、非歴史主義的思想の純粋形態である古代哲学の観点からまず考察しなければならないことを意味している。我々の焦眉の急は、古代哲学を、それが歴史主義の基盤の上に現われるような仕方においてでなく、それが自らを理解したまさにそのとおりに、我々が理解することを可能にするような歴史研究によってのみ、応えられうる。我々にはまず第一に、非歴史主義的哲学の非歴史主義的理解が必要である。しかしそれに劣らず、歴史主義の非歴史主義的理解、すなわち、歴史主義の正しさを当然視することなく歴史主義の起源を理解することも必要である。

歴史主義の仮定するところでは、近代人の歴史への回帰は、古代思想が見落としていた実在の次元、すなわち、歴史的次元の予感、そしてついにはその発見を意味するものであった。もしこのことを認めるならば、結局のところ極端な歴史主義に至らざるをえないだろう。しかし、歴史主義を当然視できないとすれば、十九世紀に一つの発見としてもてはやされたものは、実は一つの虚構、すなわち、これまでも常に知られ、しかも「歴史意識」の出現以前にはそれ以後よりもはるかに適切に解釈されてきた現象の、一つの恣意的な解釈ではなかったか、という問題が避けられなくなる。我々は、歴史の「発見」と称されるものが、実は、きわめて問題の多い前提を根拠としてのみ生起しうるような問題への、一つの作為的で当座しのぎの解決法ではなかったか、という問題を提起しなければならない。

私は以下のようなアプローチの方向を示唆しておく。「歴史」は、各時代を通して第一義的には、政治史を意味した。したがって、歴史の「発見」と称されるものは、哲学一般の仕事ではなく、政治哲学の仕事である。歴史学派の出現を導いたものは、十八世紀政治哲学に固有の苦境であった。十八世紀の政治哲学は、自然権の教理であった。それは自然権の特殊な解釈、すなわち、その特殊近代的な解釈において成り立っていた。歴史主義は、近代自然権の危機の究極的帰結である。近代自然権ないし近代政治哲学の危機が、哲学そのものの危機となりえたのは、ひとえに近代においては哲学そのものが徹頭徹尾政治化されたからである。元来、哲学は永遠の秩序への人間的探究であった。そのゆえに哲学は、人間の霊感と希求との純粋な源泉でありつづけた。十七世紀以来、哲学は一個の武器、したがって一個の道具となってしまった。この哲学の政治化こそ、知識人の裏切りを告発する一知識人によって、我々の困難の根源として認められた当のものであった。しかしながら、彼は、知識人と哲学者の間の本質的相違を無視するという、致命的誤りをおかした。この点で彼は、自ら告発した迷妄に欺かれるお人好しであるにとどまった。それというのも、哲学の政治化というのはまさに次の点、すなわち、知識人と哲学者の相違――かつて一方では、ジェントルマンと哲学者の相違として、他方では、ソフィストあるいは修辞家と哲学者の相違として知られた相違が曖昧にされ、ついには消え去るという点において成り立つのだからである。

II　事実と価値の区別と自然権

歴史主義者の主張は、つまるところ、語の完《まった》き意味での哲学は不可能であるから自然権も不可能だ、ということに帰着する。哲学が可能であるのは、歴史的に変化する地平ないし洞窟とは対比的な絶対的地平あるいは自然的地平が存在する場合に限られる。換言すれば、哲学が可能なのは、人間が全体者についての知ないし完全な理解を獲得できないまでも、自分が知らないものが何かを自覚できる場合、すなわち、おおよそ人間の思惟とともに古くから存続する基本的諸問題ならびに基本的な選択肢を把握することができる場合に限られるのである。しかし、哲学が可能だとしても、そのことは、自然権成立の必要条件でしかなく、十分条件ではない。哲学が可能であるためには、基本的諸問題がつねに同一であれば、それ以上のことは必要でないが、しかし、自然権は、政治哲学の基本問題が最終的な仕方で解決されえない限り、存立しないのである。

もし哲学一般が可能ならば、その特殊領域たる政治哲学も可能である。政治哲学は、もし一時的ないし偶然的な選択肢の根底に存する基本的な政治的選択肢が理解されることができれば、ともかく成立可能である。しかし政治哲学は、それが基本的な政治的選択肢の理解にとどまるならば、何らの実践的価値も持たないことになる。何が賢明な行為の究極目標であるかという問いに答えることができないであろうし、決定的な決断は盲目的選択に委ねなければならなくなるであろう。プラトンからヘーゲルに至るまで綺羅星のごとく並ぶ政治哲学者たち、それに自然権論者たちのすべては、政治上の基本的問題の最終的解決は可能であると想定していた。この想定はつまるところ、人はいかに生きるべきかという問いに対するソクラテスの答えに基づいている。我々が最も重要な事柄について無知であることを自覚することによって、我々は同時に、我々にとって最も重要なことあるいは唯一必要なことは、最も重要な事柄についての知の探究あるいは知恵の探究であることを、自覚するのである。この結論が少なからぬ政治的帰結をもたらしたことは、プラトンの『国家』やアリストテレスの『政治学』の読者には周知のことである。たしかに知恵の探究が首尾よく行なわれた挙句、知恵は唯一必要なものではないという結論に至らないとも限らない。しかし、このような結論も、それが知恵の探究につとめた結果であるという事実があればこそ、適切性を持ちうるであろう。理性を否認するにしても、その否認自体、理性的な否認でなければならない。ところで、このような可能性がソクラテスの解答の妥当性そのものにどう影響したかはさておき、ソクラテス派の解答と反ソクラテス派の解答との間には永続的な対立があって、この対立が、ソクラテス派の解答も反対者側の解答も共に恣意的であるという印象、あるいはこの永続的対立は解消不可能であるという印象を、生み出している。したがって今日の多くの社会科学者たちは、彼らが歴史主義者でなく、基本的な不変の選択肢の存在を認めている場合でも、人間理性がこれらの選択肢間の対立を解決できるとは考えていないのである。そこで今日自然権が退けられるときの理由は、すべての人間思想は歴史的であると考えられていることによるのみならず、また正や善に関する不変の原理といっても、相互に対立しあう多種多様な原理が存在していて、その中のいずれの原理も他の原理より優れていると証明されえないことにもよるのである。

実質的には、これがマックス・ウェーバーによってとられた立場である。以下の我々の議論は、ウェーバーの見解の批判的分析にもっぱら当てられることになろう。ウェーバー以後、彼に比肩しうるほどの知性と精励、それにほとんど狂信的ともいえる打ち込み方で、社会科学の基本問題に取り組んだ者はいない。彼が何らかの誤りを犯していたにせよ、彼は二十世紀最大の社会科学者なのである。

ウェーバーは歴史学派の弟子を自認しており(1)、歴史主義にきわめて近い立場にあった。彼が歴史主義に対して付した留保は本心からのものでなく、彼の一般的思考傾向とも一致しないという見解には、強力な弁護論が成り立ちうる。彼が歴史学派と訣別したのは、歴史学派が自然的規範、すなわち普遍的でかつ客観的な規範を拒否したからではなく、それが特殊的かつ歴史的でありながら客観的である基準の確立を目指していたからである。彼が歴史学派に反対したのは、それが自然権の観念を曇らせたからではなく、それが自然権を全面的に拒否する代わりに、歴史的な偽装の下にその温存をはかったからである。歴史学派は、すべての真正の権利は民族的性格をもつと主張したり、すべての真正の権利の来歴を民族独自の精神に求めたり、さらには人類の歴史を有意味な過程であるとか叡知的必然性によって支配された過程であると仮定することによって、自然権に歴史的性格を付与していた。ウェーバーはこれらの仮定を、形而上学的であるとして、すなわち、実在するものは理性的であるとする独断論的前提に基づくものとして、拒否した。ウェーバーは、実在的なものはいつでも個別的であると想定したので、歴史学派の前提を述べるのにも、個別者は一般者ないし全体者からの流出である、と言い表わすことができた。しかしながら、ウェーバーによれば、個別的ないし部分的現象は、他の個別的ないし部分的現象の結果としてのみ理解されうるのであって、民族精神といった全体的なものの結果であるとは決して考えられないのである。歴史的あるいは特殊的現象を、それらの由来を一般法則や唯一の全体者にまで辿ることによって説明しようとするのは、歴史的行為者を動かす神秘的で分析不可能な諸力の存在を、理由もなしに想定することに等しい[2]。歴史には「主観的」意味、つまり歴史的行為者を動かした意図とは別に、ことさら「意味」があるわけではない。しかしこれらの意図は限られた力しかもたず、現実の結果は大抵の場合まったく意図されなかったものである。しかもこの現実の結果――歴史的運命――は神や人間によって計画されたものではないが、我々の生き方のみならず我々の思想そのものをも作りあげ、またとりわけ我々の理想までも決定するのである。[3] しかしながらウェーバーは、依然として科学の理念にあまりにも強くとらえられていたために、歴史主義を無条件に受け入れることはできなかった。実際、彼が歴史学派と歴史主義一般に反対した主要な動機は、彼の世代間に行きわたっていた経験科学の理念への信仰であった、と言いたくなる。科学そのものはすべて世界観からは独立のものであり、自然科学も社会科学もともに、西洋人にも中国人にも、つまり「世界観」を根本的に異にする人々に対して等しく妥当性を主張する、という事実を彼に強調させたものは、まさに科学の理念であった。近代科学の歴史的生成――それが西洋起源のものであるという事実――は、それの妥当性にとっては全く無関係のことである。それにまたウェーバーは、近代科学が自然界と社会に関するそれ以前のいかなる思考方法よりも絶対的に優れていることを、いささかも疑わなかった。その優越性は論理の規則に照らして客観的に確立されうるというのである。[4] しかしながらウェーバーの考えの中に、特に社会科学に関して、次のような困難が生じてきた。社会科学はそれが真なる諸命題の体系であるかぎり、客観的・普遍的妥当性をもつ、と彼は主張した。しかしこれらの真なる命題は、社会科学の一部でしかない。それらは科学的探究の結果であり、設問に対する解答である。ところで我々が社会現象にさし向ける問いは、我々の関心の方向ないし我々の観点に基づいており、この我々の関心の方向や観点はまた、我々の価値観念に基づいている。しかし、この価値観念は、歴史的に相対的である。したがって社会科学の実体は根本的に歴史的ということになる。それというのも、社会科学の概念枠組み全体を規定するのは、価値観念と関心の方向だからである。それゆえ、「自然的な準拠体系」について語ったり、基本概念の究極的体系を期待したりしても無意味である。準拠体系はすべて一時的なものである。社会科学によって用いられるあらゆる概念機構は基本的諸問題を分節化するものであるが、これらの諸問題は、社会的・文化的状況の変化につれて変化してしまうのである。社会科学は必然的に現在の観点からする社会の理解なのである。歴史を超えるものといえば、ただ事実および事実の原因に関する調査結果だけである。もう少し正確に言えば、超歴史的なものは、これらの調査結果の妥当性である。しかし、調査結果の重要性や意義は、いずれの場合も価値観念に依存するのであり、したがって歴史的に変化する原理に基づくことになる。究極的には、このことはあらゆる科学に当てはまる。すべての科学は、科学が価値あるものであることを前提しているが、しかしこの前提そのものは特定の文化の産物であり、したがって歴史的に相対的なものだからである。(5) しかしながら、具体的で歴史的な価値観念は、無限の多様性をもちながらも、超歴史的性格をもつ要素を含んでいる。すなわち、究極的価値というものは論理の諸原理と同じく超時間的である。そしてこの超時間的価値を認めるという点が、ウェーバーの立場を歴史主義から最も明確に区別するものである。歴史主義というよりも、むしろ超時間的価値についての独特の観念が、彼が自然権を拒否する根拠となっている。[6]

ウェーバーは、彼の理解する「価値」が何であるかについては、全く説明していない。彼は主として価値の事実に対する関係に関心を向けた。事実と価値とが絶対的に異質のものであることは、事実の問題と価値の問題とが絶対的に異質であることから直接的に示されるとおりである。事実の価値的性格に関する結論を単なる事実から導出することはできないし、またある事柄の価値や望ましさからその事実的性格を推論することもできない。ある一定の社会秩序が歴史過程の目標であることを証明したとしても、その秩序の価値や望ましさについては何も言ったことにはならない。また、ある宗教的あるいは倫理的観念が非常に大きな影響力を持ったとか全然持たなかったとかを示したとしても、それらの観念の価値については何も語ったことにはならない。事実的あるいは可能的評価を理解することは、その評価を是認したり容認したりすることとは全く別のことなのである。ウェーバーは、事実と価値の絶対的異質性が社会科学の倫理的に中立的な性格を必然的に要求する、と主張した。社会科学は事実およびその原因の問題には答えることができるが、価値の問題に答える能力はないのである。彼は社会科学における価値の役割を非常に強調し、社会科学の対象は「価値への関係」によって構成されると考えた。そのような「関係」がなければ、関心の焦点も、テーマの合理的選択も、重要な事実とそうでない事実を区別する原理も、存在しないことになろう。「価値への関係」によってはじめて、社会科学の対象が事実の大海あるいは泥沼の中から浮び上がってくるのである。しかしウェーバーは、「価値への関係」と「価値判断」との根本的相違をも、同様に強調している。たとえば、ある事柄が政治的自由の観点からして重要であると言ったとしても、政治的自由に賛成あるいは反対の立場をとったことにはならない。社会科学者は、「価値への関係」によって構成された対象を、評価することはしない。彼はただそれらの対象を原因にまでさかのぼることによって説明するだけである。社会科学が関係し、行為する人間が選択の対象とするもろもろの価値は、解明を必要とする。この解明こそは社会哲学の任務である。しかしその社会哲学といえども、決定的な価値問題を解決することはできない。自己矛盾的でないような価値判断を批判することはできないのである。[7]

ウェーバーは、彼の「価値自由的」あるいは倫理的に中立的な社会科学という概念は、彼があらゆる対立の中で最も根本的とみなしているもの、すなわち、存在と当為との対立、実在と規範ないし価値との対立によって、十分に正当化される、と論じた。[8] しかし存在と当為との根本的異質性から、価値評価を行なう社会科学の不可能を推断することは、明らかに妥当でない。正・不正、当為、真の価値体系についての真正の知識を、我々が持っていると仮定しよう。その知識は経験科学から導き出されたものではないのに、当然すべての経験的社会科学を導くことができ、すべての経験的社会科学の基礎となるはずである。それというのも、社会科学である以上、実践的価値を持つべきだからである。社会科学は与えられた目的に対する手段を発見しようとする。そのためにはその目的を理解しなければならない。目的が「与えられる」のは手段とは異なった仕方においてであるかどうかはともかくとして、目的と手段とは一体のものであり、したがって「目的は手段と同じ学問に属する」(9)。もし目的についての真正の知識というものがあるなら、その知識はおのずと手段に関するすべての探究を導くであろう。したがってウェーバーのように、目的についての知識は社会哲学に委ね、手段の探究はそれとは独立の社会科学にまかせるというのには、何の理由もないであろう。真の目的についての真正の知識に基づいて、社会科学はこれらの目的に適切な手段を求めるであろう。そして政策についての客観的で特殊的な価値判断に至るであろう。社会科学は、実際の政策決定者のための単なるデータ提供者というよりはむしろ、構築的とまでは言わないが、真の政策決定的科学となるであろう。したがってウェーバーが社会哲学および社会科学の倫理的中立性を主張したのは、彼が存在と当為の根本的対立を信じていたことにその本当の理由があるのではなく、当為についての真正の知識などありえないと彼が信じていたからなのである。彼は人間が、真の価値体系についての、経験的であれ合理的であれ、いかなる科学をもつことも否定したし、また科学のは存在しない。存在するのは同格の諸価値の多様性であって、諸価値の要求は相互に衝突し、その対立は人間の理性によっては解決できない。社会科学や社会哲学のなしうることとは、そのような対立およびその対立のもつ意味のすべてを明確にすることに尽きるのであって、その解決は各個人の自由で非理性的な決断に委ねられねばならないのである。

このようなウェーバーの命題は必然的にニヒリズムに行きつくと私は主張する。すなわち、あらゆる選好は、それがいかに邪悪、卑劣、狂気じみたものであっても、理性の法廷の前では、他のいかなる選好とも同等に正当なものだと判断されねばならないという見解に必然的に行きつく、と私は主張するのである。この必然性のまぎれもない徴候は、西洋文明の未来について述べたウェーバーの言葉の中に与えられている。彼は次のような二者択一を見てとる。すなわち、精神的再生（「まったく新しい預言者たち、あるいはかつての思想や理想の力強い復興」）か、さもなければ、「一種の強迫的な尊大の感覚によって粉飾された機械的化石化」すなわち「精神や見識を欠く専門家と心情なき享楽家」となる以外のあらゆる人間の可能性の消滅か、という二者択一である。この二者択一に直面したウェーバーは、いずれの可能性を選ぼうともその決定は価値あるいは信念の判断であり、したがって理性の能力を超えるものだと感じた。[10] このことは結局、「精神や見識を欠く専門家と心情なき享楽家」の生き方も、アモス〈紀元前八世紀のヘブライの預言者〉やソクラテスによって推奨された生き方と同等に弁護されうることの容認にいたるのである。

このことを一層はっきりと見きわめるためには、同時にまたウェーバーが彼の価値理論のニヒリスティックな帰結を自覚せずにおれた理由を見きわめるためには、彼の思考過程を一歩一歩辿ってみなければならない。この展開をその終点に向かって辿って行くと、我々は不可避的にある一点に、そこから先はヒトラーの影によって情景が暗転させられる一点に到達することになろう。しかし次のことは言っておく必要がある。すなわち、我々は以下の考察において、ここ数十年の間に帰謬法（背理への還元 *reductio ad absurdum*）の代用としてしばしば用いられた誤謬論法、つまり、すべてをヒトラーのせいだとする論法（ヒトラーへの還元 *reductio ad Hitlerum*）は避けなければならないということである。たまたまヒトラーも同じ見解を抱いていたという事実があるからといって、その見解が論駁されたことにはならないのである。

ウェーバーは、新カント派の一派によって理解されたカントの見解と、歴史学派の見解を結びつけるところから出発した。彼が抱く「個人」倫理の一般観念は、科学の性格についての一般観念とともに新カント主義から受け継いだものである。したがって、彼は功利主義とあらゆる形態の幸福主義を拒否している。歴史学派からは、絶対的に正しく合理的な秩序と言いうる社会的あるいは文化的秩序は存在しえないという見解を引き継いだ。彼はこの二つの立場を、道徳的命令（あるいは倫理的命法）と文化的価値とを区別することによって結びつけた。道徳的命令は我々の良心に訴え、他方、文化的価値は我々の感情に訴えかける。つまり、個人は彼の道徳的義務を果たさなければならないが、他方、彼が文化的理想の実現を目指すか否かは、全く彼の自由な意志次第なのである。文化的な理想や価値は、道徳的命法に特有の義務的性格を欠いている。道徳的命法はそれ自体の尊厳を有しており、そのことの承認にウェーバーは深い関心を示していたように思われる。しかし、まさに道徳的命令と文化的価値の根本的相違のゆえに、倫理学自体は、文化的・社会的問題に関しては沈黙するほかない。紳士や正直者のあいだでは道徳的な事柄に関しては必ず同意が成立するが、他方たとえばゴシック建築、私的所有、一夫一婦制、民主制等々については、意見の一致がみられないというのである。(11)

こうして我々は、ウェーバーが絶対的な拘束力をもつ合理的規範、すなわち道徳的命法の存在を認めていた、と考えるように導かれる。しかし、彼が道徳的命令について述べていることは、彼をその中で育み、事実、人間としての彼の生き方を規定してやまなかった伝統の残滓以上のものではないことが、ただちに分かってくる。彼が実際に考えていたことは、倫理的命法も文化的価値と同じく主観的であるということであった。彼によれば、文化的価値の名で倫理を拒否することは、倫理の名で文化的価値を拒否することと同様に、あるいは自己矛盾しないようにこれら二つの型の規範を結合したものを採用することと同様に、正当なことである。(12) このような私の断定は、ウェーバーの倫理観念から不可避的に帰結することである。倫理は正しい社会秩序について語りえないという自説を、社会問題の否定すべくもない倫理的連関と和解させるには、倫理を「相対化する」ことによらざるをえない。この基盤の上に立って彼は、彼の「人格」あるいは人間の尊厳の概念を発展させたのである。「人格」の真の意味は、「自由」の真の意味をどう考えるかにかかっている。仮に、人間の行為は、それが外的強制や抗し難い情動によって影響されることなく、手段と目的についての合理的考慮によって導かれる限りにおいて、自由である、ということにしよう。しかし、真の自由は、ある種の目的を必要とし、しかもこの目的は、一定の仕方で採択されなければならない。この目的は究極的価値のうちに投錨しなければならない。人間の尊厳、すなわち人間が単なる自然物やすべての獣類をはるかに越えた存在である所以は、彼が自らの究極的価値を自律的に設定し、これらの価値を自らの不変の目的となし、これらの目的に至る手段を合理的に選択することにある。人間の尊厳は、その自律性に、すなわち、個々人が自由に自分自身の価値や理想を選ぶことのうちに、「汝自身になれ」という命令に従うことのうちに、存するのである。[13]

この段階では我々はなお、何か客観的規範に類似のもの、すなわち「汝理想をいだくべし」という定言的命法を有している。この命法は「形式的」であって、理想の内容を何ら規定していないが、それでも我々が責任ある仕方で人間的卓越性と堕落とを区別できるための明瞭で非恣意的な基準を確立しているかにみえる。それとともにこの命法は、すべての高貴な魂の持ち主たち、欲望や情念や利己的利害に支配されないすべての人々、すべての「理想主義者」――お互いを正当に評価し尊敬することのできる人々の、普遍的同胞愛を創り出しているようにもみえる。しかしこれは幻想にすぎない。最初は見えざる教会のようにみえたものも、万人の万人に対する戦い、あるいはむしろ「汝のデーモンの巣窟であることが分かってくる。ウェーバー自身の定言的命法の定式は、「汝のデーモンに従え」あるいは「汝の神またはデーモンに従え」であった。ウェーバーは悪しきデーモンを過小評価するという過ちを犯したかもしれないが、悪しきデーモンの可能性までも忘れていたと不満を述べるのは、公平さを欠くことになろう。もし彼が善きデーモンのみを念頭に置いていたのであれば、彼は善きデーモンと悪しきデーモンを原理的に区別することを可能ならしめる客観的基準を認めざるをえなかったであろう。彼の定言的命法の真意は、「善きデーモンであれ悪しきデーモンであれ、それに関わりなく汝のデーモンに従え」なのである。というのは、我々が選ばなければならぬさまざまな価値の間には、解決不可能な恐るべき対立が存在するからである。ある者が神に従っている事柄だと考えることも、他の者はそれは悪魔に従っている事柄だ、と同等の権利をもって考えることができよう。そうだとすれば、定言的命法は次のように定式化されなければならない。「神であれ悪魔であれ、汝の欲するところに従え。しかしいずれを選ぶにせよ、全身全霊、全力を尽くしてそれをなせ」[14]。絶対的に下劣なことは、自己の欲望や情念や私利に従い、理想や価値に対して、神々や悪魔に対して、無関心あるいは無頓着な態度をとることである。

ウェーバーの「理想主義」、すなわち、すべての「理想的」目標あるいはすべての「大義」の承認は、卓越性と卑俗性ないし堕落の間の恣意的ならざる区別を認容しているようにみえる。それと同時に、ウェーバーの「理想主義」は、結果的に「神あるいは悪魔に従え」という命法に行き着くことになる。その命法の意味は、非神学的言葉でいえば、「卓越性であれ卑俗性であれ、己れの目指すところを断固として求めよ」ということである。というのも、もしウェーバーが、価値体系Bよりも価値体系Aの方を選ぶことは、価値体系Bへの心からの尊敬と矛盾するものではないとか、価値体系Bを卑俗なものとして拒否することを意味しないとか、言おうとしていたのであるなら、彼は神と悪魔の間の選択について語りながら、自分の発言の意味を知りえなかったということになるであろうからである。彼は決定的な対立について語りながら、単なる趣味の相違程度のことを考えていたことになるのである。こうして、社会哲学者たる限りでのウェーバーにとっては、卓越性と卑俗性はそれらの第一義的意味を完全に失ったかにみえる。卓越性はいまや大義への、善き大義であれ悪しき大義であれ、献身を意味し、卑俗性とはすべての大義への無関心を意味する。このように理解された卓越性と卑俗性は、一段と高次の卓越性と卑俗性である。それらは行為の次元をはるかに超えた次元に属している。それらはあらゆる決定に先立つものとして存在するにもかかわらず、それらが見えてくるのは、我々がそこにあって決断を迫られる世界から完全に離脱してしまってからのことである。それらは、行為の世界に対する純粋に理論的な態度の相関項なのである。その理論的態度は、すべての大義への同等の尊敬を含意しているが、しかしそのような尊敬は、いかなる大義に対しても献身しない者にのみ可能である。ところで、もし卓越性がある大義への献身であり、卑俗性がすべての大義に対する無関心だとするならば、すべての大義に対する理論的態度は、卑俗なものとみなされねばならないであろう。そうだとすれば、ウェーバーが、理論、科学、理性、精神の領域等の価値、それとともに道徳的命法ならびに文化的価値の価値を問うように迫られたとしても、何ら不思議ではない。彼は自ら「純粋「生命論的」価値」と呼ぶところのものに、道徳的命令や文化的価値と同程度の尊厳を認めざるをえなくなった。この「純粋「生命論的」価値」は、全面的に「各自の個別性の領域」に属するということができ、したがって全く個人的であり、決して大義の原理ではない。それは厳密にいえば、価値ではないのである。ウェーバーは、すべての非個人的・超個人的価値や理想に対して、またそれとともに「人格性」や先に定義したような人間の尊厳への配慮に対して、敵対的行動をとることは全く正当なことである、と明確に主張している。というのも、彼によれば、「人格性」に達する道は唯一つ、すなわちある大義への絶対的献身によるほかないからである。「生命論的」価値が文化的価値と同格のものとして承認されるや否や、「汝理想をいだくべし」という定言的命法は、「汝情熱的に生きるべし」という命令に変形されてゆく。

卑俗性はもはや、人類の相互に非両立的ないくつかの大目的のいずれに対しても無関心でいることを意味しない。自らの安楽や名声の獲得に浮き身をやつすことである。しかし道徳的命令さえも「生命論的」価値の名において拒否することができるとするなら、我々は恣意的気まぐれによる以外のいかなる権利をもって、このような俗物的生活態度を「生命論的」価値の名で拒否することができるだろうか。ウェーバーは、もし人が「精神や見識を欠いた専門家と心情なき享楽家」を堕落した人間として軽蔑したとしても、それは信念や価値に関する単なる主観的判断にすぎないことを率直に認めたが、それは下降の道をくい止める術がないことを暗黙裡に認めることでもあった。かくてウェーバーの倫理原理の最終的定式は、「汝の好むところを選ぶべし」となるであろう。――これは当為ではあっても、その遂行が存在によって完全に保証されている当為なのである。(15)

完全な混沌を実現するにはまだ一つ最後の障害が残っているようである。私がどのような選好を持ちまた選ぶにせよ、私は合理的に行為しなければならない。すなわち、自分自身に対して正直でなければならず、自分の根本的目的を首尾一貫して固守しなければならず、また自分の目的にとって必要な手段を合理的に選ばなければならない。しかしなぜそうでなければならないのか。感情的俗物の格率と心情なき享楽家の格率が、理想主義者や紳士や聖者の格率に劣らず擁護されうるものとみなされねばならぬような状態にまで我々が貶《おとし》められてしまった後で、このようなことが一体いかなる意義をもちうるであろうか。

我々は、この責任と正気についての遅すぎる強調、首尾一貫性についての一貫しない配慮、合理性についての非合理的賞賛を、まじめに受け取ることはできない。ウェーバーが道徳的命法よりも文化的価値を選ぶために展開した矛盾弁護論以上に強引な議論は、誰も容易にはなしえないのではないか。「生命論的」価値を自分の最高の価値となすことは正当である、と人が宣言した瞬間に、その人はあらゆる形態の合理性の軽視を必然的に含意したことにならないだろうか。おそらくウェーバーが主張したかったことは、我々がいかなる選択をなすにせよ、少なくとも自分自身に対しては正直でなければならぬということ、そしてとりわけ、自分の選好に対して客観的根拠、しかも必然的に見せかけの根拠であらざるをえない客観的根拠を与えるという不誠実な試みをなすべきではない、ということであった。しかし、もし彼がそのようなことを主張したのであれば、彼は首尾一貫性を欠いたということになろう。というのは、彼に従えば、真理を意志することも意志しないことも、あるいは美的なものや神聖なもののために真理を斥けることも、同等に正当なことだからである。[16]そうであるなら、なぜ人は真理よりも楽しい妄想や有益な神話の方を選んではならないのだろうか。ウェーバーの「合理的自己決定」や「知的誠実」の尊重は、彼の性格の一つの特性であるが、しかしこの性格特性も、彼の「合理的自己決定」と「知的誠実」への非合理的選好の他に、何の根拠も持たないのである。

ウェーバーの命題が行きつくニヒリズムを「高貴なニヒリズム」と呼ぶこともできよう。

なぜなら、そのニヒリズムは高貴なすべてのものに対する無関心から生じたものではなく、高貴なものとされているすべてのものが何の根拠もない性格のものだとする洞察、あるいは洞察と称するものから生まれたものだからである。とはいえ、我々が高貴なニヒリズムと卑俗なニヒリズムを区別しうるためには、何が高貴で何が卑俗かについての何ほどかの知識を持っていなければならない。しかし、そのような知識はすでにニヒリズムを超えている。ウェーバーのニヒリズムを高貴と述べうるためには、我々はウェーバーの立場と袂を分かっていなければならないのである。

以上のような批判に対して、次のように反論することもできよう。ウェーバーが実際に言おうとしていることは、「価値」とか「理想」という言葉では到底表現されえないのであって、むしろ彼自身の引用句、「汝自身になれ」、「汝の運命を選べ」によって一層適切に表現されるのだ、というのである。この解釈に従えば、ウェーバーが客観的規範を拒否したのは、客観的規範が人間の自由や行為の可能性と両立不可能だからである。我々は、このような客観的規範の拒否理由がはたして正当な理由であるかどうか、またウェーバーの見解をこのように解釈することによってはたしてニヒリズムの帰結が避けられるかどうかという問題は、未解決のままにしておかなければならない。ここではただ次の点を指摘しておけば十分である。すなわち、もしこのような解釈を採れば、現実のウェーバーの理論構築の基礎にある「価値」や「理想」といった概念との訣別が必要とされるであろうということ、また今日の社会科学を支配しているのは、ウェーバーその人の現実の理論であって、上述のような可能的解釈ではないということである。

現代の多くの社会科学者たちは、ニヒリズムは我々が真の科学的社会科学という最高善を手に入れるために支払わねばならない代償であるゆえ、それは賢明な人なら平然と甘受する小さな不都合にすぎないと考えているように思われる。彼らは科学的発見で満足しているようにみえる。科学的発見が「いかなる結論をも生み出さない不毛な真理」以上のものではありえなくとも、彼らはそれで満足するのである。「結論」は純粋に主観的な価値判断あるいは恣意的な選好によって生み出されるのだからである。そこで我々が考察しなければならないことは、社会科学は純理論的探究でありながら、それでいて社会現象の理解に達する探究として、事実と価値の区別という基礎の上にはたして成立しうるか否かということである。

ウェーバーが西洋文明を展望して述べた言葉を、もう一度思い起こしてみよう。すでにみたように、ウェーバーは次のような二者択一的事態を見てとっていた。精神的再生か、さもなければ「機械的化石化」、すなわち「精神と見識を欠く専門家と心情なき享楽家」となる以外のすべての人間的可能性の消滅か、という二者択一である。そうして彼はこう結論した。「しかし、このように述べることは、価値と信念についての判断の領域にはいることであって、この純歴史的叙述が引き受けるべきことではない」と。そうだとすれば、歴史家や社会科学者がある種の生活形態を精神的に空虚なものとして正直に記述したり、見識なき専門家と心情なき享楽家をあるがままに描写したりすることは、不適切であり許されないことになる。しかしこれは理に合わぬのではないか。社会現象を正直に忠実に提示することは、社会科学者の明らかな義務ではないのか。社会現象の因果的説明は、まず最初に社会現象をあるがままに見ずして、一体いかにしてなされうるであろうか。化石化や精神的空虚は、それを見るときに知りうるのではないだろうか。もし誰かがこの種の現象を見ることができないならば、その人はまさにその事実によって、ちょうど盲人に絵画鑑定家の資格がないように、社会科学者として失格だということにならないだろうか。

ウェーバーはとりわけ倫理と宗教の社会学に関心をもっていた。これらの社会学は、「エートス」と「生活技術」（あるいは「怜悧」の規則）の根本的区別を前提している。そこで社会科学者は「エートス」の独特の性格を認識できなければならない。つまりウェーバーも認めていたように、社会科学者はエートスへの感覚とエートスの正しい理解とを身につけていなければならない。しかしそのような理解は、必然的に価値判断を含まないであろうか。ある現象について、それは真正の「エートス」であり単なる「生活技術」ではないとする認識を含まないであろうか。芸術の社会学を書いたと称しながら実際にはがらくた物の社会学を書いていた人のことを、我々は一笑に付し相手にしないのではないだろうか。宗教社会学者は、宗教的性格をもつ現象とそうでない現象とを区別しなければならない。この区別をなしうるためには、彼は宗教の何たるかをわきまえていなければならないし、宗教についての理解を持っていなければならない。このような理解が、ウェーバーの示唆するところとは反対に、真の宗教と偽の宗教、高級な宗教と低級な宗教を区別することを可能にし、また区別するよう仕向けもする。つまり、宗教に固有の動機が高度に働いている宗教が、高級な宗教というわけである。それとも我々は次のように言うべきであろうか。すなわち、社会学者は宗教や「エートス」の存在・非存在を書きとめることは許される——なぜなら、これは単なる事実の観察であろうから——が、その存在の程度、すなわち、彼の研究対象である特定の宗教あるいは「エートス」の等級に関しては、あえて発言すべきでない、と。宗教社会学者は、自分たちの神々にへつらったり、買収したりしてその寵愛を得ようと努める者と、回心してそれを得ようとする者との相違に、注目せざるをえない。宗教社会学者はこの相違を見分けるとき、同時に、その相違が含意する立場の相違、つまり金銭的態度と非金銭的態度の相違を見てとらずにはおれないだろう。彼は、神々を買収しようとする企てが、神々の主人または雇主になろうとするのに等しいこと、またそのような企てと人々が神々のことを語るときに感得していることとの間には根本的な不一致があることを、認めざるをえないのではないか。事実、ウェーバーの宗教社会学全体の成否は、「心情倫理」と「僧侶的形式主義」（あるいは「化石化した格率」）、「崇高な」宗教的思想と「単なる魔術」、「単に見せかけだけでなく真に深い洞察の新鮮な源泉」

と「全く非直観的で象徴的なイメージの混雑」、「柔軟な想像力」と「机上の思考」とを区別することにかかっている。もしウェーバーが、実際のすべての知的および道徳的な徳と悪徳について、たえず適切な用語を用いて、つまり賞賛と非難の言葉をもって、語らなかったとしたら、彼の著作は面白くないのみならず、全く無意味なものとなったであろう。私が念頭においているのは次のような表現である。すなわち、「堂々たる人物」、「比類なき威厳」、「決して凌駕されぬ完成」、「似非体系」、「この放縦は疑いなく衰退の産物であった」、「絶対的に非芸術的」、「巧妙な説明」、「高い教養」、「無類の荘重な答弁」、「定式化の力強さ、柔軟さ、正確さ」、「倫理的要請の崇高なる性格」、「完全な内的一貫性」、「粗雑で難解な概念」、「男性的な美しさ」、「純粋で深い確信」、「感動的業績」、「第一級の芸術作品」等々。ウェーバーは、詩や音楽その他に及ぼしたピューリタニズムの影響にもいくらか注意を払い、ピューリタニズムのこれらの芸術に対する否定的影響を指摘している。この事実(もしそれが事実とすれば)は、きわめて高度の純宗教的衝動が芸術の衰退の原因であったという状況、つまりそれ以前に存在した純粋で高度な芸術の「枯渇」の原因であったという状況との関連において、はじめてその重要性をもつのである。なぜなら、衰えゆく迷信が駄作を生み出す原因であったという事例に対しては、常識ある人間なら誰もすすんでこれに僅かの注意をも払おうとしないことは明白だからである。ウェーバーの研究した事例では、原因は本物の高度な宗教であり、結果は芸術の衰退であった。つまり、原因も結果も両者とも、単なる価値への関係づけとは異なる価値判断を基盤にしてはじめて、見えてくるのである。ウェーバーは、現象に対する盲目かそれとも価値判断かの選択をしなければならなかった。彼は社会科学者としての実際の営為において、賢明な選択をしている。[17]

社会科学において価値判断を禁止すれば、たとえば強制収容所で見られるようなあからさまな行為を厳密に事実に即して記述したり、当の行為者の動機を同じく事実に即して分析したりすることは許されても、その残虐性について語ることは許されない、という結果に導くであろう。そのような記述の読者は、全くの愚か者でない限り、もちろん、そこで述べられている行為の残酷さを知るだろう。また即事的記述が、実際には痛烈な風刺であることもあろう。直截な報告と称しているものが、異常に回りくどい報告であることもあろう。筆者が自分のもつより正確な知識を意図的に隠し、あるいはウェーバーのお気に入りの言葉でいえば、知的不誠実を犯すこともあろう。攻撃するに値しないことのためには道徳の弾薬の無駄づかいを一切やめるというやり方は、ある特定の言葉を口にした方が負けだと決めておいて、お互いに相手方にその言葉を使わせようとする子供のゲームを我々に思い出させる。ウェーバーも、かつて適切な仕方で社会問題を論じた他のあらゆる人たちと同様に、貪欲、強欲、破廉恥、虚栄、献身、平衡感覚、その他これに類した事柄について語ること、つまり価値判断を行なうことを、避けることはできなかった。彼は、グレートヒェンと売春婦の違いを見ない人々、つまり前者にはあっても後者にはない高貴な感情を見落とす人々に対して、怒りをあらわにした。ウェーバーの言わんとしたことを、明確化して言えば次のようになる。売春は社会学の主題として認知されている。この主題は、もし売春の堕落的な性格を同時に見るのでなければ、理解されえない。人が恣意的抽象としてでなく、「売春」という事実そのものに着目するときには、人はすでに価値判断を行なっているのである。また政治学が、偏狭な党派精神、ボス支配、圧力団体、政治的手腕、腐敗、それに道徳的腐敗といった現象、すなわち、いわば価値判断によって構成された現象を取り扱うことを許されないとするなら、一体政治学はどうなるであろうか。そのような事柄を指示する用語に引用符をつけることは、ある重要な主題について、それを重要な主題たらしめている原理そのものを否定しながら、その主題について語ることを可能ならしめるという子供じみたトリック——すなわち常識の長所を常識の否定と結びつけることを認めようとするトリックなのである。あるいは世論調査を例にとれば、調査票に対する回答の多くは、知性も教養もなく嘘をつきがちの非合理的な人々によって寄せられているという事実、また少なからぬ質問項目が同じ程度の人々によって作られているという事実、これらの事実を認めた上でなければ、世論調査について何も適切なことは言えないのではないだろうか。——次々と価値判断を行なわなければ、世論調査について何も適切なことは言えないのではないだろうか、というわけである。[18]

今度は、ウェーバー自身がかなり詳細に論じている事例を見ることにしよう。たとえば、政治学者や歴史家は、政治家や将軍の行為を説明しなければならない、つまり、彼らの行為をその原因にまで辿らなければならない。このことを達成するには、当の行為がたとえば手段と目的の合理的考慮によって引き起こされたか、それとも情動的要因によるのかという問題にまず答えなければならない。そのためには、当の状況下での完全に合理的な行為というモデルを構成しなければならない。そうすることによってのみ、非合理的要因が存在したとして、どの非合理的要因が作用して、厳密に合理的なコースから当の行為を逸脱させたかを知ることができよう。ウェーバーは、このような方法が価値評価を含んでいることを認めていた。我々は、当の行為者がこれこれの失敗を犯した、と言わなければならないからである。しかし、ウェーバーの主張するところでは、モデルを構成し、そのモデルからの偏差について価値判断を行なうという一連の手つづきは、因果的説明の過程における過渡的段階にすぎないのである。[19] そこで我々も良い子たちのように、通りすがりに気づかざるをえないものでも、気づいてはならないとされているものは、できるだけ早く忘れるべきなのである。しかしまず第一に、もし歴史家が、ある政治家の行為を「当の状況下での合理的行為」のモデルに照らし合わせて、その政治家が次々に大失敗を繰り返したことを示すならば、その歴史家は、その政治家が異常に愚かであったという客観的価値判断をしたことになる。また他の事例においても、歴史家は、これと同じ手順によって、ある将軍が並はずれた才略、決断、深慮を示したという同等に客観的な価値判断に達するのである。この種の現象は、状況そのものに内在し、行為者自身によって当然なものと認められている判断基準に気づかずには、理解不可能である。また実際の価値評価にさいして、この基準を利用しないということも不可能である。第二に、ウェーバーが付随的ないし過渡的とみなしたこと——すなわち、愚劣と賢明、臆病と勇気、野蛮と人間性といったことへの洞察——は、はたしてウェーバー流の因果的説明にくらべて歴史家の関心をひくに値しないものかどうかを、我々は疑うことができよう。不可避的で異論の余地のない価値判断が表明されるべきか、それとも抑えられるべきかという問題に関していえば、それは実際には、その価値判断が「どこで、いつ、誰によって、誰に向かって」表明されるべきかという問題である。したがってそれは、社会科学方法論の法廷とは別の法廷に立つべき問題なのである。

またウェーバーによれば、社会科学が価値判断を回避できたのは、ひとえに純粋に歴史的ないし「解釈的」アプローチの限界内にとどまることによってであった。社会科学者は彼の対象が下す自己解釈に不平をもらすことなく従わなければならない。彼は、「道徳性」、「宗教」、「芸術」、「文明」等々の概念をもたない民族や部族の思想を解釈するときには、それらの概念を用いることは禁じられるであろう。逆にまた、そこで道徳、宗教、芸術等々と称されているものについては、それがどのようなものであれ、道徳、宗教、芸術、知識、国家等々として受け入れなければならなくなるだろう。実際、知識の名を僭称しているものはすべて——たとえそれが紛れもないナンセンスであるにせよ——社会学者によって知識として受け取られなければならない、とする知識社会学が存在している。ウェーバー自身、正統的支配の諸類型を正統的支配の諸類型とみなされているものと同一視した。しかしこのように限定すると、人は研究対象としている人々のあらゆる欺瞞や自己欺瞞の餌食となる危険にさらされることになる。あらゆる批判的態度が妨げられ、そうして社会科学からはあらゆる可能的価値を奪われることになる。大失敗を繰り返した将軍の自己解釈を政治史家は受け入れるわけにはいかないし、へぼ詩人の自己解釈を文学史家は鵜呑みにすることはできない。同様に社会学者も、ある現象の解釈にさいして、その現象の当事者である団体の受け入れている解釈で満足しているわけにはいかない。個人よりも団体の方が自己欺瞞の傾向が少ないといえるだろうか。ウェーバーにとって、次のように念を押すことも容易なことであった。「[ある資質をカリスマ的と述べるために]唯一重要なことは、当の個人が、カリスマ的権威へ服従している人々によって、つまり彼の「追随者たち」あるいは「弟子たち」によって、実際どのようにみなされているかということなのだ」と。ところが八行あとにはこう書いている。「[カリスマ的指導者の]もう一つの型は、モルモン教の創始者ジョセフ・スミスのタイプである。しかし彼は非常に巧妙なペテン師であった可能性」、つまり、カリスマをもつふりをしていた可能性もあるので、「絶対確実にこの型に分類されうるとは限らない」と。ドイツ語の原文の方は、控え目に言っても、ここで引用した英訳よりもはるかに明瞭・明確ではないが、その事実を言い立てるのは不公正というものだろう。なぜなら、英訳者が暗黙裡に提起している問題、つまり真正のカリスマと偽装カリスマ、真正の預言者と似非預言者、真正の指導者と成り上りのはったり屋の区別に関する問題は、黙っていて片付くものではないからである。[20] また社会学者は、ある集団が法的擬制とは決して認めようとしなかった法的擬制をそのまま甘受しなければならないということはない。社会学者は、ある集団が自分たちを支配している権威を実際どのように考えているかということと、当の権威の真の性格とを、区別するよう迫られるのである。他方、人々が自らを理解したとおりの仕方で人々を理解することに徹する厳密に歴史的なアプローチも、その限界をわきまえていれば、きわめて有益であろう。このことを明らかにしてはじめて、我々は非価値評価的社会科学への要求の根底にある正当な動機を把握するのである。

今日では、社会科学者は自分の属する社会の基準によって他の社会を判断してはならない、ということは常識になっている。賞賛も非難もせず、理解すること、これが社会科学者の誇りである。しかし、理解が可能なためには概念枠組みや準拠体系がなければならない。ところで彼の準拠体系は多分に、彼の属する社会がその時代に自らについて行なう理解の仕方の単なる反映であろう。したがって、彼は自分の属する社会とは異なる社会を、それらの社会にとっては全く異質の用語によって解釈することになろう。彼はこれらの社会を、彼の概念体系というプロクルステスのベッドに無理やり押し込むことになる。つまり、社会科学者はこれらの他の社会を、それらの社会が自らを理解していたようには理解できない。ある社会の自己理解そのものが、当の社会の存在にとって一つの本質的要素であるから、社会科学者はこれらの社会を現にあるがままに理解することはできない。また他の社会を理解していなければ、自分自身の社会をも十全には理解できないのだから、彼は自分自身の社会でさえ本当には理解できないことになろう。それはともかく、社会科学者としては、過去と現在のさまざまな社会、あるいはこれらの社会の重要な「部分」を、それらが自らを現に理解しているとおりに、あるいは理解していたとおりに、理解してみなければならない。この純粋に歴史的な、したがってまた予備的・補助的作業の枠内では、評価の停止を意味する類いの客観性は正当であり、またあらゆる観点からみて不可欠でさえある。特に、教義というような現象の場合には、その教義を理解しなければ、つまり、その創始者が理解していたとおりに正確に理解しなければ、その当否を判断することも、それを社会学その他の仕方で説明することもできないことは明白である。

価値判断の停止を必要とするような種類の客観性をあれほど好んだウェーバーが、まさにその非価値評価的客観性の本拠地、それどころか唯一の本拠地ともいうべき領域に関して、ほとんど盲目であったというのは奇妙なことである。彼は、自分の使用する概念枠組みが、自分の時代の社会的状況に根ざすものであることを、はっきりと認識していた。たとえば、彼による正統性の三つの理念型(伝統的、合理的、カリスマ的)の区別が、フランス革命後のヨーロッパ大陸において、革命前体制の残滓と革命体制との間の闘争が伝統と理性との間の対立として理解されていた状況を反映したものであることは、容易に見てとれる。しかしこの伝統と理性の対立図式は、おそらく十九世紀の状況には適合的であっても、それ以外の状況にはほとんど適合しないものであり、この明白な不適切性のゆえにウェーバーは、正統性のカリスマ的類型を、彼が当時の状況から受け取った二つの(伝統的、合理的)類型に付け加えなければならなかった。しかしこの追加も、彼の図式そのものに内在する根本的限界を取り除くものではなく、ただ包み隠すだけのものであった。この追加によって、いまやその図式が包括的であるかのような印象が生み出されたが、しかし実際には、その図式はもともと(十九世紀ヨーロッパ起源という)局限的な性格のものであったために、そこに何を追加しても包括的とはなりえないものであった。つまり、政治社会の本性についての包括的反省によってではなく、単なる二、三世代の経験だけで、基本的方向づけがなされたのである。ウェーバーは、社会科学の使用するいかなる概念図式も一時的妥当性以上のものを持ちえないと確信していたから、こうした事態をさほど深刻には心配しなかった。殊《こと》に彼は、一定の「日付けのついた」図式をあてがうことによって、それ以前の政治状況の不偏の理解が妨げられはしないかという危険を、深刻に心配するということもなかった。たとえば、歴史に記録されている大きな政治闘争の主役たちが自らの大義をどう理解し、正統性原理をどう考えていたかについて考える場合に、ウェーバーは彼の図式の適合性を疑ってもみなかった。また基本的にはこれと同じ理由で、彼はためらうことなくプラトンを「知識人」とよび、プラトンの著作全体がある意味で「知識人」という観念の批判でもあったという事実を一瞬たりとも考えなかった。彼はツキュディデスの『歴史』の中のアテナイ人とメロス島の住人たちとの対話をもって、「古代ギリシアのポリスにおいては、最も赤裸々な「マキアヴェリズム」もあらゆる観点から当然のこととみなされ、倫理的観点からそれに反対することは全くできないものとみなされていた」という主張の十分な根拠になると、ためらうことなく考えていた。その他の問題点はともかく、彼はツキュディデス自身がこの対話をどのように理解していたかを、立ち止まって考えてみることをしなかった。彼は何のためらいもなく次のように書いた。「エジプトの賢者たちは、従順、沈黙、自負心の欠如を神的徳として賞賛したが、それは官僚主義的従属に由来するものであった。イスラエルでは、その由来は顧客の平民的性格にあった」と。また同様に、ヒンズー教思想についての彼の社会学的説明の根底には、「あらゆる種類の」自然権はすべての人間の初めと終わりの至福の状態までは前提しないとしても、その自然的平等を前提している、という想定がある。あるいは、最も有効な例と思われるものを取り上げて言えば、ウェーバーは、カルヴィニズムのような歴史的現象の本質とみなされるべきものは何かという問題を論じながら、次のように言っていた。すなわち、我々が何ごとかを歴史的現象の本質と呼ぶとき意味しているものは、永遠の価値をもつと考えられる現象の側面か、さもなければ、最も大きな歴史的影響を及ぼした側面である、と。彼は第三の可能性、たとえばカルヴィニズムの本質は、カルヴァン自身が彼の仕事の本質ないし主要な特性とみなしたものと同一視されるべきではないかという第一の最も明白な可能性については、全く触れることさえしなかった。[21]

ウェーバーの方法論的原理は、彼の仕事に不利な仕方で影響を与えずにはおかなかった。我々はこのことを、彼の最も有名な歴史論文、プロテスタントの倫理と資本主義の精神に関する研究を概観することによって明らかにしよう。彼はカルヴィニズム神学が資本主義精神の主要原因であると主張した。彼はまた、その結果は決してカルヴァンによって意図されたものではなく、カルヴァン自身その結果によってショックを受けたであろうし、――さらに最も重要なことは――救いに至る因果連鎖において決定的な役割を果たす環(予定説についての一つの特殊な解釈)は、カルヴァンによって拒否されたが、彼のエピゴーネン、とりわけカルヴァン派の平信徒の広範な層の間に「きわめて自然に」現われた、という事実を強調した。ところで、カルヴァン級の人の教義について語るときに、単に「エピゴーネン」や「平信徒」にだけ論及する場合は、これらの人々が採用した予定説の解釈に対する価値判断がすでに込められている。つまり、エピゴーネンや平信徒たちは決定的な要点を見落としがちであるという価値判断である。ウェーバーの暗黙の価値判断は、カルヴァンの神学的教義を理解している誰の目から見ても十分正当化されるものである。資本主義精神の出現をもたらしたといわれる予定説の特殊な解釈は、カルヴァンの教義の根本的誤解に基づいているからである。それはこの教義の改竄であり、カルヴァン自身の言葉でいえば、それは霊的教えの肉的解釈なのである。したがって、ウェーバーが証明したと合理的に主張しうることは、せいぜい、カルヴァン神学の改竄ないし堕落が資本主義精神の出現をもたらしたということである。こうした決定的な限定を付けてのみ、彼の命題は、彼が言及している諸事実にほぼ一致したものとなりうる。しかし、彼は自分自身に価値判断に関するタブーを課していたため、この決定的な限定を付けることができなかった。彼は必要不可欠な価値判断を回避したことによって、実際に生起した事柄について事実の点で不正確な描写をせざるをえなくなった。それというのも、価値判断に対する恐れに促されて、彼はカルヴィニズムの本質をその歴史的に最も影響を与えた側面と同一視することになった。彼は、カルヴィニズムの本質を、カルヴァン自身が本質的と考えたことと同一視することを本能的に避けたが、それは、カルヴァン自身の自己解釈がおのずと、カルヴァンに追随すると称するカルヴィニストたちを客観的に判定するための基準となりはしないかと考えたからである。(22)

価値判断の拒否は歴史的客観性までも危うくする。まず第一に、それは我々が鋤を鋤と呼ぶように万事をありのままに正しくとらえることを妨げる。第二に、それは価値評価の停止を正当に要求する類いの客観性、すなわち解釈の客観性までも危うくするのである。客観的価値判断が不可能なことを当然視する歴史家は、客観的価値判断の可能性を前提している過去の思想、すなわち、実際にはこれまでの思想の全部ということになるが、それらの思想を真剣に取り上げることができない。彼は、それらの思想は根本的な迷妄に基づいていると、あらかじめ考えているので、過去をその過去自身が理解したとおりに理解してみようとする内的動機を抱くことはないのである。

これまで述べてきたほとんどすべてのことは、ウェーバーの中心命題を理解するのに最も重大な障害となっているものを排除するために必要なことであった。ようやくここで、我々はウェーバーの中心命題の正確な意味を把握することができる。そこで再び、先ほどの例を考えてみよう。ウェーバーは、カルヴァン派神学の改竄こそが資本主義精神の出現をもたらした、と言うべきであった。これは通俗的カルヴィニズムについての一つの客観的価値判断を含むことになろう。すなわち、エピゴーネンたちは、自分たちが保持しようと意図していたものを、知らず識らずのうちに破壊した、という価値判断である。しかしここに含まれている価値判断は、きわめて限られた意味しかもたず、肝心の論点について何らかの予断をもたらすものではない。というのは、もしカルヴァン派神学を好ましくないものと想定すれば、その改竄は善いことだからである。カルヴァンが己れの教義の「肉

「現世的」理解とみなしたかもしれないことも、別の観点からすれば、世俗的個人主義と世俗的民主主義のような好ましいことをもたらした「現世的」理解として是認されうるであろう。しかし、仮にこの後者の観点からみた場合でも、通俗的カルヴィニズムは、ちょうどサンチョ・パンサがドン・キホーテよりも望ましいといえるのと同じ理由で、本来のカルヴィニズムよりも望ましいが、そもそもそれは不可能な立場、中途半端な立場のようにも思われる。そうとすれば、通俗的カルヴィニズムの拒否は、あらゆる観点から不可避のこととなる。しかしこのことが意味しているのは、通俗的カルヴィニズムを拒否した後になってはじめて、我々は本来の争点に直面することになる、ということにすぎない。その本来の争点とは、宗教的無宗教、すなわち真正の宗教対高貴な無宗教という問題であって、単なる魔術や機械的儀式に対する見識なき専門家と心情なき享楽家の無宗教という問題からは区別されるものである。ウェーバーによれば、これは相異なる最高級の真正の宗教間の対立（たとえば、第二イザヤ、イエス、仏陀間の対立）がまさにそうであるように、人間理性によっては解決できない真の争点なのである。かくして、社会科学の存否は価値判断にかかっているという事実があるにもかかわらず、社会科学や社会哲学はこの決定的な価値の対立を解決しえないのである。たしかに、我々がグレートヒェンと売春婦について語るとき、すでにある価値判断を下してはいる。しかし、この価値判断も、すべての性欲を断罪する極端に禁欲的な立場に直面した途端に、それが単に暫定的なものにすぎないことが明らかになろう。この禁欲主義的観点からすれば、売春による性の大っぴらな堕落の方が、感傷や詩による性の本性の偽装よりも清潔にみえるかもしれないのである。たしかに、知的で道徳的な美徳を賞賛し、知的で道徳的な悪徳を非難することなしには、およそ人事について語ることはできない。しかし、それだからといって、すべての人間的美徳はつまるところ素晴らしい悪徳以上のものではないと判定されるべきだとする可能性まで排除されるわけではない。失敗を繰り返す将軍と天才的戦略家の客観的相違を否定するのは、馬鹿げたことであろう。しかし、戦争そのものが絶対的に悪であるとすれば、へまな将軍と天才的戦略家の相違は、へまな泥棒と天才的泥棒の相違と同じレヴェルのものとなろう。

そこで、ウェーバーが価値判断を拒否したことの真意は、次のように言い表わされるべきだと思われる。社会科学の対象は価値への関係づけによって構成され、価値への関係づけは価値の評価を前提している。そのような評価は、社会科学者が社会現象を価値づけることを、すなわち、本物と偽物、高級なものと低級なもの、たとえば真正の宗教と似非《えせ》宗教、真正の指導者と詐欺師、真正の知識と単なる伝承や詭弁、美徳と悪徳、道徳的感受性と道徳的鈍感、芸術作品と駄作、活力と退廃等々を区別することを可能にし、また強いるものでもある。価値への関係づけは、中立性と両立不可能であり、決して「純粋に理論的」ではありえない。しかし、非中立性は必ずしも是認を意味するとは限らず、拒否を意味することもありうる。実際、さまざまな価値は相互に両立不可能であって、いずれか一つの価値を是認することは、必然的に、他の価値ないし諸価値を拒否することを意味する。そのような価値、「究極的諸価値」の受容または拒否を根拠にしてのみ、社会科学の対象は視界に現われてくる。そこから先のすべての作業、すなわち、これらの対象の因果的分析にとっては、研究者が当の価値を受容するか拒否するかは無関係な事柄でなければならない、というわけである。(23)

ともあれ、社会科学の領域と役目に関してウェーバーが抱いた考えの全体は、究極的価値間の対立は人間理性によっては解決不可能である、というウェーバーが論証可能とする前提に基づいている。問題は、その前提が果たして論証されたものかどうか、あるいは特殊な道徳的選択に駆られて単に要請されたものではないのか、という点である。

ウェーバーがその基本的前提を論証しようとした試みの端緒のところで、我々は二つの驚くべき事実に出会う。その一つは、何千ページもの分量を書いているウェーバーが、自分の立場全体の基礎を主題的に論ずるためには、三十ページそこそこしか割いていないということである。その基礎はなぜそれほどまでに証明を必要としないものだったのか。その基礎は彼にとってなぜ自明だったのか。これに対する暫定的な答えは、我々が彼の議論の分析をまたずに示しうる第二の事柄によって与えられる。この問題を論じ始めるに当たって彼が指摘したように、彼の命題は、旧来のきわめて一般的な見解、すなわち、倫理と政治の対立は解決不可能であり、政治的行動は時として道徳的罪を犯すことなくしては不可能であるという見解を、一般化したものにすぎない。したがって、ウェーバーの立場を生み出したものは、「力の政治」の精神であったように思われる。このことを最もよくあらわしているのは、ウェーバーがこれと関連ある文脈において闘争と平和について語るときに、「平和」の方には引用符を付けながら、闘争の方には引用符を付けてあらかじめ注意を喚起するという手だてはとっていない、という事実である。ウェーバーにとって、闘争は明白な事柄であるが、平和はそうではなかった。平和は仮象であるが、戦争は現実であった。(24)

価値間の闘争にはいかなる解決もありえぬというウェーバーの命題は、したがって、人間生活は本質的に不可避的な闘争だとする包括的な見解の一部あるいは帰結であった。そのゆえに、「平和と万人の幸福」は、彼にとって不当なあるいは空想的な目標にみえたのである。たとえこの目標が達成されえたとしても、それは望ましいことではないであろう、と彼は考えた。それこそまさに、かつてニーチェがその「破壊的な批判」を向けた「幸福などを考案した最後の人間ども」の状態であろうというのである。もし平和が人間生活あるいは真の人間生活と両立不可能なものならば、道徳的問題は明快な解決が得られそうに思われる。事柄の筋道からいって、戦士の倫理が「力の政治」の基礎として求められるが、これはもっぱら国益の配慮という観点からとり行なわれるものである。あるいは、「最もむきだしのマキアヴェリズムも、あらゆる観点から当然のこと、倫理的観点からも全く反対しえないこととみなされる［べきであろう］」。しかし我々はここで逆説的状況に直面することになろう。すなわち、世の中は戦争の支配下にあるのに対し、個人は自分自身と平和な状態にあるという状況である。争いに引き裂かれた世の中では、個人も争いに引き裂かれることが求められる。しかし、個人は戦争の原理そのものを否定するよう強いられることはないにせよ、争いが個人の根底にまで達することはないであろう。個人として戦争を逃れえず、またそれに自らを献げざるをえないとしても、個人は戦争をあくまでも悪あるいは罪として否定せざるをえないのである。平和がどこにも存在することがないように、平和が簡単に否定されることがあってはならない。平和を戦争の合間に必要な息つぎ期間と考えるだけでは十分でない。我々を普遍的平和あるいは普遍的同胞愛へと向かわせる絶対的義務が存在するはずであるが、この義務は、祖国の「活動範囲」のための「永遠の闘争」に我々が参加するように命ずる同等に崇高な義務と対立するものである。罪が回避できるような場合には、対立は究極的対立とはいえないだろう。罪を犯すよう強いられた場合に、はたして罪と言ってよいかどうかという問題は、ウェーバーにとってもはや議論の対象とはならなかった。彼が必要としたのは罪の必然性であった。無神論によって生み出される苦悩（救いと慰めの不在）と、啓示宗教によって生み出される苦悩（罪悪感の重圧）とを、彼は結合しなければならなかった。この結合がなければ、人生は悲劇的であることを止め、その深みを失うだろうからである。(25)

ウェーバーは価値の位階秩序などないことを、つまりすべての価値は同格のものであることを、当然のことと仮定していた。ところで、もしそうであるなら、二つの価値の要求をみたす社会体制の方が、その範囲がより限定的な社会体制よりも望ましいことになる。包括的な体制の場合でも、二つの価値のそれぞれが掲げた要求の中のいくらかが犠牲にされなければならないことが、求められるかもしれない。この場合、極端なあるいは一面的な体制は、より包括的に見える体制に比べて、劣っているのか、それとも優れているのか、という問題が生じるであろう。この問題に答えるためには、二つの価値のうち一方は無条件に斥けながらもう一方を採用するということが、そもそも可能かどうかを知らなければならないだろう。もし不可能だとするならば、包括的体制を構成する二つの価値の要求とみられるものを幾分犠牲にすることは、理性の命令といってよいであろう。最善の体制は、ある非常な好条件の下でなければ実現されえないが、今ここでの現実の条件はきわめて好ましくないものである。しかし、そうだからと言って、最善の体制がその重要性を奪われるわけではない。さまざまな不完全な体制に関して合理的判断を下す際の基礎として、不可欠なものでありつづけるだろうからである。殊《こと》に、その重要性は、一定の状況下で二つの同程度に不完全な体制間でいずれかを選択するほかないという事態が生じたとしても、そのことによって損なわれることは全くない。最後に一つ大事なことを言えば、こうした問題を考察する場合に我々が一瞬たりとも忘れてならないことは、一方における過激主義と他方における節度が社会生活に対してもつ一般的な重要性である。ウェーバーはこうした考慮はすべて脇におしやり、「中間的立場が極右や極左の理想と比べて、科学的に正しいということはいささかもなく」、中間的立場は明確さに劣るゆえ、過激な解決策に劣ってさえいる、と述べている。[26] 社会科学は社会問題に対する賢明な解決策に関わるべきでないかどうか、また節度は過激主義より賢明でないかどうかは、もちろん大問題である。ウェーバーが実際的政治家としてどれほど賢明であったにせよ、また彼がどれほど狭隘な党派的狂信の精神を嫌悪していたにせよ、社会科学者としての彼は、ステイツマンシップの精神とは何の共通点も持ち合わせぬ精神、しかも偏狭な強情さを助長する以外にはいかなる実践的目的にも役立ちそうにない精神をもって、社会問題に接近した。闘争こそ至上のものとする彼の不動の信念が、少なくとも穏健路線に対するのと同程度の敬意を、彼が過激主義に対して抱くように仕向けたのである。

ところで、我々は、ウェーバーが究極的価値は端的に相互に対立しあっているという彼の主張を、どのようにして立証しようとしたかという問題の考察を、これ以上さきへ延ばすわけにはゆかない。彼のいくつかの論証のうちから二、三の実例に限定して論ずることにしよう。[27] 第一の実例は、彼が社会政策上の大半の争点の性格を説明するために用いた例である。社会政策は正義に関わるが、しかし社会における正義が求めることは、ウェーバーによれば、いかなる倫理によっても決定できないことである。二つの相反する見解が、同等に正当であり弁護可能である。第一の見解によれば、人は多くのことを達成ないし貢献した人に多く支払うべきである。第二の見解によれば、人は多くのことを達成ないし貢献しうる人から多く取り立てるべきである。第一の見解を採用するならば、才能豊かな人に大きなチャンスが与えられるべきであろうし、第二の見解を採用した場合には、才能に恵まれた個人がその優越したチャンスを食い物にしないようにすべきであろう。ウェーバーが彼自身やや奇妙にも克服困難な問題とみなしたことを述べたときの曖昧な態度については、我々は文句をつけないことにしよう。我々は、第一の見解の支持理由を示す必要があるとはウェーバーが考えなかったことに注意するだけにしよう。しかし第二の見解は、ウェーバーにも明確な証明が必要なように思われた。ウェーバーに従えば、バブーフがなしたように、我々は次のように主張することができる。精神的天分の不平等な配分という不公正と、優越した天分の単なる所有にともなう特権的な満足感は、才能に恵まれた個人が彼の大きなチャンスを食い物にしないように定められた社会的措置によって調整されねばならない、というのである。だが、この見解が支持可能かどうかを論ずるまえに、我々は、自然はその贈物を不平等に配分することによって不公正の罪を犯したと言えるのかどうか、この不公正を矯正するのは社会の義務なのかどうか、人々の羨望は聞き届けられるべき権利をもつのかどうかについて、知らなければならないであろう。しかしたとえ我々が、ウェーバーのいうようなバブーフの見解が第一の見解と同等に弁護可能なことを認めたとしても、そこから何が帰結するだろうか。我々は盲目的な選択をしなければならぬということだろうか。それとも、二つの相反する見解の支持者たちを鼓舞して、各自の意見を最大限の強情さを発揮して固守するように仕向けるべきだということだろうか。ウェーバーが主張するように、もしいずれの解決も他の解決に比べて道徳的に優れているわけではないとすれば、当然の帰結として、最終的決定は倫理の法廷から便宜ないし便益性の法廷へと移管されなければならないことになろう。ウェーバーはこの問題の議論から便宜性の考慮はきっぱりと排除した。正義の名において要求がなされるのであれば、どのような解決が最善の「刺激因」を与えるかという考慮は場違いである、と彼は明言している。しかし、正義と社会的善の間に、また社会的善と社会的に価値ある行動への刺激因との間に、何の関係もないのだろうか。二つの相反する見解は同等に弁護可能だとするウェーバーの主張が、もし正しいとすれば、まさにそのゆえに、客観的科学としての社会科学は、複数の見解のうちの一つだけが正義に適っていると主張するいかなる人に対しても、狂人の烙《らく》印《いん》を捺《お》さねばならなくなるだろう。(28)

次にウェーバーは、彼のいわゆる「責任倫理」と「心情倫理」との間には解決不可能な対立があることを証明したと主張しているので、この証明を第二の例として取り上げよう。「責任倫理」に従えば、人間の責任は行為の予見しうる結果にまで及ぶが、「心情倫理」に従えば、人間の責任は彼の行為の内的正しさにのみ限られる。ウェーバーは、サンジカリズムを例にして、心情倫理を以下のように説明している。すなわち、サンジカリストは、彼の革命的行動の結果や成否には関心がなく、関心の対象はひとえに彼自身の誠実さ、つまりある種の道徳的態度を自分自身のうちに保持するとともに他の人々のうちにも目覚めさせることであって、それ以外のことではない。一定の状況下で、彼の革命的行動が革命的労働者の存在そのものにとって、予測しうる限りの未来にわたって破壊的な結果を及ぼすことが決定的に立証されたとしても、それは確信的サンジカリストに対する有効な反論とはなりえないだろう。ウェーバーのいう確信的サンジカリストなるものは、アド・ホックな(その場限りでの)構成物であって、そのことは、一貫したサンジカリストの王国はこの世にはないという彼の言葉に示されている。換言すれば、もしサンジカリストが首尾一貫していれば、彼はサンジカリストたることをやめるほかない。すなわち、この世に属する手段を用いてこの世における労働者階級の解放に関わる人間たることをやめるほかないというわけである。ウェーバーがサンジカリズムに付与したような心情倫理は、現実には、すべての現世的な社会運動や政治運動とは相容れない倫理である。ウェーバーが他の機会に述べていたように、本来の社会的行動の次元では、「心情倫理と責任倫理は絶対的な対立物ではなく、相互に補完しあうものであり、両者が結び合ってはじめて真の人間が作り出される」。ウェーバーがかつて真の人間存在の倫理と呼んだものと両立しえない心情倫理は、キリスト教倫理のある種の解釈であり、もっと一般的にいえば、厳密に彼岸的な倫理である。ウェーバーが心情倫理と責任倫理との間の解決不可能な対立について語ったときの真意は、此岸的倫理と彼岸的倫理との間の対立は人間理性によっては解決できないということにあった。(29)

ウェーバーは、厳密に此岸的な方向づけを基礎にしては、いかなる客観的規範も不可能であると確信し、「絶対的な妥当性をもち」しかも同時に特殊的であるような規範は、啓示を基礎とするのでなければ存在しえないと考えていた。しかし彼は、啓示の助けをかりない人間精神は客観的規範に達しえないこと、あるいは、相異なる此岸的倫理教説間の対立は人間理性によっては解決不可能なことを、証明したわけではなかった。彼が証明したことは、彼岸的倫理、あるいはむしろ、あるタイプの彼岸的倫理が、人間精神が独力で識別しうる人間的卓越性や人間的尊厳の基準とは両立不可能であるということだけである。ここでは、此岸的倫理と彼岸的倫理の対立は社会科学にとって必ずしも重大関心事ではないと言ったとしても、不敬の誹《そし》りを受けることはないだろう。ウェーバー自身も指摘しているごとく、社会科学は社会生活を此岸的観点から理解しようとするものである。社会科学は人間生活についての人間的知識である。その光はまさに自然の光である。それは社会問題に対する理性的・合理的解決を発見しようと努める。それが到達する洞察や解決は、超人間的知識や神的啓示の立場から疑問視されるかもしれない。しかし、ウェーバーが指摘したように、社会科学そのものはそのような疑問を取り上げるわけにはいかない。そのような疑問は、独立した人間理性には決して明白ではありえない諸前提に基づくものだからである。このような性格の諸前提を受け入れてしまえば、社会科学は、ユダヤ教的、キリスト教的、イスラム教的、仏教的あるいは何かその他の「宗派的」社会科学に変質してしまうであろう。さらに、社会科学の真の洞察までが啓示を根拠にして疑われうることになれば、啓示は超理性的であるばかりか反理性的ということになる。ウェーバーは、すべての啓示信仰は畢竟《ひっきょう》不合理なものへの信仰であると言ってためらわなかった。結局のところ神学の権威ではなかったウェーバーのこの見解が、知的な啓示信仰と両立しうるものかどうかについて、我々はここでこれ以上かかわりをもつ必要はないであろう。(30)

社会科学、すなわち人間生活の此岸的理解の明白な正当性がひとたび認められると、ウェーバーの挙げた難点が見当違いのものであることが明らかになる。しかし彼はこの此岸的理解の正当性という前提を認めようとしなかった。彼は、科学や哲学が究極的には、人間自身が意のままになしうる明白な諸前提にではなく、信仰に基づくものであることを主張した。彼は、科学あるいは哲学のみが人間の認識しうる真理に到達しうることを認めた上で、はたしてこの可知的真理への探究は善であるかという問題を提起し、この問題はもはや科学あるいは哲学によっては答えられないと断定している。科学あるいは哲学は、それ自身の基礎について明晰かつ確実な説明を与えることができない。科学や哲学は「真実在への道」、「真の本性への道」、「真の幸福への道」であると考えることができた限りにおいて、科学や哲学の善さは問題視されることはなかった。しかしこれらの期待は幻想であることが明らかにされた。それ以来、科学と哲学は、人間に到達可能なきわめて限られた真理を突きとめるという目標しか持ちえなくなった。しかし、科学や哲学のこのような性格上の驚くべき変化にもかかわらず、真理の探究はそれ自体において価値あるものとみなされ続けている。ただ単にその実際的成果という観点からのみ価値あるものとされているのではない。——実際的成果の価値の方がむしろ問題である。なぜなら、人間の力能が拡大することは、善のためのみならず悪のための力能が拡大することをも意味するからである。真理の探究をそれ自体において価値あるものとみなすならば、これは、もはや適切で十分な理由もないままに、ある選択を行なっていることを、認めることになる。それと同時に、選択は適切で十分な理由を必要としないという原理を認めることになる。したがって、真理の探究をそれ自体において価値あるものとみなす人は、ある教養の生成の理解や原典の編纂《へんさん》——いやそれどころか、ある草稿内の改竄《かいざん》箇所の推測による修正——といった活動を自己目的とみなすわけで、真理の探究は切手蒐集と同程度の尊厳性しかもたなくなる。それぞれの営為、それぞれの気まぐれが、他のあらゆることと同等に弁護可能なもの、正当なものとなるのである。しかしウェーバーは必ずしもそこまで進むとはかぎらない。彼はまた、科学の目標は明晰性、すなわち重要問題についての明晰性であると言っているが、これは究極的にはもちろん全体者についての明晰性ではなく、人間自体の状況についての明晰性のことである。そうだとすれば、科学と哲学とは、幻想をはなれて自由へ向かう道であり、自由な生活の、すなわち、知性を犠牲に捧げることを拒否し現実の厳しい面をあえて直視する生活の基礎である。科学や哲学が、認識可能な真理に、すなわち、我々がそれを好むと好まざるとにかかわりなく妥当性を有する真理に関与する。ウェーバーはこの点にまでは達した。しかし次のように言い切ることは拒否した。すなわち、科学や哲学は、万人がそれを知ることを望むと望まないとにかかわりなく、万人に妥当する真理に関与する、と。何が彼をして立ち止まらせたのか。なぜ彼は認識可能な真理に対して、それが当然そなえているはずの力を否定したのだろうか[31]。

彼には、二十世紀の人間は知識の木の実を食べて、以前のすべての人間の目をくらませた幻想から解放されることができた、と信じる傾きがあった。つまり、我々は幻想にとらわれることなく人間の状況を眺める。我々は魔術から解放されている、と信じようとした。しかし、歴史主義の影響を受けたウェーバーは、はたして我々は人間そのものの状況について語りうるのだろうか、もし語りうるとしても、この人間そのものの状況は時代によって異なった見方をされ、しかも原理上それぞれの時代の見方は他の時代の見方と同等に正当もしくは不当なものではないのかと、疑問に思うようになった。それゆえ彼は、人間そのものの状況と思われたものも、現在の人間の状況、あるいは「我々の歴史的状況という不可避的所与」にすぎないのではないか、と疑ったのである。したがって、最初は幻想からの自由と思われたものが、結局は現代の疑わしい前提の域をあまり出ないものとして、あるいは、時代が変われば、その時代に合致した別の態度によってやがては克服されるべき態度として、見えてくるようになった。現代の思想は、魔術からの解放、無条件的此岸性、無宗教をその特徴としている。幻想からの自由と言い立てられているものも、過去に盛行した信念と、また未来に流布するであろう信念と、同じ程度に幻想であり、同じ程度に幻想でない。我々が無宗教的であるのは、運命のしからしむるところであって、それ以外の理由はない。ウェーバーは知性を犠牲に捧げることを拒否した。宗教の復活も、預言者も、救世主も待望しなかった。宗教の復活が現代に後続して生起するかどうかについては、彼は全く確信がなかったのである。しかし彼は、大義や理想へのすべての献身はその根拠を宗教的信仰のうちに下ろしていること、したがって、宗教的信仰の衰退は究極的には一切の大義や理想の消滅に導くであろうことを、確信していた。彼は完全な精神的空虚か宗教の復活かという二者択一を、たえず心に描いていた。彼は近代の此岸的・無宗教的実験には絶望したが、それでもなお、彼の理解したかぎりでの科学を信じることは運命であるとして、それに執着しつづけた。彼がこのような葛藤を解決できなかった結果生じたのが、価値間の対立は人間理性によっては解決できないという彼の信念であった(32)。

しかしながら、近代的生活と近代科学との危機は、必ずしも科学の理念そのものを疑わしいものにしたわけではない。したがって我々は、ウェーバーが科学は科学自身についての明確な説明を与ええないように思われると言ったときの真意を、より正確な言葉で述べてみるよう試みなければならない。

人間は光、導き、知識がなければ生きてゆけない。善についての知識を介してのみ、人間は自分の必要とする善を見出すことができる。したがって根本的問題は、人間たちが個人のレヴェルであれ集団のレヴェルであれ、その生活を導くのに必要不可欠な善の知識を、もっぱらその自然的能力の努力だけで獲得できるのか、それとも善の知識は「神の啓示」に依存すべきことなのか、ということである。人間の導きか神の導きかという、この二者択一ほど根本的なものはない。前者の可能性は語の根源的意味における哲学ないし科学の特質を示すものであり、後者の可能性は聖書の中にみられる。このディレンマは、いかなる調停や綜合の試みによっても避けることができない。なぜなら、哲学と聖書の両者とも、なにごとかを唯一の必要不可欠のこと、究極的価値をもつ唯一のことと宣言しているが、聖書によって唯一不可欠のことと宣言されているものは、哲学によって宣言されているものと対立するものだからである。つまり、従順な愛の生活と自由な洞察の生活の対立が存在するのだからである。いかなる調停の試み、いかなる目覚ましい綜合においても、二つの対立する要素のうちの一方が他方の、巧妙さの程度に差はあるとしても、しかしいずれにせよ確実に犠牲にされる。女王であろうとする哲学が啓示の侍女にされてしまうか、その逆になるかである。

哲学と神学の間の世俗的闘争を鳥瞰してみた場合、敵対する両陣営のいずれの側も完全に他方を論破することにこれまで成功してはいないという印象を、我々は免れることができない。啓示を擁護するすべての議論は、啓示への信仰を前提してのみ、妥当するように思われるが、他方、啓示に反対するすべての議論も、啓示への不信仰を前提してのみ、妥当性をもつようにみえる。このような事態は至極当然のことであろう。啓示は自立的理性にとってはいつでもきわめて不確かなことであり、したがって啓示は自立的理性の同意をかちとることはできない。もともと人間は、自由な探究、存在の謎の解明の中に、自らの満足、自らの至福を見出すことができるように造られているのである。しかし他方において、人間は存在の謎の解決を切望しながら、その知識はつねに限られているため、神の照明が必要なことは否定できないし、啓示の可能性も論駁できない。このような事態は決定的に哲学には不利に、啓示に対しては有利に働くように思われる。哲学は啓示の可能性を認めなければならない。しかし啓示が可能なことを認めることは、哲学はおそらく必要な唯一のものではなく、ことによると全く取るに足りないものかもしれないと、認めることを意味する。啓示の可能性を認めることは、哲学的生活は必ず、そして明白に正しい生活そのものであるとは限らぬことを認めることである。哲学、すなわち、人間としての人間が手にしうる明白な知識の探究に献《ささ》げられた生活それ自体は、恣意的で明白さに欠ける盲目的決定に依存していることになるであろう。このことは、啓示への信仰がなければ、首尾一貫性の可能性も、首尾一貫した徹頭徹尾真摯《しんし》な生活の可能性もありえない、という信仰命題を確証するものであろう。哲学と啓示は相互に論駁《ろんばく》することができないという、単なるその事実だけで哲学に対する啓示の側からの反駁となるであろう。

ウェーバーをして、科学ないし哲学の理念そのものは致命的弱点を有している、と主張せしめたものは、啓示と語の十全な意味における哲学ないし科学との間の対立、そしてその対立の含意であった。彼は自立的洞見という大義に忠実でありつづけようと努めたが、しかし、科学や哲学によって忌み嫌われた知性の犠牲という事態が、科学や哲学の根底に存すると感じたとき、絶望したのである。

しかし、我々は、このような恐るべき深淵から脱出し、必ずしも楽しいわけではないが、少なくとも静かな眠りだけは保証してくれる表面へ急ぎ立ち戻ることにしよう。再び水面に浮上してきた我々を待ちうけているのは、社会科学方法論に献げられた六百ページもの大著、最小限に圧縮された本文と最大限のページ数をついやした脚注によって埋められた大著である。しかし、我々は間もなく、我々が困難を免れたのでないことに気づく。それというのも、ウェーバーの方法論は、通常の方法論とは異なるものだからである。ウェーバーの方法論の研究者は誰でも、それが哲学的であると感じてきた。その感じを解明することは可能である。正しい科学的手続に関する反省としての方法論は、必然的に科学の限界に関する方法論でもある。そして科学が実際に人知の最高の形態であるとするならば、それは人知の限界に関する方法論であることになる。さらに、知こそすべての地上の存在者の中で人間を特徴づける種差だとすれば、方法論は人間の限界あるいは人間そのものの条件に関する反省である。ウェーバーの方法論は、このような要求をほとんど満たすものと言ってよい。

ウェーバー自身が自らの方法論についてどのように考えていたかを一層立ち入って考えてみると、自然科学にせよ社会科学にせよ、科学一般に関するウェーバーの考えは、一種独特の実在観に基づいていると言えるであろう。それというのも、彼によれば、科学的理解とは、実在を特定の仕方で変形することだからである。したがって、科学の意味を明晰にするには、それ自体における実在、すなわち、科学によって変形される以前の実在を、前もって分析しておく必要がある。しかしウェーバーはこの問題についてあまり多くを語っていない。彼は、実在の性格についてよりも、むしろ実在がさまざまなタイプの科学によって変形される仕方の種々相の方に、より多くの関心を寄せていた。それというのも、彼の主たる関心事は、歴史的あるいは文化的科学の独自性を次のような二つの明白な危険、すなわち、これらの科学を自然科学の型に合わせて形成しようとする試みと、自然科学と歴史的−文化的科学との二元論を形而上学的二元論（「身体と精神」または「必然性と自由」）によって解釈しようとする試みとの、二つの危険から守り通すことにあったからである。しかし彼の方法論的諸命題は、それらを実在の性格に関する諸命題に移し変えない限り、理解不可能なもの、あるいは少なくとも不適当なものであろう。たとえば彼が、解釈的理解は因果的説明に従属すべきものと主張したとき、彼は、可知的なものはしばしば可知的ならざるものによって圧服されるということ、すなわち、より低次のものの方が大抵より高次のものより強力であるという観察によって導かれていたのである。それに加えて彼は、かねてから問題意識を持っていただけに、科学によって変形される以前の実在とはいかなるものであるかについての、自らの見解を述べる機会を作っている。彼によると、実在とは、独自の無限に分割可能な出来事——しかもそれ自体として無意味な出来事の、無限で無意味な継起ないし混沌である。すべての意味、すべての分節化は、認識し評価する主体の活動に由来する。ウェーバーが新カント派から引き継ぎ、ただ一つ二つの感情的アクセントを加えて変化をつけただけの、実在の見方に満足する人は、今日ではきわめて僅かであろう。ここでは、ウェーバー自身もこのような見方を首尾一貫して固守することはできなかったことを、指摘しておけば足りる。たしかに彼は、すべての科学的分節化に先立って実在の分節化が存在することを否定できなかった。我々が日常経験の世界や世界の自然的理解について語るとき念頭においているあの分節化、あの意味の豊富さのことである。(33) しかし彼は、「常識」に知られている社会的世界についての、あるいは社会生活や社会的行動のなかで知られる社会的実在についての透徹した分析を試みようとしなかった。彼の著作の中で、そのような分析に代わって場所を占めたのは、理念型の定義であるが、この理念型というのは人為的構成物であって、社会的実在の内的構造への符合を目指すものではなく、それに加えて、あくまでも一時的妥当性のみを目指すものである。現実生活の中で我々が知っているような、そして市民的社会が存立を得て以来、人間たちが常に知っているような社会的実在の包括的分析によってのみ、評価的社会科学の可能性を十全に論ずることが可能になろう。そのような分析こそ、社会生活に本質的に属している基本的選択肢を明確にし、それと同時に、これらの選択肢間の対立が原理的にいって解決されうるものか否かについての、責任ある判断を下すための基礎を提供すると思われるのである。

ところが、ウェーバーは、ここ三世紀の近代的伝統の精神に則って、社会科学は社会生活の中で経験され、「常識」に知られている社会的実在の分析に基づかなければならない、という考えを拒否してしまったようである。その近代的伝統に従えば、「常識」とは、個人の感覚の絶対的に主観的な世界と、科学によって次々と発見された真に客観的な世界によって生み出された混成物である。このような見解は、近代思想が古典哲学との訣別によって出現した十七世紀に生じたものである。しかし近代思想の創始者たちは、彼らが哲学ないし科学を自然的世界に関する人間の自然的理解の完成と考えた限りでは、なお古典哲学者たちと一致していた。彼らが古典哲学者たちと袂を分かつのは、彼らが新しい哲学ないし科学を世界に関する真に自然的な理解として、これを古典古代と中世の哲学や科学あるいは「スコラ哲学」の誤った世界理解に対置させた限りにおいてであった(34)。新しい哲学ないし科学の勝利は、その決定的分野である新しい物理学の勝利によって揺るがぬものとなった。この勝利の結果、新しい物理学と新しい自然科学一般が哲学の臀部を切り離して独立し、あとに残された哲学の臀部はそれ以来「科学」と対比的な意味での「哲学」と呼ばれるようになった。しかも実際、「科学」は「哲学」にとっての権威とさえなったのである。「科学」は近代哲学ないし科学の成功した部分であり、他方「哲学」はあまり成功しなかった部分であると言えよう。こうして、近代哲学でなくて近代自然科学こそが、自然的世界に関する人間の自然的理解の完成とみなされるようになった。しかし十九世紀にいたって、当時「科学的」理解（あるいは「科学の世界」）と呼ばれていたものと「自然的」理解（あるいは「我々が生活している世界」）と呼ばれていたものとの間に明確な一線が画されなければならぬことが、漸次明らかになってきた。世界の科学的理解というものは、自然的理解の完成であるどころか、その根本的変更によって生じるものであることが明らかになった。自然的理解こそ科学的理解の前提であるゆえ、科学および科学的世界の分析は、自然的理解および自然的世界ないし常識の世界の分析を前提するものである。自然的世界、すなわち、我々の生活と行為の場であるこの世界は、理論的態度の対象や産物ではない。それは我々が身を退いて超然と眺める単なる諸対象の世界ではなく、我々が関わりをもつ「物事」や「事柄」の世界である。しかし、我々が生きている世界を自然的あるいは前科学的世界と同一視する限り、我々は一つの抽象にたずさわっている。我々が生活している世界はすでに科学の産物であるか、あるいは少なくとも科学の存在によって深い影響を受けた世界である。テクノロジーのことはさておき、現在我々が生活している世界は、亡霊、魔女等々から解放された世界であるが、これらのものは科学が存在しなければならない世界に横行していたであろう。自然的世界を、徹底して前科学的あるいは前哲学的な世界として把握するためには、科学ないし哲学が最初に出現した以前にまで立ち返らなければならない。そのために、大規模で必然的に仮説的でしかありえぬ人類学的研究に従事しなければならぬという必要はない。古典哲学がその起源について提供する情報があれば、とりわけその情報が聖書の最も基本的な諸前提の考察によって補われるならば、それだけで「自然的世界」の本質的性格を再構成するのに十分である。そのように補われた情報を用いることによって、自然権の観念の起源を理解することが可能となろう。

Ⅲ　自然権観念の起源

自然権の問題を理解するためには、我々は政治的な事柄の「科学的」理解からはじめるのでなく、その「自然的」理解から出発しなければならない。すなわち、政治的な事柄が我々の公務である場合、我々が種々の決定を下すよう迫られる場合に、政治的な事柄が政治的生や行動の中に現出するときの状態から出発しなければならない。だからといって、政治的生は必然的に自然権を知っているという意味ではない。自然権は発見されなければならなかったのであり、それが発見される以前にも政治的生は存在していたからである。したがってその意味するところは、政治的生はどのような形態のものであっても、必ずや自然権を避けることのできない問題として志向するということにすぎない。この問題が意識されはじめるのは政治学の誕生より古いことではなく、むしろ同時である。したがって自然権観念を知らない政治的生は、当然のことながら政治学の可能性に気づくことがなく、また学問そのものの可能性を意識することもない。それは学問の可能性を意識する政治的生が、必然的に自然権を問題として意識するのと全く同様の事情である。

自然権の観念は、自然の観念を知らない限り知ることができないはずである。ところで自然の発見は哲学の仕事である。哲学の存在しないところには、自然権そのものの知識も存在しない。旧約聖書の根本的前提には哲学の否定が含められていると言いうるが、旧約聖書はまさに「自然」を知らない。「自然」に相当するヘブライ語はヘブライ語聖書には見当たらない。たとえば、「天と地」が「自然」と同じものでないことは言うまでもない。したがって自然権そのものの知識も旧約聖書には存在しないのである。自然の発見が必然的に自然権の発見に先行するのであって、哲学の方が政治哲学よりも古いのである。

哲学は万物の「原理」の探究であって、このことはまず第一に万物の「始原」の探究あるいは「第一存在」の探究を意味している。この点で哲学は神話と同じである。しかし「愛知者」(*philosophos*) は「神話愛好者」(*philomythos*) と同一ではない。アリストテレスは最初の哲学者たちのことを単に「自然について語った人々」と呼び、これらの人々をそれ以前の「神々について語った」人々から区別している。[1] 神話とは区別された哲学が成立したのは自然が発見された時であり、最初の哲学者は自然を最初に発見した人であった。哲学の歴史全体が、二千六百年余の昔に幾人かのギリシア人によってなされたこの決定的発見の含蓄する意味を、十分に把握しようとして絶えず繰り返された試みの記録に他ならない。この発見の意味を、たとえ暫定的な仕方においてであれ理解するためには、自然の観念からさかのぼって哲学成立以前にそれに当たるものは何であったかを考察しなければならない。

もし自然が「現象の総体」と理解されるならば、自然の発見の意義は把握されえないであろう。というのは、自然の発見は、まさにその総体を自然的現象と非自然的現象へと分割することにおいて成り立つのだからである。つまり「自然」は区別を表わす言葉なのである。自然が発見される以前には、ある事物ないしある事物の種類に特有の振舞いは、それらの慣習や仕方と考えられていた。すなわち、時と処を問わず同一の慣習や仕方と部族ごとに異なる慣習や仕方との間に、いかなる根本的区別も立てられていなかったのである。吠えたり尻尾を振ったりするのは犬の仕方であり、月経は婦人の仕方であり、狂人によってなされる狂気の沙汰は狂人の仕方である。それは、豚肉を食わないのがユダヤ人の仕方であり、葡萄酒を飲まないのがイスラム教徒の仕方であるのと全く同じことである。「慣習」あるいは「仕方」が、哲学成立以前において「自然」に相当するものであった。

あらゆる事物や事物の種類がその慣習や仕方を持っている一方で、とりわけ重要な特別の慣習や仕方というものがある。「我々の」仕方、「ここに」住んでいる「我々の」仕方、人が所属している独立集団の生活の仕方がそれである。これを「最も重要な」慣習あるいは仕方と呼ぶこともできよう。その集団の構成員が全員、その仕方をつねに守り続けているとは限らないが、しかし彼らがその仕方のことを適切にも思い出したときには、大抵の場合そこへと回帰していくのである。最も重要な仕方というものは正しい道である。その正しさはその古さによって保証されている。「新奇さに反対するある種の予断が存在するが、これは人間の本性や人間的事象についての深い考察から導き出されたものである。法学の格言にも、古来ノ慣習ハ常ニ法律トミナサレル（*Vetustas pro lege semper habetur*）、と適切にも述べられている」。しかし、古いものがすべてどこでも正しいというのではない。「我々の」仕方が正しい仕方であるのは、それが古くてかつ「我々自身のもの」だからである。換言すれば、それが「自国育ちでかつ永年の慣行によるもの」だからである。(2)「古くて我々自身のもの」がもともと正しいものあるいは善いものと同一視されたのとちょうど同じように、「新しく異国のもの」はもともと悪いものを意味していた。「古い」と「我々自身のもの」を結合した観念が、「先祖の」という観念である。哲学が出現する以前の生活は、善いものと先祖のものとの原始的同一視をその特徴としている。それゆえ、正しい仕方はおのずと先祖についての想念を、したがって第一存在についての思念を素朴な形で含んでいるのである。(3)

それというのも、先祖の方が「我々」よりも絶対的に優れたものであると仮定しなければ、善いものと先祖のものとを正当に同一視することはできないからである。そしてこのことは、先祖は通常の我々死すべき者どものすべてに立ち優っていたことを意味する。そのような先祖、あるいはそのような先祖の仕方の確立者たちが、神々あるいは神々の息子たちであるとか、あるいは少なくとも「神々の近くに住む者たち」であると信じられるようになってくる。善いものと先祖のものを同一視するところから、正しい仕方は神々によって、あるいは神々の息子たちや弟子たちによって確立されたという見解が導かれてくる。正しい仕方とは神的な掟でなければならない。ところで先祖はそれぞれ別個の集団の先祖であるという点を考えてみれば、多様な神的な法や掟が存在し、しかもその各々が神的存在者あるいは半神的存在者の制作によるものであることを、信じるよう導かれるのである。[4]

元来、第一存在や正しい仕方に関する問いは、それらの問いが立てられる以前に答えられている。つまり、それらの問いは権威によって答えられているのである。というのも、人間が従わなければならない正しさとしての権威は、本質的に法律に由来するものであり、そして法律は本来共同体の生活様式に他ならないものだからである。もし権威そのものが疑われることがないなら、あるいは少なくとも何らかの存在者に関する一般的言説がそのまま受け入れられている間は、第一存在や正しい仕方が問題化されて問いかけの対象となることはありえない。また哲学が出現することも、自然が発見されることもありえない。[5] 自然的正〈以下、古典古代の文脈においてはnatural rightを自然的正と訳す〉の観念の出現は、それゆえ、権威への疑いをその前提とするのである。

プラトンは、明示的な言明によるよりはむしろ、その『国家』と『法律』の会話の場面を設定することによって、権威への疑いや権威からの解放が自然的正の発見にとって必要不可欠である所以を示したのであった。『国家』のなかで自然的正の議論が始まるのは、父であり家長である老ケパロスが神々に聖なる供物を捧げるために立ち去ってしばらく後のことである。ケパロスあるいはケパロスが代表するものが不在となることが、自然的正の探究にとって必要不可欠のことなのである。あるいは、もしそう言ってよければ、ケパロスのような人は、自然的正を知る必要がないのである。そればかりか、この自然的正に関する議論は参加者たちに、彼らが見物しようと思っていた女神のためになされる松明競《たいまつ》争のことをすっかり忘れさせてしまう、——つまり自然的正の探究が松明競争に取って代わるのである。『法律』に記録されている議論がなされるのも、その議論の参加者たちが、ゼウスの子にして弟子であるミノス王、しかもクレタ人たちの間に神的法律をもたらしたミノス王の足跡を辿ってクレタの街からゼウスの洞窟まで歩く道すがらのことである。彼らの会話は完全な形で記録されているのに、彼らがその当初の目的地に到着したかどうかについては、何も語られていない。『法律』の最後は、『国家』の中心的テーマに当てられていて、自然的正、あるいは政治哲学と政治哲学の中心的課題が、ゼウスの洞窟に取って代わるのである。もし我々がソクラテスを自然的正の探究の代表者とみなすなら、その探究と権威の関係を次のように説明することができよう。すなわち、神法によって支配されている共同体においては、このような法を若者たちの面前で真剣な議論の対象とすること、つまり批判的吟味にさらすことは、厳しく禁じられている。しかしながら、ソクラテスは自然的正――それを発見するにはまず先祖の掟や神の掟に対する疑いがその前提となるような主題――を、若者たちの面前どころか彼らとの会話のなかで議論している、と。プラトンより少し前に、ヘロドトスが、彼の記録した政治の原理に関する唯一の討論の箇所で、このような事情を指摘していた。彼が我々に伝えているところでは、自由な討論が真理を愛するペルシア人たちの間で行なわれたのは、マゴス〈ペルシアの世襲的な神官階級の呼称〉を殺害した後であった。[6] このことは、自然的正の観念がひとたび立ち現われ当然のこととなってしまえば、その観念が神的に啓示された法の存在への信仰と容易に習合しうることを、否定するものではない。我々が主張するのはただ、そのような信仰が支配的であることによって、自然的正の観念の出現が妨げられたり、あるいは自然的正の探究が何の重要性も持たぬこととされてしまうということである。すなわち、もし人間が何が正しい道であるかを神の啓示によって知るのだとすれば、その道を自立の努力によって発見する必要はないのである。

権威に対する疑惑の最初の形態、したがってまた哲学が最初にとった方向、換言すれば自然が発見されたときの視角は、権威がもとから持っていた性格によって決定された。神的掟にも多様なものが存在するという想定は困難な問題に行き当たる。というのも多様な掟が相互に矛盾するからである。一方の掟が端的に非難する行為を、他方の掟が絶対的に賞賛する。一方の掟が第一子を生贄《いけにえ》に捧げることを要求するのに対し、他方の掟は一切の人身御供を忌まわしいこととして禁止する。ある部族の埋葬の儀式は他の部族の恐怖心を掻き立てる。しかし決定的に重要なことは、さまざまな掟が第一存在に関して提示する事柄が相互に異なるという事実である。神々が大地から生まれたとする説は、大地は神々によって創り出されたとする説とは折り合わない。こうしていずれが正しい掟であるか、いずれが第一存在の説明として正しい説明であるかに関して、問題が生じてくる。こうなると正しい慣行ももはや権威によって保証されるものではなくなり、それ自体が問題化し、探究されるべき対象となる。善いものと先祖伝来のものを同一視した原始的なやり方は、善いものと先祖伝来のものを根本的に区別するやり方に取って代わられる。正しい慣行や第一存在の探究は、先祖伝来のものから区別された善いものの探究である(7)。それはやがて、単なるノモス(慣習)によって善いものとは異なるピュシス(自然)によって善いものの探究であることが明らかになるだろう。

第一存在の探究は、善いものと先祖のものとの区別に先立つ二つの基本的区別によって先導される。いつでも人々は伝聞と自分自身の目で見ることを(たとえば裁判上の事柄において)区別して、自分で見たことを他人から聞いたにすぎないことより優先させてきたに相違ない。しかしこの区別が本来役立つのは、特定のいわば付随的な事柄に限られていた。最も重要な事柄――第一存在や正しい慣行――に関して言えば、その認識の唯一の源泉は伝聞であった。数多くの聖なる掟の間の矛盾を直接体験して、ある者――旅行者すなわち、多くの人々の群がるいくつかの都市を訪れ、彼らの考えや慣習の多様性を実感した人間――が、自分自身の目で見ることと伝聞との区別をすべての事柄に、そしてとりわけ最も重要な事柄に、適用することを示唆した。ある掟や神話的説明が神的な尊崇されるべき性格をもつことについての判断や同意は、それらの主張が根拠としている事実が明白にされ論証されるまでは、留保されなければならない。根拠とされている事実が明白にされるときは、公然と万人に対してでなければならないのである。このようにして人間は、自分の属している集団が当然のこととみなしていることと自分自身が実際に見ている事柄との決定的相違に敏感になってゆく。「私」がいかなる罪悪感をも抱くことなしに自らを「我々」に対立させうるようになるのは、このようにしてである。しかしそのような権利を獲得するのは「私」としての「私」ではない。神的な掟の要求や第一存在についての聖なる神話的説明の主張を確立するにあたっては、夢想や幻想が決定的に重要な役割を果たしていた。ところが、伝聞と自分自身の目で見ることとの区別を一般的に適用することによって、覚醒時に知覚される一つの真なる共通の世界と、多数の真ならざる個人的な夢想と幻想の世界との間に、一つの区別が立てられることになる。こうしてある特定集団の「我々」でも、独自の「私」でもなく、人間としての人間が、すべての事柄について、その真と偽、存在と非存在の尺度であるように思われてくる。そしてついには、人間は彼が伝聞によって知った事柄の、そして各集団ごとに異なる事柄の名目（ノモス）と、彼のみならず他のすべての人間もひとしく自分自身の目で見ることができる事柄そのものとを、区別するすべを学ぶにいたる。こうして人間は、各集団ごとに異なる事柄の恣意的区別を、事柄の「自然（ピュシス）的」区別によって取り替えはじめるのである。

神的な法典や第一存在についての聖なる神話的説明は、伝聞によってでなく超人間的な告知によって知られるものであると言われていた。伝聞と自分自身の目で見ることとの区別が最も重要な事柄にも適用されるべきだと主張されたときには、次のことも要求されていた。すなわち、超人間的告知と称されているすべてのものの超人間的起源は検討を加えられ確証されなければならないということ、それもたとえば本物の神託とまがいものの神託を区別するのに用いられた伝統的基準に照らしてではなく、人間知にとって十分に到達可能な事柄において我々の指針となる諸規則から最終的には明証的な仕方で導出されるような基準に照らして、検討確証されなければならないということである。哲学や科学が出現するに先立って存在した人間知の最高のものは技術であった。第一存在の探究を最初に導いた哲学以前の第二の区別は、人為的ないし人工的事物と非人工的事物の区別である。自然が発見されたのは、人間が、一方では伝聞と自分自身の目で見ることとの基本的区別に照らして、他方では人間によって作られたものと人間によって作られたのではないものとの基本的区別に照らして、第一存在への探究を開始した時のことであった。この二つの区別のうち前者は、第一存在は万人が現在ただいま見ることのできるものから出発して明るみに出されるべきだという要求を促す引き金となった。しかし目に見えるものなら何でも同等に、第一存在を発見するための適切な出発点であるわけではない。人工物から出発しても至りつく第一存在は人間以外のものではないのであるが、人間はたしかに端的に第一存在とはいえない。人為的な事物は、人間によって作られたのでなく見出された物に比べて、あらゆる点で劣ったもの遅れたものであると見られる。人為的な事物はその存在そのものを人間の考案や計画的思慮に負うていると見られる。もし人が第一存在についての聖なる神話的説明の正しさに関して判断を下しかねているとすれば、その人は、人工的でない事物がその存在を何らかの種類の計画的思慮に負うているのかどうか、すなわち、第一存在が他のすべてのものを計画的な思慮にもとづいて創り出すのか、それとも他の仕方で創り出すのかということを知らないのである。こうして人は、第一存在が計画的思慮にもとづくあらゆる創造とは全く異なる仕方で他のすべての事物を創り出す可能性を、認めるようになる。それ以後、目に見える一切のものは思慮する存在者によって生み出されたとか、ある超人間的な思慮する存在者が存在するというような主張は、論証を、すなわち、万人が現にただいま見ることのできるものから出発する論証を必要とするようになった。(8)

そこで手短には、自然の発見は人間の可能性の現実化、少なくともそれ自身の解釈に従えば、超歴史的、超社会的、超道徳的、そして超宗教的な人間の可能性の現実化と同一のことである、と言うことができよう。[9]

第一存在に対する哲学的探究の前提には、単に第一存在が存在するということのみならず、第一存在は恒常的に存在するということ、そして恒常不変に存在するものは恒常的には存在しないものに比べて一層真実に存在するものであるということがある。これらの前提は、いかなる存在者も原因なしには出現しないとか、あるいは「最初にカオスが存在しはじめる」ことは不可能である、すなわち、第一存在が無から無によって突如存在しはじめることは不可能である、という基本的前提から帰結するものである。換言すれば、もし何か永遠不変のものが存在しなければ、明瞭な変化というものも不可能であろうし、明らかに偶然的な存在者は何か必然的で永遠的なものの存在を必要とする。恒常的な存在者は恒常的ならざる存在者よりも高い尊厳性をそなえているが、それは前者のみが後者の、そして後者の存在の究極的原因たりうるからである。あるいは、恒常的ならざるものは自らの場所を、恒常的なものによってしつらえられた秩序のうちに見出すからである。恒常的ならざる存在者は恒常的な存在者に比べて、一段と真実ならざる存在者である。それは滅びゆくことが存在と非存在の中間にあることを意味するからである。我々はまた同一の基本的前提を次のように言い換えることもできよう。すなわち、「全能」とは「自然」[10]の認識、つまり不変で予知可能な必然性の認識によって制約された力のことである、と言い換えうるのである。すべての自由や不確定性は、一層根本的な必然性を前提するのである。

ひとたび自然が発見されると、自然的集団やさまざまな人間部族の特徴的なあるいは通常的な振舞いを、ひとしく慣習や風習として理解することが不可能となってくる。自然的存在者の「慣習」はそれらの自然として認められ、さまざまな人間部族の「慣習」は彼らの約束事（コンヴェンション）と認められる。最も古い時代からあった「慣習」や「仕方」の観念は、一方の「自然」という観念と他方の「約束事」という観念へと分裂する。自然と約束事、ピュシスとノモスの区別は、それゆえ、自然の発見、したがって哲学と時期を同じくするものである。(11)

もし自然が隠されたものでなかったら、発見される必要もなかったであろう。したがって、「自然」は必然的に他の何かと対比して、すなわち、自然を覆いかくしている当のものとの対比において理解される。学者たちの中には、存在するものはすべて自然的であることを信じて、「自然」を区別の用語として解することを拒む人もいる。しかし彼らも、自然というようなものが存在すること、あるいは「自然」はたとえば「赤い」と同じ程度に確実で明白であることを、人間が本性的に知っていることを暗々裡に想定している。さらに彼らは、自然的事物や現存する事物と幻想的なものや存在しないのに存在するかのように見せかけているものとを区別するように強いられる。しかし彼らは、存在しないのに存在するかのように見せかけている最も重要なものの存在のあり方については、明確にすることなく放置したままである。自然と約束事の区別は、自然が権威ある決定によって本来隠されていることを暗に意味している。第一存在についての考えを持たずしては、人間は生きていけない。また、第一存在についての同一の考えによって仲間たちとの結びつきを持たずには、すなわち、第一存在についての権威ある決定に服することなしには、人間は善く生きることはできない、と考えられていた。そしてこの第一存在あるいは「存在するもの」を明らかにすると自ら主張するのが、まさに法律である。しかし法律はと言えば、その拘束力を当の集団の成員たちの合意ないし取り決めから得ている規則であるように見える。法律や約束事は自然を隠すという傾向ないし機能をもつ。そして自然がまず最初はただ「慣習」として経験されたり「与えられ」たりするという程度には、自然の隠蔽は成功するのである。それゆえ、第一存在の哲学的探究は、「存在するもの」ないし「存在すること」についての理解、すなわち、存在の様態の最も基本的な区別が「真実に存在すること」と「法律や約束事によって存在すること」との区別であることを示すような理解によって、導かれるのである。――この区別はスコラの「実在的存在者」(*ens reale*)と「虚構的存在者」(*ens fictum*)との区別の中に、かろうじて認めることのできるような形で姿をとどめている。[12]

哲学の出現は、一般的には政治的事柄に対する、特殊的には法律に対する人間の態度に根本的な影響を与えた。なぜなら、これらの事柄についての人間の理解に根本的影響が及んだからである。元来、先祖伝来のものこそ権威そのものであり、あらゆる権威の源であった。自然の発見によって、先祖伝来のものの権利の主張は根拠を失った。哲学は先祖伝来のものを拠り所とすることを止めて、善きもの、本来的に善きもの、自然本性的に善きものに訴えるのである。しかし、哲学は先祖伝来のものの権利主張を根絶するのに、その先祖的なものの本質的要素を保存するような仕方で行なっている。というのは、自然について語るときに最初の哲学者たちが意味したのは、第一存在、すなわち、最古のものだったからである。つまり、哲学は先祖的なものに代えて、先祖的なものより一層古いものに訴えたのである。自然はすべての先祖の先祖、すべての母の母である。自然はいかなる伝統よりも古く、したがっていかなる伝統よりも尊崇されるべきものである。自然的事物は人間が生み出した事物よりも一層高い価値をもっているという見解は、神話からの秘かなあるいは無意識の借用ないし神話の残滓《ざんし》に基づくのではなく、自然の発見そのものに基づいている。技術は自然を前提するが、自然は技術を前提としない。人間の「創造する」能力は、人間のいかなる生産品よりも賞賛に値するが、この能力そのものは人間によって生産されたものではない。シェイクスピアの才能はシェイクスピアの作品ではなかった。自然はすべての技術に材料を供給するのみならず、そのモデルをも提供する。「最も偉大で最も素晴らしいものは」、技術の作品ならぬ自然の作品である。哲学は先祖的なものの権威を根絶することによって、自然が権威そのものであることを認めたのである。(13)

だが、哲学は権威を根絶することによって、自然が基準そのものであることを認めたと言った方が、誤解が少ないかもしれない。それというのも、感覚的知識の助けをかりて自然を発見する人間の能力は理性ないし知性であるが、理性ないし知性のその対象に対する関係は、なぜ権威そのものに合致するのかという理由を詮索することなく聴従するのとは全く異質のことだからである。自然を最高の権威と言ってしまえば、哲学の存立がかかっている区別、つまり、理性と権威の区別を曖昧にするおそれがある。権威に服従すれば哲学は、とりわけ政治哲学は、その特性を失うことになろう。それはイデオロギーに、つまり、現存の社会秩序あるいは成立しつつある社会体制のための護教論に堕してしまうだろう。神学あるいは司法教育に変質してしまうだろう。十八世紀の状況を念頭におきつつ、チャールズ・ビアード〈一八七四—一九四八、アメリカの歴史家〉は、「聖職者と君主制主義者は神授の権利としての特別の権利を主張し、革命家の方は自然を拠りどころとした」と述べている(14)。十八世紀の革命家たちに当てはまることは、必要な変更を加えれば、哲学者としての哲学者全員に当てはまる。古典的哲学者たちは、善きものと先祖的なものの同一視の根底に存している偉大な真理を、十分に正しく評価していた。だが、もし彼らがまず最初に善きものと先祖的なものの同一視そのものを斥けていなかったとしたら、彼らはその同一視の根底に存する真理を明るみに出すこともできなかったであろう。とりわけソクラテスは、彼の政治哲学から帰結する究極的な実践的結論に関する限り、きわめて保守的な人間であった。しかしアリストパネスは〔彼の喜劇作品『雲』のなかで〕、ソクラテスの基本的前提に従えば、息子が自分の父親をさんざん打ちすえるように、すなわち、最も自然的な権威を実際に否認するように導かれうることを示唆することによって、真実を言いあてたのである。

自然の発見、あるいは自然と約束事との基本的区別の発見は、自然的正の観念が出現するための必要条件である。しかし十分条件ではない。すべての正が約束事であるかもしれないのである。このことがまさに、政治哲学における基本的論争のテーマである。自然的正というものは存在するのだろうか。ソクラテス以前には否定的な答え、すなわち、我々が「コンヴェンショナリズム」と呼んでいた見解が、支配的であったように思われる[15]。哲学者たちが最初のうちこのコンヴェンショナリズムの方に傾いていたことは、別に驚くべきことではない。正しさ（権利）は、まず最初は、法律や慣習と同一のこととして、あるいはそのような性格のこととして現われる。そして哲学の出現とともに、慣習や約束事は自然を隠すものとして立ち現われてくるのである。

ソクラテス以前の基本的テキストとして、ヘラクレイトスの次の言葉がある。「神の目からすれば、すべては美《うる》わしく（高貴であり）善であるとともに正しい。しかし人間たちは、あるものは正しく他のものは正しくないという想定をした」。公正と不公正の区別そのものは、単なる人間の想定、人間の約束事にすぎない[16]。神、あるいは人間が第一原因と呼ぶものは何であれ、禍福を超えるものであり、そして善悪をさえ超えている。神は、人間生活そのものに関連するようないかなる意味での正義にも関知しない。神は、正義に賞を不正に罰を与えるようなことをしない。正義は何ら超人間的な支持基盤を持つものではない。正義が善で不正義が悪であることは、もっぱら人間のはたらきに、したがって究極的には人間の決定に帰せられることである。「正しい人間が支配する場所以外のどこにも、神的正義の痕跡は見当たらない。他のところでは、我々が見るように、正しい者にも邪悪な者にも、同一の出来事があるだけである」。[17] こうして自然的正の否定は、特別の神慮の存在を否定したことの帰結であるように思われる。しかしアリストテレスの例だけで、特別の神慮や神的正義そのものを信じなくとも自然的正の存在を認めうることを、十分に示していると思われる。[18]

それというのも、宇宙の秩序が道徳的区別に対してどれほど無関心だと考えられるにせよ、自然一般から区別された人間の自然本性が、そのような道徳的区別の基礎となりうると思われるからである。この点を、ソクラテス以前の最もよく知られた教理、すなわち原子論の例によって説明しよう。原子が善悪を超えているという事実は、原子の合成体、とりわけ我々が「人間」と呼んでいる合成体にとって、自然本性的に善いものあるいは悪いものは何も存在しないという推論を正当化するものではない。実際、人間がなしている善悪の区別や人間の選好のすべてが単なる約束事にすぎないとは、誰も言うことができない。我々はそれゆえ、人間の自然本性的な欲求および傾向性と、約束事から生じてくるそれらのものとを、区別しなければならない。さらに我々は、人間の自然に合致し、それゆえ人間にとって有益な人間の欲求および傾向性と、人間の自然ないし人間性を損ない、したがってって有害なそれらのものとを、区別しなければならない。かくて我々は、自然に合致するがゆえに善い生、人間らしい生という観念に導かれる。[19] 論争の両陣営とも、そのような生が存在することを認めている。より一般的に言えば、彼らは公正とは区別された善の優位を認めている。[20] 論争点は、公正は善（自然本性的に善）であるか、あるいは人間の自然に合致した生は正義や道徳を必要とするか、という問題である。

自然的なものと人為的な約束事との明白な区別に達するためには、人為的慣習（約束事）以前の個人の生[21]あるいは人類の生の時期にまでさかのぼらねばならない。我々は起源にまでさかのぼらねばならないのである。正と市民的社会の関係を視野に入れると、正の起源の問題は、市民的社会ひいては社会一般の起源の問題へと変形していく。そしてこの問題は、人類の起源の問題へと移行し、さらには、人間の原初の状態はどのようであったかという問題、その状態は完全であったか不完全であったか、不完全であったとすれば、その不完全さは温和な性格（人の好さあるいは無垢）のものかそれとも野蛮な性格のものであるかという問題へと発展するのである。

もし我々がこれらの問題について古くからなされてきた議論の記録を吟味してみるなら、このような起源に関する問題に対して与えられた解答のいずれをとってみても、自然権の受容あるいは拒否と矛盾するものではないという印象を、容易に得ることができる。[22]このような困難のゆえに、市民的社会の起源に関する問題や「最初の人間たち」の状態を、完全に無視するとは言わないまでも軽視するようになった。重要なのは「国家の観念」であって、決して「国家の歴史的起源」ではないというわけである。[23]このような近代的見解は、基準としての自然を斥けたことからの帰結である。「自然」と「自由」、「現実」と「規範」、「存在」と「当為」が、相互にまったく独立したものとして現われた。したがって、我々は市民的社会や正義については、その起源を研究することによっては何ひとつ重要なことを学ぶことができないように思われてきた。しかし古代人の見方からすれば、起源の問題は、それに正しく答えることによって市民的社会や正義の地位や尊厳が明らかになるのだから、決定的に重要なことである。人々は市民的社会や正・不正の起源や生成を探究したが、それは、市民的社会や正・不正が自然に基づいているのか、それとも約束事に基づいているのかを見出すためである。[24]そしてまた、市民的社会や正・不正の「本質的な」起源の問題は、原初期や「歴史的」起源に関して知られている事柄を考慮せずには答えることのできないものである。

原初期の人間の状態が実際に完全であったかそれとも不完全であったかという問題に関していえば、その問題に対する解答次第で、人類はその現実の不完全性に全面的に責任を負うているのか、それとも現実の不完全性は人類の生誕期の不完全性によって「免責される」かが決定されるのである。換言すれば、人間の原初期は完全であったとする見解は、善きものと先祖的なものの同一視に合致し、哲学よりはむしろ神学に一致する。それというのも、技術は人間によって発明されたこと、世界の生誕期には技術は知られていなかったことを、人間はつねに思い起こし事実として認めているが、哲学は必然的に技術を前提しており、したがって、哲学的生き方が実際に正しい生き方であり、自然に合致した生き方であるとするならば、人間の原初期は必然的に不完全なものであったことになるからである。(25)

我々の現在の目的にとっては、コンヴェンショナリズムによって用いられている標準的議論に分析を加えるだけで十分である。その議論というのは、社会と社会との間では「正しいこと」も相異なるのだから、自然的正なるものは存在しえない、という論旨のものである。この議論はあらゆる時代を通して驚くべき生命力を発揮してきたのであって、その生命力たるやその議論そのものの内的価値とは不釣合いなほどである。この議論が通常提出されるときには、さまざまな国民間において、あるいは同一の国民においてもさまざまな時代において支配的であり、あるいは支配的であった様々な正義の観念を単に枚挙するということから成り立っている。我々が先に指摘しておいたように、「正しいこと」や正義の観念の多様性や可変性の事実をただ示したところで、ある種の仮定をしなければ、それは何ら自然的正の否定を正当化するものではない。しかもこれらの仮定は大抵の場合明示されることさえないのである。我々はそれゆえ、コンヴェンショナリストの議論を、散在する断片的な言説から再構成せざるをえないのである。

自然的正が存在しうるのは、ただ正の原理が不変的である場合に限られることは、至るところで認められている。[26] しかし、コンヴェンショナリズムが引き合いに出す事実は、正の原理が可変的であることを証明しているようには思われない。それらの事実が証明していることは、たださまざまな社会がさまざまな正義の観念や正義の原理をもつことにすぎないように思われる。ちょうど人間がさまざまな宇宙観を有するからといって、宇宙が存在しないとか、宇宙についての真なる説明そのものがありえないとか、人間は決して宇宙についての真に究極的な知識には達しえないとかが、少しも証明されたことにはならないのと同じく、人間が様々な正義の観念を有するからといって、自然的正は存在しないとか、自然的正は認識不可能であるとかが、証明されたわけではないのである。正義の観念の多様性は、罪過の観念の多様性として理解されうるが、その多様性は、正義に関する唯一の真理の存在と矛盾するものでなく、むしろその真理を前提するのである。もし自然的正が存在することと、すべての人あるいは大半の人が自然的正を知らなかった、あるいは現に知らないという事実とが、両立可能なことであるならば、コンヴェンショナリズムに対するこのような反論は成り立つであろう。しかし我々が自然的正について語るときに意味していることは、正義は人間にとってきわめて重要であり、人間は正義なしには生きることができない、あるいはよく生きることができないということ、そして正義に合致した生は正義の原理についての知識を必要とするということである。もし人間が、正義なしには生きることができないとか、あるいはよく生きることができないというような自然本性をもつのであれば、人間は自然本性的に、正義の原理についての知識をもたなければならない。ところで、このことが事実ならば、人間たちはすべて、彼らがちょうど感覚的諸性質に関して一致するように、正義の原理に関しても一致するであろう。[27]

しかしこのような要求は不合理であるように思われる。そもそも感覚的諸性質に関しても、普遍的一致など存在しないのである。音や色などに関して、すべての人間たちが一致することはないが、すべての正常な人間たちなら一致するだろう。したがって、自然的正が存在するために必要なことは、ただすべての正常な人間たちが正義の原理に関して一致することである。普遍的一致の欠如は、真の原理を顧みない人々の内なる人間性の欠陥によって説明されうる。ところでこの欠陥は、それに対応する感覚的諸性質の知覚面での欠陥に比べて、理由は明白だが、より頻繁に、より効果的に現われるものである。[28] しかし、もし正義の観念が社会ごと時代ごとに異なるというのが事実だとすれば、自然的正についてのこのような見解は、次のような困難な帰結に至るであろう。すなわち、ある特定社会の成員、あるいはある特定社会のある特定世代の成員、あるいはまたせいぜいのところ幾つかの特定社会の成員だけが、現存する唯一の正常な人間存在とみなされなければならなくなる、という困難な帰結である。このことは実際問題としては、自然権論者が自然的正を、自分自身の社会や自分自身の「文明」によって抱かれている正義の観念と同一視する可能性を意味している。自然的正について語ることによって彼がなそうとしていることは、彼のグループの偏見に対して普遍的妥当性を要求することに他ならない。事実問題として多くの社会が正義の原理に関して一致していることが主張された場合、これら特定の社会だけが人間性を損なわれることなく保持したと主張するよりも、この正義の原理に関する一致は偶然的原因(たとえば生活状態の類似とか相互間の影響)によると答える方が、少なくとも同程度以上の説得力があるのではないだろうか。また、すべての文明化した諸国民が正義の原理に関して一致していることが主張された場合、我々はまず「文明」ということで何が意味されているかを知らなければならないだろう。もし自然権論者が、文明を自然権(的生)あるいはそれに相当するものの承認と同一視しているのであれば、彼の発言の実質は、自然権の原理を受容しているすべての人は自然権の原理を受容しているという同語反復にすぎないのである。もし彼が「文明」によって高度の技術や(科)学の発展と解しているのであれば、彼の主張は、コンヴェンショナリストがしばしば文明化された人たちであるという事実によって論駁される。しかも、自然権や自然権の本質をなすといわれる原理の信奉者たちの方が、あまり文明化されていないことが多いのである。(29)

自然権に反対するこのような議論が前提しているのは、人間がよく生きるために必要とするすべての知識は、感覚的諸性質の知覚やその他の努力なしに得られる類いの知覚が自然的であるのと同じ意味で自然的であるということである。したがって、自然権の知識は人間の努力によって獲得されなければならないこと、あるいは自然権の知識は学問的性格をもつことがひとたび想定されると、そのような議論はその力を失ってしまう。このことから、自然権の知識がつねに得られるとは限らないことの理由が、説明されるであろう。また、そのような知識が得られないうちは、善き生あるいは正しい生の可能性はなく、「悪の停止」の可能性も存在しないという結論に導かれるであろう。しかし（科）学は、常に存在するもの、不変的なもの、真に存在するものをその対象とする。それゆえ、自然的正ないし正義は真に存在しなければならず、したがって、それは「あらゆるところで同一の力を持つ」のでなければならない[30]。かくしてそれは、少なくとも正義についての人間の思想に対して、つねに同一の絶えざる影響を及ぼすのでなければならない。しかし実際には、周知のごとく、正義に関する人間の思想は、不一致と流動の状態にあるのである。

しかしまさにこの流動性と不一致こそ、自然的正（権）の有効性を証示しているように思われる。重量、寸法、貨幣などの明白に人為的なものに関しては、我々はさまざまな社会間での不一致について語ることはほとんどできない。さまざまな社会が、重量、寸法、貨幣について相異なる取り決めを行なうが、これらの取り決めが相互に矛盾することはない。しかしさまざまな社会が正義の原理に関して相異なる見解を有するとなれば、これらの見解は相互に矛盾をきたすのである。明白に人為的なものが相異なっていても、深刻な混乱は生じないが、正と不正の原理が異なっていれば、必然的に混乱が生じる。かくして正義の原理に関する不一致は、自然的正の予感や不十分な把握によって惹き起こされる本当の意味での混乱――何か人間の理解力を越えた自存的ないし自然本性的なものに起因する混乱を、あらわにするように思われる。このような疑念は、一見したところコンヴェンショナリズムに決定的に有利な仕方で証言するようにみえる事実によって強められるように思われる。法律の命じることを行なうのは正しいことであり、正しいことは合法的なことに等しい、つまり、人間存在が合法的なことと定めたこと、あるいは合法的とみなすことに合意したことに等しいと、至るところで言われている。しかしこのことは、正義に関するある程度の普遍的合意が成り立つことを意味しないであろうか。たしかに、人々は正しいことが合法的なことと同一であることを否定する。「正しくない」法について語ることもあるからである。しかし、反省に基づかない普遍的一致の事実は、自然の計らいを指し示しているのではないか。正しいことと合法的なことが同一だとする普遍的信念は支持しがたいものであるが、この支持しがたいという性格そのものが、合法的なことは正しいことと等しくはないが、それでも多かれ少なかれ不鮮明にではあるが、自然的正を反映していることを指し示しているのではないだろうか。コンヴェンショナリズムによって提示されている証拠は、自然的正が存在していて、それが正義の無数に多様な観念あるいは法律の無数の多様性をいわば要請しているという可能性、あるいは自然的正がそれらすべての法の根底に存在しているという可能性と完全に両立しうるものなのである。(31)

いずれに決定するかは、法の分析の結果に依存している。法はそれ自体、何か自己矛盾的なものとして現われてくる。一方においては、法は何か本質的に善きもの高貴なものであると主張する。すなわち、都市やその他すべてのものを救うものは法であると主張する。他方において、法は共通の意見や都市すなわち多数の市民の決定として現われる。そのようなものとしての法は、決して本質的に善きもの高貴なものではない。それが愚かさや卑しさの産物であることも、十分ありうることである。立法者が「あなたや私」よりも原則的に賢明であると仮定することには、たしかに何の根拠もない。それでは、なぜ「あなたと私」は彼らの決定に服さなければならないのだろうか。都市によって厳粛に制定されたその同じ法が、同一の都市によって同じ厳粛さをもって廃止されるという事実だけをとってみても、それらの制定に関与した知恵の疑わしさを示しているように思われる。(32) そこで問題は、法が何か善きもの高貴なものであるという主張は単純に全く根拠のないものとして斥けられうるものなのか、あるいはその主張にもなにほどかの真理が含まれているのかどうか、ということである。

法はそれが都市やその他すべてのものを救うと主張する。それは共通善を保証すると主張する。しかし、共通善とはまさに我々が「正しいこと」によって意味していることである。法は、それが共通善に貢献するかぎりにおいて正しい。しかし、もし正しいことが共通善と同一のものだとしたら、正しさや正（権利）は約束事ではありえない。なぜなら、実際には都市にとって致命的なことが、都市の取り決めによって、都市にとっての善いことに変わることはありえないし、またその反対のこともありえないのである。したがって、それぞれの場合に何が正しいかを決定するのは事柄の自然本性であって、取り決めではないのである。このことは、正しいことが都市ごと時代ごとに変化してさしつかえないことを含意している。正しいことの多様性は、正しいことは共通善と同一であるという正義の原理と、両立可能であるのみならず、その一つの帰結である。今ここで正しいことは何であるかの知識、それは今この都市にとって本性的にあるいは自然本性的に善いことは何であるかの知識であるが、それは学問的知識ではありえない。ましてやそれは、感覚的知識のようなタイプの知識ではありえない。それぞれの場合に何が正しいかを確定するのは、政治術や政治的熟練の役目である。技術や熟練は医術になぞらえられる。医者は、それぞれの場合に人体にとって何が健康によく役立つかを確定するからである。(33)

コンヴェンショナリズムは、このような結論に至ることを避けるために、共通善が実際に存在することを否定した。「共通善」と称されるものは、実際にはそれぞれの場合での善であるが、それも全体のではなく、一部の者の善なのである。共通善を目指すと主張する法は、たしかに法が都市の決定であることを主張する。しかし都市は自らが有している統一とその存在とを、その「国制」ないし体制に負うている。都市は民主制、寡頭制、君主制等々のいずれかである。体制の相違は、都市を構成する部分や階層の違いにその根拠がある。それゆえ、すべての体制は、当の都市のある階層による支配なのである。したがって、法は実際には、都市の作り出したものではなく、その都市のたまたま統治者の立場にある階層の作り出したものである。万人による統治であると主張する民主制が実際には一部分による統治でしかないことは、言うまでもないことである。それというのも、民主制はせいぜい、その都市の領域内に住むすべての成人の多数による支配だからである。しかしその多数者は貧者であって、貧者たちはどれほど多数であろうと一つの階層、すなわち、他の諸階層の利害とは異なる利害関係をもつ一つの階層である。支配階層はもちろん、もっぱら自分たち自身の利害にかかわる。しかし支配階層は、その理由は明白だが、自分たち自身の利益のために制定した法が都市全体にとって善いものであると偽るのである。(34)

しかし混合体制、つまり、都市の枢要な階層間の競合する利害関係に適正なバランスを維持することに努め、多かれ少なかれそのことに成功しているような体制は、存在しないのだろうか。ある特定の階層の（たとえば貧者たちの、あるいは郷紳たちの）真の利益が共通の利益と合致することは、可能ではないのだろうか。この種の反論は、都市が一つの純然たる全体であることを、一層正確にいえば、都市が自然的な存在であることを、前提している。しかし都市は、人為的なあるいは虚構の統一体であるようにみえる。というのは、自然的存在は、暴力なしに成立し存在するのだからである。存在者に対して加えられる暴力はすべて、その存在者に何かその本性に反すること、その自然に反することをなすように強いる。しかし都市の存立は一に暴力、強制、抑圧にかかっている。したがって政治的支配と主人の奴隷に対する支配との間には何ら本質的な相違はないことになる。しかし奴隷制の反自然的性格は明らかであるように思われる。奴隷にされたり、奴隷として取り扱われたりすることは、いかなる人間の本性にも逆らうことなのである[35]。

さらに、都市というものは多数の市民から成り立つものである。一人の市民は、生まれながらの二人の市民、すなわち、市民である父と母の子であり、自然的産物である。しかし彼が市民であるのは、彼を産み出した市民たる父と母が合法的に結婚している場合に限られる。あるいはむしろ、彼の父とされる人が彼の母の夫である場合に限られると言った方がよいかもしれない。そうでなければ、彼は「自然の（庶出の）子」であるにすぎず、「合法的な（嫡出の）子」ではない。そして何が嫡出児であるかは自然に依るのではなく、法や取り決めに基づくのである。それというのも、一般的には家族というもの、そして特殊的には一夫一婦制的家族というものは、プラトンでさえ認めざるをえなかったように、自然的集団ではない。また「帰化」と呼ばれるような事実もあるわけだが、帰化によって「自然的」異邦人が人為的に「自然的」市民へと変移する。要するに、誰が市民であり、誰が市民でないかは、法に、しかも法のみによるのである。市民と非市民の違いは自然的でなく人為的である。それゆえ、すべての市民は、実際、「作られる」のであって、「生まれる」のではない。人類の一部分を恣意的に切り離し、それを他の部分に対して分け隔てるのは、人為のなせる業《わざ》である。真の意味で自然的な市民的社会あるいは真正の市民的社会は、同一の言語を話すすべての人々、そしてそのような人々のみを包含する集団と一致すると、差し当たっては考えられるかもしれない。しかし言語も明らかに人為的なものである。したがってギリシア人（ヘラス）と異邦人（バルバロイ）の区別も、人為的なものにすぎない。このような区別は、すべての数を二つのグループ、すなわち、一方は一万という数から成るグループと他方はその残りのすべての数から成るグループとに分ける区別と同様に恣意的なものである。同じことは自由人と奴隷の区別にも当てはまる。この区別は、戦争で捕虜となり身代金を払えない者は奴隷にされるべしという取り決めに基づいている。自然でなく人為が奴隷を作り、したがってまた奴隷とは区別された自由人を作る。要するに、都市は、自然によってでなくもっぱら人為によって結び合わされた人間の集団である。彼らは自分たちの共通の利益を他の人間に対して——自分たちとは自然において何ら区別されるところのない他の人間、つまり異邦人や奴隷に対して守るために、結合し団結したのである。それゆえ、共通善と主張されるものは、実際には、自ら全体であることを僭称する一部の者の利益、あるいはこのような僭称、このような申し立て、このような取り決めによってのみ統一体を形成している一部の者の利益なのである。もし都市が人為的なものだとすれば、共通善も人為的なものとなり、それとともに、正（権利）ないし正義も人為的であることが明らかとなるのである[36]。

正義に関するこのような説明がいかに適切であるかは、その説明が正義の「諸現象を救う」という事実から明らかである、と言われている。つまり、このような説明は、自然権の教理の根底に存する正・不正についての単純な経験を、理解可能なものにすると言われている。そのような経験においては、正義は、他人に害を与えることを抑制する徳性、他人を援助する徳性、あるいは部分の利益（個人や一集団の利益）を全体の利益に従属させる徳性として理解されている。このように解される正義は、なるほど都市の存続に必要なものではある。しかしこのような正義の擁護者にとって残念なことには、この正義は盗賊の集団を維持するためにも必要なのである。その集団は、もしそのメンバーがお互いに傷つけ合うことを抑制しなければ、もし彼らがお互いに助け合わなければ、もし各自が自分自身の利益を集団全体の利益に従属させなければ、一日としてやってゆけないのである。これに対してなされる反論は、盗賊の実行する正義は本物の正義ではないとか、都市を盗賊の集団から区別するものがまさに正義なのだ、といったものである。いわゆる盗賊の「正義」なるものは明らかな不正に奉仕するものだとも言われる。しかし全く同じことが、都市についても当てはまらないだろうか。もし都市が真正の全体ではないとしたら、不正なことや利己的なことに対比して「全体の善」とか正しいことと称されていることは、実際には、単なる集団的利己心の要求にすぎない。その場合、集団的利己心の方が個人的利己心に比べて一層尊重されるべきだと主張する理由は何もないのである。換言すれば、盗賊は彼らの間でのみ正義を実行していると言われるのにひきかえ、都市はその都市に属さない人々や他の諸都市に対しても正義を実行していると言われる。しかしこのことは本当だろうか。外交政策の基本方針は、盗賊集団が行動するときの基本方針と本質的に異なるものだろうか。そもそも異なることができるものだろうか。都市も繁栄を目指すとなれば、武力を用い権謀術数をめぐらし、他の諸都市の所有を奪い去るようにならざるをえないのではないか。それらが成立したのは、本来同等にすべての他の者たちにも属していた地表の一部を強奪することによってではなかったか(37)。

もちろん、個人が正しく生きようと欲すればそうすることができるのと同じく、都市も他の諸都市を侵害することを差し控えたり、貧困に甘んじていたりすることは可能である。しかし問題は、そうすることによって人は自然に従って生きているのか、それとも単に約束事に従っているのかということである。経験の示すところでは、個人であれ都市であれ、強制されない限り、正しく振る舞うものはほとんどないということである。経験は、正義がそれ自体では無効であることを示している。このことはただ、正義は自然の中に何の基盤をも持たないという、すでに示されたことを確証するにすぎない。共通善は一つの集団の利己的利害であることが示された。集団の利己的利害は、当該集団の唯一の自然的要素の、つまり、個人の利己的利害から導出される。すべての人は自然本性的に自分自身の善を求め、自分自身の善以外の何ものをも求めない。しかし、正義は我々に他人の善を求めるよう命じる。したがって、正義が我々から要求することは、自然に反することなのである。自然的善、すなわち、人間の気まぐれや愚かさに基づくのでない善、このような実体的善は、「正」や「正義」と呼ばれるあの影のごとき善とは、まさに正反対のものであるように思われる。すべての人が自然本性的にそこへと引きつけられる自分自身の善こそ自然的善であるが、それにひきかえ正や正義は、ただ強制によって、つまり人為によってのみ人を引きつけるものとなる。正(権利)が自然的であると主張する人でさえ、正義が一種の相互関係に存していることを認めなければならない。人間は他人から自分にしてもらいたいことを、他人に対してなすよう命じられる。人間は、他人によって利せられることを欲するがゆえに、他人を利するよう強いられる。親切を受けるためには、親切を示さなければならない。正義は利己心に由来し、利己心に仕えるもののように思われる。これは、すべての人が自然本性的には自分自身の善のみを追求することを認めるに等しい。自分自身の善を追求するのに巧みなことが、利口であり知恵というものである。それゆえ、利口や知恵は正義そのものとは両立できないものである。真に正しい人は賢明でなく、愚かな人——人為的慣習によって騙されている人なのである(38)。

そこでコンヴェンショナリズムは、都市や正義が個人にとって有用であると認める立場と、完全に両立しうることを主張する。個人は、他人の助力なしに生きるには、あるいはよく生きるには、あまりにも脆弱だというわけである。誰でも、孤独と野蛮の状態よりは市民的社会においての方が一層豊かに暮らしてゆける。しかし、何かが有用であるという事実は、それが自然的であることを証明するものではない。松葉杖は脚を失くした人にとって有用であるが、だからといって、松葉杖の使用は自然に合致したことだろうか。このことを一層適切に表現するとすれば、計算の結果その有用なことが判明し、もっぱらその理由によって存在しているような事物は、人間にとって自然本来的と言うことができるであろうか。もっぱら計算に基づいてのみ欲求される事物、自発的に、あるいはそれ自体のゆえには欲求されることのない事物について、我々はそれらが人間にとって自然本来的であると言うことができるであろうか。都市や正義は疑いもなく有益である。しかしそれらは大きな不利益を免れているだろうか。したがって、個人の私的利益と都市や正義の要求との間の対立は避けられない。都市がこの対立を解決するには、都市や正義が個人の私的利益よりも崇高なものであり、都市や正義が神聖なものであることを宣言することによらなければならない。しかし、このような都市と正義の本質にかかわる主張は、本質的に虚構の主張である。(39)

かくして、コンヴェンショナリスト(40)の議論の要点は次のようになる。すなわち、正は本質的に都市に属し、そして都市は人為的なものであるゆえ、正も人為的である、というのである。我々が最初に受けた印象とは反対に、コンヴェンショナリズムは、正や正義の意味がまったく恣意的であるとか、正や正義に関してはいかなる種類の普遍的合意も存在しないということを、主張するものではない。むしろその反対に、コンヴェンショナリズムは、すべての人間が正義を基本的には同一のものとして理解していることを前提している。つまり、正しくあるとは、他人に害を加えないことを意味するとか、他人を援助すること、あるいは共通善を配慮することを意味するとかである。コンヴェンショナリズムが自然的正を斥けるのは、次のような理由による。㈠すべての人間の自然的欲求は自分自身の善のみを目指すのだから、正義はこのようなすべての人の自然的欲求と不可避的な緊張関係にあるということ、㈡正義が自然のうちに基礎をもつ限りにおいて、——正義が一般的に言って個人に有利なものである限りにおいて、——正義の要求は都市という人為的な単位の成員に限定されるということ、すなわち、いわゆる「自然的正」は、ある特定グループの成員に対してのみ有効な、そしてそれに加えてグループ内の関係においてさえ普遍的な有効性を欠くようなある種の粗雑な社会的便益の諸規則から成り立つものだということ、㈢「正」や「正義」によって一般的に意味されていることによって、「援助」や「加害」や「共通善」の厳密な意味が規定されることは全くないということ、これらの用語は細目の特定化をまってはじめて真に意味あることとなるのであるが、このような特定化はすべて人為的であるということである。正義の観念の多様性は、正義の人為的性格を証明するというより、確認するものである。

プラトンが自然的正の存在を確立しようと試みたとき、彼はコンヴェンショナリストの命題を、善は快と同一であるという前提へ還元している。我々は逆に、古典的快楽主義が政治の領域全般の最も徹底した軽視へと行きついた次第を知っている。善と先祖的なものの原初的な同一視が、まっ先に、善と快の同一視に取って代わられたとしても、驚くに当たらないだろう。というのも、善と先祖的なものの原初的同一視が自然と人為の区別を基にして斥けられるとき、先祖伝来の慣習や神的掟によって禁止されていた事柄が、きわめて自然的なこと、したがって本来的に善きこととして浮び上がってきたからである。先祖伝来の慣習によって禁止されていたことは、それらがまさに欲求の対象であるという理由で禁止されていた。そしてそれらが人為の約束によって禁止されているという事実は、それらが約束事に基づいて欲求されているのではないことを示している。それらは自然によって欲求の対象となっているのである。今や人をして先祖伝来の慣習や神的掟によって示された狭隘な小道から逸脱するよう促すものは、快楽への欲求と苦痛の忌避であるように思われる。自然的善はこうして快楽であるように思われる。快楽による方向づけが、先祖的なものによる方向づけに代わる最初の代替物となったのである。(41)

古典的快楽主義の最も発展した形態はエピクロス主義である。たしかにエピクロス主義は、コンヴェンショナリズムのうち、あらゆる時代を通して最も影響を与えた形態である。

エピクロス主義はまぎれもなく唯物論的である。プラトンがコンヴェンショナリズムの根基を見出したのは、唯物論においてであった(42)。エピクロス主義者の議論は次のごとくである。すなわち、自然本性的に善きものを見出すために我々が調べねばならぬことは、その善さが自然によって保証されているもの、あるいはその善さがいかなる意見にも左右されずに、したがって特にいかなる人為的約束事にも左右されることなく感じられるものは、いかなる種類の事柄であるかということである。自然本性的に善きものは、我々が誕生の瞬間から、つまりあらゆる推論、計算、訓練、拘束、強制に先立って求めるものの中に現われる。このような意味で善きものは、ただ快適なものだけである。快だけが、直接的に感じられる善、善としてはっきりと知覚される善である。それゆえ、第一の快は身体的快楽である。これはもちろん自分自身の身体的快楽のことである。すべての人は本性上ただ自分自身の善を求める。他人の善への配慮はすべて派生的なことである。意見には正しい推論と誤った推論の両方が含まれるが、人は意見に導かれて三種類の選択の対象へと向かう。すなわち、最大の快適なもの、有用なもの、高貴なものの三種類である。第一のものに関して言えば、様々な種類の快楽は苦痛と結び合わされていることを我々は経験しているから、より好ましい快楽とより好ましくない快楽の間で区別するように仕向けられる。こうして我々は、自然的快楽のうちで必要不可欠なものとそうでないものとの差異に気づく。さらに我々は、苦痛が全く混入していない快楽とそうでない他の快楽とが存在することを認める。最後に我々は、快楽の究極、完全な快楽が存在することを知るに至る。そしてこの快楽は、我々が自然本性的にそれを目指す目標であり、ただ哲学によってのみ到達可能なものであることが分かってくる。〔第二の〕有用なものに関して言えば、それ自体は快適なものというわけではなく、快楽そして真の快楽に役立つものである。他方、〔第三の〕高貴なものは、真に快適なものでもなければ、真の快楽に役立つものでもない。高貴なものは賞賛されるもの、ただ賞賛されるがゆえに、あるいはただ名誉あることとみなされるがゆえに、快適なことである。高貴なことが善であるのは、ただ人々がそれを善と呼び、あるいはそれは善であると言うからにすぎない。つまり、高貴なことは約束事によって善なのである。高貴なことは、実体的な善を、すなわち人々がそのために基本的な取り決めをなし社会的約束事を取り交わすところの実体的な善を、いびつな仕方ではあるが反映している。徳は有用なものの範疇に属する。徳はたしかに望ましいものであるが、しかしそれ自体のゆえに望ましいものではない。徳が望ましいものとなるのは、ただ計算に基づいてのことであって、徳は一種強制の要素、したがって苦痛の要素を含んでいる。しかし徳は快を生み出すものである。(43) しかし正義と他の諸徳との間には決定的な相違がある。慎慮、節制、勇気などの徳が、それらの自然的結果を通して快をもたらすのに対して、正義はそれから期待されている快——安全性の感覚——をただ約束事に基づいて生み出すのである。他の三つの徳は、他の人々が当人の慎慮、節制、勇気のありさまを知る知らないにかかわらず、有益な効果をもたらす。しかし正義の徳は、当人が正しくあることが知られている場合にのみ、有益な効果をもたらすものである。他の悪徳をとってみれば、それが他の人たちによって見破られるあるいは見破られうるか否かにかかわらず、害悪となる。しかし不正の悪徳は、その露見がほとんど避けがたいという危険性に照らしてはじめて害悪なのである。正義と自然本性的に善きものとの緊張関係は、正義と友情とを対比するとき最も際立って現われる。正義と友情の両者とも計算に由来するが、友情の方は内在的に快適なもの、それ自体として望ましいものとなるに至る。友情はいずれにせよ強制とは両立不可能なものである。しかし正義および正義と関わりのある結合体――都市――の存立はこの強制にかかっている。しかも強制は不快適なものである。(44)

哲学的コンヴェンショナリズムの最大の文書、しかも実際のところ、信頼できると同時に包括的な内容をもつ文書で我々の手にしうる唯一のものは、エピクロス主義者ルクレティウスの詩『事物の本性について』である。ルクレティウスによれば、人間は原初、いかなる種類の社会的絆も、いかなる人為的拘束をも持つことなく、森の中を歩きまわっていた。人間の弱さ、それに野獣によって脅やかされる危険の恐怖が、防御のために、あるいは安全性から得られる快適さを求めて、人間が結合するよう促す。人間が社会状態をとり結んで後、かつての野蛮な生活は親切心と誠実さの習慣に道をゆずった。この初期の社会、都市の設立にはるか先立つこの社会こそ、かつて存在した最良かつ最も幸福な社会であった。もし初期社会の生活が自然に合致した生だとしたら、正義は自然的なものであろう。しかし自然に合致した生とは哲学者の生である。そして哲学は初期社会においては不可能である。哲学の故郷は都市であって、都市の生の特徴は、初期社会の特徴をなす生の様式の破壊、あるいは少なくともその毀損を意味している。哲学者の幸福、唯一真正の幸福は、社会の幸福とは全く異なる時期に属している。したがって、哲学あるいは自然に合致した生の要件と、社会である限りでの社会の要件との間には不一致がある。正義が自然的でありえないのは、この必然的な不一致に起因するのである。この不一致が必然的であるのは、次のような理由による。初期の無拘束的な社会の幸福は、つまるところ有益な錯覚に支配されてのことであった。初期社会の成員たちは、有限の世界あるいは閉じられた地平の内部に生活していた。彼らは可視的宇宙の永遠性を信頼し、「世界の壁」が彼らに提供する防壁を信じた。この信頼感のゆえに、彼らは純真で親切となり、そして他人の善のためにすすんで献身的となった。人間を野蛮にするのは恐怖心だからである。この「世界の壁」の堅固さに寄せる信頼は、自然の破局について考えをめぐらしたぐらいでは揺るがなかった。しかし、ひとたびこの信頼感が揺るがされると、人はその純真さを失い野蛮になった。こうして強制的な社会に対する必要が生じてきた。ひとたびこの信頼が揺るがされるや、人は能動的な神々への信仰の中に支えと慰めを求めるより他に選ぶべき途をもたなかった。神々の自由な意志が、すでにその本来の自然的堅固さを失ったとみられている「世界の壁」の堅固さを保証してくれるだろう、神々の善性が「世界の壁」の失われた本来の堅固さの代わりをつとめるだろう、という信仰である。したがって能動的な神々への信仰は、我々の世界に対する恐怖と我々の世界への帰属感とから生じてくる——太陽と月と星辰、春がめぐりくるたびに新緑で覆われる大地の世界、生命なき永遠のエレメント（アトムと虚空間）から区別された生命の世界、しかも我々の世界はそれらのエレメントより生成し、再びそれらのエレメントへと消滅してゆくのであるが。だが、能動的神々に対するこの信仰がどれほど慰めを与えようとも、この信仰は言語に絶した災厄をもたらしたのである。唯一の救済策は、宗教がその前で立ち止まっていた「世界の壁」に突破口を開けること、そして我々はあらゆる点で壁のない都市、無限の宇宙——そこでは我々が愛着するものはいずれも永遠ではありえない——の中に住んでいるという事実を受け入れることにある。唯一の救済策は哲学することのうちにある。それのみが最も確固たる快楽を与えてくれる。しかし哲学は、「我々の世界」への帰属から自由になることを求めるがゆえに、人々の反発を買う。そうかといって、人々は初期社会の幸福な素朴さへと引き返すことはできない。したがって彼らは、強制的社会と宗教の協力によって特徴づけられるあの全面的に反自然的生活を続けなければならない。善き生、自然に合致した生は市民的社会の辺縁に生きる哲学者の隠遁的生である。市民的社会と他人への奉仕とに捧げられた生は、自然に合致した生ではない。[45]

哲学的コンヴェンショナリズムと通俗的コンヴェンショナリズムとは区別されなければならない。通俗的コンヴェンショナリズムは、プラトンがトラシュマコスとグラウコンとアデイマントスに託した「不正の議論」の中に最も明瞭に提示されている。それによると、最大の善、あるいは最も快適なことは、他人たちよりも多くを所有すること、あるいは他人たちを支配することである。しかし都市や正は必然的に、最大の快楽への欲求に対しては制限を課す。都市や正は、最大の快や自然本性的に最大の善きものとは相容れないものであって、それらは自然に相反するもの、人為において生じるものである。ホッブズならば、都市や正は生命への欲求から生じるものであり、生命への欲求は少なくとも他人への支配欲と同等に自然本性的であると言うであろう。このようなホッブズ流の反論に対して通俗的コンヴェンショナリズムの代表は、生きるだけというのは悲惨であって、非惨な生は我々の自然本性が求めている生ではない、と答えるだろう。都市や正は、それらがより大きな善をより小さな善のために犠牲にするゆえ、自然に反するものである。たしかに他者に優越したいと願う欲求は、都市の内部においてのみ発揮されることができる。しかしこのことは、自然に合致した生が、約束事によって生み出された機会を上手に活用することや、多数の者が人為的取り決めによせた善意の信頼を利用することにおいて成り立つことを、意味するにすぎない。そのようにうまく利用するためには、なまじ都市や正に対する真剣な尊敬によって妨げられることのないようにすることが必要である。自然に合致した生は、人為的取り決めに束縛されず、しかも外見上は取り決め事に合致した行動と結び合わさったような完全に内的な自由を要求する。実際の不正と結びついた正義の外見こそ、人を幸福の頂上へと導くであろう。不正を大々的に実行しながら、不正をうまく隠しおおせるためには、人は怜悧でなければならない。しかしこのことが意味しているのは、自然に合致した生活は、ごく少数の者、自然のエリート、人間であって奴隷に生まれつかなかった者にのみ許された特権であることを意味しているにすぎない。一層正確にいえば、幸福の絶頂は僭主の生活であり、都市全体を自分の私的利益に従属させるという最大の犯罪を首尾よくやりおおせた人間の生、正義と合法性の外見すらかなぐり捨てることのできる人間の生である(46)。

通俗的コンヴェンショナリズムは哲学的コンヴェンショナリズムの通俗版である。哲学的コンヴェンショナリズムと通俗的コンヴェンショナリズムは次の点では一致している。すなわち、誰もが自然本性的にはただ自分自身の善のみを求めるということ、他人の善にいかなる考慮も払わないことは自然に合致しているということ、他人への配慮はただ人為によってのみ生ずるということ、これらの点では一致している。しかし哲学的コンヴェンショナリズムは、他人にいかなる配慮もしないことが他人より多くを所有したいと欲求すること、あるいは他人に優越したいと欲することを意味するとは考えない。哲学的コンヴェンショナリズムは、優越性の欲求を自然的とみなすどころか、むしろ空しいこと、意見の産物とみなしている。哲学者は、富や権力などのもたらす以上に確固とした快楽を味わっている者であるが、彼らは自然に合致した生を僭主の生と同一視することは多分できないであろう。通俗的コンヴェンショナリズムはその起源を、哲学的コンヴェンショナリズムの堕落に仰ぐものである。その堕落を「ソフィスト」にまで跡づけることは、当を得たことである。ソフィストは、ソクラテス以前の哲学者たちのコンヴェンショナリズム説を「流布させ」、それとともにこの説の質を低下させたと言うことができよう。

「ソフィスト」は、多くの意味をもつ言葉である。そのなかでも、それは哲学者を意味することもあれば、あまり一般的でない考えを主張する哲学者を意味したり、報酬を貰って崇高な事柄を教授して自らの品位のなさをさらけ出す人のことを指すこともある。しかし少なくともプラトン以後は、「ソフィスト」は通常「哲学者〈愛知者〉」と対比して用いられるようになり、それとともに軽蔑的意味を込めて用いられた。歴史的な意味での「ソフィスト」は、前五世紀のある種のギリシア人たちのことであって、彼らはプラトンと他の哲学者たちによって厳密な意味でのソフィストとして、すなわち、あるタイプの非哲学者として紹介された人たちである。厳密な意味でのソフィストは贋物の知をさずける教師のことである。贋物の知は真理ならざる教理と同一ではない。そうでなければ、プラトンはアリストテレスの目から見ればソフィストであったろうし、アリストテレスもプラトンの目からすればそうであったろう。誤謬をおかす哲学者はソフィストとは全く異なる存在である。ソフィストが偶然的に、それどころか習慣的に真理を教えることがあっても一向に構わない。ソフィストを特徴づけるものは、真理への無関心、全体者に関する真理への無関心である。ソフィストは哲学者とは対照的に、意見や信念と真正の識見との根本的相違の意識に刺激されて動かされたり、動かされつづけたりすることがない。しかしこれでは明らかにあまりにも一般的すぎる。全体者に関する真理への無関心は何もソフィストの専売特許ではないからである。ソフィストとは、大抵の他の人たちよりは、知恵や学問が人間の最高の卓越性であることを知っていながら、真理に無関心であり、知恵を愛することがない人間のことである。知恵の独特の性格をわきまえている彼は、知恵に由来する名誉が最高の名誉であることを知っている。彼が知恵に関心をもつのは、知恵それ自体のためではなくて、つまり、魂における嘘いつわりを他の何物にもまして彼が嫌悪するからではなくて、知恵にともなう名誉や名声のためである。彼の生活と行動の拠りどころとする原理は、名声や他人への優越あるいは他人以上の所有が最高善であるというものである。彼は通俗的コンヴェンショナリズムの原理に従って行動する。彼は哲学的コンヴェンショナリズムの教えを受け入れており、したがって彼と同じ原理にもとづいて行動する多くの人よりも明瞭であるから、通俗的コンヴェンショナリズムの最適の代表者とみなされることができる。しかし、ここで次のような難題が生じる。ソフィストの最高善は知恵に由来する名声である。この最高善を達成するためには、彼は知恵を発揮しなければならない。この知恵の発揮は、自然に合致した生ないし賢者の生が実際の不正と正義の外観の組み合わせにおいて成立するという見解を、人に教授することを意味する。しかし、不正であることを認めることと、正義の外見を首尾よく保ちつづけることとは、両立できない。それは知恵と両立できないことであって、したがって知恵に由来する名誉をも不可能にする。それゆえ早晩ソフィストは彼の知恵を発揮どころか隠蔽せざるをえなくなり、彼が単に人為的なものとみなしていた見解に屈することを余儀なくされる。彼は多少なりとも尊敬に値する意見を宣布することから得られる名声は断念しなければならない。我々がソフィストの教えそのもの、つまりソフィストの明確な教えについて語りえないのは、このような理由によるのである。

最も高名なソフィストであったプロタゴラスに関して言えば、プラトンはコンヴェンショナリストの命題を暗示するような神話をプロタゴラスに語らせている。『プロタゴラス』の神話は、自然、技術、人為の区別に基づいている。自然はある種の神々の地下での働きとエピメテウスの働きとによって代表されている。エピメテウスは思考が生産の後からやってくるような後思案の者であって、唯物論的意味での自然を代表している。唯物論に従えば、思考は無思考の物体やそれらの無思考の運動の後からやってくるからである。神々の地下での働きは、光のない、知性のない働きであって、その点では基本的にはエピメテウスの働きと同じ意味あいのものである。技術はプロメテウスによって、プロメテウスの盗みによって、天上の神々の意志にさからう彼の反逆によって代表されている。人為的取り決めは、万人に対するゼウスの正義の贈物によって代表されている。そのような「贈物」は市民的社会の懲罰活動によってのみ有効なのであって、その要求するところは、正義の単なる見せかけによって完全にみたされるのである。[47]

私は本章を、ソクラテス以前の自然的正についての手短な所見を述べることによって終えることにする。私はソクラテスと彼の後継者たちによって十分に展開されたようなタイプの自然的正の教理についてはここで述べるつもりはない。古典的思想家たちによって斥けられたタイプの教理、すなわち平等主義者の自然権を素描するにとどめておきたい。奴隷制の自然性や人類を別個の政治的グループや民族的グループへ区分することの自然性に対して抱かれた疑念は、人間は自然本性的に自由かつ平等であるという命題において最も端的に表現されている。自然的自由と自然的平等とは相互不可分のものである。すべての人が自然本性的に自由であれば、いかなる者も他者に優越することはないのであり、したがってすべての人は相互に平等である。もしすべての人が自然本性的に自由かつ平等であれば、いかなる人をも不自由あるいは不平等なものとして取り扱うことは自然に反することである。自然的自由あるいは平等の保持ないし回復は自然権によって要求される。かくして都市は自然権に反するように思われる。というのは、都市は不平等や服従によって、自由の制限によって存立するのだからである。自然的自由と平等が都市によって実際に否定されるようになった原因は、暴力、そして究極的には邪な意見あるいは自然本性の堕落にまでさかのぼって求められなければならない。このことが意味していることは、自然的自由と平等は、自然本性が意見によって堕落させられることのなかった原初においては、十分に実効あるものであったと考えられるだろうということである。自然的自由と平等の教理はこうして、黄金時代の教理と結びつくことになる。しかし、原初の無垢は回復できないほど失われたわけではないと考えて、自由と平等のもつ自然本性的性格にもかかわらず、市民的社会は必要不可欠のものだと想定することもできよう。その場合には、市民的社会が自然的自由および平等とある程度の調和状態にはいりうるような方策が求められなければならない。このことが実現されうる唯一の方途は、市民的社会はそれが自然権と合致する程度において、自由かつ平等な個人間の合意、より正確には契約に基づくと想定することである。

自然的自由と平等の教理は社会契約の教理と同様に、最初から政治的命題として提出されたのか、それともむしろ、市民的社会そのものの問題性を明示する理論的命題として提出されたのではなかったのか、それは疑問である。自然が基準とみなされた限りにおいて、契約論者の教理は、それが平等論者、不平等論者いずれの前提に基づいているかにかかわりなく、市民的社会の軽視を必然的に含意している。契約論者の教理は、市民的社会が自然的でなく人為的であることを意味するからである(48)。このことは、我々が十七、十八世紀の社会契約説のもつ特異な性格と驚くべき政治的効果とを理解しようと思うなら、銘記しておくべきことである。それというのも、近代においては、自然が基準であるという考えは放棄され、それとともに、人為的なものや契約的なものに捺されていた烙印は消去されたからである。前近代に関して言えば、すべての契約論者の教理は、その起源を契約に負う一切のものの軽視を意味していた、と想定しても間違いでない。

プラトンの『クリトン』の一節でソクラテスが、彼の都市アテナイとその法律に対する服従の義務を、暗黙の契約から導出してくる様子が描かれている。この一節を理解するには、それに対応する『国家』の中の箇所と比較してみなければならない。『国家』の中では、哲学者の都市へ服従する義務はいかなる契約からも導出されていない。その理由は明白である。『国家』の都市は最善の都市であり、自然に合致した都市である。しかし都市アテナイとその民主制は、プラトンの見方からすれば最も不完全な都市であった[49]。劣悪な共同体に対する忠誠心のみが契約から導出されうる。なぜなら、誠実な人間は、彼が約束を結んだ相手の人の価値とはかかわりなく、万人に対して約束を守るからである。

Ⅳ　古典的自然権

ソクラテスは、哲学を天上から呼び下ろし、哲学を人生や生の様式や善悪の事柄についての探究へと向かわせた最初の人物であったと言われている。言い換えれば、彼は政治哲学の創始者であったとも言われているのである(1)。このように言うことが正当である限り、彼は自然権の教えの伝統全体の創始者であった。ソクラテスによって創始され、プラトン、アリストテレス、ストア学派、それにキリスト教思想家たち（とりわけ、トマス・アクィナス）によって発展させられた独特の自然権の教理は、これを古典的自然権の教理と呼ぶことができよう。それは、十七世紀に現われた近代的自然権の教理とは区別されなければならない。

古典的自然権の教理を十分に理解するためには、ソクラテスによって引き起こされた思想上の転回を十分に理解しておく必要がある。それを理解することは容易なことではない。

一見最も信頼すべき情報を提供してくれるように見える適切な文献も、これを通り一遍にしか読まないために、現代の読者たちが次のような見解を抱くにいたったことはほとんど避けがたいことである。すなわち、ソクラテスは自然の研究に背を向けて、自分の研究を人間的な事柄に限定したというのである。彼は自然との関わりを断つことによって、自然と法（人為）という破壊的な威力を発揮した区別に照らして人間的な事柄を見ることを斥けるに至った。彼はむしろ法を自然と同一視したのである。たしかに彼は正しいことと合法的なことを同一視した。(2) このようにして彼は、先祖から引き継がれた道徳を、反省を加えた上ではあるが、復活させた、というのである。このような見解は、ソクラテスの曖昧な出発点あるいは彼の探究の曖昧な結果を、彼の思想の実質と取り違えたものである。差し当たって、ただ一点だけ述べるとすると、自然と法（人為）の区別は、ソクラテスにとっても古典的自然権一般にとっても、その完全な意義を保持していたということである。古典的思想家たちは、法が自然によって打ち立てられた秩序に従うべきであると主張したり、自然と法の協調関係について語ったりするとき、そのような区別が妥当なことを前提している。彼らは、自然的正と自然的道徳性を否定する立場に対しては、自然的正と法的正の区別ならびに自然的道徳性と単なる人為的道徳性の区別とをもって対抗する。彼らはそのような区別を、真正の徳と政治的ないし通俗的徳を区別することによっても、保存するのである。プラトンの最善の国制を特徴づける諸制度は、「自然と一致したもの」であり、「習慣や慣習に反するもの」である。他方それとは反対の、実際にどこでも行なわれているような諸制度は、「自然に反するもの」である。アリストテレスは、自然的な富と人為的な富を区別するより他には、貨幣とは何かを説明する方法を知らなかった。彼はまた、自然的奴隷と法的奴隷を区別するより他には、奴隷制とは何かを説明する仕方を知らなかった。[3]

人間的な事柄へと研究を向け変えたソクラテス的転回の意味するところを考えてみよう。彼の人間的な事柄についての研究は、そういった事柄に関して「何であるか」という問いを発すること、たとえば、「勇気とは何であるか」とか「都市とは何であるか」という問いを発することから成り立っていた。しかし彼の研究は、様々な徳のような人間特有の事柄に関して「何であるか」を問うことに限られるものではなかった。ソクラテスは、人間的な事柄そのものが何であるか、人間的な事柄の理（*ratio rerum humanarum*）の何であるかについても、問わなければならなかった。[4] しかし人間的な事柄そのものの特性を把握することは、人間的な事柄と人間的ならざる事柄、すなわち、神的な事柄や自然的事柄との本質的な相違を把握しなければ不可能である。このことはまた、神的な事柄や自然的な事柄そのものについての何らかの理解を前提とする。したがって、ソクラテスの人間的な事柄の研究も、「あらゆる事柄」についての包括的な研究に基づくものであった。他のすべての哲学者と同様に、彼も知恵あるいは哲学の目標をあらゆる存在者の学と同一視した。

つまり彼は、「各々の存在者が何であるか」の考察を決して止めることはなかったのである。[5]

見かけに反して、人間的な事柄へと研究を向けかえたソクラテス的転回は、神的な事柄や自然的な事柄の無視によるのでなく、あらゆる事柄の理解を目指す新しい研究方向に基づくものであった。そのような研究方向は、たしかに人間的な事柄そのもの、すなわち、神的な事柄や自然的な事柄に還元されえないかぎりでの人間的な事柄の研究を許し、またそれを促進するというような性格のものであった。ソクラテスは、全体者あるいは存在するあらゆるものについての学を「各々の存在者」の理解と同一視したことによって、彼の先行者たちから逸脱していった。というのも、「在ること」は「何ものかであること」を、したがって、「他の何ものか」であるものとは異なることを、意味するからである。つまり、「在ること」は「部分であること」を意味するからである。したがって、全体は、「何ものか」であるすべてのものが「在る」のと同じ意味で「在る」ことはできないことになる。全体は「存在を超えて」いなければならない。それでいて全体は諸部分の総体なのである。そこで全体を理解することは全体のすべての部分あるいは全体の分節化を理解することを意味する。もし「在ること」が「何ものかであること」であるとすれば、事物の存在、あるいは事物の本性は、第一義的には、その何であるかということ、その「形態」「形相」「特性」等のことであって、しかもこれらのものは、事物がそこから生じてくる根源にあるものとはとりわけ別個のものなのである。事物それ自体、つまり完成された事物は、それに至る過程の産物として理解されることはできないが、逆に過程の方は、完成された事物あるいはその過程の終極に照らしてでなければ、理解されることができないのである。何であるかという本質それ自体は、事物のクラスあるいは事物の「族」の特性――本性的に一つの自然的集団に属し、あるいはそれを形成している事物の特性である。全体はある自然的分節を有している。それゆえ、全体を理解することは、もはや第一義的には、完成された全体、分節化された全体、さまざまな事物の別個の集団からなる全体、可知的な全体、コスモス、これらがそこから生成してきた根源を理解することを意味しない。あるいは、カオス（混沌）をコスモスへと変化させた原因を発見すること、あるいは、多様な事物や現象の背後にひそんでいる統一性を見きわめること、これらのことを意味するのでもない。そうではなく、それが意味するのは、完成された全体の明白な分節化の中に示された統一性を理解することである。このような見解は、さまざまな学問間の区別に根拠を与えてくれる。さまざまな学問間の区別が全体の自然的分節化に対応するからである。このような見方はまた、人間的な事柄それ自体の研究を可能にし、とりわけ促進するものなのである。

　ソクラテスは自らが引き起こしたこの転回を、彼の先行者たちの「狂気」から「正気」と「節度」への復帰とみなしていたように思われる。彼はその先行者たちとは対照的に、知恵を節度から切り離しはしなかった。現代の用語法を使えば、当の転回は「常識」あるいは「常識の世界」への回帰と言うこともできよう。「何であるか」という問いが指し示すものは、事物のエイドス、事物の形態、形相、特性あるいは「イデア」である。エイドスという語が、最初は、特別の努力を払うことなしに万人に見えるもの、あるいは事物の「表面」と呼びうるものを意味したことは、何も偶然のことではない。ソクラテスも、まずそれ自体において在るもの、まず自然本性的に在るものからではなく、まず我々にとって在るもの、まず目に見えてくるもの、つまり現象から出発したのであった。しかし、事物の存在、事物の何であるかが初めて見えてくるのは、我々がそれらについて見ているものの内にではなく、それらについて言われていること、すなわち、それらについての意見の内においてである。したがって、ソクラテスは自ら事物の自然本性を理解するのに、事物の自然本性についてのもろもろの意見から出発した。というのも、すべての意見は、ある事物についての何らかの意識、ある事物についての精神の眼による何らかの知覚に基づくのだからである。ソクラテスは、事物の本性についての意見を無視することは、結局我々の有する実在へと至る最も重要な通路、あるいは我々の手の届くところにある最も重要な真理の痕跡を、放棄することになることを示唆したのである。彼はあらゆる意見を「あまねく疑うこと」は、我々を真理の核心にではなく、空虚へと導くであろうことを示した。それゆえ、哲学は、意見から知識あるいは真理への上昇、それも意見に導かれてと言いうるような上昇において成り立つ。ソクラテスが哲学を「問答法（弁証法）」と呼ぶとき、彼が主として念頭に置いていたのはこの問答法である。問答法とは、会話あるいは友好的論争の術である。この友好的論争は真理へと導くものであるが、そのような論争が可能となり必要となったのは、事物が何であるか、ある非常に重要な事物の集団が何であるかなどについての、複数の意見の相互間に矛盾がみられたという事実によるのである。矛盾が明らかになれば、そのような意見を超えて、当の事物の自然本性についての無矛盾的な見解を目指さざるをえなくなる。その無矛盾的見解によって、相互に矛盾していた複数の意見が相対的な真理でしかなかったことが明らかにされる。無矛盾的見解こそ、包括的で総体的な見解であることが明らかになる。もろもろの意見はこうして真理の断片、それも純粋な真理のよごされた断片とみなされるようになる。換言すれば、意見は自存する真理によって唆《そその》かされたものであることが明らかとなり、真理への上昇は、万人が常に予感している自存する真理によって導かれるものであることが明らかになる。

いま述べたことに基づいて、なぜ正あるいは正義についての多様な意見の存在が、自然的正の存在あるいは正義の観念の存在と両立しうるのみならず、それらによって要求されてもいるのかということが、理解できるようになる。もし自然的正が存在するならば、正の原理に関する万人の現実的な同意が存在するはずだ、ということであれば、正義の観念が多様に存在すること自体、自然的正が存在するという主張を論駁するものだと、言うことができよう。しかし、我々がソクラテスやプラトンから学んだことは、現実的同意でなくて、せいぜい潜在的同意があるはずだ、ということである。プラトンは、いわば次のように言っている。すなわち、風変わりなものにせよ「素朴なもの」にせよ、正についての任意の意見をとり上げてみよ。君はそれを詳しく調べるまでもなく、次のことを確信することができる。すなわち、その意見がそれ自身を越えた方向を指し示しているということ、その当の意見を抱いている人々は、彼らの間に一人の哲学者が現われてくると、まさに先ほどまで抱いていた意見に自ら反対し、それを越えて、正義についての一個の真なる見解の方向へと向かわざるをえなくなるということである。

このことをより一般的な言葉で言い表わしてみよう。あらゆる知識は、それが限定的なものであれ「科学的なもの」であれ、知識が可能となる地平、一つの包括的な見地を前提している。すべての理解は、全体についての一つの根本的意識を前提している。つまり、人間の魂は、個々の事物の知覚に先立って、あらかじめ諸観念についての一つの見解、分節化された全体についての一つの見解をもっていなければならない。様々な社会を動かしている包括的な見解がどれほど異なっているにせよ、それらはすべて同一のものについての——全体についての様々な見解なのである。それゆえ、それらの見解は相互に異なっているにとどまらず、相互に矛盾しさえしている。まさにこのような事実のゆえに、これらの見解の各々は、それだけを取ってみれば、全体についての単なる意見、あるいは全体についての根本的意識の不十全な分節化にすぎず、したがって己れを越えて十全な分節化を目指していくことを、我々は認めざるをえなくなる。十全な分節化を求めての探究が、基本的な選択肢の理解以上の域に達しうるという保証はないし、哲学が討論や議論の段階を越えて、決着の段階に至りうるという何らの保証もない。しかし、全体の十全な分節化への探究が終わりのない性格のものだとしても、そのために哲学を全体でなく一部分の理解に限定してしまうことが許されるわけではない。たとえその部分がいかに重要なものであるにせよ。というのは、部分の意味は全体の意味に依存しているからである。とりわけ、全体についての仮定的な想定に頼ることなく、もっぱら根本的経験にのみ基づいているような部分の解釈は、結局のところ、そのような仮定的想定にあからさまに基づいている他の解釈にくらべて優るものではない。

コンヴェンショナリズムは、意見のうちに含まれている知性的理解を無視し、意見に訴える代わりに自然へ訴える。他の理由はともかく、この理由のために、ソクラテスとその後継者たちは、コンヴェンショナリズムによって選びとられた地盤に立って、自然的正の存在を証明しなければならなかった。彼らは「言論」とは区別された「事実」に訴えることによって、それを証明しなければならなかった(6)。やがて明らかになるように、この一見したところ一層直接的にみえる存在への訴えは、ただソクラテス的根本命題を一層強固にするだけである。

コンヴェンショナリズムの基本的前提は、善いことと快いことを同一視することにあるように思われる。したがって、古典的自然権の教説の基本的部分は、快楽主義の批判である。古典的理論家たちの命題は、善いことは本質的に快いこととは異なる、善いことは快いことより一層根本的なことである、というものである。最も一般的な快は欲求の満足と結び合わさっている。欲求は快に先立つ。欲求はいわば快がそのなかを動く回路を提供する。欲求は何が快いことでありうるかを決定する。第一次的事実は快や快への欲望ではなくて、むしろ欲求および欲求充足への努力である。快の多様性を説明するのは欲求の多様性である。快の種類の相違は快によっては理解されえないのであって、ただ快の様々な種類を可能にする欲求と関係させてのみ理解されうるのである。様々な種類の欲求は衝動の束のごときものではない。欲求には自然的秩序がある。存在者の種類が異なれば、求めて享受する快の種類も異なる。ロバの快は人間の快とは異なる。ある存在者の欲求の順位は、当の存在者の自然的体質《コンスティテューション》、つまりその「何であるか（本質）」に由来する。存在者の様々な欲求や様々な傾向性の順位や位階を決定するのは、その存在者の自然的体制である。特定の体制には、特定の作用、特定の働きが対応する。存在者はそれに固有の働きを十分に果たしているときは、好ましく「順調」なのである。したがって、人間はそれに固有の働きを、つまり、人間の自然本性に対応するとともに自然本性によって求められている働きを、十分に果たしているときは、善い状態にあると言えよう。何が人間にとって自然本性的に善いものであるか、自然本性的な人間的善であるかを決定するためには、人間の自然本性あるいは人間の自然的体質の何たるかを決定しなければならない。古典的理論家たちが理解した自然的正に基礎を与えたのは、人間の自然的体質の位階的秩序である。何らかの仕方で誰もが身体と魂を区別している。そして誰もが魂は身体よりも一段と高いものだということを否定しようとすれば自己矛盾に陥るほかないことを、認めざるをえなくなる。人間の魂を動物の魂から区別するもの、人間を動物から区別するものは、言葉や理性や知性である。それゆえ、人間に固有の働きは、思慮深く生きること、知性を働かせること、思慮深く行為することにある。善き生とは、人間存在の自然的秩序に合致した生、よく秩序づけられた健全な魂にもとづく生のことである。善き生とはまさに、人間の自然的傾向性の要求が正しい秩序において最高度に満たされているような生、可能なかぎり最高度に目覚めている人の生、魂のなかで陶冶されぬままに放置されているものが全くないような人の生のことである。善き生とは人間的自然の完成態である。それは自然に従った生である。それゆえ、善き生の一般的性格を画定する規則のことを「自然法」と呼ぶことができよう。自然に従った生は、人間的卓越性ないし徳の生であり、「一流の人」の生であって、快楽としての快楽の生ではないのである。(7)

自然に従った生が人間的卓越性の生であるという命題は、快楽主義的根拠によっても擁護されうる。しかし古典的理論家たちは、善き生のこのような仕方での理解に対しては、異議を申し立てた。それというのも、快楽主義の観点からすれば、性格の高貴さが善いのは、それが快楽の生に役立ち、あるいは不可欠でさえあるからだ、ということになるからである。つまり、性格の高貴さは快楽の侍女とされてしまうからである。それはそれ自身のゆえに善いのではなくなるのである。古典的理論家たちによれば、このような解釈は、すべての公平で有能な、すなわち道徳的に鈍感でない人々が経験によって知っている諸現象を、歪曲するものである。我々は自分の快楽や利益を顧慮することなく卓越した徳を賞賛する。善き人や卓越した人のことを、快楽の生を送っている人と考える者はいない。我々は善い立派な人と悪い人とを区別する。両者の違いは、両者がそれぞれに選び求める快楽の種類の違いの中に、たしかに反映されている。しかし、この快楽のレヴェルの違いを、快楽によって理解することはできない。そのレヴェルは快楽によって決定されるのでなく、人間の格によって決定されるからである。卓越せる人を自分の恩人と同一視することが、一般的にみられる誤りであることを我々は知っている。たとえば、我々は敵軍の勝利を先導した天才的戦略家を賞賛する。自然本性的に、内在的に賞賛されるに値するもの、高貴なものが存在する。それらのものの大半にみられる特徴は、利己的な利益への関わりをもたぬこと、打算的勘定にとらわれぬことである。本性的に高貴であり、賞賛されるに値する様々な人間的な事柄は、本質的には、達成された人間的高貴さの一部であり、あるいはそれに関係したことなのである。それらはすべて、比較を絶して最も賞賛に値する人間的現象ともいうべき善く秩序づけられた魂を示している。人間的卓越性を賞賛するという現象は、快楽主義や功利主義の立場からは、その場その場での仮説によらなければ説明されえないのである。これらの仮説は結局のところ、すべての賞賛は、よくいって、我々自身の利益が内蔵された一種の計算である、という主張に帰着する。それらは唯物論あるいは唯物論シンパの見解の結果である。唯物論的見解はその支持者たちに、より高次なるものはより低次なるものによる結果に他ならないことを強いて理解させようとする。あるいは単純にその諸条件に換言できない現象が存在することや、独自に一つのクラスを形成する諸現象が存在することの可能性を考えてみることができないようにする。このような仮説は、人間についての経験的科学の精神に照らしては、到底考えられないことである。(8)

人間は本性的に社会的存在である。人間は他の者と一緒でなければ生きて行けない、あるいは善く生きては行けないように作られている。人間を他の動物から区別するものは理性や言葉であり、そして言葉はコミュニケーションの手段であるのだから、人間は他のいかなる社交的動物よりも根源的な意味で社会的である。つまり、人間性それ自体が社会性である。人間は、あらゆる人間的な行為において、それが「社会的」であるか「非社会的」であるかにかかわらず、他者と関わりをもつ、あるいは他者に関係させられる。したがって、人間の社会性というものは、他者との関係をもつことから期待される快楽の計算から生じてくるのではない。むしろ人間は本性的に社会的であるところから、人間は他者との交わりから快楽を得るのである。愛、情愛、友情、憐みは、自分自身の利益に対する関心や、何が自分自身の利益に役立つかの計算と同じくらい人間にとって自然なものである。この人間の自然的社会性こそ、権利の狭義の厳密な意味における自然権の根拠である。なぜなら、人間は自然本性的に社会的であり、人間の自然本性の完成は、とりわけ社会的な徳、つまり正義を含むからである。正義および権利は自然的なものなのである。同じ種のすべての成員は相互に同族である。この自然的同族関係は、人間の場合には、その根源的な社会性の結果として深化され変形されている。人間の場合、生殖への個人的関心は、彼が種の保存のために抱く関心の一部でしかない。人間対人間の関係で、人が自分の好きなように、自分に適した仕方で絶対的に自由に振る舞えるという関係は存在しない。すべての人間が曲がりなりにもこの事実を意識している。すべてのイデオロギーは、正当化する必要があると感じられるような、つまり、明白に正しいとはいえぬような行動方針を、自分自身に対して、あるいは他人の前で正当化しようとする試みである。アテナイ人はなぜ彼らの土着性を信じていたのだろうか。他の者から土地を奪い取ることが正しくないことを、彼らが知っていたからに他ならないし、それに、自尊心の高い社会が犯罪にその基礎を有するというような考えには到底我慢できないと、彼らが感じたからに他ならない(9)。またヒンズー教徒はなぜ彼らのカルマ説を信じるのだろうか。そうしなければ彼らのカースト制度を擁護できそうにないことを、彼らが知っているからに他ならないのではないか。

人間はその合理性のゆえに、他のいかなる地上的存在者も持たぬような選択肢の許容範囲を持っている。この幅のある許容範囲の感覚、つまり自由の感覚には、この自由の完全な無制限な行使は正しいものではないという感覚が伴う。人間の自由には神聖なる畏怖、すべてのことが許されるのではないという一種の予見が伴う。[10] 我々はこのような畏怖の念を起こさせる怖れを「人間の自然的良心」と呼ぶこともできよう。それゆえ、抑制は自由と同じく自然的なものであり、原初的なものである。人間は自らの理性を適切に陶冶しないあいだは、自らの自由に課せられる制限に関して、ありとあらゆる種類の奇妙な観念をもつことになろう。つまり、人間は愚にもつかぬ禁忌を作り出すことに腐心するのである。しかし未開人を蛮行へと駆り立てるものは、野蛮性ではなく、正（権利）の予感である。

人間は、社会あるいはより正確には市民的社会においてでなければ、自己の完成態に達することはできない。市民的社会、すなわち、古典的理論家たちの念頭にあったような都市は、閉じられた社会であり、今日言うところの「小さな社会」である。市民的国家は、そこでは誰もが、他のすべての構成員とまではいかなくとも、少なくとも他のすべての構成員の知人ぐらいは知っている共同体であると言える。人間の完成を可能にしようとする社会は、相互的な信頼によってまとまっていなければならず、そして信頼は相互に知己であることを前提とする。古典的理論家たちは、そのような信頼関係がなければ、自由もありえないと考えた。都市に取って代わるもの、たとえば都市の連合体は、専制的に支配された帝国（場合によっては啓蒙的統治者によって率いられた）であるか、無政府的であるにひとしい状態であった。都市は、人間の自然的な一次的・直接的知の能力に相応の共同体である。それは一見して了解できる共同体、あるいは大人の人間ならば、きわめて重要な事柄に関しても、習慣的に間接的な情報に頼る必要もなく自分自身の所見にもとづいて自らのとるべき方向を見出しうるような共同体なのである。人間の直接的知識が差し支えなく間接的知識によって置き換えられうるのは、ただ政治的多数を形成する諸個人が均質的で「集団人間」である場合に限られるのだからである。相互的信頼を可能にするに十分小さな社会だけが、相互的責任あるいは監督――その構成員の完成に関与する社会にとって構成員の行為や作法の監督は不可欠のことである――をなすのに十分な大きさなのである。バビロンのような非常に大きな都市においては、すべての人が多かれ少なかれ欲求の赴《おもむ》くままに生きることができた。人間の一次的・直接的知識の能力が本性的に限られているように、人間の愛する能力、積極的配慮の能力にも限界がある。都市の範囲は、人間が非匿名的個人に対して積極的配慮をもちうる範囲と合致する。さらに、政治的自由は、とりわけ人間的卓越性の追求によって自らを正当化する政治的自由は、天からの賜物ではない。それは幾世代にもわたる努力によってはじめて現実化するものであって、しかもそれを保持するためには常に最大限の警戒を必要とする。あらゆる人間社会が同時に真の自由を実現できる公算は、きわめて少ない。なぜなら、すべての貴重なる事柄は、きわめて稀有のことだからである。開かれた、あるいはすべてを包括する社会は、様々に相異なるレヴェルの政治的成熟度をもつ多数の社会から成り立つであろうが、程度の低い社会が高度の社会をひきずり下ろす可能性は、圧倒的に高いと言えるだろう。開かれた、すべてを包括する社会は、閉じられた社会にくらべて、一段と低い人間性のレヴェルで存在することになろう。閉じられた社会の方は、幾世代にもわたって人間の完全性に向けて最上の努力をはらってきたのだからである。それゆえ、独立した社会がただ一つ存在する場合よりも、多数の独立した社会が存在する場合の方が、善き社会が実現する見込みは大である。人間がその中でその本性の完成に到達しうる世界が必然的に閉じた世界であるとするならば、人類が数多くの独立した集団に区分されることは、自然に合致したことである。この区分は、一つの市民的社会の構成員が自然本性的に他の市民的社会の構成員とは異なるというのと、同じ意味において自然的なのではない。都市は植物のように成長するのではない。それらは共通の血統に基づいているのではなく、人間の活動を介して成立したものである。特定の人間たちが他の者たちを排除して「集住する」ことのうちには、選択の要素、さらには恣意性の要素さえも含まれている。このことは、排除された人々の状態がそのことによって悪化された場合に限って、不正の行為であったといえよう。しかし、人間本性の完成に向けて何らの真剣な努力を積んでいない人々の状態は、当然のことながら、決定的に重要な点において劣悪である。彼らの状態が、その魂を完全性への呼びかけによって揺り動かされた人々の間で完成へ向けて努力がなされたという単なる事実によって、悪化されるということはおそらくありえないだろう。さらに、それらの排除された人々が彼ら自身の市民的社会を形成すべきでないという必然的理由は何もないのである。閉じられた社会としての市民的社会は、それが自然に合致したものであるゆえ、自然に即して可能であり、必然的である。(11)

もし抑制が自由と同様に人間にとって自然的なものであり、抑制が効果的であるためには多くの場合強制的な抑制でなければならないとするならば、都市が強制的社会であるからといって、それが人為的であるとか自然に反するとか言うことはできない。人間は自分の低級な衝動を抑え込むことなしには、自らの人間性の完成には至りえないようにできている。説得によっては自らの身体を支配できない。この事実だけからでも、専制的支配でさえそれ自体においては決して自然に反するものではないことが分かる。自己抑制、自己強制、自己支配について原則的に妥当することは、他者抑制、他者強制そして他者支配についても当てはまる。極端な場合を取り上げれば、専制的支配が不正であるのは、ただそれが、説得によって支配されうる人間や理解力が十分具わっている人間に対して適用された場合に限るのである。プロスペロの半獣人の下男キャリバン〈シェイクスピア劇『テンペスト』の登場人物〉に対する支配は、その本性上正しいものである。正義と強制は相互排除的なものではない。事実、正義を一種の善意ある強制と述べたとしても、あながち間違っているとは限らない。正義、それに徳一般は、必然的に一種の力である。力そのものが悪いとか腐敗をもたらすと言うのは、したがって、徳は悪いとか腐敗をもたらすと言うのと同じことになろう。力を振るわれることによって駄目になる人もいれば、改善される人もいる。「力は人間をあらわにする」[12]。

さらに、人間性の完成態は、市民的社会におけるある種の受動的な構成員であることにおいて実現されるのではなくて、政治家、立法者、設立者として適切な方針をもって活動することにおいて実現されるのである。共同体の完成を真剣に配慮するためには、個人の完成を真剣に配慮するときに比べて、一段と高い徳が必要とされる。裁判官や統治者は普通の人に比べて、正しく行為する一段と多くの高尚な機会をもつものである。善き人間はただちに善き市民と同一なのではなく、善き社会において統治の役割を果たしている善き市民と同一なのである。人間たちをして政治的偉大さに対して敬意を払うよう促すものは、高位高職にともなう輝かしい栄光や喧騒ではなく、それ以上の何か確固としたものであり、また彼ら自身の安寧への配慮ではない何かそれ以上に高貴なものによるのである。自由と帝国という人類の大きな目的に対して十分の理解を示すようになった彼らは、政治を人間的卓越性が十分な成熟度を発揮しうる場として感じとっており、そしてあらゆる形態の卓越性がある意味ではその政治の場を適切に発展させることにかかっていることに気づいている。自由と帝国は、幸福の要素あるいは条件として希求されている。しかし、「自由」

と「帝国」という言葉そのものによって掻き立てられる感情は、幸福と身体の安寧や虚栄心の満足との同一視の根底にある幸福観に比べて一層適切な幸福についての理解を示している。それらの感情が指し示しているのは、幸福あるいは幸福の核心は人間的卓越性にあるという見解である。それゆえ、政治的活動は、それが人間的完成や徳の方向へむけられているなら、正しく方向づけられていることになる。したがって都市は、究極的には個人の他には目的を持たない。市民的社会や国家の道徳は個人の道徳と同じものである。都市は、単なる集団的利己心の機関や表現ではなく、盗賊の集団とは本質的に異なる。都市の究極的目的は個人のそれと同一であるゆえ、都市の目的は人間の尊厳に合致した平和的活動であって、戦争や征服ではないのである⑬。

古典的理論家たちは、道徳的事柄や政治的事柄を人間の完成という観点の下にみたのであるから、彼らは平等主義者ではなかった。すべての人間が完成へ向かって進歩する自然本性を平等に具えているわけではなく、すべての「自然本性」が「善い自然本性」であるわけでもない。すべての人々、すなわち、すべての普通の人々は徳への資質を具えているが、その中には他者による導きを必要とする人もいれば、それを少しも必要としない人、あるいはごく僅かな程度にしか必要としない人もいる。それに加えて、自然的資質の相違はともかくとして、すべての人が同等の熱意をもって徳を目指すわけでもない。たしかに人々は育てられ方によって大きな影響を蒙るが、養育の良し悪しの相違は、一つには自然的「環境」の適不適の相違にもよるのである。人間は人間的完成という決定的な点においては同等ではないのだから、すべての人間に平等の権利をというのは、古典的理論家たちにとっては、最も不当なことに思えた。彼らは、ある者たちは自然本性的に他の者たちより優れており、したがって自然的権利によって他の者たちの支配者である、と主張した。古典的理論家たちの見解はストア派、とりわけキケロによって斥けられ、この変化が自然権の教理の発展史における一つの画期点をなすとか、ソクラテス、プラトン、アリストテレスの自然権の教理との断絶をなす、と時折言われることがある。しかしキケロ自身は、自分の語っていることを知っていたと想定されねばならぬが、プラトンの教説と自分のそれとが根本的に相違しているという意識は全くなかった。キケロの『法律』の中に、平等主義的な自然権の確立を目指したものと一般に見られている重要な一節があるが、この一節も、実際には、人間の自然的社会性を証明しようとするものである。人間の自然的社会性を証明するために、キケロはすべての人間が相互に似かよっていること、すなわち、相互に同類であることを述べている。彼はこの類似性を人間相互の親切心の自然的基盤として提示している。似タモノハ似タモノヲ喜ブ (*simile simili gaudet*)。この文脈においてキケロが用いた表現が平等主義的思想への傾斜をいささか示しているのではないかという問題は、たいして重要な問題ではない。キケロの著作が、人間は人間的完成というあの決定的な点において同等ではないという古典的見解を再確認し、そのような見解のもつ政治的意味を再確認するような言説を多く含んでいることを、指摘しておけば十分である。[14]

人間はその最高の高みに達するためには、最善の社会、人間的卓越性に最も役立つような社会に生きなければならない。古典的理論家たちは最善の社会を最善のポリテイア(*politeia*) と呼んだ。このように呼ぶことによって彼らが示したことは、まず第一に、社会が善きものであるためには、それは市民的社会ないし政治的社会でなければならず、事物の管理のみならず人間の統治が行なわれている社会でなければならないということであった。ポリテイアは通常「国制」(constitution) と翻訳されている。政治的文脈の中で「国制」という言葉を用いる時、現代人はほとんど不可避的にある法的現象、何か国の基本法のようなものを意味していて、身体や魂の体質のようなものを意味してはいない。しかしポリテイアは法的現象ではない。古典的理論家たちは、ポリテイアを「法律」と対比させて用いている。ポリテイアはいかなる法律よりも一層根本的である。それはあらゆる法律の源泉である。ポリテイアは、国憲的法が政治的権力に関して規定することというよりも、むしろ共同体内部での権力の事実的配分のことである。ポリテイアは法律によって規定されることもあろうが、必ずしもその必要はない。ポリテイアに関する法律は、当のポリテイアの真の性格に関して、故意にでなくとも、あるいは場合によっては故意に、欺瞞的なこともありうる。一切の法は人間に依存するのであって、それゆえ、いかなる法律も、したがってまた国制も、根本的な政治的事実ではありえない。法は、人々によって採択され、保持され、執行されなければならない。政治的共同体を形成している人間存在は、共同体の事柄の統御に関して、きわめて多様な仕方で「整序」されうる。ポリテイアの意味するところは、元来、政治的権力に関する人間存在の事実的「整序」なのである。

アメリカ合衆国憲法は、アメリカ人の生き方と同じものではない。ポリテイアは社会の国制というよりはむしろその生き方を意味する。しかし、「国制」という不十分な訳語が、「社会の生き方」という訳語よりも一般に好まれるのは偶然ではない。国制というときには、我々は統治のことを考えるが、共同体の生き方といっても我々は必ずしも統治のことを考えるわけではない。古典的理論家たちは、ポリテイアについて語るときは、本質的にその「統治の形態」によって規定される共同体の生き方のことを考えていた。我々はポリテイアを「体制」(regime)と訳そうと思う。その際、体制は、我々がたとえばフランスのアンシャン・レジーム(旧体制)について語るときにときどき用いているような広い意味のものとする。「社会の生き方」と「統治の形態」を結びつける考えは、差し当たって次のように述べることができる。すなわち、社会の性格や基調は、その社会が何をもって最も尊敬すべきもの最も賞賛に値するものとみなすかにかかっていると。しかし、ある習慣や態度を最も尊敬すべきものとみなすことは、そのような習慣や態度を最も完全に身につけた人の優越性や優越せる尊厳性を、当の社会が認めることにつながる。言い換えれば、それぞれの社会が特定の人間のタイプ(あるいは人間タイプの特定の混合型)を権威あるものとみなすのである。権威的タイプが一般人である場合には、万事が一般人の法廷の前で自らを正当化しなければならない。その法廷の前で正当化されえないすべてのものは、蔑《さげす》まれるか疑われるかしない場合には、せいぜい大目にみられるにすぎない。そして、そのような法廷を認めない人でも、否応なしにその評決によって型に嵌《は》められるのである。一般人によって支配された社会について言えることは、聖職者や富裕な商人や軍司令官や郷紳等々によって支配された社会についても言える。賞賛されるべき習慣や態度を身につけた人間も、真に権威的であるためには、共同体の内部で決定的発言権を公然たる形で持たなければならない。つまり、彼らは体制を形成しなければならない。古典的理論家たちが主に様々な体制、とりわけ最善の体制に関心をもつとき、彼らが意味していたことは、最高の社会的現象、あるいは自然現象より他にはそれ以上に根本的なものがないような社会的現象は、体制であるということであった⑮。「体制」と呼ばれる現象の中心的な意義は、今日では幾分かすんでしまった。このような変化の理由は、政治史が以前にもっていた優位を社会史や文化史や経済史等々にゆずったという事実をひき起こした理由と同じである。これらの歴史の新しい分野の出現は、「文明」(あるいは「文化」)の概念において、その頂点に達し――その正当性を見出した。古典的理論家たちが「体制」と述べた代わりに、我々は「文明」と述べる慣わしになっている。「文明」は「体制」の現代における代用語なのである。文明とは何かを確定するのは困難なことである。文明とは大きな社会であると言われるが、しかしそれがいかなる種類の社会であるかを明瞭に聞かされたことはない。もし我々が一つの文明を他の文明から区別する仕方をたずねるとすると、最も明白で間違いの少ない指標は芸術的様式の相違である、という答えが返ってくる。このことが意味していることは、文明というものは、大きな社会そのものの関心の中心には決してならないような何かによって特徴づけられる社会だということである。社会は芸術的様式の相違を理由にして相互に戦争を始めることはない。体制によってでなく文明によって我々の方向づけがなされるようになった原因は、社会を動かし活気づけるとともに社会を結びつけてもいる社会の死活問題から我々が奇妙にも遠ざかってしまったことにあるように思われる。

最善の体制は、今日では「理想的体制」あるいは単に「理想」と呼ばれる。「理想」という現代の用語は、古典的理論家たちが最善の体制によって意味したことの理解を妨げる多くの含意をもっている。現代の翻訳者たちは、古典的理論家たちが「願望によって」とか「祈りによって」と呼んだことを訳すのに「理想的な」という語を用いることがある。そうなれば最善の体制は人が願望し祈念する体制のこととなる。さらに詳しく検討してみると、最善の体制とはすべての善き人間たちの、あるいはすべての貴紳の願望ないし祈念の対象であることが分かってくる。古典的政治哲学によって提示された最善の体制とは、当の哲学者によって解釈された貴紳たちの願望ないし祈念の対象なのである。しかし古典的理論家たちが理解した最善の体制は、単に最も望ましいものというだけでなく、それは実現可能なもの、地上において実現可能であることをも意味していた。それは自然に合致しているゆえに望ましいだけでなく実現可能なものでもある。それは自然に即したものであるゆえ、その実現のためには、人間性における何らの奇跡的ないし非奇跡的変化をも必要としない。それは、人間および人間的生にとって本質的な悪や不完全性の除去や根絶を必要としない。それゆえ、最善の体制は実現可能なのである。また、それは人間本性の卓越性ないし完成の要件と合致するゆえ、最も望ましいものである。最善の体制は可能であるとはいえ、その現実化は決して必然的ではない。その実現はきわめて困難であり、したがって現実性に乏しく、それどころか極端に現実性に乏しい。それというのも、人間はそのような最善の体制が実現しうる諸条件を支配してはいないからである。その実現は偶然に依存するからである。自然に合致した最善の体制は、おそらく現実的なものではなかった。現在それが実現していると想定する理由は何もない。それは決して実現しないかもしれない。実際とは区別された言論においてのみ存在するというのが、最善の体制の本質である。一言でいえば、最善の体制は、──プラトンの『国家』を最も深く学んだ者の一人が作り出した言葉を使えば、それ自体一つの「ユートピア」である。[16]

最善の体制は、最も好条件のもとにおいてのみ可能である。それゆえ、それは最も好条件のもとにおいてのみ正しく正当である。多少とも条件に恵まれないところでは、多少とも不完全な体制のみが可能であり、したがって正当とされる。最善の体制は唯一つだけ存在するが、正当な体制は多様に存在する。正当な体制の多様性は、関連する状況の多様なタイプに対応している。最善の体制は最高の好条件のもとにおいてのみ可能であるのに対し、正当なあるいは正しい体制は、あらゆる時代あらゆる場所において可能であり、実際に必要でもある。最善の体制と正当な体制との区別の根拠は、高貴と正当の区別にある。高貴なるものはすべて正当であるが、正当なるすべてのものが高貴なのではない。借金を返すことは正当であるが、高貴とは言わない。しかるべき処置は正当だが、高貴ではない。プラトンの最善の政体において農民や手工業者たちは正当な生活を送っているが、高貴な生活を過ごしているわけではない。彼らは高貴に振る舞う機会をもたない。人が強制されてなしたことは、そのために彼が非難されることはできないという意味では正当である。しかしそれは決して高貴なことではありえない。アリストテレスが言うように、高貴なる行為にはある種の素養が必要である。そのような素養がなければ、高貴なる行為は不可能である。しかし、我々はあらゆる状況において正しく行為するよう義務づけられている。あるきわめて不完全な体制が、ある共同体の難題に対する唯一の正しい解決策であることもあろう。しかし、そのような体制は、人間の十分な完成の方向に効果的に向かうことはありえないのだから、決して高貴な体制ではありえない。(17)

最善の体制という問題に対する古典的理論家たちに特徴的な解答については、誤解を避けるために、なおいくらか述べておく必要がある。最善の体制とは最善の人々が常に統治する体制、すなわち、優秀者支配制のことである。善さは、知恵と同一のものではないにしても、知恵に依存するものである。最善の体制とはおそらく賢者の支配であるように思われる。事実、知恵は古典的理論家たちにとって、自然に従った最高の統治資格であるように思われた。何らかの規制によって、知恵の自由な発露を妨げることは、馬鹿げていよう。したがって、賢者の支配は絶対的な支配でなければならない。また愚者の愚かな欲望を斟酌《しんしゃく》することによって知恵の自由な発露を妨げることも、同様に馬鹿げていよう。したがって、賢者の支配者たちは、彼らの愚かな臣民に対して責任を負うべきではない。賢者の支配を愚者による選挙あるいは愚者の合意に依存させることは、本性的に優位のものを本性的に劣位のものの支配に服させることを意味するであろう。それは自然に反した所業である。しかしこの解決策は、賢者のいる社会に対する唯一の正しい解決策であるように一見したところ見えるが、概して実行不可能なものである。少数の賢者が多数の愚者を力によって支配することはできない。多数の愚者は賢者を賢者として認め、賢者に対してその賢明さのゆえに自発的に従わなければならない。しかし、賢者のもつ愚者に対する説得力はごく限られたものである。ソクラテスは自らの教えを実践した人であったが、妻のクサンチッペを御すことには失敗した。それゆえ、賢者の支配に必要な条件が満たされることは、滅多にありそうにもない。より実現の可能性のありそうなことは、愚者が知恵の自然権に訴えつつ、多数者の最も低級な欲望を満たすことによって、自分の権利を多数の者に説得して納得させることである。つまり、僭主支配の可能性の方が賢者支配の可能性よりも大なのである。それが事実だとすれば、賢者の自然権は問題視されなければならず、知恵を不可欠の要件とする立場は、合意を要件とする立場によって緩和されなければならない。政治的な問題は、知恵の要件と合意の要件を調停するところにある。ところで、平等主義的自然権の観点からすれば、合意が知恵に優先するのに対し、古典的自然権の立場からすれば、知恵の方が合意に優先する。古典的理論家たちによれば、これら二つの完全に異なる要求——知恵の要求と合意あるいは自由の要求——を統合させる最善の方法は、賢明なる立法者が法典を起草し、それを市民組織が十分に納得して自発的に採用することであった。知恵の具体化ともいうべき法典は、なるべく変更されてはならない。法律の支配が、たとえ人々がどれほど賢明であろうと、人間の支配に取って代わることになる。法律の執行は、それを最も公平に、つまり賢明なる立法者の精神にもとづいて執行しそうな、換言すれば、立法者が予見できなかった状況の要求に合わせて法律を「完成させる」ことのできそうなタイプの人物に、委託されなければならない。古典的理論家たちは、貴紳がこのようなタイプの人間であると考えた。貴紳は賢者と同一ではない。貴紳は賢者の政治的な写像であり模像である。貴紳が賢者と共通する点は、両者が一般人が高く評価する多くのものを軽視すること、あるいは両者が高貴なもの美しいものに眼識があることである。

貴紳が賢者と異なるのは、彼らが正確さを鷹揚に軽視したり、人生のある側面を認めようとしなかったり、そして貴紳として生きるためには暮らし向きもよくなければならないからである。貴紳は、相続財産が莫大すぎることはなく、それも主に土地財産であって、そのくせ生き方が都会風であるような人であろう。彼は農業から収入を得ている都市貴族であろう。そこで最善の体制とは、都市貴族でもあり、育ちがよく公共的精神をもった郷紳階級が、法律に従いつつ法律を完成させ、順番に支配し支配されながら支配権を維持し、社会にその性格を与えているような共和国であろう。古典的理論家たちは、最善者の支配に役立つと思われるさまざまな制度を考察し、推奨した。おそらく最も影響を与えた示唆は、王制と貴族制と民主制よりなる混合体制であったろう。混合体制においては貴族制的要素——元老院の重み——が媒介的な中心的・中核的位置を占める。混合体制は、実際のところ、君主制的制度と民主制的制度の混合によって強化され保護された貴族制であり、またそのような貴族制を意味していた。要約すれば、古典的自然権の教説は、最善の体制という問題に対する二重の解答、すなわち、端的に最善の体制は賢者による絶対的支配であろうという解答と、実現可能な最善の体制は、法律の下における貴紳の支配あるいは混合体制であるという解答とに帰着するところにその特徴がある、と言いうるであろう。(18)

今日ではむしろ一般的で、マルクス主義的とかマルクス主義シンパ的と言われる見解に従えば、古典的理論家たちは、彼ら自身が都市貴族に属していたり、あるいは都市貴族の取巻き連であったことが原因で、都市貴族の支配を選んだことになる。我々は、政治理論を研究するに際しては、当の理論の創始者の偏向、とくに階級的偏向さえも考慮しなければならないとする主張と、論争を構えるには及ばない。当の思想家が属する階層の正確な確定を要求することで十分である。上述の一般的見解においては、哲学者には哲学者階層としての利害があることが看過されているが、そのことは究極的には哲学の可能性の否定に起因している。哲学者としての哲学者が、彼らの家族と行動をともにすることはない。哲学者の利己的あるいは階層的利益は、ただ孤独の状態に置かれること、最も重要な問題の探究に専念することによって地上における至福の生を送ることを許されることにあるのである。ところで、幾世紀にもわたる様々な自然的・道徳的風土の中で経験されたことは、国王のように間歇的にというのでなく、常時哲学に対して共感を示してきた一つの階層、しかも唯一の階層が存在するということ、そしてこの階層が都市貴族であったということである。庶民は哲学と哲学者に対していかなる共感をも示していない。キケロが言ったように、哲学は多数者にとって胡散臭いものであった。十九世紀にいたってはじめて、このような事態は根底から明白な変化を経験した。そしてこの変化は究極的には、哲学の意味における完全な変化に起因するものであった。

元来、古典的自然権の教理は、十分に展開されたならば、最善の体制についての理論と同一のものである。なぜなら、本性的に正しいものとは何か、正義とは何かについての問いが、完全な解答を見出すのは、ただ言論による最善の体制の構築によってだからである。古典的自然権の教理に本質的な政治的性格は、プラトンの『国家』のなかに最も明瞭に現われている。アリストテレスの自然的正の議論が彼の政治的正の議論の一部であるという事実は、とりわけ我々が彼の言説の冒頭の部分を、自然権を私権の一部として導入したウルピアヌスの言説と比較してみれば、プラトンの場合に劣らず明白になる。(19) 自然権の政治的性格は、古代の平等主義的自然権と聖書信仰との両者の影響の下に、曖昧になり、本質的なものではなくなった。聖書信仰の基盤の上では、最善の体制は端的に「神の国」となり、したがって最善の体制は天地創造と同時的となり、それゆえ、常に現実のものである。そして悪の終息あるいは救済は、神の超自然的行為によってもたらされる。かくて、最善の体制という問題は、決定的な意義を失うのである。古典的理論家たちが考えたような最善の体制は、完全な道徳的秩序と同一のものではなくなる。市民的社会の目的は、もはや「有徳的生そのもの」ではなく、有徳的生の一部分でしかない。立法者としての神の観念は、古典哲学の中ではそれが決してもたなかった確実さ明確さをもつに至っている。それゆえ、自然権ないし自然法は最善の体制からは独立し、最善の体制に優先するものとなった。モーゼの十戒の第二表とその中に具体化された原理が、最善の体制よりはるかに高く尊厳なものとなる。(20) キリスト紀元後長年にわたって、西洋思想に最大の影響を及ぼしてきたのは、このように根底から修正された形での古典的自然権である。なお、このような古典的な教説の決定的な修正は、ある意味では古典的理論家たちによって予期されたことでもあった。古典的理論家たちによれば、政治的生そのものが哲学的生に比べて、本質的に尊厳の点で低位にあるとされたからである。

このような考察は我々を新しい困難へと導く、あるいはむしろ、我々がこれまで絶えず——たとえば「貴紳」というような語を用いたときに——出会っていたのと同じ困難へと引き戻すのである。もし人間の究極的目的が超政治的なものだとするなら、自然的正も超政治的な根拠をもつように思われる。しかし自然的正は、それがこの根拠に直接的に参照されたときに十全に理解されうることになるのだろうか。自然的正は人間の自然的目的から導出されうるのだろうか。そもそもそれは何ものかから導出されうるのだろうか。

人間本性と徳あるいは人間本性の完成とは別のことである。徳、とりわけ正義の一定の性格は、人間の本性から導出されることはできない。プラトンの言葉では、人間のイデアは正義のイデアと両立するが、それは異なったイデアである。正義のイデアは人間のイデアとは異なる種類のイデアに属するようにさえ見える。人間のイデアは正義のイデアと同じ仕方で問題になるものではないからである。ある存在者が人間であるか否かについてはほとんど意見の不一致はないであろうが、正しいもの高貴なものについては常に不一致が存在するのである。アリストテレスの言葉でいえば、徳の人間本性に対する関係は、現実態と可能態の関係に比定することができよう。現実態は可能態から出発することによってこれを規定することはできないが、その反対に、可能態はそれを現実態の方から振り返ることによって知られるようになるのである。[21] 人間本性は、その完成態や徳とは異なる仕方で現に「ある」。徳は、すべての場合でなくても大抵の場合、目指すべき対象としてあり、達成されたものとしてあるのではない。それゆえ、徳は実際にでなく言論において存在する。人間の本性を研究するための適切な出発点が何であるにせよ、人間本性の完成、したがってとりわけ自然的正を研究するための適切な出発点となるのは、これらの主題について語られたこと、これらの主題についてのもろもろの意見である。

ごく大まかに言って、古典的な自然権理論の三つのタイプを、すなわち、古典的理論家たちの自然権理解の三つの異なる仕方を区別することができる。三つのタイプというのは、ソクラテス＝プラトン的、アリストテレス的、トマス的タイプである。ストア派に関して言えば、彼らの自然権の教説はソクラテス＝プラトン的タイプに属するように私には思われる。今日ではかなり一般的になっている見解によれば、ストア派が全く新しいタイプの自然権の教説を創始したことになっている。しかし、ここでは他の事柄は度外視するとして、この見解はストア派とキュニコス派との密接な関係を無視することに基づいており、[22] そしてこのキュニコス派はソクラテス派の人によって創始されたのである。

そこで、我々があえて「ソクラテス＝プラトン＝ストア派的自然権理論」と呼ぼうとしているものの特性をできるだけ簡潔に述べるために、正義に関する二つの最も一般的な意見、すなわち、正義は善であるとする意見と、正義はすべての人に対してその人にふさわしいものを与えることにあるとする意見との、対立関係から出発することにしよう。一人の人間に何がふさわしいかは、法によって、つまり、都市の法律によって規定される。しかし都市の法律が馬鹿げたもので、したがって有害で悪しきものであることもある。そうなると、すべての人にその人にふさわしいものを与えることにおいて成り立っている正義が、悪しきものであることもありうる。もし正義が善きものであるためには、正義を本質的に法律から独立したものとして考えなければならない。そこで我々は、正義を、すべての人に対して自然的にみてその人にふさわしいものを与える習慣と定義することにしよう。自然的にみて何が他の人にとってふさわしいものであるかに関する一つのヒントは、一般に受け入れられている意見によって与えられる。たとえば、危険な武器をその法的所有者に返却することは、もしその所有者が気が狂っていたり、都市を破壊しようとしている場合には正義にかなっていない、とするような一般的な意見によって与えられる。この例が示していることは、他人に害を加えることは何ごとも正しくはありえないということ、あるいは、正義は他人に害を加えない習慣であるということである。しかしながら、確かに他人に危害を加えることはしないが、言行いずれによっても他人を助けることは用心深く思い止まるような人物を、正しくないとして我々が非難することはしばしばあるが、このような稀でないケースをいま述べた正義の定義は説明できないのである。それでは、正義は他の人たちを利する習慣ということになるだろうか。正義の人とはすべての人に対して、馬鹿げた法である可能性もある法律が命じるものをでなく、他人にとって善いもの、すなわち、他人にとって本性的に善いものを与える人のことであるとしよう。しかしすべての人が、人間一般にとって、そしてとりわけ個々の人間にとって、何が善いものであるかを知っているわけではない。ちょうど医者だけがそれぞれの場合に身体にとって有益なことを本当に知っているのと同じく、賢者だけがそれぞれの場合に魂にとって何が有益であるかを本当に知っているのである。事実そうだとするならば、賢者が絶対的支配の立場にあるような社会を除いては、正義、すなわち、すべての人にその人に本性的に善いものを与えるということは、ありえないのである。

小さなコートを持っている大きな子と、大きなコートを持っている小さな子の例をとってみよう。大きな子は、彼か彼の父親が小さなコートを買ったのだから、その法的な所有者である。しかしそのコートは彼の役には立っていない。それは彼には合わないのである。そこで賢明な支配者が小さな子から大きなコートを取り上げて、法的所有権などお構いなしに、それを大きな子に与えたとしよう。我々が言わねばならぬ最小限のことは、正当な所有権は法的所有権と全く異なるものであるということである。もし正義が存在すべきだとするならば、賢明な支配者はすべての人に対して、その人に真にふさわしいものを、あるいはその人に本性的に善いものを、割り当てなければならない。賢明な支配者はすべての人に対して、その人が十分役立てうるものだけを与え、十分に役立てえないものは取り上げるであろう。正義はしたがって、一般に私的所有権として理解されているものとは相容れない。すべての使用は、究極的には活動ないし行動のためのものである。それゆえ正義は、とりわけ、各人がそれをよく遂行しうる役割や仕事が割り当てられていることを必要とする。しかし誰もが最もよく遂行することは、その人に本性的に最もよく適した仕事である。したがって正義は、各人が自分の得意とするところをなし、各人がよく活用しうるものを所有するような社会においてのみ存在する。正義とはそのような社会――自然に合致した社会――の構成員として、そのような社会に献身することと同じである。[23]

我々はさらに先へと進まねばならない。都市の正義とは、「すべての者はその能力に応じて与え、その功績に応じて与えられる」という原理に従って行為することにある、と言うことができよう。社会が正しい社会であるのは、「機会の均等」がその社会の生きた原理として働いている場合、すなわち、その社会に属するすべての人間が、本人の能力に応じて全体に対して貢献する機会をもち、またその功績にふさわしい褒賞を受ける機会をもつような場合である。賞賛に値する行為の能力が性別や容姿の美醜等々と結びつくと想定する十分な理由はないのだから、性別や美醜等による「差別」は不正である。奉仕に対する唯一の適切な報酬は名誉であり、したがってまた際立った奉仕に対する唯一の適切な報酬は大いなる権威である。正しい社会においては、社会的位階は厳密に功績の段階に、しかも功績の段階のみに対応する。ところで、市民的社会は一般的に、市民の出身であること、すなわち、市民の父親と市民の母親から生まれた男子であることを、高い役職につくことの不可欠の条件とみなしている。換言すれば、市民的社会は、何らかの方法で、功績の原理、とりわけ正義の原理に、それとは何の関係もない生まれ素姓の原理によって制限を加えている。真に正義の社会であるためには、市民的社会はこの制限を撤廃しなければならない。市民的社会は「世界国家」へ転換しなければならない。このことの必然性は以下の考察からも明らかであるといえる。すなわち、閉じられた社会としての都市の存在は、複数の都市の存在を意味しており、それと同時に戦争の可能性をも暗示している。都市はそれゆえ好戦的習慣を養い育てなければならない。しかしこのような習慣は正義の求める条件とは合致しない。人々が戦争に従事する際には、彼らの念頭にあるのは勝利のことであって、敵軍に対して、公平で明敏な裁判官なら彼らに与えれば有益だと考えるようなことを、割り当てようなどとは思わない。彼らが専念していることは他人に害を加えることであるが、正しい人とはいかなる人にも害を加えない人のことであった。したがって、市民的社会は区別することを余儀なくされる。すなわち、正しい人とは、自分の友人や隣人や同胞を害することなく愛する人のことであるが、他方、自分の敵や少なくとも潜在的に自分の都市の敵になりうる異邦人を害し、憎む人も正しい人である。このようなタイプの正義を「市民的徳性」と呼ぶことができるが、都市はこのような意味での市民的徳性を必然的に要求する、と我々は言いたい。しかし、市民的徳性は、戦時中は平和時とは異なる行為の規則が妥当すると主張しておきながら、平和時にのみ妥当するといわれる少なくとも幾つかの関連する規則を、普遍的に妥当するものとみなさざるをえなくなる。たとえば、都市といえども、欺瞞とくに他人に損害を与える欺瞞は平和時には悪いが戦時においては賞賛に値する、と言い放しにしておくことはできない。都市は人を上手に欺く者を胡散臭い者と見ざるをえないし、首尾よく欺くために求められる道に外れた不誠実なやり方を、まさに卑劣で嫌悪すべきこととみなさざるをえないのである。しかし都市は、そのようなやり方が敵に対して用いられるなら、それを命じ、賞賛さえしなければならない。この自己矛盾を避けるためには、都市は「世界国家」に転換しなければならない。しかし、全人類を正しく統治しうる人間存在あるいは人間集団など存在しない。それゆえ、「世界国家」を一つの人間的政府に従う全包括的人間社会として語るときに示唆されているものは、実際には、神によって支配されたコスモスである。このコスモスこそ唯一真実の都市であって、唯一の端的に正しい都市であるゆえ自然に対して端的に従う都市である。人間たちは彼らが賢者である場合にのみ、この都市の市民であり自由人である。自然的都市を秩序づける法、すなわち自然法に対する彼らの服従は、賢慮と同じことである。(24) 正義の問題のこのような解決は、明らかに政治的生の限界を越えている。(25) それは、都市の内部で可能な正義は、不完全なものでしかありえず、問題なく善であるというわけにはいかないことを意味している。完全なる正義、あるいは、さらに一般的には、真に自然に従った生を求めて人々が政治の領域を越えるよう促される理由は、この他にもまだある。ここではこれらの理由をただ示唆する以上のことはできない。第一に、賢者は支配することを欲しない。したがって彼らは支配するよう強制されなければならない。彼らが強制されなければならないというのは、彼らの生の全体が、いかなる人間的な事柄よりも尊厳性において比較を絶して高い事柄——不変の真理の追究に捧げられているからである。低次のものが高次のものをさておき選ばれなければならぬというのは、自然に反することと思われる。永遠の真理の認識を求めて努力することが、人間の究極的目的であるとするなら、正義や道徳的卓越性一般は、それらが上述の究極的目的のための必要条件であるという事実、あるいは、それらが哲学的生の条件であるという事実によってのみ、十分に正当化されうるのである。このような観点からするならば、哲学者でもないのに単に正しく道徳的であるような人間は、骨抜きにされた人間存在であるように見える。哲学者でない人間で道徳的であったり正しくあったりする人間が、非哲学的な「エロス的」人間よりも端的に優れているのかどうかは、こうして一つの問題となる。同様に、哲学的生のために必要とされる限りでの正義や道徳性一般は、それらの意味と範囲に関して、一般に理解されている限りでの正義と道徳性と同じであるのかどうか、あるいは、道徳性は二つの全く異なる根源をもつのではないのか、あるいは、アリストテレスが倫理的卓越性と呼んだものは実際には単なる政治的ないし世俗的な徳ではないのかが、一つの問題となる。後者の問題は、我々は道徳性に関する意見を道徳性に関する知識に変えることによって、政治的連関をもつ意味での道徳の次元を越えることにならないか、という問いによって言い表わすこともできる。[26]

このことがどのようであれ、哲学的生は明白に都市に依存しており、また人が人に対して抱く情愛は、とくに彼らの同族に対する場合は、相手が「善き自然本性」をもつか否か、あるいは潜在的哲学者であるか否かに関わりないのであって、そのため哲学者は再び世間という洞窟の中へ降りて行かざるをえない。直接的あるいは間接的に国事の面倒をみることを余儀なくされるのである。洞窟の中へ降りて行くに際して、彼は、内在的にあるいは自然本性的に最高のことは人間にとって最大の緊要事とはなっていないことを認識している。人間は本質的に「中間的」存在——動物と神々との中間的存在だからである。都市を導こうとするときに、都市のために有益で役立つためには、知恵の要求は制限され薄められなければならぬことを、彼はあらかじめ知っている。もし知恵の要求するものが自然的正や自然法と同じものであるなら、自然的正や自然法は薄められて都市の要求と両立させられなければならない。都市は知恵が合意と妥協することを求める。しかし合意の必要性、すなわち愚者の合意の必要性を認めることは、無知の権利、すなわち、不可避的ではあるが非合理的な権利を認めることに等しい。市民的生は、知恵と愚劣の根本的妥協を要求するが、このことは、理性や知性の認める自然的正と、意見のみに基づく正しさとの間の妥協を意味する。市民的生は、自然的正が人為的正によって希釈されることを求める。自然的正は市民的社会にとってはダイナマイトの役割を果たすであろう。言い換えれば、端的に善きもの、それは自然本性的に善きものであり先祖的なものとは根本的に区別されるものであるが、それが、いわば端的に善きものと先祖的なものを足して二で割ったような政治的に善きものへと変形されねばならないのである。政治的な善きものとは、「巨大な偏見の団塊にショックを与えることなく巨悪の塊を除去する」ものである。政治的あるいは道徳的事柄において非厳密性が求められることの一半の理由は、この必要性に基づくのである。(27)

自然的正が市民的社会と両立しうるものとなるためには希釈されなければならないとする考えは、後にみられる一次的自然権と二次的自然権の区別の哲学的淵源である。(28)この区別は、私的所有やその他の市民的社会の特徴をなすものを排除する一次的自然権が人類最初の無垢の状態に属するのに対して、二次的自然権は堕落後の人類にとってその堕落の救済策として必要なものである、という見解と結びついている。しかし我々は、自然権が希釈されなければならないとする考えと、二次的自然権という考えの相違を見逃してはならない。もし市民的社会に妥当する原理が希釈された自然権だとするなら、それらは二次的自然権、すなわち、神によって制定され堕落した人間に対する絶対的義務を含むものとみなされる場合よりも、一段と尊厳性が希薄になろう。後者の場合においてのみ、一般に理解されているような正義は、問題なく善いものである。後者の場合にのみ、厳密な意味での自然権、あるいは一次的自然権は、国家社会に対するダイナマイトたることを止めるのである。

キケロは、彼の著作、とりわけ『国家』第三巻と『法律』の第一巻、第二巻において、本来のストア的自然法の教説の緩和された改訂版とも言うべきものを提示している。彼が提示したもののうちには、ストア派とキュニコス派との連関の痕跡は何も残されていない。彼によって提示された自然法は、市民的社会と両立しうるようになるためには希釈されなければならぬようには見えない。それは市民的社会と自然的に調和しているように思われる。したがって、我々が「キケロ的自然法の教説」と名付けたくなるものは、現在我々が断片以上のものを持っている初期のいかなる理論に比べても、現在幾人かの学者によって典型的な前近代的自然法の教説とみなされているものに近いのである。それゆえ、キケロのこの教説に対する態度を誤解しないようにすることが、ある重要性をもつのである。[29]『法律』のなかで、キケロは彼の仲間たちと木蔭を求めつつ、彼自身ストア的自然法の教説を開陳しているが、彼はこの教理の正しさを確信していないことをも示している。これは何も驚くべきことではない。ストア的自然法の教説は、神的摂理の教理と人間中心的目的論とに基づいている。キケロは、彼の『神々の本性について』の中で、その神学的・目的論的教理をきびしい批判にかけて、それが真理の近似的模像以上のものと認めることはできないという結論を導いている。同様に彼は、『法律』においてストア的卜占説《ぼくせん》（ストア的摂理説の一分野である）を受け入れていながら、他方において彼は『卜占について』の第二巻においてはそれを攻撃している。『法律』における対話者の一人、キケロの友人アッティクスはストア的自然法の教理に同意したが、エピクロス主義者である彼は、その理論を真理とみなして、つまり思想家という資格において、それに同意したわけではなかった。彼がそれに同意したのは、むしろローマの市民として、さらに言えば貴族政の支持者としてであった。なぜなら、彼はストア的自然法の教説を政治的に有益なものとみなしたからである。キケロの一見無条件的ともいえるストア的自然法の教説の受容が、アッティクスの場合と同じ動機に基づくとするのは、理にかなった想定である。キケロ自身は、自分の本当の見解をあまり露骨に出さないようにするために対話篇を書いたと言っている。そして彼は結局のところ、彼はアカデメイアの懐疑論者であって、ストア派ではなかった。そして彼が自ら追随すると言い、最も賞賛した思想家は、アカデメイアの創始者プラトンその人である。キケロは、ストア的自然法の教説を、それがプラトンの自然権の教説を越えて行くかぎりにおいては、明白に真なるものとみなすことはなかった、ということだけは言っておかねばならない[30]。

キケロの『国家』は、対話者たちが太陽を求めていて、またプラトンの『国家』の自由な模倣であることが十分認められるのであるが、そこではストア的自然法の教説や正義の擁護論（すなわち、正義が本性的に善であることの証明）は、主要人物によって呈示されてはいない。プラトンの『国家』でソクラテスが演じている役割を、キケロの作品で演じるのはスキピオであるが、彼はすべての人間的事柄の卑小性を確信しきっていて、そのために死後に享受されるべき観想的生に憧《あこが》れている。市民的社会の要求と完全に調和するストア的自然法の教説の通俗版を代表するのはラエリウスである。彼は語の十全かつ厳密な意味での哲学を信頼しておらず、現世すなわちローマに絶対的に安住している。彼は中央に座していて、現世をなぞっている。ラエリウスは、自然法をローマ帝国の要求とさえも一致させるのに何の困難も感じないほどである。しかしスキピオは、市民的社会の要求と両立しえないストア的自然法の教えの本来のきびしい理論を示している。同様に彼は、ローマを強大にするためにはいかに多くの暴力と詐術を必要としたかをも示している。現存する最善の体制たるローマも、単純に正しいとは言えないということである。こうして彼は、市民的社会が行動の拠りどころとしている「自然法」は、実際には低位の原理によって希釈された自然法であることを示しているように思われる。正義の自然的性格に反対する主張がフィルスによってなされているが、彼はキケロ自身と同じくアカデメイアの懐疑論者である。[31] したがって、キケロをストア的自然法の教説の信奉者と呼ぶことは、誤解を招きやすい。

アリストテレスの自然権の教説に向かうに当たって我々が第一に注意すべきことは、自然権をテーマとしたもので、確実にアリストテレスによるもので、確実にアリストテレス自身の見解を表わしているものは、わずかに『ニコマコス倫理学』の一ページを占めているにすぎないということである。加えてこの一節は、特別に理解しにくい箇所である。本性的に正なるものについての一つの例証も、この一節を明らかにするために与えられてはいない。ただし、次のことだけは間違いなく言えそうである。すなわち、アリストテレスによれば、自然権と政治社会の要求との間には何らの基本的な不均衡も存在しないということ、あるいは自然権を希釈する必要は本質的に存在しないということである。他の点においてと同様にこの点においても、アリストテレスはその比類のない思慮分別を発揮して、プラトンの神的狂気に対立し、ストアの逆説に先取りする形で反対している。彼は、必然的に政治社会を超出しているような正は、本性上政治的動物である人間にとって自然的な正ではありえないことを、我々に理解させようとする。プラトンは、都市のこと、天界のこと、数のことのいずれであれ、それらを論ずるときには、必ずソクラテスの根本問題「何が正しい生き方であるか」を念頭に置いていた。そして端的に正しい生き方は、哲学的探究の生であることが示された。プラトンは最終的には、自然的正を、端的に正しい生といえる唯一のものは哲学者の生であるという事実に直接関係させて定義づけている。他方アリストテレスは、様々なレヴェルの存在者をそれぞれに取り扱い、とりわけ人間的生のそれぞれのレヴェルをそれ自体の条件に即して取り扱う。彼が正義を論じるときには、誰もが知っていて、政治的生の中で理解されているような正義を論じたのであり、通常の意味での正義をはるかに越えて我々を哲学的生へと運び込むような弁証法的渦動の中に引き込まれることは拒むのである。彼が弁証法的過程の究極的正しさや、哲学の要求と国家の要求との緊張関係までも否定した、というのではない。彼は、端的に最善の体制が属する時期は、完全に展開された哲学が出現する時期とは全く異なることを知っていた。しかし彼は、その過程の中間的諸段階は、絶対的な一貫性を保つものではないが、あらゆる実際的目的にとっては十分な一貫性を保っていることをほのめかしている。たしかにそれらの諸段階はただ薄明の中に存在しているにすぎない。しかし、そのことは哲学的分析家にとって――とりわけ人間の行為を導くことをその主たる関心事としている分析家にとっては――それらの諸段階をその薄明の中にとどめておくことの十分な理由となっている。単なる人間としての人間の生にとって本質的な薄明の状態においては、国家の中で通用している正義は、完全な正義であり申し分のない善であるように見える。自然的正を希釈する必要など、さらにないのである。そこでアリストテレスは、自然的正は政治的正の一部である、と端的に言う。このことは、国家の外に、あるいはそれに先立っては、いかなる自然的正も存在しないことを意味するのではない。親と子の関係は言うに及ばず、絶海の孤島で出会った二人の全く見知らぬ者どうしの間に成り立つ正義の関係は、ポリス的正義の関係ではなく、自然によって規定されるものである。アリストテレスが示唆していることは、自然的正の最も発展した形態は市民仲間の間で成立しているものであるということ、すなわち、正や正義の主題をなしている関係は、ただ市民仲間においてのみ、最も密度の高い、したがって最も成熟した状態に到達するということである。

アリストテレスが自然的正について第二に主張したこと――第一の主張より一層驚くべきものである――は、すべての自然的正は可変的であるということである。トマス・アクィナスによれば、この発言は留保つきで理解されなければならない。すなわち、自然的正の特殊的諸規則がそこから導出されるところの公理である自然的正の諸原理は、普遍妥当性をもち不易であり、可変的なのは特殊的な規則（たとえば供託金返済の規則）に限るというわけである。トマスの解釈は、実践的諸原理の習性（*habitus*）、つまり彼が「良心」とか、あるいはもっと厳密にシュンデレーシス（*synderesis*）と呼ぶ習性が存在するという見解と結び合わさっている。これらの用語そのものが、この見解がアリストテレスとは無縁のものであることを示している。それは教父に起源をもつものである。それに加えて、アリストテレスは、すべての正が――したがってまたすべての自然的正が――可変的であることを明言している。彼はその発言にいかなる留保も付けてはいないのである。またアリストテレスの理論には、それに代わる中世のもう一つの解釈がある。すなわち、アヴェロエス的見解、もっと適切に言えば、ユダヤ的アリストテレス主義ならびにファラーシファ

(*falāsifa*)（すなわち、イスラム的アリストテレス主義）の特徴をもつ見解である。この見解はキリスト教世界の内部では、パドヴァのマルシリウスやその他のキリスト教的・ラテン的アヴェロエス主義者によって述べられていた。アヴェロエスによれば、アリストテレスが理解した自然的正は、「法律的な自然的正」であった。あるいは、マルシリウスによれば、自然的正は準自然的なものにすぎず、それは人為的制度や慣習に依存する。しかしそれは遍在的な慣習に基づくという事実によって、単なる実定的正から区別される。あらゆる市民的社会において、正義を構成する同一の広範な諸規則が生じてくる。それらの諸規則は社会の最小限の要件を規定したものであって、大まかに言えば十戒の第二表に対応している。ただし神の崇拝の命令をも含むのであるが。それらの諸規則は明白に必然的であるように見え、普遍的に認められているという事実があるにもかかわらず、次のような理由で慣習的なものである。すなわち、市民的社会は、不易の規則とは、たとえそれが基本的規則であるにせよ、両立できないのである。というのは、状況次第では、これらの規則を無視することも社会の存続のために求められるからである。しかし、教育上の理由から、社会はある種の一般的に妥当する規則を、普遍的に妥当するものとして提示しなければならない。当の諸規則が通常広く行なわれているからこそ、あらゆる社会理論は稀《まれ》な例外の方でなく、これらの規則を布告するのである。一般的規則の効果が上がるのはそれらが留保なしに、「もしも」とか「しかし」という条件なしに教えられる場合である。しかし条件を省略することは、規則を効果的にする代わりに、同時にそれを不正確にする。無条件的規則は自然的正ではなく、人為的慣習的正である。(32) 自然的正についてのこの見解は、あらゆる正義の規則の変易性を認めるかぎりにおいて、アリストテレスに一致する。しかし、それが自然的正そのものの否定を意味するかぎりにおいては、アリストテレスの見解とは異なる。それでは、我々はいかにして、アヴェロエスとトマスという強力な対立者の間に安全な中道を見出すことができるであろうか。

人は以下のようなことを示唆してみたくもなる。アリストテレスが自然的正について語るとき、彼が主として考えていたのは、一般的命題のことではなく、むしろ具体的決定のことであった。あらゆる行為は個別的状況にかかわっている。したがって正義や自然的正は、一般的規則よりも具体的決定のうちに、いわば宿っている。大抵の場合、正しい殺人行為一般と正しくない殺人行為一般の種差を明確に述べることよりも、この特定の殺人行為についてそれが正しくなかったことを明晰に見てとることの方が、ずっと容易なのである。ある一定の時期のある国に特有の問題を正しく解決する法の方が、それが一般的であるために当面する場合の正しい決定を妨げるような自然法の一般的規則よりも、格段に正しいと言うことができるかもしれない。あらゆる人間的係争には、あらゆる事情を十分見きわめた上でなされる正しい決定、つまりその状況の要求する決定というものが存在する。自然的正はそのような決定から成り立つ。このように理解される自然的正は明らかに可変的である。しかし、すべての具体的状況において、一般的原理が含意され、前提されていることは、ほとんど否定できないことである。アリストテレスはそのような原理、たとえば彼が「矯正的」正義や「配分的」正義について語るときに明言している原理の存在を認めている。同様に、彼の奴隷制に関する議論はもちろんのこと、都市の自然的性格に関する議論（無政府主義や平和主義によって提起される原理の問題に関する議論）は、正の原理を確立するための試みである。これらの原理は普遍的に妥当し不変性をもつように思われる。それでは、アリストテレスのすべての自然的正は可変的であるという言葉は、何を意味するのだろうか。あるいは、自然的正は結局のところ一般的規則よりは具体的決定に宿るというのは、いかなる理由によるのだろうか。

正義のうちには、矯正的正義や配分的正義という特殊的原理によっては汲み尽くされない意味もある。矯正的な正しさや配分的正しさに先立って、正義は共通善である。共通善は、通常、矯正的および配分的正義ないしはこの種の他の道徳的原理によって要求されていること、あるいはこれらの要求と両立しうるもののうちに存する。しかし共通善は言うまでもなく、当の政治的共同体の存在そのもの、存続そのもの、独立そのものをも含んでいる。一つの社会の存在や独立そのものが危機に瀕している状況を極限状況と呼ぶとすると、その極限状況においては、社会の存続が要求することと、矯正的および配分的正義の要求との間に葛藤が生じることがありうる。そのような状況においては、そしてそのような状況においてのみ、社会の安全が最高の法であると正当に言うことができる。品位ある社会は、正当な理由なくして戦争に訴えることはないであろう。それが戦争中に行なうことは、ある程度は敵——ことによると全く無法で野蛮な敵——によって強いられるという面もある。あらかじめ定められた限界というものはなく、正当な報復行為となりうるものを画定する限界もない。しかし戦争は平和の上に影を落とす。最も正しい社会でさえも、「情報収集」すなわちスパイ活動なしには生き残れない。スパイ活動は、自然的正のある種の規則を一時停止しなければ不可能である。しかも社会は外部から脅かされるだけではない。外敵にはらわれる配慮は社会内部の破壊活動分子にも当然はらわれることになろう。これらの嘆かわしい緊急状態のことは、覆いをかけてこれ以上ふれないことにしよう。それで十分であって、我々としては、極限状況においては平常時に妥当していた自然的正の規則が正当に変えられる、あるいは自然法に従って変えられるということ、つまり例外は規則と同じく正しいということを、繰り返せば足りる。そしてアリストテレスは、いかに基本的な規則であるにせよ、例外を認めない規則は一つもないことを示唆していたように思われる。我々はいかなる場合にも、共通善が私的善に優先して選ばれなければならないことは、そしてこの規則には例外がないということは、言うことができよう。しかしこの規則が述べていることは、正義は守られなければならぬということにすぎないのであって、それ以上のことではない。しかし我々が知りたいと思うのは、正義あるいは共通善によって要求されているのは何かということである。極限状況においては社会の安全が最高の法であるという言葉によって含意されていることは、平時における最高の法は正義の一般的規則であるということである。正義は二つのあるいは二組の異なる原理をもっている。すなわち、一方においては、社会の安全性の要求、つまり、極限状態においては社会の存在ないし独立そのものを維持するために必要な条件、他方においては、より厳格な意味での正義の諸規則がそれである。しかし、どのようなタイプの状況において社会の安全が優先し、どのようなタイプの状態において正義の厳格な規則が優先権をもつかを、明白に規定する原理は存在しない。というのは、平時に対比される極限状況の構成要件を正確に規定することは不可能だからである。危険な敵は外的内的を問わず創意工夫にたけていて、これまでの経験からすれば当然通常の状態とみなされうるものを、極限状態に変えてしまうほどである。自然的正はこのような邪悪な創意性に対処しうるためには融通性がなければならない。あらかじめ普遍的規則によっては決定されえないこと、危機的瞬間において最も有能で最も細心の政治家によってその場で決定されうること、これらのことも、後から振り返る時には、万人の目に正当なこととして明らかにされうるのである。極限時における行為のうちで正しいものと正しくないものを客観的に区別する仕事が、歴史家の最も高尚な義務の一つである。(33)

自然的正についてのアリストテレス的見解とマキアヴェリズムとの相違を明確に理解す

ることが肝要である。マキアヴェリは自然的正を否定した。なぜなら、マキアヴェリは、正義の要求が緊急性の要求によって割り引きされるような極限状態に身をおいて自分の位置を見定めたのであって、厳格な意味での正義の要求が最高の法であるような平時の状態によって自分の位置を定めたのではなかったからである。さらに彼は、通常の正しいことからの逸脱に関して心理的抵抗を克服する必要を感じなかった。それどころか反対に、このような逸脱を眺めて少なからぬ楽しみを味わった気配がある。彼はある逸脱が本当に必要なのかどうかについての入念な吟味には関心がなかった。他方、アリストテレス的な意味での真の政治家は、通常の状態、通常の正しいことによって、自分の方向を見定めるのであって、彼が通常の正しいことから不本意ながら逸脱するにしても、それは正義と人間性の大義そのものを救うために他ならない。この両者の相違は法律的に表現することはできないが、その政治的重要性は明白である。今日「シニシズム」と「理想主義」と呼ばれるこの二つの相反する両極端は、この相違をくらますために結び合う。そして誰の目にも明らかなように、それらは成功していないわけではない。

人々が実行しうる正義の要求の可変性は、アリストテレスのみならずプラトンも同様にこれを認めている。両者は、我々があえて次のように表現しても良いような見解を抱くことによって、「絶対主義」と「相対主義」の間で進退きわまることを回避できた。すなわち、諸目的の普遍的に妥当する位階的秩序は存在するが、行為の普遍妥当的規則は存在しない、とする見解である。先に指摘したことを繰り返すつもりはないが、何がなされるべきかを、すなわち、今ここで、この個人（あるいはこの集団）によって何がなされるべきかを、決定するに際しては、様々な競合する目的のうちどれがより上位であるかだけでなく、どれがその状況において最も緊急であるかをも考え合わせねばならない。最緊急事が緊急性において劣るものよりも優先的に選ばれなければならないのは当然であるが、多くの場合、最緊急事は緊急性に劣るものよりも、位階において低いものである。しかし、緊急性の方が位階よりも一層重要視されるべきであるという普遍的規則を作ることはできない。なぜなら、最高の活動をできる限り最緊急の最も必要なこととするのが、我々の義務だからである。また期待されうる最高の努力の程度にも必然的に個人差がある。唯一の普遍的に妥当する基準は、諸目的の位階的秩序である。この基準は、個人や集団の品位、それに行為や制度の品位の程度を判定するには十分である。しかし、我々の行為の指針とするには不十分である。

トマスの自然的正の教理、より一般的に言えば、自然法の教理は、プラトンやキケロのみならずアリストテレスの教説の特徴ともなっている逡巡と曖昧さとを免れている。その明確さと高貴な簡潔さという点では、緩和された形でのストア的自然法の教説さえも凌駕している。自然的正と市民的社会との間にみられる基本的調和に関してだけでなく、自然法の基本的諸命題の不易の性格に関しても同様に、いささかの疑問も残されていない。道徳法の諸原理、とりわけ十戒の第二表に定式化されているような諸原理は、神の介入によるのでもなければ、いかなる例外をも許さないのである。シュンデレーシスあるいは良心の教理は、なぜ自然法が常に万人に正しく公布され、普遍的な拘束力をもちえているかの理由を説明してくれる。これらの根底的な変化が聖書的啓示信仰の影響によるものであると想定するのは、理にかなっている。もしこの想定の正しさが明らかになった場合には、しかしながら、トマス・アクィナスが考えているような自然法が、厳密に言って自然法なのかどうか、つまり、他に援助を仰がない人間精神、神の啓示によって照明されない人間精神に知られる法なのかどうか、再検討を迫られることになろう。このような疑念は以下のような考察によって一層つよめられる。独立した人間精神に知られ、そして主に行為に対して厳密な意味での指図をする自然法は、人間の自然的目的に関係しており、あるいはそれに基づいている。この目的は、道徳的完成と知的完成の二つである。知的完成の方が道徳的完成よりも尊厳性において一層高い。しかし、独立した人間理性が認める知的完成すなわち知恵は、道徳的卓越性を必要としない。トマスは、実質的には次のように主張することによって、この困難を解決している。すなわち、自然的理性によれば、人間の自然的目的は不十分なものであって、自らを越えたところを指し示している、さらに正確にいえば、人間の目的は哲学的探究にはありえず、いわんや政治的活動にあるのでもない、と主張するのである。こうして自然的理性そのものが、神法のために仮定を創り出し、この神法が自然法を補い完成させるとするのである。いずれにせよ、トマスの自然法観は究極的には、自然法は実際的には自然神学――すなわち、実際には聖書的啓示信仰に基づく自然神学――と不可分であるばかりでなく、啓示神学とも不可分である、という帰結に至るのである。近代の自然法は、このような神学による自然法の吸収に対する反作用という側面をもっていた。近代の努力は、道徳的原理は自然神学の教説と比べてみても、一段と高い明証性をそなえており、したがって自然法や自然権は神学や神学的議論からは独立を保つべきだという、古典的理論家たちにも受け入れられたと思われる前提に、一部基づいていた。近代的政治理論が、トマス的見解に反対して古典的理論家たちの方へと回帰していった第二の重要な点は、結婚の解消不可能や産児制限のような具体的問題によって説明することができる。モンテスキューの『法の精神』のような作品は、それがトマス的自然権観に対抗するものであったことを見落とすならば、誤解されるであろう。モンテスキューは、トマスの理説によってかなり制限されていた政治家の自由裁量度を回復させようと努めた。モンテスキュー個人の考えがいかなるものであったかは、常に論争の余地を残している。しかし、彼が政治学徒として、政治的に健全なことと正しいこととして明確に教えた内容は、その精神において、トマスよりも古典的思想家たちの方に近かったと言っても大過ないであろう。

V　近代的自然権

近代の自然権の教師たちのうちで最も有名で影響力のあった人物は、ジョン・ロックである。しかし我々が、彼のどこが近代的であり、彼が自然権の伝統からどれほど外れているのかを理解しようとすると、ロックは特別に難しい人物である。彼は際立って思慮深い人物であったが、その思慮深さはそれ相当の報償を得たのであった。彼の意見は多くの人の傾聴するところとなったし、実務家たちや世論に異常に大きな影響を及ぼした。しかし、語るべき時と沈黙すべき時とを知悉《ちしつ》するのが、思慮深さの真髄である。このことを十分わきまえていたロックは、著作家を引用するときは正統的な著作家だけにかぎり、正統から逸脱した著作家については黙視するという実際的感覚を発揮した。彼も結局のところは、正統的著作家よりも正統から逸脱した著作家の方に、より多くの共通面をもっていたのであるが。彼が権威として引用したのは、イギリス国教会の偉大な聖職者リチャード・フッカーであった。フッカーは感情の高邁さと真面目さとの点で際立った人物であったので、ロックも他の人々にならって、好んで彼のことを「賢明なるフッカー」と呼んだ。ところで、フッカーの自然権の概念はトマスの自然権概念であり、トマスの概念は教父たちを受けつぎ、教父たちはストア派の弟子、つまりソクラテスの弟子の弟子であった。こう見てくると、ソクラテスからロックにいたる途絶えることなく続く完全なる君子の伝統が明瞭に浮び上がってくる。しかし我々が、ロックの教説の全体をフッカーのそれと突き合わせる労を取るならば、両者の間にある種の一致点がみられるにもかかわらず、ロックの自然権概念がフッカーのそれとは根本的に異なることに、ただちに気づく。フッカーとロックの間で自然権観念に根本的変化が生じたのである。自然権の伝統において断絶が生じたのであった。これは驚くべきことではない。フッカーとロックをはさむ時期は、近代自然科学、非目的論的自然科学の勃興、それとともに伝統的自然権の基盤の破壊が目撃された時期であった。この重大な転換の中から自然権のための結論をひき出した最初の人が、トマス・ホッブズであった。──この不謹慎で小鬼のような、偶像破壊的な過激論者、最初の平民的哲学者。彼はそのほとんど子供じみた率直さと欠けるところのない人間性、そして驚くべき明晰さと説得力のゆえに、きわめて楽しい著作家である。彼はその無謀さのゆえに、それ相応の罰を、とりわけ彼の同国人より受けた。とはいえ、彼は後続のすべての政治思想に絶大な影響を与えた。その影響は、大陸はもとよりイギリス国内にさえ及んだ。

とりわけロックに──賢明なるロックにもホッブズの影響は及んだが、ロックは賢明にもできるだけホッブズの「非難されてしかるべき名前」に言及することは差し控えたのだった。そこでもし我々が近代自然権に独得の性格を理解しようと望むならば、このホッブズに向かわなければならない。

A ホッブズ

トマス・ホッブズは、政治哲学あるいは政治学の創始者をもって自認していた。もちろん彼は、自らが要求している偉大な名誉はソクラテスにこそ与えられるべきだというのが、大方の一致した意見であることを承知していた。ソクラテスに始まる伝統がホッブズ自身の時代においてもなお優勢であるという周知の事実を忘れるわけにはいかなかった。しかし彼は、伝統的政治哲学が「科学であるよりもむしろ夢想である」ことを確信していた。[1]今日の学者たちは、ホッブズのこのような主張を印象ぶかく受けとめることはしない。彼らは、ホッブズが自ら嘲笑したまさにその伝統に多くを負っていることに気づいている。彼らの幾人かは、ホッブズは最後のスコラ学徒の一人であった、と言い出さんばかりである。木を見て森を見ぬ愚を犯さないように、差し当たって我々は、今日の博学的知識の有意義な諸成果を一言に要約して次のごとく言うにとどめておこう。ホッブズは、ただ一つの、しかし重要な考えを伝統に負うている。つまり、政治哲学あるいは政治学は可能であり必要であるという考えを、そっくり彼が受け入れたということである。ホッブズの驚くべき主張を理解することは、一方では、伝統に対する彼の強い拒絶の態度に対して、他方では、伝統にほとんど無言で従ったことに対して、均衡のとれた注意を払うことを意味する。そのためにはまず、その伝統とは何かを確認しなければならない。より正確に言うならば、ホッブズがその伝統をどう捉えていたかをまず見定めなければならない。その伝統が今日の歴史家にどのように見えているかは、しばらくの間忘れておく必要がある。ホッブズは伝統を代表する人たちとして、ソクラテス、プラトン、アリストテレス、キケロ、セネカ、タキトゥス、プルタルコスの名前を挙げている。[2] そして彼は暗黙裡に、政治哲学の伝統を一つの特定の伝統と同一視している。その特定の伝統というのは、以下のような根本前提を有している伝統である。すなわち、高貴なこと正しいことは、快いこととは根本的に区別され、快いことよりも本性的に望ましいことである、とか、人間の取り結んだ契約や約定とは完全に独立した自然的正が存在する、とか、自然に合致しているから最善であるような最善の政治的秩序なるものが存在する、と言い表わせる根本前提である。彼は伝統的政治哲学を、最善の体制あるいは端的に正しい政治秩序の探究と同一視した。したがって彼はそれをまた、単に政治的事柄を扱うからではなく、なによりも政治的精神によって鼓舞されているからこそ政治的といえる探究とも同一視した。つまり、彼は伝統的政治哲学を、特定の伝統と、すなわち、公共的精神に鼓舞された――それ自体あいまいだが今日でも容易に理解される言葉を使っていえば――「理想主義的」伝統と同一視している。

ホッブズが初期の政治哲学者たちについて語るとき、「ソフィスト」やエピクロスやカルネアデスをその最も著名な代表者とする伝統のことを言っているのではない。反理想主義の伝統などというものは、彼にとって全く存在しなかった――少なくとも政治哲学の伝統としては。というのも、それはホッブズが理解したような政治哲学の観念そのものを持ち合わせていなかったからである。たしかにこの伝統も政治的事柄やとくに正義の自然本性に関わっていたし、それはまた、個人の正しい生き方の問題、したがって個人は自分の私的で非政治的な目的のために、つまり自分の安楽や名誉のために市民的社会を利用することができるか否か、できるとすればどのようにしてかという問題に関わっていた。しかしこの伝統は政治的ではなく、公共的精神に満たされたものではなかった。政治家たちが彼らの視野を拡大してゆくときの方向づけに役立つものでもなかった。この伝統は、社会の正しい秩序という問題を、それ自体において選択するに値する関心事とみなして、その問題に専心したわけではなかった。

ホッブズは、伝統的政治哲学を理想主義的伝統と暗黙裡に同一視することによって、政治哲学の役割と射程に関する理想主義的見解に対する暗黙の同意を表明したことになる。

彼はかつてのキケロと同じく、カルネアデスに反対してカトーの側につく。彼はまた自分の新しい教理を、自然法の最初の真に科学的あるいは哲学的な取り扱いとして提出した。彼は、政治哲学は自然的正にかかわるという見解を保持していた点で、ソクラテスの伝統と合致している。彼は、プラトンやアリストテレスやキケロその他の様々な人がなしたように、「法とは何か」を示そうと意図したが、彼はプロタゴラスやエピクロスやカルネアデスには言及しなかった。彼は自分の『リヴァイアサン』が読者にプラトンの『国家』を想い起こさせはしないかと恐れたが、『リヴァイアサン』をルクレティウスの『事物の本性について』になぞらえることなど誰も夢想だにできなかった。(3)ホッブズは、理想主義的伝統と基本的には一致しながら、その上でこれを斥ける。彼はソクラテス的伝統が全く不完全にしかなしえなかったことを、完全に実現することを目指す。彼はソクラテス的伝統が失敗したところで成功しようとする。彼は理想主義的伝統の失敗の原因を、一つの基本的誤謬、すなわち、伝統的政治哲学が人間は自然本性的に政治的ないし社会的動物であることを前提したことにまでさかのぼって求める。ホッブズはこの前提を斥けることによって、エピクロス派の伝統に結びつく。彼は、人間は自然本性的あるいは本源的に非政治的、あるいは非社会的でさえあるというエピクロス的見解を、善いことは基本的に快いことと同じであるというエピクロス的前提とともに受け入れる。(4)しかしホッブズは、エピクロス派の非政治的見解に政治的意味を与えている。彼は快楽主義的伝統の中に政治的理想主義の精神を注入しようと試みる。こうして彼は政治的快楽主義の創始者となった。そしてこの理論は、いたるところで、他のいかなる教説によっても企てられたことのないような規模で、人間の生き方を変革することになった。我々がホッブズまでさかのぼらねばならなかったこの画期的な転換は、エドマンド・バークによって十分理解されていた。「大胆さは、かつては無神論者を特徴づけるものではなかった。無神論者はそれとはほとんど正反対の性格でさえあった。彼らはかつては年老いたエピクロス主義者のように、むしろ進取的なことを好まぬ類いの者たちであった。しかし最近では活動的で、計画をたくらみ、不穏な治安妨害的な手合いとなっている」[5]とバークは述べている。政治的無神論は、すぐれて近代的な現象である。近代以前の無神論者で、社会生活が神や神々の信仰と崇敬を必要とすることを疑った者はいなかった。もし我々が一時的な現象によって欺かれないようにするなら、政治的無神論と政治的快楽主義とが同類のものであることが分かってくる。それら二つのものは、同時にしかも同一の精神の中に現われてくるものである。

我々がホッブズの政治哲学を理解しようとするとき、見落としてならないのは彼の自然哲学である。彼の自然哲学は、古典的にはデモクリトス＝エピクロス的自然学に代表されるようなタイプのものである。しかし彼は、エピクロスやデモクリトスではなくプラトンを、「最大の古代哲学者」とみなしていた。彼がプラトンの自然哲学から学んだことは、宇宙は神的知性によって支配されていないとすれば理解されることはできない、ということではなかった。ホッブズの個人的考えがどのようであったにせよ、彼の自然哲学はエピクロス派の自然学と同様に無神論的であった。彼がプラトンの自然哲学から学んだことは、数学が「あらゆる自然科学の母」であるということであった。[6] 数学的であるとともに唯物論的＝機械論的であることによって、ホッブズの自然哲学はプラトン的自然学とエピクロス的自然学の結合したものとなった。ホッブズの観点からすれば、この結合に思い至らなかったために、近代以前の哲学ないし学問全体が「科学というよりむしろ夢想」なのであった。彼の哲学は全体的に見て、政治的理想主義と唯物論的で無神論的な全体観との典型的な近代的結合の古典的範例ということができよう。

本来相互に相容れない立場が結合されうるとすれば、それは二つの方法においてである。第一は折衷的妥協の方法であって、これは元の二つの立場と同じ平面にとどまる。第二は綜合の方法であって、これは元の二つの平面からそれとは全く異なる平面へと思考を移行させることによって初めて可能となる方法である。ホッブズによって実行された結合は綜合の方法である。彼は、自分が二つの相反する伝統を実際に結合しているのだという意識を、持っていたかもしれないし持っていなかったかもしれない。しかし彼は自分の考えの前提には、すべての伝統的思想との決定的な断絶、あるいは「プラトニズム」と「エピクロス主義」が長年にわたって抗争を繰り広げてきた地平そのものの放棄があることを、十分に自覚していた。

ホッブズは同時代の非常に著名な人たちと同様に、伝統的哲学が完全な失敗に終わったという意識によって打ちひしがれたり、反対に鼓舞されたりした。彼らは、当時や過去の論争を一瞥《いちべつ》しただけで、哲学すなわち知恵の探究がまだ知恵に到達しえていないことを、十分納得できた。この知恵の探究から知恵そのものへの遅まきながらの変換が、いまや成し遂げられるべきであった。伝統が失敗したところで成功するためには、知恵が現実化するために満たされるべき条件の反省から出発しなければならない。つまり、正しい方法への反省から出発しなければならない。これらの反省の目的は、知恵の実現を保証するところにあった。

伝統的哲学の失敗は、独断論的哲学には常にその影のように懐疑論的哲学がつきそっているという事実のうちに、最も明瞭に現われている。独断論はまだ懐疑論をきっぱりと克服することに成功していない。知恵の実現を保証することは、懐疑論の中に包含されている真理を正当に扱うことによって懐疑論を根絶することを意味する。この目的のためには、まず極端な懐疑論を解き放って、その威力を発揮させねばならない。極端な懐疑論の猛攻撃に生き残ったものこそ、知恵の絶対確実な基礎となるのである。知恵の実現は、極端な懐疑主義の基礎の上になされる絶対確実な独断論的建造物の建設と同一のことである。(7)

そうであるとすれば、極端な懐疑論による実験は、新しいタイプの独断論の期待によって導かれていたと言える。これまでのすべての科学的探究のうち、ただ数学だけが成功を収めていた。それゆえ、新しい独断論的哲学は、数学の範型の上に構築されなければならなかった。唯一の確実で利用可能な知識といえば、目的にかかわるものではなく、「もっぱら図形と運動の比較において成立するもの」であるという単なる事実が、目的論的見解に反対し機械論的見解に賛成するような偏見を生み出した。[8]というより、すでに存在していた偏見を強化したと言った方が、おそらく正確であろう。なぜなら、ホッブズの念頭にまずあったものは、新しいタイプの哲学ないし科学観といったものではなく、諸物体とその無目的的な運動に他ならない宇宙像であったと推定できるのだからである。これまで支配的だった哲学的伝統が挫折した原因は、あらゆる目的論的自然学につきまとう難点にまで直接さかのぼることができる。そして当然のことながら、これまで様々な種類の社会的圧力のために、機械論的自然観はその力量を発揮する機会を公平に与えられていなかったのではないか、という疑念が生じてきた。しかし、まさにホッブズが主として機械論的見解に関心をよせていたのなら、彼は不可避的に、当時の事情の下では、極端な懐疑論に基づく独断論的哲学の考えに導かれざるをえなかった。というのも、彼はプラトンやアリストテレスから、もし宇宙がデモクリトス＝エピクロス的自然学によってそれに帰せられた性格を持つとすれば、それはいかなる自然学、いかなる科学の可能性をも排除してしまうことを学んでいた、つまり徹底した唯物論は必然的に懐疑論へ到達することを学んでいたからである。「科学的唯物論」は、唯物論によって生じる懐疑論に対抗して科学の可能性を確保することにまず成功しなければ、可能となりえないであろう。唯物論的に理解された宇宙に対して前もって反対の立場をとることによってのみ、そのような宇宙についての科学は可能となりえよう。機械的因果性の絶え間のない流動から免れているような島が発見されるか作り出されるかしなければならなかった。ホッブズは自然の島の可能性を考えなければならなかった。非物体的精神など問題外であった。他方において、彼がプラトンとアリストテレスから学んだことによって、エピクロスお気に入りの滑らかで丸い微粒子から成る物体的精神が不十分な解決でしかないことを、彼は何とか認めるに至った。彼は宇宙には人工の島、すなわち科学によって創造されるべき島のために余地が残されていないかどうか、考えてみなければならなかった。

この問題に対する解答は、新しい哲学のモデルである数学が懐疑論の攻撃にさらされながらも、特別の変形や解釈を施されることによって攻撃に耐えうることが判明したという事実によって示唆された。「あのきわめて有名な幾何学の証明」における「懐疑論者の揚げ足取りを避けるために、……私は、線、面、固体、形状などが描かれ記述される運動を表現することが、私の定義においては必要だと考えた」。一般的に言えば、我々が絶対確実な科学的知識をもちうる対象は、我々自身がその原因であるような対象、あるいはその構成が我々自身の力によるものであるか、または我々の自由意志に依存しているような対象に限られるというわけである。もし完全に我々自身の監督下にないような構成の段階が、ただ一つでもあるならば、その構成は完全には我々の支配下にはないことになろう。構成は意識的構成でなければならない。科学的知識は、我々がそれを作ったということを同時に知ることがなければ、それを知ることは不可能である。構成は、もしそれが何らかの素材を、すなわち、何らかのそれ自体我々の構成物でないようなものを使用するならば、完全には我々の支配下にはないことになろう。我々の構成による世界は、我々がその唯一の原因であり、したがって我々がその原因についての完全な知識をもっているのだから、謎めいた不可解な部分を全く残さない。我々の構成による世界は、我々以外の原因、我々の力の範囲内にない、あるいは完全にはその範囲内にない原因をもたない。我々の構成による世界は、絶対的な始まりをもち、厳密な意味での創造物である。それゆえ我々の構成による世界は、目的のない因果性の絶え間のない流動から免れているあの希望の島なのである(9)。この島の発見ないし案出は、運動する物質に還元不可能な魂や精神の想定を我々に強いることなく、唯物論的・機械論的哲学ないし科学の可能性を保証するもののように思われる。この発見ないし案出は結局のところ、長年にわたる唯物論と唯心論の争いに対する中立的なあるいは無関心な態度を許すものである。ホッブズは、「形而上学的」唯物論者たらんことを切に願ったが、しかし「方法論的」唯物論で満足するに止まらざるをえなかった。

我々は自分で作ったものだけを理解する。我々は自然的存在者を作り出すのではないから、厳密に言って、自然的存在者は理解不可能である。ホッブズに従えば、この事実は自然科学の可能性と何ら矛盾するものではない。しかしこの事実は、自然科学が基本的には仮説的なものであり、また常に仮説的でありつづけるだろう、という帰結に導くものである。とはいえ、我々が自然の主人となり所有者となるために必要とすることは、これで十分である。その反面、人間がどれほど自然の征服に成功しようとも、人間は自然を理解することは決してできない。宇宙は常に完全に謎のままでとどまるだろう。そしてこの事実こそが、究極的には懐疑論の存続を説明し、懐疑論をある程度まで正当化するものなのである。懐疑論は、宇宙の理解不可能性からの不可避的な結果であり、宇宙の理解可能性を根拠もなしに信じたこととの不可避的帰結である。換言すれば、自然的事物はそれ自体として神秘的なものであるから、自然によって生み出された知識や確実性は、明証性を欠くのである。人間精神の自然な働きに基づく知識は、必然的に疑惑の対象となる。このような理由から、ホッブズは特に近代以前の唯名論とは袂を分かった。近代以前の唯名論は人間精神の自然な働きに信頼を寄せていた。この唯名論はこの信頼を、自然ハイタルトコロデ、ヒソカニ働イテイル (*natura occulte operatur in universalibus*) とか、我々が日常生活や科学において態度を決めるときに拠り所とする「予測」は自然の産物である、というような教えによって、特に表現している。普遍者も予測も自然的起源のものであるということが、ホッブズがそれらを捨てて人工的な「知的道具」を選ばなければならぬように仕向けた理由であった。人間精神と宇宙の間には自然的調和は存在しないのである。

知恵の実現が保証されうるのは、知恵が人間の自由な構成と同一のものだからである。しかし、もし宇宙が理解可能なものであるなら、知恵は自由な構成ではありえない。我々は知恵の実現を、宇宙が理解不可能であるという事実にもかかわらずではなく、まさにその事実のゆえに、保証しうるのである。人間は、人間性のための宇宙的な支えが存在しないからこそ、主権者となりうる。宇宙における絶対的な異邦人であるからこそ、主権者となりうる。主権者となることを余儀なくされるからこそ、人間は主権者となりうるのである。宇宙は理解不可能なものであり、自然を支配するには自然の理解を必要としないのであるから、人間の自然征服にはあらかじめ見通された限界というものはない。人間は鉄鎖よりほかには失うべき何物も持たず、おそらく何事も得ることばかりであろう。とはいえ、確実なことは、人間の自然状態は悲惨であるということである。「神の都市」の廃墟の上に建てられるべき「人間の都市」のビジョンは、まことに根拠のない願望でしかない。

このように絶望の原因が多くあるところでホッブズがあれほど楽観的でありえた理由を、我々が理解することは難しい。人間の支配下にある領域内での未曽有の進歩を正当に予測するとともに、それを経験することによって、彼は「それら無限空間の永遠の沈黙」に対して、あるいは世界の壁（*moenia mundi*）〈ルクレティウス『事物の本性について』第一巻七三参照。本書一五八―一六〇ページ参照〉のひび割れに対して、無神経になってしまったに違いない。彼に対して公平であるために付け加えておくべきことは、後続する世代が味わった一連の度重なる失望が、彼と彼のきわめて著名な同時代人たちが灯した希望をまだ消し去るには至っていないことである。それどころか、彼が自らのビジョンを制限するためであるかのように建てた壁が、一連の失望によって破壊されるまでにも至っていないのである。たしかに意識的な構成は、「歴史」の無計画的な働きによって取って代わられた。

しかし「歴史」は、意識的構成がホッブズのビジョンを制限したのと全く同じ仕方で、我々のビジョンを制限する。「歴史」はまた、人間に全体や永遠のことを忘却させることによって、人間と人間の「世界」の地位を高める役割をも果たしている。(10) そして近代に典型的な限界は、その最終的な段階においては次のような考えの中に姿を現わすことになる。すなわち、最高の原理、つまりそれ自体としては全体のいかなる可能的原因ないし諸原因とも何ら関係をもたない最高の原理が、「歴史」の神秘的根拠なのであって、そしてその最高の原理は、人間としかも人間とのみ結び付けられるのだから、永遠性をもつどころか人間の歴史と同時的である、という考えである。

ホッブズに戻ると、哲学ないし科学についての彼の考えは、目的論的宇宙論は不可能であるという信念と、機械論的宇宙論は理解可能性という要求を満足させることができないという感情とに、その根を下ろしている。彼の解決法は、現象の理解を可能ならしめる目的ないし諸目的は、現象に内在するものである必要はなく、認識への関心に内在する目的で十分であるというものであった。目的としての認識が、必要不可欠な目的論的原理を提供してくれる。新しい機械論的宇宙論ではなく、後に「認識論」と呼ばれるに至るものが、目的論的宇宙論の代用物となるのである。しかし、もし全体が端的に理解不可能であるなら、知識は目的でありつづけることはできない。知ハ力ノタメノモノデアル（*Scientia propter potentiam*）[11]。すべての理解可能性とすべての意味は、その究極的根拠を人間の欲求の中にもっている。目的、あるいは人間の欲望によって定立された最も緊要な目的が、最高の原理であり、組織原理である。ところで、もし人間の善が最高の原理であるならば、政治学あるいは社会科学が、アリストテレスが予言したように、最も重要な種類の知識となる。ホッブズの言葉では、タシカニ、諸学ノウチデ最モ価値アルモノハ、君主ヤ人間ノ統治ニ携ッテイル人々ガ必要トスル学デアル（*Dignissima certe scientiarum haec ipsa est, quae ad Principes pertinet, hominesque in regendo genere humano occupatos.*）[12]。そうなると、ホッブズは、政治哲学の役割と範囲に関して理想主義的伝統と一致している、と言うだけでは済まなくなってくる。彼が政治哲学から期待したものは、古典的理論家たちが期待したものに比べて、はるかに大きいものである。スキピオの全体を真に展望した夢といえども、ホッブズの読者たちに、人間になしうることなどすべて究極的には取るに足りぬものであることを思い出させることはないのである。このように理解された政治哲学にとっては、ホッブズがたしかにその創始者である。

ホッブズが自らの建造物をその上に打ち立てることのできた大陸の発見者は、コロンブスにも比すべきマキアヴェリであった。マキアヴェリの思想を理解しようと試みるとき、マーロウ〈一五六四―九三、イギリスの劇作家〉が霊感を得てマキアヴェリのものだとした言葉、「思うに罪というものは存在せず、あるのはただ無知のみである」を想起すべきである。これはほぼ哲学者マキアヴェリの定義そのものである。その上、名のある人で、マキアヴェリの政治研究が公共的精神に裏打ちされたものであることを、かつて疑った人はいない。公共的精神を有する哲学者として、彼は政治的理想主義の伝統を継承していた。しかし彼は、政治家に具わる本来的高貴さという理想主義的見解を、全体についてのではないまでも、ともかく人類や国家社会の起源についての反理想主義的見解と結びつけたのである。

マキアヴェリが古典的古代の、とりわけローマ共和国の政治慣行を称揚したのは、彼が古典的政治哲学を否定したことの裏返しにすぎない。彼は古典的政治哲学を、それとともに語の完全な意味における政治哲学の全伝統を、無益なものとして斥けた。古典的政治哲学は、人間はいかに生きるべきかを考えて、その態度を決定してきたが、社会の正しい秩序の問題に答える正しい方法は、人が現実にいかに生きているかをみることによって方針を決めることにある。伝統に対するマキアヴェリの「現実主義的」反抗は、人間的卓越性、より詳しく言えば倫理的徳と観想的生の代わりに、愛国心ないしは単なる政治的力量を据えることに導いた。そのことは究極的目標を意図的に低下させることになった。目標の格下げは、目標達成の可能性を高めるためになされた。後にホッブズが、知恵の実現を保証するために知恵の本来的意味を放棄したように、マキアヴェリもそれと同じく、善き社会や善き生の本来的意味を放棄したのであった。人間や人間の魂の自然的傾向は、単に低く定められた目標を超えることを要求するものであるが、このような自然的傾向に何が生じることになろうが、マキアヴェリには関心がなかった。彼はそのような傾向を無視した。彼は成果を得るために自分の関与する範囲を制限した。運のもつ力に関して言えば、フォルトゥナはマキアヴェリの目には、正しい男性の強要には従順な女性の姿をとって現われた。好機は制することのできるものである。

マキアヴェリは自らの「現実主義的」政治哲学の主張を、市民的社会の基礎へ反省を加えることによって正当化した。この反省は究極的には、人間がそのうちで生きている全体についての反省を意味する。正義には、いかなる超人間的な支えも、自然的な支えも存在しない。すべての人間的な事柄はあまりにも流動的であって、正義の安定した原理に従わせることは許されない。道徳的目的よりも必要性が、それぞれの場合の合理的な行動方針を決定する。それゆえ、市民的社会は単に正しくあることを目指すことさえできない。すべての正統性は非正統性にその根拠をもっている。すべての社会的あるいは道徳的秩序は、道徳的に問題のある手段の助けをかりて確立されたものであって、市民的社会はその根拠を正義のうちにではなく、不正のうちにもつものである。あらゆる国家(コモンウェルス)のなかで最も有名な国家の創建者は兄弟殺しであった。いかなる意味における正義も、それが可能になるのは、社会的秩序が確立した後のことである。ただ人為的秩序の内部においてのみ可能なのである。しかも政治学の最高の関心事であるこの市民的社会の建設は、市民的社会成立後のその内部においても極限状態においてはいつも模倣されたのである。マキアヴェリは自分のとるべき方向を見定めるのに、人がどのように生きているかによってよりも、極限状態をもってした。彼は、極限状態の方が平常状態よりも、市民的社会の根源について、したがってまたその真の性格について、多くのことを明らかにしてくれると信じていた。[13] 根源や作用因が目的因や目標に取って代わったのである。

ホッブズが、マキアヴェリの「現実主義」の平面の上に政治の道徳的原理である自然法の復興を試みるよう導かれたのは、単なる政治的力量を倫理的徳に代替させたことに内在する困難に対処するためであった。またマキアヴェリがローマ共和国の狼のように酷薄な政治を賛美していたことに伴う問題も、ホッブズの自然法復興の試みに拍車をかけた。[14] 彼はこの試みをなすにあたって、我々がもし正しい社会的秩序とその実現の条件に関して確実で正確な科学的知識をもたないならば、正しい社会的秩序の実現を保証することはできないという事実を、しっかりと心に留めていた。それゆえに、彼はまず自然法ないし道徳法の厳密な演繹を試みたのであった。「懐疑論者の揚げ足取りを避ける」ために、自然法はいかなる自然的「予測」からも、したがって一般的同意（*consensum gentium*）からも、独立させられる必要があった。(15) これまでの支配的伝統では、自然法は理性的かつ社会的動物としての人間の完成態という目的と関連させて定義されてきた。この伝統のユートピア的教説に対するマキアヴェリの根本的な反対を基盤にふまえて、マキアヴェリ自身の解決策には反対しつつホッブズがなそうとしたことは、自然法の観念は維持しつつも、それを人間の完成という観念からは分離することであった。自然法は、人間が現実に生きている仕方から、つまり、すべての人間を、あるいは大多数の人間をほとんど四六時中現実に規定している最も強力な力から演繹されうる場合にのみ、効力をもち、実際的価値をもつことができる。自然法の完全な基礎は、人間の最終目的にではなく、その起源のうちに、(16) すなわち自然の諸起源（*prima naturae*）のうちに、あるいはむしろ自然の起源（*primum naturae*）のうちに求められなければならない。大多数の人間にあってほとんど四六時中最も力強く働いているものは、理性ではなく情念である。自然法は、もしその原理が情念の信任を受けなければ、つまり情念に一致しなければ、効力を発揮しないであろう。(17) 自然法はあらゆる情念のうちで最も強力なものから演繹されなければならない。

ところで、あらゆる情念のうちで最も強力なものというのは、一つの自然的事実の問題であろう。我々は正義にとって、あるいは人間の中にある人間的なものにとって、自然的支えがあると仮定してはならない。それとも、ある意味では反自然的な情念ないしは情念の対象であって、自然的なものと非自然的なものとの間の無差別点をなしていて、いわば自然の消えゆく状態（*status evanescendi*）、したがって自然の克服あるいは自由実現の発端となりうるようなものが存在するのだろうか。あらゆる情念のうちで最も強力なものは死の恐怖である。さらに詳しく言えば、他人の手にかかる暴力死への恐怖である。自然ではなく、「自然の恐るべき敵である死」、しかも人間が何らかの手をうつことのできるかぎりでの死、避けたり仕返ししたりすることのできる死、このような死が人間を究極的に導く指針となる。(18) 死が目的（*telos*）に代わってその位置を占める。あるいはホッブズの思想の多義性を残しておくために、次のように言っておこう。暴力死への恐怖が、すべての自然的欲望のうちで最も強力でかつ基本的な欲望、根源的欲望、自己保存欲を最も力強く表現している、と。

そこで、もし自然法が自己保存欲から演繹されなければならないとしたら、換言すれば、もし自己保存欲があらゆる正義と道徳の唯一の根源であるとすれば、基本的な道徳の事実は義務ではなく、権利ということになる。すべての義務は、自己保存という基本的で譲渡できない権利から派生するものである。したがって、絶対的あるいは無条件的な義務というものは存在しない。義務が拘束力をもつのは、義務の遂行が我々の自己保存を脅かさないかぎりにおいてである。自己保存の権利のみが、無条件的あるいは絶対的である。自然本性的にいって、存在するのは完全な権利であって、完全な義務というものは存在しない。人間の自然的義務を定式化した自然の法は、正確に言えば法ではない。基本的で絶対的な道徳の事実は、権利であって義務ではないのだから、市民的社会の役割と限界とは人間の自然的権利によって規定されるべきであって、人間の自然的義務によって規定されるべきではない。国家の有する役割は、有徳的生活を生み出しそれを促進することではなく、各人の自然的権利を保護することにある。そして国家権力はその絶対的限界を、他の道徳的事実にではなく、自然的権利のうちに見出すのである[19]。義務とは区別された人間の権利を政治の基本的事実とみなし、国家の役割は人間の権利を安全に擁護する点にあるとする政治理論を、自由主義と呼びうるならば、自由主義の創始者はホッブズであったと言わなければならない。

マキアヴェリの平地に自然法を移植することによって、ホッブズはたしかに全く新しいタイプの政治理論を創始した。近代以前の自然法の教理は、人間の義務を教えたが、人間の権利に注意をいささかでも払うときには、人間の権利は本質的に人間の義務から派生するものと考えていた。しばしば注目されてきたように、十七、十八世紀の経過とともに、人間の権利にこれまでみられなかったほどの力点がおかれるようになった。我々は自然的義務から自然的権利への強調点の移行を語ることができよう[20]。しかしこのような性格の量的変化は常に質的かつ基本的変化によってのみ可能となるとまでは言えないにしても、そのような量的変化は質的かつ基本的変化を背景にして見られる場合にのみ理解可能となるのである。自然的義務による方向づけから自然的権利に基づく方向づけへの基本的な転換は、ホッブズの教説の中に最も明瞭に最も雄弁に表現されている。ホッブズはきっぱりと無条件の自然的権利を一切の自然的義務の基礎に据えた。したがって義務はただ条件付きのものとなってしまった。彼は古典的理論家であると同時に、すぐれて近代的な自然法理論の創始者である。我々がいま考察しているこの底の深い変化は、直接的には、正しい社会的秩序を実現するための人間的保証についてホッブズが抱いていた関心、つまり彼の「現実主義的」意図にまでさかのぼって考えることができる。人間の義務に基づいて規定される社会的秩序の実現は必然的に不確かなこと、起こりそうにもないこととさえ言える。そのような秩序がユートピア的にみえるのも当然である。他方、人間の権利に基づいて規定される社会的秩序の場合は全く異なる。なぜなら、人間の権利は、各人が何らかの仕方で現実に欲求しているものを表わし、あるいは表わしているはずだからである。それらの権利は、各人が現実に認め、あるいは簡単に認めさせられる各人の自己利益を聖化するものである。人間は、自分たちの義務を果たすときよりは、自分たちの権利のために闘うときの方が確実に期待できる。バークの言葉でいえば、「人間の権利についての小さな教義問答集はたちまちにして学びとられ、人間の権利に関する推論は熱意をもってなされる」[21]。

ホッブズの古典的定式化に関して我々は、諸前提はすでに情念のうちにあった、と付け加えよう。近代の自然権を有効なものとするのに必要なことは、道徳的な訴えよりも啓蒙と宣伝活動であった。このことから我々は、自然法が近代においては過去におけるよりもずっと革命的な戦力となりえたとしばしば言われる事実を、理解することができよう。この事実は、自然法の教理の性格自体の根本的変化がもたらした直接的な帰結である。

ホッブズが対決した伝統においては、人間は国家社会において、そして市民的社会を介してでなければ、その自然本性の完成態に到達しえないことが前提されていた。それゆえ、市民的社会が個人に先立つというわけである。第一義的な道徳の事実は義務であって権利ではないという見解に導いたのは、まさにそのような前提であった。個人がすべての点において市民的社会に先立つという主張がなければ、自然的権利の義務に対する優位を主張することはできないであろう。市民的社会や主権者のあらゆる権利は、本来的に個人に属する権利から派生するものである。[22]個人が個人として、その性質のいかんにかかわらず、個人が——アリストテレスが主張したように、人間性を越えた人間ばかりではなく——市民的社会から独立して本来完結したものと考えられなければならない。この考えは、市民的社会に先立って自然状態が存在するという主張の中に含まれている。ルソーによれば、「市民的社会の基礎を検討してきた哲学者たちはみな、自然状態にまでさかのぼる必要を感じたのである」。たしかに、正しい社会的秩序の探究は市民的社会の起源や政治社会成立以前の人間生活への反省から切り離すことのできないものである。しかし政治社会以前の人間生活を「自然状態」と同一視するのは、特別の見解であって、「すべての」政治哲学者によって支持されている見解では決してない。自然状態が政治哲学の必須の論点となったのは、ようやくホッブズになってからであり、ホッブズ自身はなお「自然状態」という用語の使用を弁明しさえしている。自然法の哲学的教理が本質的に自然状態の教理となったのは、ホッブズ以降のことでしかない。彼以前には、「自然状態」という用語は、政治哲学よりもキリスト教神学においてなじまれていた。自然状態はとりわけ恩寵の状態から区別され、純粋無垢な自然の状態と堕落した自然の状態とに再分割されていた。ホッブズはそのような再分割は止めてしまって、恩寵の状態の代わりに市民的社会の状態を置いた。こうして彼は、堕落の事実をではないにせよ、ともかく堕落の重要性を否定してしまい、したがって、自然状態の欠陥あるいは「不便」を救済するのに必要なものは、神的恩寵ではなく人間による正しい統治であることを主張することになった。「自然状態」についてのこのような反神学的解釈のもつ含意を、その哲学内的意味から分離することには困難が伴う。義務とは区別された権利の優位が明確にされ、自然状態は、そこには完全な権利のみが存在し完全な義務はまったく存在しないという事実によって、根本的に特徴づけられることになった[23]。

もしすべての人が自然本性的に自己保存の権利を持つのならば、自己保存に必要な手段への権利も必然的に持つことになる。ここで、いかなる手段が人間の自己保存にとって必要かを誰が判定するのかという問題、あるいはいずれの手段が適切かつ正当であるかという問題が生じてくる。古典的理論家たちは、実践的知恵の持ち主が判定者となるのが本来的あり方だと答えたであろう。この答えは最終的には、端的に最善の体制は賢者の絶対的支配であり、実現可能な最善の体制は貴紳の支配であるという見解に帰りつくのである。しかしながら、ホッブズによれば、本来各人が各自の自己保存のために何が正しい手段であるかの判定者なのである。というのは、原理的には賢者がよりよい判定者であることは認めるにしても、賢者がある愚者の自己保存によせる関心は愚者本人よりもはるかに低いからである。しかし、たとえ愚者であっても、すべての人が自然本性的に各自の自己保存に必要なことの判定者であるとすれば、すべてのことが自己保存に必要なことと正当にみなされることになろう。すべてのことが自然本性的に正しいのである。[24] 我々は愚者の自然的権利についても語りうるのである。さらに、もしすべての人が自然本性的に何が自己保存に導くかについての判定者であるならば、知恵よりも同意が優先することになろう。しかし同意は、もしそれが主権者への服従という形をとるようにならなければ、有効なものとならないのである。すでにその理由を示したように、主権者が主権者であるのは、彼の知恵によるのではなく、根本的契約によって主権者に任じられたからである。さらにこのことは、主権の中核となるのは、思慮や理性の働きではなく、命令あるいは意志であるという帰結、あるいは法が法であるのは真理や合理性によるのではなく、ひとえに権威によるのであるという帰結に導く(25)。ホッブズの教説によれば、理性から区別された権威の至上性は、個人の自然的権利の極度の拡張から導かれるのである。

自然法あるいは道徳法を自己保存の自然的権利から、あるいは暴力死への恐怖という動かしがたい力から演繹する試みは、道徳法の内容に変化を与え、広範囲にわたって影響を及ぼした。この変化は結局のところ、まず第一に道徳法を相当程度に単純化したことになる。十六、十七世紀の思想は一般に道徳理論を単純化する方へ向かっていた。少なくともその傾向は、正しい社会的秩序の実現の保証という一段と広範な関心事に専念するのに役立ったと言える。それ以上他に還元できない諸徳の「無秩序な」多様性を唯一の徳によって、すなわち、すべての他の諸徳がそこから導出されうる基本になる唯一の徳によって置き換えようとする試みがなされた。この導出が達成されるのに良く整えられた二つの道があった。アリストテレスの道徳の教えは、「その意見が今日でも、またこの地においても、他のいかなる人の著作に比べても、より大きな権威をもつものである」(ホッブズ)が、彼の道徳の教えには、他のすべての徳を包含する二つの徳が見られる。この二つの「一般的」徳とも呼ぶべきものは、高邁と正義である。前者は個人の卓越性に貢献する限りでの他のすべての徳を包含し、後者は人間が他人へ奉仕するのに貢献する限りでの他のすべての徳を包含する。したがって、道徳哲学は道徳性を高邁か正義かに還元することによって、単純化することができる。第一の道はデカルトによって実行され、第二の道はホッブズによって選ばれた。ホッブズの選択は、道徳の教理をさらに単純化するのに好都合であったという点で、特別の利点をもっていた。つまり、徳の教理を道徳法あるいは自然法の教理と無条件に同一視したのである。道徳法はまた、自己保存の自然権から導出されることによって、おおいに単純化されることになった。自己保存は平和を求める。道徳法はそれゆえ、平和が実現されるために遵守されるべき規則の総体となった。マキアヴェリが徳を愛国心という政治的徳に還元したのと全く同様に、ホッブズは徳を平和愛好という社会的徳へと還元した。平和愛好と何らの直接的ないし一義的関係をもたない人間的卓越性――知恵は言うに及ばず、勇気、節制、高邁、寛厚――は、厳密な意味での徳ではなくなった。正義は（衡平および博愛とともに）徳でありつづけたが、しかしその意味は根本的な変化を受けた。もし唯一の無条件的な道徳的事実が各人の自己保存への自然権だとするならば、したがって他人に対する一切の責務は契約から生じるとすれば、正義の徳は契約履行の習慣と同じものとなる。正義はもはや、人間の意志から独立した基準に従うことにあるのではなくなる。正義のすべての実質的原理――矯正的正義および配分的正義の規則や十戒の第二表の規則――は、本来的妥当性をもちえなくなった。すべての実質的責務は、契約当事者の合意から生じるのであり、したがって実際には主権者の意志から生じることになる。(26)なぜなら、他の一切の契約を可能にするのは社会契約であり、主権者への服従の契約だからである。

もし徳が平和愛好と同一視されるならば、悪徳は、本質的にいわば意図的な他人への侵害となって現われるような習慣や情念、そのためにそれ自体平和とは両立不可能であるような習慣や情念と同一のものとされるだろう。悪徳は実際問題としては放埒さや魂の弱さよりも自負や虚栄心や自尊心 (*amour-propre*) と同じものとなろう。言い換えれば、徳が社会的徳、博愛心や親切心や「寛厚の徳」に還元されるとすれば、自制的な「厳格な徳」はその立場を失ってしまうだろう。(27) ここで再び我々は、フランス革命の精神についてのバークの分析に頼らなければならない。というのも、「新道徳」が新しく登場したときにまとった意識的ないし無意識的偽装を引き剝がすのに、バークの論争向きの誇張的表現が不可欠であったし、また今もそうだからである。「パリの哲学者たちは……欲求を抑制するような類いの徳を打破し、あるいは厭わしいもの軽蔑すべきものとした。……これらに代えて彼らは、自分たちが人間性とか博愛心と呼ぶ徳を置いた(28)」。この代置されたものこそ、我々が「政治的快楽主義」と呼んできたものの核心をなすものである。

政治的快楽主義の意味をより正確な言葉で確定するためには、ホッブズの教説をエピクロスの非政治的な快楽主義と対比しなければならない。ホッブズがエピクロスと一致しうるのは次の点である。すなわち、善いことは快いことと基本的に同一のことである。したがって徳が選ばれるに値するのは、それ自体としてではなくて、ただ快の獲得ないし苦の回避に役立つという観点からであるにすぎない。名誉や栄光への欲望は全く空虚なものである。感覚的快の方が、それ自体において、名誉や栄光よりも望ましいものである。いま述べたような点において両者は一致することができた。ホッブズは、政治的快楽主義を可能にするためには、次の二つの決定的な点で、エピクロスに対立しなければならなかった。第一に、彼は、エピクロスが厳密な意味での自然状態、すなわち、人間が自然権を享受している政治社会以前の生の状態の存在を暗黙裡に否定していたのに反対しなければならなかった。なぜなら、ホッブズは、市民的社会の存立は自然権の存否にかかっていると考える点で理想主義的伝統と一致していたからである。さらに彼は、エピクロスがなした必要な自然的欲求と不必要な自然的欲求の区別の意味するところを受け入れることができなかった。というのは、そのような区別は、幸福は「禁欲的」スタイルの生活を求めること、そして幸福は安らぎの状態からなることを意味したからである。エピクロスの崇高な自制への要求も、大多数の人間に関していえば、所詮はユートピア的なものとならざるをえない。したがってそのような要求は、「現実主義的な」政治理論によって放棄されなければならなかった。政治に対するこの「現実主義的」アプローチのゆえに、ホッブズは不要不急の感覚的快楽の追求に対する一切の制限、一層正確にいえば、現世の便益（*commoda hujus vitae*）あるいは力の追求に対する一切の制限を、ただ平和のために必要な制限は例外として、取り払わなければならなかった。かつてエピクロスが述べたように、「自然は

〔ただ〕必要なものだけを容易に供給されるものとなした」のだから、安楽への欲望が解放されるとなると、科学が欲望を満足させるために奉仕することが要求された。とりわけ、市民的社会の役割が改めて根本的に検討され直すことが要求された。「善き生」は人間がそれを求めて市民的社会にはいった当の目的であるが、それはもはや人間的卓越性の生ではなく、きびしい労働の報酬としての「便利な生活」のことである。そして統治者の神聖な義務も、もはや「市民たちを善良にし、高貴な事柄の実行者に育てること」ではなくて、「市民たちにありとあらゆる善いものを……安楽にとって役立つことを豊富に供給するよう、法律によって可能なかぎり努めることなのである[29]」。

我々の目的にとっては、ホッブズの思考過程を各個人の自然権あるいは自然状態から市民的社会の設立に至るまでたどる必要はない。彼の教理のこの部分では、彼の前提からの正確な帰結以上のことが企てられているわけではない。この部分で頂点となるのは主権の教理であるが、ホッブズは主権理論の古典的代表者として一般に認められている。主権の教理は法的な教理である。その要旨は、全権力を支配的権威に帰属させることが便宜であるというのではなく、全権力が正当なこととして支配的権威に所属するというのである。主権の権利が最高権力に付与されるのは、実定法や一般的慣習に基づいてではなく、自然法に基づいてのことである。主権の教理は自然公法を定式化する[30]。自然公法——古くは一般的あるいは自然的公法（*jus publicum universale seu naturale*）といわれた——は、十七世紀に出現した学問の新しい一分野である。それは、我々がいま理解に努めている根本的方向転換の結果として出現したものである。自然公法は近代の政治哲学に特徴的な二つの形態のうちの一つを表わしている。もう一方の形態は、マキアヴェリ的「国家理性」という意味での「政治」である。両者は共に、古典的政治哲学からは根本的に区別される。両者は相互に対立するにもかかわらず、基本的には同一の精神によって動機づけられている。(31)両者の起源は、その実現が確実でなくとも可能性が高く、あるいは偶然性に依存するのでないような正しく健全な社会秩序への関心にあった。したがって、両者は意図的に政治の目標を低下させた。それらはもはや、現実のすべての政治的秩序が責任ある仕方で判断されるときの基準となりうるような最高の政治的可能性について明白な見解を抱くというようなことには、関心を示さなかった。「国家理性」学派は、「最善の体制」の代わりに「効果的政府」をおき、「自然公法」学派は、「最善の体制」の代わりに「正統的政府」をおいた。

古典的政治哲学は最善の体制と正統的体制の違いを認識していた。それゆえ、様々なタイプの正統的体制が主張された。すなわち、ある状況においていかなるタイプの体制が正統であるかは、その状況にかかっていた。他方において、自然公法は、あらゆる状況においで実現可能であるような正しい社会秩序に関係する。それゆえ自然公法は、状況とは関わりなくあらゆる場合に正統であり正しいと主張しうるような社会秩序の輪郭を描こうと試みる。最善の体制の観念は、今ここで正しい秩序は何であるかという問題に対する解答を与えるものではないし、また与えようとするものでもないのであるから、自然公法は、このような最善の体制という観念の代わりに、基本的実践的問題に時と処を問わずきっぱりと答えてくれる正しい社会秩序という観念を提示したのだ、と言うことができよう。(32) 自然公法は政治問題に対して、実際に普遍的に適用できることを目指した普遍妥当性をもつ解決策を与えようと意図する。換言すれば、古典的思想家たちによれば、本来の政治理論は本質的に、現場における政治家の実践的知恵によって補完される必要があったのに対して、新しいタイプの政治理論は、それ自身で、決定的な実践的問題、すなわち、いかなる秩序が今ここで正しいかという問題を解決する。そうなると、決定的な点において、政治理論とは区別される政治家の見識が必要とされることはもはやなくなる。我々はこのようなタイプの考え方を「純理主義」(doctrinairism) と呼ぶことができよう。この純理主義は政治哲学の内部では——法律家の方は自分たちだけで一つの階級をなしていたから——十七世紀において初めて現われたと言ってよいであろう。この時、古典的政治哲学のもっていた分別ある柔軟性は、狂信的な硬直性へと道を譲った。政治哲学者は次第に党派的人間と区別がつかなくなっていった。十九世紀の歴史的思考は、自然公法がきびしく制限していた政治家の見識の活動する余地を回復しようと努めた。しかし歴史的思考は近代の「リアリズム」の呪縛の下に完全に捉えられていたために、それが自然公法を打破することに成功したときは、同時にすべての政治の道徳的原理をも破壊していた。

とくにホッブズの主権についての教説に関していえば、それが含意するさまざまな否定によって、その純理的性格が最も明らかに示されている。ホッブズの主権についての教説は、善い体制と悪い体制（王制と僭主制、貴族制と寡頭制、民主制と衆愚政治）の区別の可能性の否定とともに、混合体制や「法の支配」の可能性の否定をも含意している[33]。これらの否定は、実際に観察される事実とは矛盾しているので、この主権教理は実際には、上述の可能性の存在を否定するわけにはいかず、その可能性の正当性を否定することとなった。ホッブズの主権教理は、自分の都合に従って、すべての法律や憲法の制約を無視する絶対的権利を主権者たる君主や人民に付与するものであり[34]、一方では、主権者やその行動を非難することに対しては、非難する人が分別ある人であっても、これを自然法に基づいて禁止するものであった。しかしこの主権論のもつ基本的欠陥は、程度に違いこそあれ、他のすべての自然公法の教理によっても、ひとしく共有されているという事実を見逃すことは間違いであろう。我々は、唯一の正統的政体は民主制であるという教理の実際的意味を想い起こすだけで十分である。

古典的思想家たちは体制（*politeiai*）を、制度という見地からよりもむしろ、共同体やその当局者によって現実に追求される目標という見地から考えた。したがって彼らは、最善の体制を、その目標が徳にあるような体制と考えた。そして彼らは、正しい種類の制度は有徳者の考えた規則を確立し保証するのに不可欠のものではあるが、「教育」すなわち性格の形成に比べれば二次的重要性しかもたぬものと主張した。他方、自然公法の観点からすれば、正しい社会秩序を確立するために必要なことは、性格の形成よりはむしろ正しい種類の制度を考察することである。カントが、正しい社会秩序を確立するには天使の国民が必要であるという見解を否定する際に述べたように、「国家〔すなわち正しい社会秩序〕確立の問題は、いかに困難に見えようとも、悪魔の国民にも、もし彼らに分別があるならば解決可能である」。つまり、彼らが啓蒙された利己心によって導かれるならば解決可能である。基本的な政治問題は、「人間に実現可能なすぐれた国家組織」の問題につきる。ホッブズの言葉を借りれば、「コモンウェルスが、外部の暴力によるのでなく内部の無秩序によって解体されるに至るときは、あやまちはそれらの素材としての人間にではなく、それらの製作者および秩序維持者としての人間にある」[35]。市民的社会の製作者としての人間が、市民的社会の素材としての人間に内在する問題に決着をつけることができる。人間は正しい社会秩序の実現を保証することができる。なぜなら彼は、諸情念のメカニズムを理解し操作することによって、人間本性を克服することができるからである。

ホッブズが引き起こした転換の成果を最も圧縮した形で表現する一つの言葉がある。その言葉とは「力」(power) である。力が力という名において (*eo nomine*) 初めて中心的テーマとなったのは、ホッブズの政治的教理においてである。ホッブズにおいては科学そのものが力のために存在するという事実を考慮すれば、ホッブズの哲学全体が、最初の力の哲学ということもできよう。「力」は多義的な言葉である。それは一方では力能(*potentia*)を表わし、他方では権能(*potestas*)(あるいは権利*jus*や支配*dominium*)を意味する。[36]力は「物理的」力と「法的」力の両方を意味する。多義性は避けられないことである。力能(*potentia*)と権能(*potestas*)が本来的に相伴う場合にのみ、正しい社会秩序の実現の保証がありうる。国家は、それ自体、最高度の人間的力であるとともに最高度の人間的権威である。法的力は抵抗しがたい力である。[37]最高度の人間的力と最高度の人間的権威の必然的一致は、最も強力な情念(暴力死への恐怖)と最も神聖な権利(自己保存の権利)の必然的一致に正確に対応する。力能と権能は、両者がともに現実態(*actus*)との対比と関係においてのみ理解されうるという点で共通している。人間の力能とは、何を人間はすることができるかであり、権能、あるいは一般的に言って人間の権利は、何を人間はすることが許されるかである。「力」に対する関心が優位に立つということは、したがって、現実態への相対的な無関心への裏返しにすぎないのであり、このことは、人間の「物理的」ならびに「法的」力が用いられ、あるいは用いられるべき当の目的への無関心を意味している。この無関心は、精密で科学的な政治的教説へのホッブズの関心にまで直接その起源をさかのぼることができる。物理的力の正しい使用は権利の正しい行使と同様に賢慮(*prudentia*)に依存するが、賢慮の領域内に属することは何ごとも、正確さと相容れない。

正確さには、数学的正確さと法的正確さの二種類がある。数学的正確さの観点からは、現実態の研究は目的の研究とともに、力能（潜勢態）の研究によって置き換えられる。「物理的」力は、それを利用する目的から分離されたものとしては、道徳的に中立的であり、したがって、その実地の使用に比べて数学的厳密さを受け入れやすい。すなわち力は計量可能なのである。ニーチェはホッブズを大きく超えて、力への意志こそ実在の本質だと断言した人であるが、そのニーチェが力を「力の量」として考えた理由は、上述のことから説明される。法的正確さの観点からは、目的の研究が権能の研究によって置き換えられる。主権者の権利も、その権利の行使から区別されたものとしては、予測不可能な状況に対する配慮も必要でなく、正確な定義が可能となる。そしてこの場合の正確さもまた道徳的中立性と不可分のものである。権利は、何が名誉に値するかでなくて、それとは別に、何が許されているかを言明する。[38] 力は、それが用いられ、あるいは用いられるべき目的から分離されたものとしては、政治的反省の中心的テーマとなるが、それは、正しい社会秩序の現実化の保証が必要な場合に求められる視界制限によることなのである。

ホッブズの政治的教理は、普遍的に適用されうること、したがってまた特に極限状態においても適用されうることを目指すものであった。古典的主権論が極限状態に対してしかるべき配慮をし、緊急状態において妥当することにも目配りしていたのに反して、古典的主権論を問題視する人たちの方が、平常時の範囲を越えた見通しをもっていないとして非難されていることは、古典的主権論の名誉を高めるものと言ってよいだろう。ホッブズは、彼の道徳的・政治的教理の全体を建設するにあたっては、極限状態に関する観察をその土台に据えた。彼が自然状態の教理の基礎においた経験は、イギリス内乱の経験だったからである。すべての社会秩序が究極的に基づかなければならない確固たる基礎、すなわち、人間生活において最も強力な力である暴力死への恐怖が、眼前にあからさまになるのは、社会組織が完全に崩壊されつくした極限状況においてである。しかしホッブズは、暴力死への恐怖がもっぱら「日常的に」あるいは大抵の場合に最も強力な力であることを、認めざるをえなかった。普遍的に適用可能な政治的教理を可能ならしめると想定された原理は、そうなると、ホッブズの観点からは最も重要な場合——極限状態においては普遍妥当性をもたず、したがって役に立たなくなるのである。というのも、極限状態においてはまさに例外が優位を占めるという可能性を、誰が排除することができようか。[39]

事柄を一層限定して述べれば、暴力死への恐怖の圧倒的な力に関するホッブズの主張が限定的な妥当性しかもたぬことを、特に明快に示すように見える二つの政治的に重要な現象がある。第一に、もし唯一の無条件的な道徳的事実が個人の自己保存の権利であるならば、市民的社会は出征と死刑の甘受の二つによって、自己保存の権利を断念するよう個人に対して要求することはほとんどできないであろう。死刑に関してホッブズは、正当に法的に死刑の判決を受けた者でも、「彼の生命を奪おうとする者」に抵抗して自分の生命を守る権利までも失うのではない、ということを認めて一貫性を保った。正当な仕方で判決を受けた殺人犯も、生き延びるためには、看守やその他誰であれ彼の逃走を阻む者を殺害する権利を保留する——いな、獲得するというのである。[40] しかし、このことを認めることによって、ホッブズは実際には、政府の権利と個人の自己保存の自然権との間には解決不可能な対立が存在することを認識していた。この対立はベッカリアによって、ホッブズの字句には反するがその精神に沿って解決された。ベッカリアは、自己保存権の絶対的優先から死刑廃止の必然性を導出したのである。戦争に関しては、ホッブズは内乱勃発に際して「逃亡した最初の者」だったと誇らしげに広言していたくらいであるから、彼は一貫して「本性的な臆病は許容されなければならない」ことを認めていた。そして、あたかも彼がローマの狼のように酷薄な精神に対してどこまで反対するつもりでいるのかを完全に明らかにすることを望んでいるかのように、彼は次のように続けている。「軍隊が戦う時、一方または双方に逃亡者がでる。しかし彼らが裏切りからでなく恐怖からそうするのならば、不正にでなく名誉を汚してそうしているのだとみなされるのである」[41]。しかし彼はこのことを認めることによって、国防の道徳的基礎を破壊したのである。ホッブズ政治哲学の精神を保持しつつ、このような難問を解決する唯一の道は、戦争の追放あるいは世界国家の設立である。

ホッブズの基本的仮定に対してはただ一つ根本的な反対論がある。彼もこの反対論には非常に鋭敏に反応し、その克服のためにあらゆる努力を傾注した。多くの場合に、暴力死への恐怖は地獄の火の恐怖や神への恐怖に比べて弱い力しかもたぬことが明らかになっていた。この難問は『リヴァイアサン』の中の二つの全く独立した章句に十分に示されている。第一の章句でホッブズは、人間の力に対する恐怖（すなわち、暴力死への恐怖）は「通常」「見えざる霊」の力への恐怖よりも、すなわち宗教よりも強い、と述べている。第二の章句においてホッブズは、「闇と霊に対する恐怖は他の恐怖よりも強い」と述べている。(42) この矛盾を解決する道をホッブズは次の点に見出した。見えざる力への恐怖は、人々が見えざる力を信ずる限り、すなわち、人々が実在性の真の性格についての妄想の呪縛下にある限りにおいて、暴力死への恐怖より強いが、人々が啓蒙されるに至るや否や、暴力死への恐怖はその本来の力をとり戻す、というのである。このことは、ホッブズが提示した案の全体が有効に働くためには、見えざる力への恐怖が弱められるか、あるいはむしろ除去されることが必要なことを意味している。そのためには、科学的知識の普及、あるいは、民衆の啓蒙による世界の脱魔術化の実現によってもたらされるような根本的な方向転換が必要とされるのである。ホッブズの教理は、社会的ないし政治的問題の解決策として、完全に「啓蒙された」つまり非宗教的あるいは無神論的社会の設立を、必然性をもって明確に指し示した最初の教理である。ホッブズの教理のもつこの最も重要な含意は、ホッブズの死後間もなく、ピエル・ベールによって明らかにされた。ピエル・ベールは、無神論的

社会が可能なことを証明しようと努めた人である。(43)

ところで、ホッブズの理論が現にそなえている一貫性を獲得したのは、もっぱら民衆の啓蒙への展望がひらけたことによる。彼が啓蒙の力に期待した効能は実際異常とも思えるものであった。野心や貪欲の力は、正邪に関する民衆の謬見に基づく。したがって、正義の原理がひとたび数学的確実性をもって知られるならば、野心と貪欲は無力化し、人類は永続的平和を享受することになろう、とホッブズは言う。というのは、正義の原理に関する数学的知識（すなわち、新しい自然権とそれに基づく自然公法の新しい教理）は、もし民衆がその数学的知識の成果を知らされなければ、民衆の謬見を打破することはできないからである。プラトンは、もし哲学者が王になるか、それとも、哲学と政治権力が合致しなければ、都市から災厄が止むことはないだろう、と言った。哲学と政治権力の合致といっても、哲学にそれを実現させる力はなく、人はただそれを希求し祈念することができるだけであるが、プラトンは死すべき人間に合理的に期待しうる救済策を、そのような哲学と政治権力の合致に期待したのであった。他方においてホッブズは、哲学自身が、一般化され、世論となることによって、哲学と政治権力の合致を実現させうることを確信していた。体系的哲学が組織的啓蒙となって現われるならば、運命は征服されるであろう。民衆モヤガテハ教育サレル（*Paulatim eruditur vulgus.*）(44)。哲学は、正しい制度を考案し市民の組織体を啓蒙することによって、社会的問題の解決を保証する。その問題の解決は、道徳的修練によるとみなされる限りは、人間によって保証されることはできないのである。

古典的理論家たちの「ユートピア的理想」に対抗する形で、ホッブズは、その実現が可能であり確実でさえあるような社会秩序の問題にかかわった。その実現の保証は、健全な社会秩序が最も強力な情念、したがって人間における最も強力な力を基盤にしているという事実によって与えられているように見えた。しかし、もし暴力死への恐怖が真に人間における最も強力な力であるとすれば、我々は、望ましい社会秩序が常に、あるいはほとんど常に存在しうると期待してよいだろう。なぜなら、そのような社会秩序は自然必然性によって、自然の秩序によって生み出されるからである。ホッブズはこの難点を、人間はその愚かさのゆえに自然の秩序を妨げるのだと仮定することによって克服する。正しい社会秩序は、その秩序に関する人間の無知のゆえに、通常は自然必然性によってもたらされることはない。「見えざる手」も、リヴァイアサンによって、あるいは、お望みなら諸国民の富によってと言い換えてもよいが、支えられなければ、有効に働くことはないのである。

ホッブズの理論哲学と実践哲学の間には、注目すべき一致と、それ以上に注目すべき不一致とが存在している。彼はその哲学の両分野において、理性が無力であること、そして全能であること、あるいは、無力であるために全能であることを説いている。理性あるいは人間性は宇宙的支えを何ら持たないために無力である。つまり、宇宙は人間にとって理解不可能なものであり、自然は人間を自然から「引き離した」。しかし、宇宙が理解不可能であるというまさにその事実によって、理性は自らの自由な構成物に安んじて満足することが許されるようになった。理性は自らが働くためのアルキメデス的拠点を、自由な構成物によって確立し、そして自然の征服における無限の進歩を予期することができるようになったのである。理性は情念に対しては無力である。しかし理性が最も強力な情念と協力するならば、あるいはその情念に奉仕することになれば、理性は全能になることができる。したがって、ホッブズの合理主義は究極的には、自然の好意のおかげで、最も強力な情念は、「永続的で大きな社会の起源」となりうる唯一の情念であるという信念、あるいは最も強力な情念は最も合理的な情念であるという信念に、基づいているのである。人間的な事柄の場合も、基礎は自由な構成物にあるのではなく、人間における最も強力な自然的力である。人間的な事柄の場合、我々は単に我々が制作したものを理解するだけでなく、我々の制作行為や制作物を作り出すものをも理解する。哲学や自然科学が基本的に仮説的でありつづけるのに対し、政治哲学は人間の本性についての非仮説的知識に基づく。(45) ホッブズのアプローチが優勢であるかぎり、「人間的事柄にかかわる哲学」が自然の最後の避難所でありつづけるだろう。なぜなら、いくらかの点で自然は発言の機会を得ることに成功するからである。人間が「世界を変化させ」うる、あるいは「自然を押し戻し」うる、という近代的主張は不当な言い分ではない。我々はやすやすと自然を大きく超えて進むことができる。また人間は自然を干草用の熊手で放り出すことができる、と言うこともできる。ただあの哲学的詩人〈ローマの詩人ホラティウス〉が付け加えた、サレド再ビ立チ帰ルマデ (*tamen usque recurret*) という言葉を忘れた場合にのみ、我々は理性的であることを止めるのである。

B　ロック

一見したところ、ロックはホッブズの自然法の観念を全面的に斥け、伝統的な教説に追随しているようにみえる。たしかに彼は人間の自然的諸権利についてそれが自然法から由来したかのように述べ、したがってまた自然法についてそれが言葉の厳密な意味での法であるかのように述べている。自然法は、人間が自然状態に生きているか市民的社会に生きているかに関わりなく、人間たる限りでの人間に完全な義務を課す。「自然法はすべての人間に対して永遠の規則として存立している」、なぜならそれは「すべての理性的被造物にとって平明で理解できるもの」だからである。それは「理性の法」と同一のものである。それは「自然の光によって知りうるものである、すなわち、実定的啓示の助けによらずとも知りうるものである」。ロックは、自然法や道徳法が論証的学問の位にまで高められることは全く可能なことだと考えている。その学問は、「自明の諸命題から出発し、必然的な帰結によって……正邪の尺度を」立証するであろう。こうして人間は、「理性の原理から、自然法であることが明らかな倫理学の体系を、そして人生のあらゆる義務を教える倫理学の体系」を、すなわち、「『自然法』の完全な体系」を、あるいは「完全な道徳」を、あるいは我々に自然法を「完全に」与えてくれる一つの「法典」を、作り上げることができるようになる。そしてこの法典は、とりわけ自然的刑法を含むことになろう。[46]しかしロックは、そのような法典作成のための真剣な努力を払わなかった。彼がこのような偉大な企てに乗り出すことができなかったのは、神学によって提出された問題のためであった。[47]

自然法とは神の意志の表明である。それは人間の内なる「神の声」である。それゆえ、それは「神の法」とか「神法」とか「永遠法」とさえ呼ばれうる。それは「至高の法」である。それが神の法であるのは事実においてだけではない。それが法であるためには、神の法であることが知られていなければならない。そのような知識なしには、人間は道徳的に行為することができない。なぜなら「道徳性の真の根拠は……ひとえに神の意志と法だからである」。自然法が論証されうるのは、神の存在と属性が論証されうるからである。このような神法は、理性の内において、あるいは理性によって公布されるだけでなく、啓示によってもまた同様に公布される。実際それがはじめて、その完全な姿で人間に知られるようになるのは啓示によってであり、理性は、このようにして啓示されたこの神法を確証するのである。このことは、神は人間に対してある純粋に実定的な法を啓示することはしなかった、という意味ではない。人間たる限りでの人間を拘束する理性の法と、キリスト教徒を拘束する福音の中に啓示された法との区別は、ロックによっても維持されていた[48]。ロックが自然法と啓示された法との関係について述べていることに問題がないかどうかを、我々は疑ってみることもできよう。このことがどうであれ、彼の教説は、より根本的でより明白な困難、まさに自然法という考えそのものを危険に陥れると思われるような困難にさらされている。彼は一方では、自然法はそれが法であるためには、神によって与えられ、またそうであることが知られていなければならないだけでなく、それに加えて、その制裁として「無限の重みと持続力をもつ来世における神の賞罰」をもたなければならない、と言う。しかし彼は他方では、来世の存在は理性によっては証明できない、とも言う。ただ啓示によってのみ我々は、自然法の制裁や「道徳的な正しさの唯一の真なる試金石」のことを知るのである。それゆえ自然的理性は、自然法を法として知ることはできない[49]。このことは、厳密な意味での自然法というものは存在しないことを、意味することになろう。

この困難は、「神の誠実さが、神が啓示し給うたことの真理性の証明となる」という事実によって明らかに克服される[50]。すなわち、自然的理性はたしかに人間の魂が永遠に生きることを論証することはできない。しかし自然的理性は、新約聖書が啓示の完全な記録であることを論証することができる。そして新約聖書は人間の魂が永遠に生きることを教えているのだから、自然的理性は道徳性の真の根拠を論証することができるとともに、真の法としての自然法の尊厳を確立することができる。

新約聖書が啓示の記録であることを論証することによって、イエスの宣べ伝えた法が言葉の正確な意味での法であることが論証される。この神法は理性と完全に一致することが明らかになる。この神法が自然法を絶対的に包括的かつ完全に定式化したものであることが判明する。このようにして、啓示の助けをかりない理性は自然法をその完全な姿で発見することはできないが、啓示から学んだ理性は新約聖書の中に示された法の完全に理性的な性格を認知できることが、理解されるところとなってくる。新約聖書の教えと他のすべての道徳的な教えとを比較すれば、自然法の全体が新約聖書において、しかも新約聖書においてのみ得られることが明らかになる。自然法の全体はただ新約聖書においてのみ得られる。しかもそこでは完全な明晰さと平明さにおいて得られるのである。(51)

自然法の全体、したがってまたその一部分を「教えるための最も確実で、最も安全かつ最も効果的な方法」が、もし「霊感に導かれた書」によって与えられているとすれば、とりわけ統治に関する完全でこの上なく明晰な自然法の教えは、聖書、とくに新約聖書からの引用句を適切に配列したものから成り立つことになろう。したがって、ロックは「聖書の中の適切な言葉の引用からなる政治学」を書いたのではないかと予想される。しかし実際には、彼は『政府二論』を書いた。彼のなしたことは、彼の言ったことと著しい対照をなしている。彼自身は「人々の行動は彼らの思想の最良の解釈家であるといつでも考えていた」[52]。もし我々がこの規則をおそらく彼の最大の行動と思われるものに適用するとしたら、我々は、彼が統治に関する厳密に聖書的な自然法の教説へと向かう途中なんらかの隠れた障害に出会ったのではないかと、疑わざるをえなくなる。彼は、聖書の啓示的性格を論証することの妨げとなる困難、あるいは新約聖書の法と自然法を同一視することの妨げとなる困難、あるいは両方の困難に気づいていたのかもしれない。ロックはこのような困難について詳しく論じようとはしなかった。彼は慎重な著述家であった。しかしながら、彼が慎重な著述家として一般に知られているという事実は、彼の用心深さが際立ったものであり、したがっておそらく慎重ということで普通理解されているようなものではなかったことを示している。いずれにせよ、ロックが慎重であったと言う学者たちも、「慎重」という言葉が様々な現象を表示するということ、そしてロックの慎重さを真に解釈できる唯一の人はロック自身であるということを、いつでも考慮しているわけではない。とりわけ今日の学者たちは、自分たちの観点からすれば、まさしくふさわしくないといえる手順も、他の時代の異なるタイプの人たちからすれば、全く異論の余地のないものとみなされうるという可能性を、考慮してはいないのである。

慎重は一種の高貴な恐れである。「慎重」は、理論に対して用いられる場合、実践や政治に対して用いられる場合とは何か違ったことを意味する。理論家は、彼が用いる様々な証明の価値をそれぞれの場合に明らかにすることがなければ、あるいは何らかの関連する事実を取り上げることなく押さえ込んでしまったりすれば、慎重だとは到底呼ばれないだろう。このような意味で慎重な実務家は、逆に慎重さに欠けるとして非難されるかもしれない。重大な関連をもつ事実のうちには、それが強調されることによって民衆の情熱をかき立て、そうして当の事実の賢明な処理を妨げることになるようなものもある。慎重な政治的著作家が義挙の弁護論を述べるときには、その義挙に一般の好意が向けられることが期待されるような仕方で述べるであろう。彼は、社会のかなりの部分が「その分裂を押しかくす」覆いとしている「ヴェールを取りはずす」ようなことを全部述べたてることはしないだろう。慎重な理論家は、偏見に訴えるようなことは軽蔑するだろうが、慎重な実務家は、それ相当の偏見はすべて大義のために徴用しようとするだろう。「論理学はいかなる妥協も許さないが、政治の本質は妥協である」。ロックが『政府二論』において弁護した一六八九年の解決に責任のある政治家たちは、実務家的慎重の精神をもって行動したのであって、「彼らの大前提が彼らの結論と一致するかどうかは、もし彼らの大前提が二百票を獲得し結論がさらに二百票を獲得しさえすれば、ほとんど意に介さなかった[53]」。ロックが革命的解決を弁護した際にも同じ精神において行動したのであって、彼は可能なかぎり頻繁にフッカー——かつて生きた人々のうちで最も革命的ならざる人物の一人——の権威に訴えた。彼はフッカーと部分的にでも一致している点はことごとく利用した。そしてフッカーと部分的に不一致な点から生じると思われる不都合は、その不一致について実際に口をつぐむことによってそれを避けようとした。書くことは行動することを意味するのだから、彼は最大の理論的著作『人間知性論』を書くときも、全く異なるやり方でことを運んだわけではなかった。「神を信じるすべての者、あるいは大多数の者が、神の存在の証明を吟味し明白に理解しようとする労をとらず、またそのような能力を持ち合わせてもいないのだから、私はそこ〔『人間知性論』四・一〇・七〕で述べられている証明の弱点を示す気にはならなかった。なぜなら、その証明によって神の信仰を強化した人もいるだろうし、そのような人たちのうちに真の宗教的感情と道徳的感情を保存しておくにはそれで十分だからである」(54)。ロックは、ヴォルテールが彼のことを好んでそう呼んだように、つねに「賢明なるロック」であった。

ロックは『キリスト教の合理性』のいくつかの節で、慎重さについての彼の見解をきわめて周到に説明している。彼は古代の哲学者たちにふれながら次のように言う。「人類の中で理性的で思索的な人々は……神を求めたとき唯一至高の見えざる神を見出した。しかし彼らが神を認めて崇拝するときは、ただ彼ら自身の心の内においてであった。彼らはこの真理を一つの秘密として彼ら自身の胸の内にしまいこみ、それを人々の間にあえて公表することはなかった。ましてや僧侶たちの間に、つまり、自分たちの教義や有益な考案物の用心深い番人たちの間に公表することはなかった」。たしかにソクラテスは、「彼らの多神教と誤った神観に反対し、これを一笑に付した。彼らがそれに対してソクラテスをどのように罰したかは周知のことである。プラトンそして哲学者のうちで最も思慮分別のある者たちが、一なる神の本質と存在についてどのように考えたにせよ、彼らが外に向けて信仰告白と礼拝をなす場合には、民衆とともにそれをなさなければならなかったし、法によって確定された民衆の宗教を守らなければならなかった……」。ロックが古代の哲学者たちの行為を非難に値するものとみなしていた形跡はない。そのような行為は聖書の道徳とは相容れないものと考えられるかもしれないが、ロックはそうは考えなかった。ロックがイエスの「慎重さ」や「控え目」、あるいは「自らを秘匿しようとする態度」について語るとき、彼は、イエスが「言葉尻をとらえられて不利なことにならないように非常に漠然とした言葉」を、あるいは「曖昧で漠然としていて、自分にとって不利に利用されることのないような」言葉を用いたと言っている。またイエスは、「ローマ総督には正当で重要なものと思われるような告発の及ぶ範囲の外に身をおこうと」努めたとも言っている。イエスは「自分の真意を分かりにくくした」、「彼のおかれていた状況が、そのような聡明で控え目な態度をとらなければ、自らがなさんとしている仕事を達成することができないような、そのようなものだったからである……。彼は自らの真意を包みこんでしまったために、彼を理解することは容易ではなかった」。もし彼が異なる行動に出ていたならば、ユダヤとローマの当局者たちが「彼の生命を奪ったであろう、あるいは少なくとも彼らは……彼がなそうとした仕事を妨げたであろう」。さらに、もし彼が慎重でなかったなら、彼は「暴動や騒乱の明白な危険」を作り出していただろうし、「[彼が真理を宣べ伝えることによって]市民的社会と世俗的統治体の中に混乱を引き起こす恐れが」十分にあっただろう。(55) そこでロックによれば、歯に衣着せぬ率直さが、目指す崇高な仕事の達成の妨げとなったり、人を迫害にさらしたり、公共的平和を危うくしたりするならば、慎重な物の言い回しの方が正しいということになってくる。そして、外的な信仰告白は民衆とともに行なうこと、曖昧な言葉を用いること、あるいは、他人が容易に理解できないほどに自らの真意を包みかくすことは、正当な慎重さと完全に一致するのである。

しばらくの間、ロックについて次のように仮定してみよう。すなわち、ロックは徹底した合理主義者であった。つまり、彼は独立した理性が人間の「唯一の星であり羅針盤である」(56) とみなしていただけでなく、人間を幸福へと導くのに十分なものとみなしていて、したがって啓示は不必要なものであり不可能なものであるとして、これを斥けていた、と仮定してみよう。そのように仮定した場合でさえ、彼が著述していた状況下では、彼が主張しうることはその合理主義的原理からしてもせいぜい次のことに止まるのである。すなわち、新約聖書の教えは、それが啓示されたものであることが論証されているのだから、またそれが伝える行為の規則は理性の法の全体を最も完全な仕方で表わしているのだから、これを真なるものとして受け入れる、という主張である。しかしながら、なぜ彼が書いたのが『政府二論』であって、「聖書の中の適切な言葉の引用からなる政治学」ではなかったか、を理解するためには、彼自身、いま述べられた二つの主張の正しさについて何らかの疑念を抱いていたなどと想定する必要はない。彼が確固たる証明とみなそうとしていたものが、彼のすべての読者たちにとっても同じように見えるものかどうかに関して、彼がいくらかの懸念を抱いていた、と想定すれば十分である。というのは、もし彼がこの種の懸念を抱いていたとすれば、彼は自らの政治的な教説、すなわち、統治者と臣民の権利と義務に関する彼の自然法の教説を、できる限り聖書から独立させる必要があったからである。

ロックが、自分のすべての読者が新約聖書の啓示的性格を確実に論証されたものとみなすかどうかについて、なぜ確信がもてなかったかの理由を見きわめるためには、イエスが神の使いであることの証拠とロックが考えていたものを見ておけばよい。その証拠は、「イエスがあらゆる種類の人々の面前でなした多くの奇跡」によって与えられている。ところで、ロックはこの点では暗黙のうちにスピノザに従っているのだが、彼によれば、所与の現象が超自然的であることを証明したからといって、それが奇跡であることを証明したことにはならない。なぜなら、ある現象が自然的原因によるのではないことを証明するためには、自然の力の限界が知られていなければならないが、そのような知識はほとんど得られそうにもないからである。人間が神の使いであることを立証すると言われる現象が、彼の主張を論駁すると言われる諸現象よりも強力であることを示せば、それで十分である。

しかしこのような仕方で奇跡と非奇跡を明確に区別しうるのかどうか、あるいはまた、ロックの奇跡観の上に論証的議論が基礎づけられうるのかどうかは、疑問の余地がありそうである。いずれにせよ、目撃者でない人々に対して説得力をもちうるためには、奇跡は十分に立証されていなければならない。旧約聖書の奇跡は異教徒を納得させるだけ十分に証明されてはいなかったが、イエスや使徒たちの奇跡は万人を納得させるに十分なほど立証されていた。だから「［イエスの］行なった奇跡は……キリスト教のいかなる敵対者や反対者によっても決して否定されなかったし、また否定されうるものでもなかった」(57)。このように非常に大胆な言明が、ホッブズやスピノザの同時代の最も有能な人の口から述べられたことは、特に驚くべきことである。もしロックが「かの当然にも非難された」著述家たちを十分に読んでいなかったことが確認されうるなら、ロックの発言もそれほど奇異には見えなくなろう(58)。しかしホッブズやスピノザが奇跡の実在、あるいは少なくともその確実性を否定したことを知るのに、彼らを十分読んでいなければならないだろうか。それにロックがホッブズやスピノザの著作に親しんでいなかったとしたら、この種の問題に関する十七世紀後半の著作家としての彼の資格を大いに減ずることにならないだろうか。このことを全く離れても、もし新約聖書の中に伝えられている奇跡を誰も否定する者がいないとしたら、すべての者がキリスト教徒であることになると思われる。なぜなら、「奇跡が認められているところでは、教義が否定されることはありえないからである」(59)。しかしロックは、敬虔なキリスト教徒でないのに新約聖書に精通している人々がいることを知っていた。彼の『キリスト教の合理性』は、新約聖書の奇跡に関する彼の最も力のこもった言明がなされている著作であるが、これはその時代に目立って「数多く」存在した「理神論者のために主として企画された」ものであった[60]。ロック自身認めていたように、彼は当時の自国に理神論者が存在していることを知っていたのであるから、聖書に基づく政治的教説は無条件に真なるものとして一般的に受け入れられるものではないという事実、少なくとも別に先行する非常に複雑な証明が与えられていなければ――我々がそのような証明を彼の著作の中にさがしても無駄なのであるが――一般的に受け入れられるものではないという事実に気づいていたはずである。

この論点はより簡潔には次のように述べることができる。たしかに神の誠実さは、神の啓示し給うた命題の証明となるものである。しかし、「確実性の全体的力は」、当の命題を「神が啓示し給うたという我々の知識に依存している」。言い換えれば、「我々の確信は、その命題が神の啓示によるものであるという我々の知識よりも強くはないのである」。そして少なくとも、啓示のことをただ伝承によってのみ知っているにすぎないすべての人々に関して言えば、「この啓示が最初は神から由来するという我々の知識は、我々が我々自身の観念間の一致・不一致の明晰判明な知覚から得る知識ほどには決して確実なものではありえないのである」。したがって、人間の魂は永遠に生きるという我々の確信は、信仰の領域に属し、理性の領域に属するのではない[61]。しかし、そのような確信がなければ、「正邪の正当な尺度」は法という性格を持つことはないのであるから、そのような正当な尺度は理性にとっての法ではないのである。このことは、自然法なるものが存在しないことを意味するであろう。それゆえ、もし「自然の光によって、すなわち実定的啓示の助けをかりずに知りうる法」が存在すべきであるならば、そのような法は、それを構成する一連の規則が死後の生や死後の生への信仰を前提してはじめて有効性をもつようなものであってはならない。

そのような規則は古典的哲学者たちによって確立された。これら異教徒の哲学者たちは、「理性にもとづいて語り、彼らの倫理学においてはあまり神のことに言及しなかった」。彼らは、徳とは「我々の本性の完成であり卓越性であること、徳は徳にとってそれ自体ひとつの褒賞であり、我々の名声を後世に伝えるであろう」ことを示しはしたが、彼らは、「徳が酬《むく》われることを保証することなく」放置した[62]。それというのも、彼らは、徳と繁栄ないし幸福の必然的結合、すなわち、この世においては見ることができず、ただ死後の世が存在する場合にのみ保証されうるような結合を、示すことができなかったからである[63]。しかしながら、理性の力だけでは徳と繁栄ないし幸福の必然的結合関係を確立することなどできないのに、古典的哲学者たちは、一種の繁栄ないし幸福と徳の一種あるいは一部分との必然的結合を認めていたし、また実際にはすべての人がそれを認めている。たしかに、

「公共的な幸福」や「人々の繁栄と現世的幸福」と「いくつかの道徳的規則」の一般的遵守との間には、目に見える結合関係が存在している。これらの規則は、明らかに完全な自然法の一部であるが、「きわめて広い範囲の人類から、彼らが道徳性の真の根拠を知ることや認めることがなくとも、是認を得ることができる。道徳性の真の根拠でありうるのは神なるものの意志と法だけであって、神は闇の中に人々を見そなわし、賞罰をみ手にして、不遜きわまりない背反者の責めを問うに十分な力をもち給うのである」。しかし、たとえこれらの規則が「道徳性の真の根拠」から分離されたものであるにせよ、そしてまさにそうである場合にこそ、これらの規則は「己れの真の根底」に立脚しているのである。「「イエス以前にも」到るところで必要性からそれがもたらされ、市民法によってそれが命じられ、哲学者たちによって推奨された正邪の正当な尺度は、己れの真の根底に立脚していた。それらの尺度は、社会の紐帯として、共同生活の便宜として、賞賛されるべき慣行とみなされていた」[64]。完全な自然法の地位がロックの思想の中でどれほど疑わしいものとなっていたにせよ、「政治的幸福」――「現世における人類の福利」――が明白に要求するものに限局された部分的な自然法は、確固として存立していたようにみえる。結局のところ、この部分的な自然法のみが、理性の法として、また真に自然法として、ロックの認めうるものであった。

そこで我々は、差し当たって部分的な自然法と我々が呼んでいるものと、新約聖書の掟との関係を考察しなければならない。もし完全な自然法が「過不足なく」新約聖書によって与えられているとすれば、もし自然法の「あらゆる部分」が新約聖書の中に「明白で平明に、理解するに容易な」仕方で示されているとすれば、新約聖書は、人々が政治的幸福のために従わなければならぬ自然法の命令の、明白で平明な表現を特に含んでいなければならない。(65)ロックによれば、「神と自然の法」の規則の一つに、政府は「人民の財産に対しては、彼ら自身またはその代表者によって同意が与えられなければ、租税を課してはならない」という主旨のものがある。ロックはこの規則を、聖書の明白で平明な言明によって強化しようと試みることさえしていない。ロックの理解している自然法を特徴づけるもう一つの重要な規則では、征服者の被征服者の所持物に対する権利や権原を否定している。たとえ正義の戦いにおいてであっても、征服者は「被征服者の子孫から財産を奪ってはならない」とされている。ロック自身、これが「奇妙な教理であるようにみえる」こと、すなわち新奇な教理であることを認めている。実際、それとは正反対の教理が、少なくともロックの教理と同じ程度に、聖書によって正当化されているように思われる。ロックは一度ならず、「主なる者にして士師なる者こそ判定者なり」というエフタの言葉を引用しているが、しかし彼は、エフタの言葉が征服の権利についての論争という文脈において述べられているという事実に、また征服者の権利に関するエフタの全く反ロック的見解のことに、ふれることさえしていない。(66)二国間の争いに関して述べられたエフタの言葉は、ロックによって、政府と人民の争いに関する古典的標準句として用いられている、と言いたくなる。エフタの言葉は、ロックの教理の中では、彼がほとんど引用したことのないパウロの言葉「すべての魂をより高き力の下に服させよ」の代役を果たしている。[67]

それに加えて、ロックの政治的な教説の成否は政治社会の起源に関する彼の自然法の教説にかかっている。ところが後者の教説は、聖書によって十分に基礎づけられることができていない。というのは、聖書が主として関わっている政治社会の起源――ユダヤ国家の起源――は、政治社会の唯一の起源とされているが、それは非自然的なものだからである。[68] さらに、ロックの政治的な教説の全体は、自然状態の想定に基づいている。この想定は聖書には全く見られないものである。以下の事実がそのことを十分明らかにしている。すなわち、『政府二論の第二論文』はロックが彼自身の教理を提示している論文であるが、そこでは自然状態への明白な言及が多くなされている。『第一論文』はロックがフィルマーのいわゆる王権神授説についての聖書の教理を批判し、したがって『第二論文』以上に聖書の資料を多く用いた論文であるが、私に誤りがなければ、そこで自然状態への言及がなされているのはただ一箇所だけである。[69] 聖書的観点からすれば、重要な区別は、自然状態と市民的社会状態の区別ではなくて、無垢の状態と堕罪以後の状態の区別である。ロックが考えている自然状態は、無垢の状態とも堕罪以後の状態とも同じではない。もし聖書の歴史の中に、ロックの自然状態のはいる余地があるとすれば、その自然状態は大洪水の後に、すなわち堕罪のずっと後に、始まることになろう。なぜなら、神がノアとその息子たちに与え給うた認可に先立っては、人々は自己保存の自然権から帰結する食肉への自然権を持たなかったのであり、そして自然状態というのは、すべての人が「自然法のあらゆる権利と特典」を有する状態のことだからである。[70] ところで、もし自然状態が堕罪のずっと後に始まるのだとすれば、自然状態は「堕落した人間の腐敗した状態」のすべての特徴を分有することになるのではないかと思われる。しかし実際には、それは黄金時代とは言わないまでも、「貧しくとも有徳の時代」であり、「無垢と誠実」によって特徴づけられる時代である。[71] 堕罪それ自体とまさに同じく、堕罪に対する罰も、ロックの政治的教理にとってはいかなる意味も持たなくなった。彼は、神のイヴに対する呪いさえ、その呪いを「避けようと努めてはならない」という義務を女性に課すものではない、すなわち、女性といえども、「もし出産の苦しみの救済策が見出されうるなら」その苦しみを避けることは許される、と主張しているのである。[72]
ロックの自然法の教えと新約聖書の緊張関係をおそらく最もよく示すものは、結婚とそれに関係する問題に関するロックの教説であろう。[73] 『第一論文』で彼は、姦通、近親相姦、男色を罪として断定している。彼はそこでは、「それらが自然の主たる意図に逆らっている」という事実とは別個に、それらが罪であることを示している。そうなると、それらが罪であるのは主として「実定的啓示」によるのではないかと、疑わざるをえなくなる。後に彼は、「自然における何によって妻と妾とを区別するのか」という問いを発している。彼はこの問いに答えてはいないが、その文脈からして、自然法はこの区別に関しては沈黙を守っていることが示唆されている。さらに彼は、結婚してもよい相手とよくない相手の区別が啓示された法にもっぱら基づくことを示している。『第二論文』(74)の中の夫婦社会をテーマとした彼の議論において、彼は、自然法に従えば、夫婦社会は必ずしも一生続くべきものではないことを明確にしている。夫婦社会の目的(生殖と教育)が求めていることは、「人間の男女は他の動物におけるより長い間結合していなければならない」ということだけである。彼は「夫婦の結びつきは人間においては他の動物種以上に永続しなければならない」と言うに止まらず、それらの結びつきが「人間においては他の動物種以上に強固である」ことをも求めている。しかし彼は、それらの結びつきがどれほど強固でなければならないかについては教えてくれない。たしかに、一夫多妻制は自然法と完全に両立するものである。またロックが人間の夫婦社会と動物の夫婦社会との相違について述べていること――すなわち、前者は後者よりも強固で永続的であり、あるいは、あらねばならないということ――は、近親相姦に対するいかなる禁止をも求めるものではないということ、したがって彼がそのような禁止については沈黙を守っているということは、注目されるべきことである。このことに完全に一致する形で、後にロックは、いずれの「違反」が処罰に値し、いずれが処罰に値しないかの唯一の判定者は市民的社会であることを宣言するが、その時の彼はホッブズと完全に一致し、フッカーには全く一致していないのである。[75]
夫婦社会に関するロックの教理は、両親と子供の権利と義務に関する彼の教説に影響を与えずにはおかない。彼は倦むことなく「汝の両親を敬え」という言葉を引用する。しかし彼は、男女の法的な結合と法的でない結合との聖書的区別を完全に無視することによって、聖書的命令に非聖書的な意味を与えている。さらに、子供たちが両親に対してなすべき服従に関して、彼は、服従の義務は「子供の未成年期に限られる」と教える。両親が子供たちが成年に達した後もなお彼らの服従に対して「強い拘束力」を保持するとすれば、それはただ、それぞれの子供の振舞いが自分の意志と心持ちにかなっているかどうかに応じて、「[自分の財産を]ある子には僅かしか与えなかったり、またある子には気前よく与えたりすることは、普通父親の権限である」という事実によるのである。ロックの控え目な表現を引用すれば、「これは子供たちの服従に対する少なからざる拘束力である」。しかしこれは、ロックがはっきりと述べているように、たしかに「自然的な拘束力ではない」。成年に達した子供たちは、彼らの両親に従うべく自然法によって拘束されてはいないのである。ロックはそれだけに一層強く、子供たちには「両親を敬うべき永遠の責務」があることを主張する。この義務を「無効にしうるものは何もない」。それは、「常に子供たちから両親に対してなされるべきことである」。ロックは、そのような永遠の義務の自然法的基礎を、両親が子供たちを生んだという事実の中に見出している。しかしながら彼は、もし両親が自分たちの子供に対して「不自然にも気遣わない」ようであるなら、彼らは「多分」「「汝の両親を敬え」という命令の中に含まれている義務の多くに」対する彼らの権利を失うで「あろう」ことを認めている。彼はさらに先へ進む。『第二論文』において彼は、「単なる子供を生む行為そのもの」が、子供たちによって敬われるべきだという権利を両親に与えるものではない、と指摘している。「子供がその義務である敬意を払うことによって、両親はまた尊敬、崇拝、支持および従順を要求する恒久的権利をもつことになる。しかしこの権利の大小は、父親がその子供の教育に示した配慮、費用および親切の大小に応ずる」(76)。そこから帰結することは、もし父親の配慮、費用および親切がゼロであったとすれば、彼が尊敬されるべく要求する権利もまたゼロになるだろうということである。「汝の父と母を敬え」という定言命法は、「汝の父と母が汝の尊敬に値するなら、彼らを敬え」という仮言命法となるのである。

ロックの「部分的な自然法」は、新約聖書や聖書一般の明断かつ平明な教説と同じものではない、と言っても差し支えがないと我々は考える。もし自然法の「すべての部分」が新約聖書の中に明晰かつ平明な仕方で述べられているとするなら、ロックの「部分的な自然法」は自然法には全く属さないという結論になる。この結論は次のような考察によっても支持される。すなわち、自然法が、言葉の適切な意味で法であるためには、それが神によって与えられたことが知られなければならない。しかし「部分的な自然法」は、神への信仰を必要としない。「部分的な自然法」は、国民が礼儀正しくなり文明化されるためには満たさなければならない条件を画定するものである。ところで中国人は「偉大な礼儀正しい人民」であり、シャム人も「文明化された国民」である。そして中国人もシャム人も「神の観念や知識を持ち合わせていない」[77]。したがって「部分的な自然法」は、言葉の適切な意味における法ではないのである[78]。

このようにして我々は、ロックは言葉の適切な意味でのいかなる自然法をも認めることができなかった、という結論に達する。この結論は、一般に彼の教理、とりわけ『第二論文』の教理と考えられているものと鋭く対立するものである。『第二論文』の検討に向かうに先立って、我々は読者に次のような事実を考えてくださるようお願いする。すなわち、ロックの教説についてこれまで受け入れられていた解釈は、「ロックは非論理的な欠点や矛盾に満ちている[79]」という結論に帰着する。さらに我々が付け加えるならば、この矛盾はきわめて明白なものであって、彼ほどの人物が彼ほどの冷静さをもってすれば、気づかずにはいられないほどのものであって、ロックはそのような矛盾に満ちているというわけである。さらに、一般に受け入れられている解釈は、結局ロックの慎重さを完全に無視することに基づいている。すなわち、少なくとも、人が容易に理解できないほどに自分の真意を押しかくしたり、外に向けての信仰告白においては民衆に同調したりすることと両立しうるような類いのロックの慎重さを、完全に無視しているのである。とりわけ、このような解釈は、『政府二論』の性格に十分な注意を払っていない。つまり、それは『政府二論』がロックの政治的教理の哲学的表示を何らかの仕方で含んでいることを想定しているが、実際にはその「市民的」表示を含んでいるにすぎないのである。『政府二論』の中で、哲学者たちにでなくイギリス人たちに向かって語っているのは、哲学者ロックであるよりもイギリス人ロックである。(80) この著作の議論が、一般に受け入れられている意見に部分的に基づき、またある程度は聖書的原理にさえ基づいているのは、まさにこの理由からである。「大部分の人たちは知ることができず、したがって信ずるほかないのであって」、たとえ哲学が「倫理を、ちょうど数学のようにすべての部分が論証可能な学問という形で我々に与えたとしても……人々に指針を与える最良のものは依然として福音書の戒律と原理に委ねられねばならないほどであった」(81)。

しかし、『政府二論』の中でロックがどんなに伝統に追随していたにしても、その教説とフッカーやホッブズの教説との大まかな比較からだけでも、ロックが伝統的な自然法の教説からかなり逸脱し、ホッブズの先蹤《せんしょう》にしたがっていることが分かる。(82) ロックがフッカーから離れたことを明確に記している箇所が、『政府二論』の中に一箇所だけある。しかしこの箇所は我々の注意をひき、フッカーからの根本的逸脱を感じとらせる。ロックはフッカーを引用した後で、「しかし私はそれ以上に、すべての人間は本来「自然状態」の中にいると確言する」と述べている。彼はこのように述べることによって、フッカーに従えば、幾人かの人々が実際にあるいは偶然的に自然状態の中にいたことになることを示唆している。実際、フッカーは自然状態については何ごとも語っていない。自然状態についての全教理は、フッカーの原理、すなわち、伝統的な自然法教理の原理との断絶にその基礎をおくものである。ロックの自然状態についての観念は、「自然状態においてはすべての人が自然法の執行権力をもつ」という教理と不可分である。彼はこれと関連した文脈の中で、この説は「奇妙な」耳新しいものであると、二度にわたって述べている(83)。

ロックによれば、自然法を承認するには自然状態を承認することが必要であり、一層特殊的には、自然状態において「すべての人が自然法の執行者たる……権利を有することを」承認することが必要とされるが、その理由はいったい何であろうか。「……人間の自由行動に対して課せられる規則を想定するのに、人間の意志を規定すべきある種の善・悪による強制力をその規則に結びつけるのでなければ、全く無駄なことであるから、我々が法を想定する場合はいつでも、その法にある種の賞罰を結びつけなければならない」。自然法は、それがいやしくも法であるためには、制裁をそなえていなければならない。伝統的な見解によれば、そのような制裁は良心の判定――それは神の判定である――によって与えられた。ロックはこの見解を斥ける。彼によれば、良心の判定は神の判定であるのとは程遠く、良心はただ「我々自身の行動の道徳的な正・不正についての我々自身の意見ないし判定であるにすぎない」。ロックが暗黙のうちに従っているホッブズを引用して言えば、「私的良心は……私的意見にすぎない」。それゆえ、良心は指針とはなりえない。まして や制裁の代役を果たすことはできない。あるいは、もし良心の判決が我々の行動の道徳的性質についての正しい意見と同じものだとするなら、それはそれだけでは全く無力なものであろう。「都市を略奪している軍隊を眺めてみさえすればよい、そして彼らが行なうすべての残虐行為に対して、道徳原理は何を考え、感じたか、良心はいかなる動きを示したかを見てみたまえ」。もし現世において自然法のための制裁が存在すべきだとするなら、それらの制裁は人間によって用意されなければならない。しかし、市民的社会の中で、市民的社会によってもたらされる自然法の「強制力」は、いずれも人間の約定の結果であるように思われる。それゆえ、自然法は、もしそれが市民的社会や政府成立に先立つ状態——自然状態において効力をもたないならば、現世において効力をもたないであろうし、したがって真の法ではないだろう。自然状態においても、すべての人が他の人間に対して十分に責任を負わなければならないのである。しかしながら、このことは、自然状態においてはすべての人が自然法の執行者たる権利をもつことを求める。「自然法は、現世における人間にかかわる他のすべての法と同じく、もし自然状態においてその法を執行する権力をもつ者が誰もいないならば、空しいものとなろう」。自然法はたしかに神によって与えられたものであろうが、しかし、それが法であるためには、それが神によって与えられたことが知られている必要はない。なぜなら、それは神や良心によってでなく、人間によ

って直接に執行されるのだからである。(84)

自然法は、自然状態において効力を有しないなら、真に法であることはできない。自然法は、自然状態が平和の状態でないなら、自然状態において効力を持つことはできない。自然法は、すべての人に対して他の人間を「できる限り」保存せよという完全な義務を課すが、ただし「彼自身の保存が競合しない場合」に限るのである。もし自然状態が自己保存と他者の保存との恒常的な葛藤として特徴づけられるようならば、「平和と全人類の保全を願う」自然法は効力を失うであろう。自己保存という一段高い要求が、他者を配慮する余地を残さないであろう。したがって、自然状態は「平和、善意、相互扶助と相互保全の状態」でなければならない。このことは、自然状態が社会状態でなければならないことを意味している。自然状態において、すべての人々は「地上における共通の優越者」を持たないけれども、自然法によって「一つの社会を形成している」。自己保存のためには食物その他の必需品がなければならず、そのような物資の不足は抗争の原因であるから、自然状態は豊かな状態でなければならない。「神は我々にすべての物を豊富に与え給うた」。自然法は、もしそれが知られなければ、法であることはできない。それは自然状態において知られていなければならず、したがって知られうるものでなければならない。(85)

ロックは、とくに『政府二論の第二論文』の最初の数ページでこのような自然状態の姿を描き示した後で、彼の議論が進展するにつれて、それをくつがえすことになる。一見したところ神か善きデーモンによって支配された黄金時代であるかに見える自然状態も、文字通りの統治なき状態、「純然たる無政府状態」なのである。「もし堕落した人間たちの腐敗と悪徳がなければ」、黄金時代は永遠に続いたであろうが、不幸なことに、「大部分」は、「衡平と正義の厳正な遵守者ではない」。他の理由はともかく、まさにこの理由のために、自然状態は大きな「不都合」を抱えることになる。多くの「相互間の不平不満、侵害、悪行が自然状態の人間にはともなう」。自然状態においては「争いやもめごとがいつまでも続くだろう」。自然状態は「恐怖とうちつづく危険に満ちている」。それは「悪い状態である」。平和の状態からは程遠く、平和と平穏が不確実な状態である。[86] 平和の状態は市民的社会の方であって、市民的社会に先立つ状態は戦争の状態である。このことは、自然状態が豊かさの状態でなく欠乏の状態であるという事実の原因であるか、それとも結果であるかのいずれかである。自然状態に生きる人々は「困窮して悲惨である」。豊かであるためには市民的社会が必要である。[87] 自然状態が「純然たる無政府状態」であるとすれば、それは社会状態とはなりそうにない。事実、それは「社会の欠如」によって特徴づけられる。「社会」と「市民的社会」とは同義語である。自然状態は「各個バラバラ」である。というのも、「神が人間に植えつけ給うた第一の最も強い欲求」は、他人への配慮でも、自分の子孫への配慮でさえなく、自己保存への欲求だからである。[88]
　もし自然状態にある人々が自然法の下に服しているのならば、自然状態は平和と善意の状態であろう。しかし「いかなる人も自分に対して公布されていない法の下にいることはできない」。もし「自然法の命令」が「人間の中に植えつけられ」、あるいは「人類の心の中に書き込まれていた」とすれば、人間は自然状態において自然法を知っていたであろう。しかし、いかなる道徳的規則も「我々の心の中に刻み込まれ」たり、「我々の胸に書き込まれ」たり、「我々の心に刻印され」たり「植えつけられ」たりしてはいない。いかなる道徳的原理の習性も、いかなるシュンデレーシスも良心も存在しないのであるから、自然法についての一切の知識は学習によって獲得される。自然法を知ろうと思えば、「その法の学習者」とならなければならない。自然法は論証によってのみ知られるようになる。それゆえ問題は、人々は自然状態において自然法の学習者となりうるかどうかである。「人類の大部分は、論証に必要な余暇も能力も持ち合わせていない。……そしてこのように日雇い労働者や職人、それに紡ぎ女や乳しぼり女たちが倫理学に習熟することが期待できるようなら、彼らが熟達した数学者になることさえ十分に期待できるだろう」。しかもイギリスの日雇い労働者は、元からのアメリカの王様よりも暮らし向きがよく、「最初は世界中がアメリカだったのであり、現在以上にそうだったのである」。「最初の時代」は、学習の習慣よりは「無頓着で目先のきかない純朴さ」によって特徴づけられる[89]。人間が自然状態にあったときの状態——「絶えざる危険」と「欠乏」——が自然法についての知識を不可能にする。自然法は自然状態においては公布されないのである。自然法が言葉の適切な意味における法であるためには、それは自然状態において公布されていなければならないのだから、我々はまたもや、自然法は言葉の適切な意味における法ではないと結論せざるをえなくなるのである。(90)

それでは一体、ロックの教理における自然法の位置はどのようになるのだろうか。その根拠は何だろうか。生得的な、「心に義務として刻印された」自然法のいかなる規則も存在しない。このことは、「実践的原理では当然なように、絶えず止むことなく我々の一切の行動に作用し影響しつづけ、しかもすべての人間とすべての時代に確固として普遍的であることが観察されうるような」自然法のいかなる規則も存在しないという事実によって示されている。しかしながら、「自然は人間の中に幸福への欲求と不幸への嫌悪を植えつけていた。そしてこれはたしかに、生得的な実践的原理である」。この原理は普遍的に絶えることなく働きつづける。幸福への欲求と、それが引き起こす幸福の追求は義務ではない。しかし「人々は……彼らの幸福追求を認められなければならないし、いやそれどころか、それを妨げられてはならない」。幸福への欲求と幸福の追求とは、絶対的権利、自然的権利という性格をもつ。そうなると、生得的な自然的義務は存在しないのに、生得的な自然的権利は存在することになる。いかにしてこのようなことが可能であるかを理解するためには、我々が先ほど引用した言葉を再定式化してみればよい。すなわち、「幸福の追求は妨げられてはならない」のだから、それは権利であり、「認められなければならない」というのである。ホッブズによれば、幸福の追求は基本的な道徳の事実として自己保存の権利を確立したのであるが、それと同じ理由で幸福の追求はすべての義務に先行する一つの権利なのである。人間は自らの生命を暴力死から守ることが認められなければならないが、その理由は、石が下方に落下するのと同じ自然必然性によって、人間は自らの生命を守るよう駆り立てられるからである。自然的義務から区別された自然的権利は、普遍的に効力をもつために、自然状態においても効力をもつ。人間は自然状態においては、「自分自身の人格と所持物の絶対的主人である」(91)。自然法は生得的ではないが、自然の権利は生得的であるゆえ、自然の権利が自然法より一層基本的であり、自然法の基礎である。

幸福は生命を前提とするのであるから、生命への欲求は、幸福への欲求と相剋する場合には優先される。このような理性の命令は、同時に自然必然性でもある。つまり、「神が人間の中に植えつけ、彼らの自然本性の原理そのものとなし給うた第一の最も強力な欲求は、自己保存の欲求である」。それゆえ、あらゆる権利のうちで最も基本的なものは、自己保存の権利である。自然は人間のうちに、「その生命と存在を維持する強力な欲求」を植えつけたが、「人間の存在にとって必要で有用なもの」は何であるかを彼に教えてくれるのは、ただ人間の理性だけである。そして理性――あるいはむしろ、これから詳述される問題に適用される理性――は、自然法である。理性は、「自分自身と自分自身の生命の主人たるものは、それを維持するための手段に対する権利をも有する」ことを教える。理性はさらに、すべての人間は自己保存の欲求に関して、それゆえまた自己保存の権利に関して平等であるのだから、他の点における自然的不平等にかかわらず、決定的に重要な点においては平等であることを教える。(92) このことからロックは、ちょうどホッブズがなしたのと同じく、次のような結論を導く。すなわち、自然状態においては各人が、何が自己保存にとって有益な手だてであるかの判定者である、という結論である。そこからさらにまた、ホッブズの場合と同じく、自然状態においては「誰もが自分が適切と考えることを行なうことが許される」という結論に導く。(93) それゆえ、自然状態が「恐怖と絶えざる危険にみちている」ことは不思議ではない。しかし理性は、平和の状態でなければ、生命は維持されないし、ましてや享受されることもないことを教える。つまり、理性は平和を希求する。したがって理性は、平和に貢献するような行動方針がとられることを願う。そこで理性は、「いかなる者も他人に危害を与えるべきでない」こと、他人を害する者——したがって理性を否定する者——は、すべての者によって処罰されてよいこと、害を加えられたものは補償を受けることができることを教える。以上が『政府二論』の議論が立脚している自然法の基本的な規則である。つまり、自然法は、人間の「相互的保安」あるいは人類の「平和と安全」に関する理性の指令の総体に他ならない。自然状態においては各人が自分自身の問題の判定者であり、したがって自然状態はまさに自然法そのものから生起してくる恒常的な抗争によって特徴づけられるのであるから、自然状態は「耐えられえないもの」である。唯一の救済手段は政府と市民的社会である。そこで理性は、市民的社会がどのようにして構築されなければならないか、そして市民的社会の権利と限界はどのようなものであるか、を指示する。つまり、合理的な公法ないし自然的な憲法が存在するのである。そのような公法の原理は、あらゆる社会的権力ないし統治体の権力は、本来諸個人に帰属していた権力から導出されたものである、という原理である。現実に自己保存にかかわっている諸個人の契約――父親という資格での父親の契約や神の取り決め、あるいはあらゆる個人の実際の意志とはかけ離れた人間の目的ではなく――が社会の全権力を創り出す。「あらゆるコモンウェルスにおける至高の権力は、社会の全構成員の権力の合成に他ならない」(94)。

ロックが認めた自然法は、ホッブズが述べたように、他の人間に対する人間の「保全と防衛にとって何が役立つかについての結論ないし定理」に他ならない、と考えれば、彼の自然法の教説は完全に理解されうる。そして他の解釈はすでに述べてきたような難点に出会うのであるから、このように理解されなければならないのである。ロックの考えた自然法は、平和の諸条件、さらに一般的に言えば、「公共的幸福」ないし「万人の繁栄」の諸条件を定式化したものである。したがって、自然法のための一種の制裁が現世において存在することになる。自然法の無視は公共的な悲惨と貧困という制裁に導くのである。しかしこのような制裁は不十分である。自然法を万人が遵守すれば、たしかに地上のあらゆる地域での永遠の平和と繁栄が保障されるであろう。しかしながら、そのような普遍的遵守が実現しない場合には、自然法を遵守している社会の方が自然法に違反している社会に比べて、現世の幸福を享受することが少ないということも、十分に起こりうる。というのも、国外国内いずれの事件においても、勝利は必ずしも「正しい側」に味方するとは限らないからである。つまり、「大盗賊たちは……あまりに大きすぎると、この世における正義の弱々しい手には負えないのである」。とはいえ、自然法を厳格に遵守している者とそうでない者との間には、前者のみが言行において首尾一貫しうるという、少なくともそのような違いは残るのである。すなわち、前者のみが、市民的社会と盗賊集団との間には根本的な相違があることを、首尾一貫して主張することができる。そしてこの根本的相違は、すべての社会すべての統治体が繰り返し訴えかけざるをえない区別なのである。一言でいえば、自然法は「自然の作品であるよりはむしろ知性の所産」である。それは「ただ精神の内に」あり、一つの「観念」であって、「事物それ自体の内に」あるのではない。[95]このことが、倫理学が論証的学問の地位にまで高められうることの究極の理由である。

自然状態の位置づけを考慮せずには、自然法の位置づけを明らかにすることはできない。ロックはホッブズ以上に明確に、人間が実際に自然状態において生活していること、あるいは自然状態が単なる仮説的想定ではないことを、主張している。[96]このことで彼が意味していることは、まず第一に、人間は地上における優越者に服従することなく現実に生活を営んだし、また営むことができるということである。さらに彼が意味していることは、そのような状態で生活している者で自然法を学んだ人たちは、自分たちの状態の不都合を救済する手だてを試み、公共的幸福のための基盤をもうける術を知るであろうということである。しかし自然状態に住みながら自然法を知ることができる者は、かつて市民的社会に、あるいはむしろ理性がしかるべく開化された市民的社会にと言うべきかもしれないが、そのような社会に住んだことのある者に限られるのである。そうなると、自然状態において自然法の下にある人間の例と言えば、未開の先住民よりは、アメリカのイギリス植民地に住むエリートということになろう。自分たちの社会が崩壊した後に残された高度文明社会の人間という例を挙げれば、一層適切な例となろう。このような考えをほんの一歩進めれば、次のような見解に到達する。すなわち、自然状態において自然法の下にある人間の例として最も明白な例は、市民的社会に生きている人間、しかも、市民的社会から正当に要求しうるものは何であるかを熟考し、市民的服従が合理的であるのはいかなる条件の下においてであるかを熟慮しているような人間の例である、という見解である。このようにして、人々が地上におけるいかなる共通の優越者にも服従することなく、もっぱら自然法にのみ服従しているような状態として理解される自然状態が、はたして実在したかどうかということは、結局のところ本質的な問題ではなくなるのである(97)。ロックがホッブズの結論に反対するのは、他ならぬ自然法についてのホッブズの見解に基づいてのことである。ロックは、ホッブズの原理——自己保存の権利——が絶対的政府を支持するどころか、むしろ立憲制政府を必要とすることを示そうと試みている。自由、「恣意的で絶対的な権力からの自由」が自己保存の「防壁」である。奴隷制はしたがって、死刑制の代替物である場合を除けば、自然法に反するものである。自己保存の基本的権利と両立しないいかなることも、したがって理性的存在が自由な同意を与えることができぬいかなることも、正当ではありえない。したがって、市民的社会や政府が、暴力や征服によって合法的に確立されることもありえない。「世界中のいずれの合法的政府をとってみても、これを成立させ、また成立させることができたのは」ただ同意のみである。ロックは同じ理由から、一定の確立された法律に基づかぬ支配と同様に、絶対的君主制を、より正確に言えば、「一人のであれ多数のであれ……絶対的で恣意的な権力」[98]を断罪するのである。ロックが要求している制限にもかかわらず、コモンウェルスはロックにとって、ホッブズにとってそうであったように、依然として「強力なリヴァイアサン」でありつづける。市民的社会に参加する際に、「人々は自分たちのもつ一切の自然的力を、参加しようとする社会にゆだねる」。ホッブズと同様に、ロックもただ一回の契約を認めている。すべての個人が同じ集団の他のすべての個人と結んだ結合の契約は、とりも直さず服従の契約である。ホッブズと全く同様にロックは、基本的契約によって各人は、「多数者の決定に服し、それに拘束されるという責務を、当該社会の各成員に対して負うようになる」こと、したがって、基本的契約は無条件的な民主制を直接的に樹立すること、そしてこの原初的な民主制は多数決によって存続することもできるし、他の政体に移行することもできるということ、社会契約はそれゆえ実際には社会というより「主権者」(ホッブズ)あるいは「最高権〔立法権〕」(ロック)への服従契約であること、を教える。[99] しかしロックは、「人民」あるいは「共同体」が、つまり多数者が最高権を設立したところではどこでも、設立された政府を「排除または変更しうる最高権」が依然として彼らの手に残されている、すなわち、彼らはなお革命の権利を保持している、と教える点で、ホッブズとは反対の立場にある。[100] しかしこの権利(通常は発動されない)が、個人の共同体ないし社会への服従の義務を緩和することはない。むしろホッブズの方がロックよりも、個人の自己保存が危うくされたときはいつでも、個人が社会や政府に対して反抗する権利をもつことを一層強調していることを、述べておいた方が公平というものであろう。[101]

にもかかわらずロックが、自らの構築した強力なリヴァイアサンの方がホッブズのリヴァイアサンよりも、個人の自己保存に対するより大きな保証を提供する、と主張しているのはもっともなことであるように思われる。ホッブズが強調し、ロックが否定しなかった体制化された社会に対する個人の抵抗権というものは、個人の自己保存に対する実効ある保証とは言い難い。[102] 純然たる無政府状態——すべての人の自己保存が絶えざる危険にある状態——に代わりうべき唯一の方途は、「人々が自分たちのもつ一切の自然的力を、自分たちが参加しようとする社会にゆだねる」ことなのだから、個人の権利を守る唯一の実効ある保証は、社会がその構成員を抑圧することが不可能なように構成されることである。このように構成された社会ないし政府のみが、正当であり、自然法に合致している。そのような社会のみが、個人がその一切の自然的力を譲渡するように正しく要求することができる。ロックによれば、個人の権利を最善の仕方で制度的に保護できるのは、ほとんどすべての国内問題において執行権（強力でなければならない）が厳格に法律に従属し、したがって究極的には、十分な権限をもつ立法集会に従属するように構成された国制である。立法集会は、「臨機的・恣意的命令」とは異なる法律を作るように規定されなければならない。立法集会の構成員は人民によって選出されるが、任期はかなり短く、「彼ら自身、自らの作った法律に従わなければならない」。選挙制度は地域の人口と富の両者を考慮しなければならない。[103] ロックは、個人の自己保存は君主制や寡頭制の支配者によって脅かされるよりも多数者によって脅かされる度合の方が低いと考えていたように思われるが、彼が多数者を個人の権利の保証者として無条件に信じていたということはできない。[104] 彼は、多数者をそのような保証者として述べているように思われる一節において、個人の自己保存が暴君的支配者や寡頭的支配者によって脅かされ、それゆえ苦しめられている個人にとっての最後で唯一の希望は多数者の態度にかかっている、という場合について述べている。ロックは多数者の力を、悪しき政府に対する阻止手段、僭主的政府への最後の対抗手段とみなしているが、政府に代わりうるもの、政府と同じものとはみなしていない。平等は市民的社会とは相容れないものと彼は考えていた。自己保存の権利に関する万人の平等も、より理性的な人々のもつ特別な権利を完全に消し去ることはない。反対に、そのような特別の権利の行使は、万人の自己保存と幸福とに役立つ。とりわけ、自己保存と幸福のためには財産が必要であって、市民的社会の目的は財産の保全にあると言いうるほどであるから、社会の有産者層を貧困者層の要求から保護すること――あるいは、勤勉で理性的な人々を怠惰で喧嘩好きの連中から保護すること――が、公共的な幸福あるいは共通善にとって必要不可欠のことなのである。(105)

ロックの所有論は、彼の政治的な教説のほとんど文字通り中心的な部分であるが、たしかにその中で最も特徴的な部分でもある。(106) それは彼の政治的な教説を最も明白に、ホッブズの教説からだけでなく、伝統的な教説からも区別するものである。それは彼の自然法の教説の一部であるから、その自然法の教説のもつ複雑さをすべて共有している。ロックの所有論のもつ特別の困難を暫定的に述べるとすれば、次のようになる。すなわち、財産権は自然法上の一つの制度である。自然法は、正当な専有の仕方と限度とを定めている。人間たちは市民的社会に先立って財産を所有している。彼らは、自然状態において獲得した財産を保持し保護するために、国家社会に参入する。しかし、市民的社会に先立ってではないが、市民的社会がひとたび形成されると、所有に関する自然法は効力を失ってしまう。

我々が「人為的」財産とか「市民的」財産と呼びうるもの——市民的社会の中で所有される財産——は、もっぱら実定法にのみ基づくのである。しかし、市民的社会は市民的所有権の創造者ではあるが、その主人ではない。市民的社会は市民的所有権を尊重しなければならない。市民的社会はいわば、自分自身の創出したものに奉仕する以外の役目をもたない。ロックは、自然的所有権、すなわち、もっぱら自然法つまり「最高の法」に基づいて排他的に獲得され所有されたものよりも、市民的所有権の方にずっと大きな尊厳を認めている。それでは、いったいなぜロックは所有権が市民的社会に先立つことをあれほど証明しようとしたのだろうか[107]。

財産に対する自然権は、自己保存という基本的権利の系であって、契約その他の社会的行為から派生したものではない。もし誰でもが自己を保存する自然権を有しているとするなら、当人は当然、自分の自己保存に必要なすべての物に対する権利を有しているはずである。自己保存に必要なものは、ホッブズが信じていたと思われるナイフや鉄砲よりも、むしろ食糧である。食物は、それが食べられてはじめて、すなわち、それが個人の排他的所有となるような仕方で専有されてはじめて、自己保存に役立つのである。そうなると、「他の人々を排除する私的支配」に対する自然権が存在することになる。食物について妥当することは、必要な変更を加えれば、自己保存に必要な、そればかりか快適な自己保存に必要な他のすべての物にも当てはまる。というのも人間は、自己保存の自然権ばかりでなく、幸福追求の自然権をも有するからである。

各人が自分にとって有用なすべての物を専有する自然権は、たとえそれが人類の平和と保存とに背反しないとしても、制限されなければならない。そのような自然権は、すでに他人によって専有されている物を専有するいかなる権利も含むことはできない。他人が専有している物を取得すること、すなわち、他人を侵害することは、自然法に反することである。また自然法は、物乞いすることを推奨するものでもない。必要性だけでは財産の権原とはならない。説得も暴力と同様に財産の権原とはなりにくい。事物を専有する唯一の正しい方法は、事物を他人からではなく直接に自然、すなわち「万物の共通の母」から取得すること、つまり、これまで誰の所属物でもなく、したがって誰が取得してもよいものを私有することによるのである。要するに、事物を専有する唯一の正しい方法は、その人自身の労働によるのである。各人は本性上、自分の身体の排他的所有者であり、したがって自分の身体の働きの、すなわち自分の労働の排他的所有者である。したがって、もし人が自分の労働を——それが単にいちご摘み程度の労働にすぎなくとも——、まだ誰も所有者となっていない事物にまじえるとすると、その事物は彼の排他的所有〔労働〕と誰の所有物でもないものとの分離することの不可能な混合物となり、したがって彼の排他的な所有となる。労働こそが、自然権と合致した所有の唯一の権原である。「人間は、自分自身の主人であり、自分自身の一身およびその活動すなわち労働の所有者であることによって、自分自身のうちに所有権の大きな基礎を「持っている」[108]。社会ではなくて個人——自分の利己心によってのみ駆り立てられている個人——が、所有権の創造者なのである。

自然は「所有の基準」を設けた。すなわち、人が専有してもよいものに関して自然法的制限があるのである。人が労働によって専有してよいのは、自己保存にとって必要かつ有用なかぎりにおいてである。それゆえ、彼が特に土地を専有してよいのも、彼が自分で耕作や放牧に利用しうるかぎりにおいてである。もし彼がある種のもの(a)は自分が利用しうる限度を越えて所有し、他の種のもの(b)は利用しうる限度より少なく所有しているとすると、彼は(a)を(b)と引き換えることによって、(a)を自分のために役立てることができるだろう。したがって、それ自体自分にとって有用であるものばかりでなく、他の有用なものと引き換えることによって自分に有用となりうると思われるものをも、各人の労働によって専有してよいことになる。人間は、自分にとって有用なもの、あるいは有用となりうるものを、自分の労働によって専有することが許されるが、彼が専有することによって有用でなくなるようなものを専有することは許されない。彼は「それを駄目にしてしまうより前に生活に有利に役立てることができる」範囲のものを専有することが許される。したがって彼は、「一週間もすれば腐ってしまう」プラムよりも、「自分の食用として一年間は十分保てる」木の実の方を多量に蓄えることが許される。金銀およびダイヤモンドのような、決して駄目にはならないばかりでなく、「真に有用」とはいえないものについて言えば、人間はそれを好きなだけ「蓄え」て差し支えない。なぜなら、人間が自然法に対して罪を犯したことになるのは、彼がその労働（あるいは労働の生産物の交換）によって専有したものの「大きさ」によるのではなく、「所持物の何かを無益に滅失させる」ことによるのだからである。したがって人は、滅失しやすいもので有用なものは、あまり多く蓄えてはならないし、永続性があってしかも有用なものは、多く蓄えてよい。金や銀はいくらでも蓄えることが許される[109]。自然法が威嚇を与えるのは、あくなき備蓄家に対してではなく、浪費家に対してなのである。所有に関する自然法が関与するのは浪費防止についてである。人間は自分の労働によって専有するのであるから、浪費防止を専一に考えなければならない。他人のことなど考えるには及ばないのである[110]。各人ガ自分ノコトヲ、神ハ我々全体ノコトヲ（*Chacun pour soi; Dieu pour nous tous.*）。

これまで要約的に述べてきた所有に関する自然法は、ただ自然状態に、あるいは自然状態のある種の段階にのみ当てはまる。それは、「世界の最初の時代」あるいは「最初において」行なわれていた「原初的自然法」である[111]。それがそのような遠い昔に行なわれていたのは、当時の人々の生活状態がそれを必要としたからに他ならない。自然法は、他人の利益や必要については、何ごとも語らずにいることができた。それら他人の必要は、「万物の共通の母」によって配慮されていたからである。一人の人間が自分の労働によってどれほど多く専有したとしても、「ほかに他の人々のために共有のものとして、十分に、しかも同等に善いものが残されて」いたのである。この原初的な自然法は理性の命令であった。原初の世界は人口が希薄で、「自然の与える食糧も豊富」だったからである。(112) このことは、早い時期の人々が彼らの共通の母によって雨のように注がれた潤沢の状態に生活していたという意味ではない。なぜなら、もしそれが事実だとすれば、人間は最初の時代から生活するために働くよう強いられることはなかったであろうし、また自然法があらゆる種類の浪費を厳しく禁じることもなかったであろうからである。自然的豊富さは、ただ潜在的豊富さであるにすぎない。「自然と土地とは、それ自体としてはほとんど無価値な素材を供与するにすぎない」。それらは「樫の実、水、木の葉あるいは皮革」、つまり、「パン、葡萄酒、衣服」とは区別された黄金時代やエデンの園の食物、飲物、衣類を供与する。自然的豊富さ、つまり最初の時代の豊富さは、その最初の時代の段階では決して実際の豊富さとはならなかった。実際には困窮の状態であった。これが実状なのであるから、人間が自分の労働によって、生活必需品以上のものを、あるいは（快適な自己保存からは区別された）単なる自己保存のために絶対に必要なものを越えてそれ以上のものを、専有することは明らかに不可能であった。快適な自己保存に対する自然権など、幻想でしかなかった。しかしまさにこの理由から、各人は、他の人々のことは念頭におくことなく、自分の自己保存に必要なものを、自分の労働によって専有することを余儀なくされたのである。というのも、人間が他の人々の保存に関心をもつよう義務づけられるのは、ただ「自分自身の保存が他の人々の保存と競合しない」場合に限られるからである。ロックは明らかに、最初の時代に手にしうる自然的食糧の豊富さを拠りどころにして、他の人々の必要に留意することなく専有し私有しうる人間の自然権を正当化している。しかし、そのような他人の必要への無関心は、もし我々が人々が困窮の状態に生活していたことを仮定したとしても、ロックの原理に基づいて同様に正当化することができる。原初的自然法が適用された人々は困窮の状態に生活していたとロックが述べているのだから、それは困窮の状態を仮定した後者のやり方で正当化されなければならない。なぜ原初的自然法が、(一)労働のみによる専有を命じたか、(二)浪費の禁止を命じたか、(三)他の人間の必要に対する無関心を許容したか、という理由を説明するのは、世界の最初の時代の貧困なのである。他人の要求に対する配慮を欠く専有は、人々が豊かさの状態で生活していようと困窮の状態で生活していようと、そのことにかかわりなく正当化されるのだから、それは端的に正当化されるのである。

そこで今度は、かつての原初的自然法に取って代わり、市民的社会において所有を規制する所有権に関する自然法の形態を考察することにしよう。原初的自然法に従えば、人間は、それが駄目になる前に使用しうるだけのものを、自分の労働によって専有することが許される。専有に他の制限は必要でない。なぜなら、誰によってもまだ専有されていない、しかも同等に善いものが、他の人々のために十分に残されているからである。原初的自然法によれば、人間は金銀を好きなだけ自分の労働によって専有して差し支えない。なぜなら、このようなものはそれ自体としては何の価値も持たないからである。[114]市民的社会においては、ほとんどすべてのものが専有し尽くされている。特に土地は不足している。金銀は稀少であるばかりでなく、通貨の発明によって、「蓄えられるまでに価値あるもの」となってしまった。[115]それゆえ、原初的自然法は、自然状態において存在していた制限より格段に厳しい制限を専有に課す規則によって取って代わられることが期待される。[116]万人にとって共有のものが十分に、また同等に善いものが残されていることは、もはやないのだから、衡平の原理が、自分で利用できるだけのものを専有しうるという人間の自然権を制限して、貧しい者が「困窮する」ことがないように、自分が必要とする分だけを専有しうる権利にすべきだと要求するように思われる。また、金銀はいまや計り知れないほど価値あるものであるから、衡平の原理は、好きなだけ金貨を蓄える自然権は放棄されるべきことを要求するように思われる。しかしロックはそれとは正反対のことを教える。すなわち、専有する権利は、市民的社会においてよりも自然状態においての方が、格段に制限されているという。自然状態の中で人々によって享受されている一つの特権は、たしかに市民的社会に生きる人々に対しては否定されている。労働はもはや、所有の十分の権原を生み出しはしない。[117]しかしこの喪失は、「最初の時代」がその終焉を迎えた後に、専有する権利が得た莫大な獲得物に比べてほんの一部分にすぎない。ロックのいう原初的自然法の下では、専有する権利はなお制限されていたが、市民的社会においては、専有する権利はその拘束から完全に解放される。つまり、貨幣の導入によって、「より大きな所有とその権利」が導入された。いまや人間は、「合法的にかつ加害者となることなく、自分が使用しうる以上のものを所有することができる」[118]。ロックは、貨幣の発明が所有に革命をもたらした事実を強調しているにもかかわらず、自分が好きなだけ多くの金銀を蓄えうる自然権がその革命によって影響を受けたという趣旨の発言は、全くしていない。自然法によれば、――これは道徳法によればという意味でもあるが、――市民的社会における人間は、あらゆる種類の財産、とくに金銭を、自分の好きなだけ多く獲得することができるのであり、しかも、競争者の間で彼らの利害に関して平和を維持するために定められている実定法が許容するあらゆる方法で、それを獲得することができるのである。市民的社会においては、浪費を禁止する自然法でさえ、もはや効力を持たない[119]。

ロックは、実在することのない絶対的所有権に訴えかけることによって、獲得欲の解放を正当化するというような理不尽なことはしない。弁護されうる唯一の仕方で彼はそれを正当化している。すなわち、獲得欲の解放は、共通善、公共的幸福あるいは社会の現世的繁栄に役立つことを、ロックは示すのである。自然状態において獲得欲の制限が要求されたのは、自然状態が窮乏の状態だからである。市民的社会は豊かさの状態であるゆえ、そこにおいては、獲得欲に対する制限は安心して撤廃されうる。「……この［アメリカの］

広大豊饒な領地の王は、イギリスの日雇い労働者よりも、衣食住において劣っている」[120]。イギリスの日雇い労働者は、自分の労働によって土地その他のものを専有する自然権を喪失したからといって、不平不満を述べ立てる自然権はもたない。つまり、自然状態のすべての権利や特権を行使したとしても、彼の仕事に対して支払われる「生活」賃金によって得るだけの富さえも、彼は手に入れることができないのである。貧しい者たちは、獲得欲の解放によって窮乏するどころか、むしろ豊かになるのである。というのは、獲得欲の解放は、全体の豊かさと両立するばかりでなく、その原因だからである。他人の必要への配慮を欠いた無制限の専有こそ、真の博愛なのである。

労働こそ、まぎれもなく所有の本源的権原である。しかし、労働はまたほとんど一切の価値の源泉でもある。「労働は、我々がこの世で享受する物の価値のほとんど大部分を形成する」。市民的社会においては、労働は所有に対する権原であることを止める。しかし、それは依然として、それがこれまで常にそうであったもの、つまり価値あるいは富の源泉でありつづける。労働は結局、所有の権原を創出するものとしてでなく、富の源泉として重要なのである。それでは、労働の原因は何であろうか。人々を労働へと向かわせるものは何であろうか。人間は、自分の欲求、自分の利己的な欲求によって労働へと向かわされる。しかし、彼が自分の単なる自己保存のために必要とするものは、きわめて僅かであり、したがって多くの仕事を必要としない。樫の実を拾いあげ、木からリンゴを収穫するだけで十分である。実際の労働――天然自然の賜物に改良の手を加えること――は、人間が自分の必要とするものだけでは満足しないことを前提する。もし彼の視野が最初に拡げられなければ、彼の欲求も拡がらないであろう。広い視野の人は「合理的な人」であるが、少数者である。さらに実際の労働は、人が将来の便益のために現在の労働の辛苦に喜んで耐えようとし、また耐えることができることを前提する。しかし「勤勉な人」は少数者である。「怠惰で無分別な人たち」が、「はるかに多数を占める」。それゆえ、富の生産のためには、自発的に熱心に働く勤勉で合理的な人たちが先頭に立ち、怠惰で無分別な人たちを、本人たち自身のためになる場合には、本人たちの意志に反しても働くよう強制することが必要である。他のいかなる理由によるのでもなく、ただ自分が必要とするものばかりでなく、自分が利用できるものを手に入れるために、自然の賜物を改良すべく熱心に働く人は、「人類の共通の蓄積を増加させこそすれ減少させることはない」。彼は貧しい人に施しをなす人に比べれば、人類のはるかに偉大な恩人である。施しをなす人は、人類の共通の蓄積を増加させるよりはむしろ減少させるのだからである。それにもまして、勤勉で合理的な人は、自分たちが利用しうるかぎりのものを専有することによって、荒地のままになっている「大いなる世界の共有地」の範囲を減少させる。彼らは「そのような囲い込み」を通じて、一種の欠乏状態を作り出し、その結果、怠惰で無分別な人たちをそうでない場合よりもずっと熱心に働くようにさせ、このようにして彼らが全員の状態を改善することによって自分たち自身の状態を改善するように仕向けるのである。しかし実際の豊かさは、個人が自ら使用しうる限度以上に専有するための誘因を持たなければ、生み出されはしないだろう。勤勉で合理的な人たちでさえ、彼らの所有欲（*amor habendi*）が、それ自体として有用なもの、たとえば肥沃な土地や役立つ動物、それに便利な家屋のようなもの以外の、他の対象を持ちえない限り、初期の人間を特徴づけたあの活気のない怠惰へと逆戻りするであろう。豊かさを生み出すのに必要な労働自体も、もし貨幣が存在しなければ、存在しはじめることはないだろう。「自分の隣人たちの間で貨幣として通用し、貨幣としての価値をもつ何かを発見すると、その人はやがて自分の財産をふやしはじめることになろう」。「それも、自分の家族の使用する範囲と、その消費分を充当する限度を越えて」ふやすのである。そうなると、労働は豊かさの必要条件ではあっても、その十分条件ではない。真の豊かさを生み出す労働へと向かわせる誘因は、獲得欲──使用しうるより以上のものを持とうとする欲求──であり、これは貨幣の発明によって存在しはじめるのである。貨幣の発明が呼び起こした獲得欲がその目的を達成しうるようになったのは、ひとえに自然科学によってもたらされた発明と発見によるものであることを、我々は付け加えておく必要がある。「自然の研究は……多大の費用をかけて病院や救貧院の設立者によって建てられた記念碑的な模範的慈善事業以上に、人類にとって多大の便益をもたらしたと言えよう。最初にキニーネの効能と正しい使用法を一般に知らせた人は、病院を……建てた人よりも、墓場行きの多くの人を救ったのである」[121]。

もし政府の目的が「平和、人民の安全および公益」に他ならず、平和と安全が豊かさのための不可欠の条件であり、人民の公益が豊かさと同義であるとすれば、したがって、政府の目的が豊かさであり、豊かさは獲得欲の解放を必要とするならば、さらに、獲得欲は、その報酬がそれを受けるにふさわしい人の所有になるとは限らない場合には、必然的に減退していくものだとすれば――もしこれらのことがすべて正しいことだとすれば、市民的社会の目的は「所有の保存」であることが帰結する。「人々がコモンウェルスへと結合し、自らを政府の下に置くことの大きな主要目的は、彼らの所有の保存にある」。この核心的言明によってロックが言おうとしていることは、「事柄の最初」すなわち自然状態におけるような、人間たちの欲求が「簡素で貧弱な生活様式」によって狭い範囲に限られている、つまり、「各人の僅かな所有の限度内」に限られている、そのような「各人の所有の狭い限度」を保存するために人間たちが市民的社会に参加するのだ、というようなことではない。人々が社会に参加するのは、彼らの財産を保存するよりもむしろ増加させるためである。市民的社会によって「保存される」べき所有は、「静態的な」所有――先祖から相続し、子供たちへとひき継いでいく小さな農場――ではなく、「動態的な」所有である。ロックの思想は、マディソン〈一七五一―一八三六、アメリカ合衆国第四代大統領〉の次の言葉に完全に表現されている。「[所有を獲得する様々な不平等な能力を]保護することが、政府の第一の目的である」[122]。

政府あるいは社会の目的は、所有の保存あるいは不平等な獲得能力の保護であると言うことと、ロックの発言にみられるように、所有は社会に先行すると言うこととは、まったく異なることであり、またまったく余計なことであるように思われる。しかしロックは、所有は市民的社会に先行すると言うことによって、市民的所有——実定法に基づき私有されている所有——でさえ、決定的な点で社会から独立しているということ、つまり、所有は社会が生み出したものではないことを、言うのである。「人間」すなわち個人が、「なお自分自身のうちに所有の大いなる根拠」を有している。所有は個人によって、さまざまな個人によってさまざまな程度において生み出される。市民的社会は、諸個人が彼らの生産的‐獲得的活動を妨害されることなく遂行できるための条件を、作り出すにすぎないのである。

ロックの所有論は、「資本主義精神」の古典的教理であるとか、公共的政策の主要目的に関する教理であると考えれば、今日でもそのまま理解することができる。十九世紀以降、ロックの読者たちには、なぜ彼が「自然法の用語法」を用いたのか、なぜ自らの教理を自然法の用語によって表明したのか、その理由を理解することが困難に感じられるようになった。しかし、社会全体の幸福のためには獲得能力の解放と保護が必要であるということは、結局、自分の好きなだけ多くの金銭やその他の富を蓄積することは正当で正しいこと、内在的に正しいこと、本性上正しいことである、ということになる。そして、自然本性的に正しいことと自然本性的に正しくないことを、絶対的にあるいは特定の条件の下に我々が区別することを可能にする規則は、「自然法の命題」と呼ばれていた。後の世代のロックの後継者たちは、もはや「自然法の用語法」が必要だとは考えなかった。彼らはロックが当然のこととは考えなかったことを、当然のこととみなしたからである。つまり、ロックはなお、富の無制限な獲得が不正ではないこと、道徳的な間違いではないことを、証明しなければならないと考えていたのである。

後世の者たちなら進歩に喝采をおくり、自画自賛する機会を見出したにすぎないところに、問題を見出すことは、たしかにロックにとって容易なことであった。なぜなら、彼の時代の大半の人々が、富の無制限の獲得は不当あるいは道徳的な不正であるという旧来の見解に執着していたからである。このことはまた、ロックが所有論を述べる際に、「その真意を包みかくし、容易には彼を理解できないようにし」、あるいはできるだけ「民衆と共に」歩いたこととの理由をも説明してくれる。したがって彼は、自らの読者大衆からは自分の所有論の革命的性格を覆いかくしながらも、それを十分明確に示している。彼はこのことを、折にふれて旧来の見解を引き合いに出し、それを明白に是認しながら、行なっている。彼は「より大きな占有とその権利」が、「人が」必要とする「以上のものを持ちたいという欲求」、あるいは「貪欲さ」の増大、あるいは「悪しき強欲」(*amor sceleratus haben-*

di）によって導入されたことを跡づけている。同じ調子で彼は軽蔑的に「黄金色の小さな金属のかけら」や「キラキラ光る小石」のことを語っている。[123] しかし間もなく彼はこのような馬鹿げたこと（*niaiseries*）は止めることになる。つまり、貪欲や強欲は本質的に悪であったり愚かであったりするどころか、適切に導いてやれば、きわめて有益かつ合理的なものとなり、「模範的な慈善」などその比ではないというのが、ロックの所有権に関する章の基調となるのである。市民的社会を、利己心やある種の「私的な悪徳」という「低次ではあるが強固な基礎」の上に築くことによって、本来「その能力を付与されていない」徳に無益な訴えをなすより、格段に大きな「公益」を達成することになるだろう。人は自らの針路を、人はいかに生きるべきかによってではなく、人がいかに生きているかによって見定めなければならない。ロックは使徒の言葉「我々が享受すべきすべての物を豊富に与え給うた神」を引用し、また「神の祝福は「人間の上に」惜し気もなく注がれている」が、「自然と土地はそれ自体としてはほとんど何の値打ちもない素材を供与してくれるだけである」と語っている。[124] 彼は、神は「全世界の唯一の主にして所有者」であり、人間は神の所有物であること、「被造物の中での人間の所有権とは、それら被造物を使用するという神によって与えられた自由以外のものではない」ことを述べている。しかし彼はまた、「人は自然状態において自分自身の身柄と財産に対する絶対的主人［である］」とも述べている。[125] 彼は、「自分の豊富な財の中から兄弟救済の資を提供することをせず、兄弟を破滅に至らせることは、資産家にとっては常に一つの罪であろう」とも言っている。しかし彼が所有を主題的に論じたところでは、慈善のいかなる義務についても語ってはいない。[126]ロックの所有論、それとともに彼の政治哲学全体は、聖書的伝統に関してのみならず、哲学的伝統に関しても同様に、革命的なものである。自然的義務ないし責務から自然的権利へと力点が移行することによって、個人すなわち自我が道徳的世界の中心となり源泉となった。なぜなら、人間――人間の目的とは区別された――がその中心あるいは源泉となったからである。ロックの所有論は、ホッブズの政治哲学に比べて、この根本的変革のなお一層「進んだ」表現である。ロックによれば、自然でなく人間が、自然の賜物でなく人間の労働が、ほとんどすべての価値あるものの源泉である。人間がもつほとんどすべての価値あるものは、人間自身の努力のおかげをこうむっている。以来、自然に対する従順な感謝、自然に対する意識的服従や模倣ではなく、希望にみちた自信と創造性こそが、人間の高貴さを示す指標となる。人間は自然の束縛から効果的に解放され、それとともに個人も、自らの生産的獲得欲が解放されることによって、あらゆる同意や契約に先立つ社会的束縛から解放されるのである。そしてこの獲得欲こそ、たとえ偶然のことであるにせよ、おのずから恩恵をもたらし、その結果最も強力な社会的紐帯《ちゅうたい》となりうるものである。欲望の抑制は、その効果が苦痛を和らげるような一つのメカニズムによって取って代わられるのである。そしてそのような解放は、人為的な約束事の典型である貨幣の媒介によって達成された。人間の創造力が最高の支配力を発揮しているように思われる世界とは、実際には、自然の規則を人為の規則によって取り替えた世界である。それ以後は、自然はそれ自体としては何ら値打ちのない素材を供与するにすぎないのであり、それに形を与えるのは人間、人間の自由な創造である。というのも、自然的形相とか叡知的「本質」というものは存在しないからであって、「抽象的観念」は「知性によって知性自身の用途のために作られた考案物であり創造物」だからである。知性と科学が「所与」に対する関係は、最高の努力をなすべく貨幣によって呼び立てられた人間の労働が未加工の素材に対する関係と同じである。したがって、知性の自然的原理というものは存在せず、あらゆる知識は獲得されたものであり、労働に依存しており、また労働そのものである。[127]

ロックは快楽主義者である。「本来的に善いあるいは悪いものはただ単に快苦だけである」。しかし彼の快楽主義は特殊なものである。すなわち、「最大の幸福は」最大の快楽を享受することに「存する」のではなく、「最大の快楽を生み出すものを持つことにある」というのである。これらの言葉が述べられている章で、しかも『人間知性論』の中で偶然にも最も長い章が「力について」という標題を与えられているのは、全くの偶然ではない。なぜなら、ホッブズが言うように、もし「人間の力こそ……ある未来の明白な利益を得るための現在的手段である」とするなら、最大の幸福は最大の力に存するというのが、まさにロックが述べていることだからである。認識可能な自然など存在しないのであるから、我々が自然に即した快楽と自然に反した快楽を、あるいは本性上高級な快楽と本性上低級な快楽を区別するときの拠りどころとなりうるような人間の自然本性も存在しない。快苦は「人が異なれば……異なるもの」である。それゆえ、「古代の哲学者たちは、最高善（*summum bonum*）は富に存するのか、肉体の喜びに存するのか、徳あるいは観想生活に存するのかと空しく尋ねまわった」。最高善が存在しない場合には、もし最高悪（*summum malum*）も存在しないとすれば、我々は人生の指針を全く欠くことになろう。「欲求は常に害悪によってそれから逃れるべく動かされる」[128]。最も強い欲求は自己保存の欲求である。最も強い欲求が尻込みする害悪は死である。死はしたがって最大の害悪でなければならない。自然の甘美なる生活ではなく、死の恐怖が、我々を生に執着させる。自然が確固として打ち立てているものは、欲求がそこから動き始めるところ、すなわち欲求の出発点である。欲求が向かうところの目標は二次的なものである。第一次的なことは不足の事実である。しかしこの不足、この欠如は、もはや何か完全・完璧で全体的なものを志向しているとは解されない。生活の必需品は、もはや完璧な生活あるいは善き生活のために必要なものとは解されず、単なる不可欠のものにすぎないと解される。不足の充当はそれゆえ、もはや善き生の要求によって制限されることはなく、積極的な目標を目指すものではなくなる。欲求の目標は自然によってただ否定的に——苦痛の否定として規定される。人間の努力を引き出すものは、幾分漠然と期待される快楽ではない。「人間を勤労と行動へと駆り立てる、唯一のではないにせよ主たる拍車は苦痛である」。苦痛の自然的優位はきわめて強大なものであって、苦痛を否定しようとする働きそのものも苦痛に満ちたものである。苦痛を除去する苦痛とは労働のことである。[129]人間に対してあらゆる権利のうちで最も重要な権利を本来的に与えるものは、この苦痛、したがって一つの欠乏である。美点や美徳ではなく、苦難や欠乏が権利を創出する。ホッブズは合理的生を、恐怖の恐怖によって、つまり我々を恐怖から救おうとする恐怖によって支配されている生と同一視した。ロックも同一の精神によって触発されて、合理的生を、苦痛を救おうとする苦痛によって支配されている生と同一視した。労働が自然を模倣する芸術に取って代わる。なぜなら、労働は、ヘーゲルの言葉を借りれば、自然に対する否定的態度だからである。人間的努力の出発点は悲惨さである。自然状態は惨めさの状態である。幸福へと至る道は、自然状態から離脱する運動、自然から離れる運動である。自然の否定こそが幸福へと至る道なのである。そして、もし幸福を目指す運動が自由の現実化であるとするなら、自由は否定性である。一次的苦痛そのものと同じく、苦痛を救うための苦痛も、「ただ死においてのみ終止符をうつ」。したがって、純粋な快楽というものは存在しないのだから、一方での強力なリヴァイアサンとしての市民的社会ないし強制的社会と、他方での善き生との間には、いかなる必然的な緊張関係も存在しない。つまり、快楽主義は功利主義あるいは政治的快楽主義となる。苦痛からの苦痛に満ちた解放は、最大の快楽においてよりも、むしろ「最大の快楽を生み出すものを所持することにおいて」、その頂点に達する。人生とは悦びへの悦びなき探求である。

Ⅵ　近代的自然権の危機

A　ルソー

近代性の最初の危機は、ジャン・ジャック・ルソーの思想のなかに現われた。近代的企てが根本的に誤ったものであると感じ、その救済策を古典的思想への回帰に求めようとしたのは、ルソーが最初だったのではない。それにはスウィフトの名前を挙げれば十分である。しかしルソーは「反動思想家」ではなかった。彼は近代性に身を委ねていた。このように近代人の運命を受け入れることによってはじめて、彼は古代へと導き返されたのだ、と我々は言いたくなる。いずれにせよ、彼の古代への回帰は同時に近代的なるものの推進でもあった。彼は、ホッブズ、ロック、百科全書派から転じてプラトン、アリストテレス、プルタルコスに上訴しているうちに、彼の近代の先行者たちがなお保持していた古典的思想の重要な諸要素を捨て去ったのである。ホッブズにおいて、理性はその権威を行使して情念の解放を果たし、情念はいわば解放された婦人の地位を獲得した。理性はただ遠隔操作によるのであれ、支配しつづけた。ルソーにおいては、情念自身が主導権を握り、反乱を起こした。情念は理性の地位を奪い取り、理性の天下御免の過去を怒りを込めて否定しながら、カトー的な徳の厳しい口調で、理性の背徳に判決を下しはじめたのである。ルソーが噴火したとき西欧世界を覆いつくした灼熱の熔岩は、冷却したのち削りとられて、十八世紀後期から十九世紀前期にかけての偉大な思想家たちがうちたてた堂々たる建築物のために用いられた。彼の弟子たちはたしかに彼の見解を明晰にしたが、しかし弟子たちが彼の視野の幅の広さを保持したかどうかは疑問の余地があろう。ルソーは、古典古代的であると同時に超近代的でもあることを名目にかかげて、近代性に対して力強く情熱的な攻撃を加えたのであるが、この攻撃はニーチェによって、ルソーに劣らぬ情熱と力強さとをもって繰り返された。ニーチェはこうして近代性の第二の危機——つまり我々の時代の危機の到来を告げ知らせることとなったのである。

ルソーは二つの古典的観念の名のもとに近代性を攻撃した。すなわち、一方では都市と徳、他方では自然という名のもとにである。(1)「古代の政治家たちは風儀や徳のことをたえず語ったが、今日の政治家たちが語ることと言えば商業や金銭のことばかりである」。商業、金銭、啓蒙、利欲心の解放、奢侈《しゃし》、法律万能主義などが、絶対君主制であれ代議制的共和制であれ、近代国家の特徴をなすものである。風儀や徳は都市にこそふさわしく親しいものである。ジュネーヴはたしかに一つの都市ではあるが、古典古代の都市、とりわけローマに匹敵するような都市ではない。ルソーは、彼の他ならぬジュネーヴ頌辞のなかで、ジュネーヴ人ではなくローマ人のことを、あらゆる自由な人民のモデルであり、あらゆる自由な人民のうちで最も尊敬に値するものと呼んでいる。ローマ人があらゆる人民のうちで最も尊敬に値するのは、彼らがこれまで存在した人民のうちで最も有徳的で、最も力強く、最も自由な人民だからである。ジュネーヴ人は、古代人の公的精神や愛国心に欠けるため、彼らはローマ人でもスパルタ人でもなく、アテナイ人でさえない。彼らは祖国のことよりも、個人的なあるいは家庭的な事柄により多く関わっている。彼らは古代人のような魂の偉大さを欠くのである。彼らは公民であるよりブルジョアである。古典的古代期を過ぎた時期においては、都市の聖なる統一は、世俗的権力と霊的力の二元性によって、そして究極的には地上的祖国と天上的祖国の二元性によって、破壊されてしまったのである。(2)

近代国家は一個の人工物として、すなわち、協約によって存在するようになり、自然状態の欠陥を救済する人工物として現われてくる。それゆえ、近代国家を批判する者にとっては、自然状態の方が市民的社会に比べて望ましいのではないかという問題が生じてきた。ルソーは、人為と慣習の世界から自然状態への回帰を、つまり自然への回帰を提案した。

彼はその全生涯を通じて、ただ近代国家から転じて古典的都市に訴えることでは決して満足しなかった。彼はほとんど同時に、古典的都市から転じて「自然人」、すなわち、ポリス以前の未開人に訴えていたのである。(3)

都市への回帰と自然状態への回帰との間には明らかな緊張関係がある。この緊張こそルソーの思想の本質をなすものである。彼は読者に対して、二つの真っ向から対立する立場の間で永遠に行きつ戻りつしている人間の混乱した光景をお目にかけている。彼はある時には、個人の権利や心情の権利を一切の拘束や権威に対して熱心に擁護するが、また別の時には同じ熱心さをもって、個人の社会や国家への全面的な服従を要求し、最も厳格な道徳的あるいは社会的規律に好意を示すのである。今日、真面目なルソー研究者たちの大半は、ルソーが一時的動揺と思われるものの克服に結局のところ成功しているという見解に傾いている。彼らは、個人と社会のそれぞれの正当な要求を同等に満足させると考えられる解決策、つまりあるタイプの社会の創出において成り立つ解決案を、成熟期のルソーが見出した、と主張している。(4) この解釈は一つの決定的な反論にさらされることになる。ルソーは最後まで、正しい種類の社会でさえ束縛の一形態であることを信じていた。したがって彼は、個人と社会間の葛藤の問題に対する彼の解決策を、解決へのある程度の接近——依然として正当な疑問を受ける余地のある——以上のものとみなすことはできなかった。それゆえ彼にとっては、社会、権威、拘束、責任などに別れを告げること、すなわち自然状態へ復帰することは、依然として残された一つの正当な可能性なのである。(5) したがって問題は、彼がいかにして個人と社会間の葛藤を解決したかということより、むしろそのような解決不可能な葛藤を彼がいかに考えたかということである。

ルソーの『学問芸術論』は、この問題をより一層明確に定式化するための鍵を提供してくれる。彼の重要な著作のうちで最も初期のものであるその著作において、彼は徳の名において学問と芸術とを攻撃している。つまり、学問と芸術は徳とは両立しえず、徳のみが唯一の重要なものであるという。(6) 徳はたしかに信仰ないし有神論——必ずしも一神教である必要はないが——の支えを必要とする。(7) しかし力点は徳自体の方にある。ルソーは、市民哲学者ソクラテスやファブリキウスの例、それにとりわけカトーの例を引き合いに出して、つまりカトーは「人間のうちで最も偉大であった」と述べることによって、徳の意味を彼の目的にとって十分明確な程度に指示している。(8) 徳とは第一に政治的な徳であり、愛国者の徳、全人民の徳である。徳は自由な社会を前提し、自由な社会は徳を前提する。徳と自由な社会とは一体である。(9) ルソーは二つの点で彼の古典的モデルから逸脱している。モンテスキューに従えば、ルソーは徳を民主主義の原理とみなしている。つまり、徳は平等あるいは平等の承認と不可分なのである。(10) 第二に彼は、徳のために必要とされる知識は理性によってでなく、彼が「良心」と呼ぶもの（あるいは「醇朴なる魂の崇高なる学」）によって、ないしは感情や本能によって与えられると信じていた。彼が念頭においていた感情は、本来すべての真の善行の自然的根源である同情の感情であることが、やがて明らかになろう。ルソーは、彼の民主主義への傾斜と彼の理性に対する感情の優先視との間に一つの連関をみていたのである。(11)

ルソーは徳と自由な社会が一体であることを想定していたので、彼は学問と自由な社会が相容れないものであることを証明することによって、学問と徳とが相容れないことを証明することができた。『学問芸術論』を支えている論拠は、五つの主要な事由に還元することができる。これらの事由はたしかにこの著作では不十分にしか展開されていないが、『学問芸術論』を読む際にルソーの後期の著作を考慮するならば、それらは十分に明白になろう。(12)

ルソーによれば、市民的社会は本質的に特殊的な社会、より厳密には、閉じられた社会である。市民的社会はただそれ自身の特性をもつ場合にのみ健康的でありうるのであって、そのためにはその社会の個別性が国民的で排他的な諸制度によって生み出され育成されることが求められる、と彼は主張する。これらの諸制度は国民的「哲学」によって、すなわち、他の社会に移植することのできない思考様式――「それぞれの人民の哲学は他の人民にはほとんど適さない」――によって魂を入れられなければならない。他方、学問や哲学は本質的に普遍的なものである。学問や哲学は必然的に国民的「哲学」の力を弱め、それとともに、市民の共同体の特殊的な生き方や風習に対する愛着心をも弱めてしまう。換言すれば、学問は本質的にコスモポリタン的であるのに対して、社会は愛国的精神によって、つまり国民的憎悪と決して相容れないわけではない精神によって、生気を吹き込まれなければならない。政治的社会は他の国家に対して自己防衛しなければならない社会であるから、軍隊的な徳を育てなければならず、また通例は好戦的精神を発展させるのである。それとは反対に、哲学や学問は好戦的精神を破壊する。(13)さらに社会は、その成員が共通善のために十分に専念すべきこと、あるいは彼らがその仲間のために積極的に働くべきことを要求する。つまり、「怠惰な市民はすべてならず者である」。他方、学問の基本要素は明らかに余暇であって、この余暇が怠惰と区別されるのは正しくない。換言すれば、真の市民は義務に専念するのに対して、哲学者や学者は利己的に自らの快楽を追求する。(14)それに加えて、社会はその成員がある宗教的信仰に異議なく従うことを要求する。これらの有益な確信、「我々のドグマ」あるいは「法によって権威づけられた聖なるドグマ」は、学問によって危うくされる。学問はその有用性を顧慮することなく真理そのものに関わるのであって、そのような意図のゆえに学問は、無用の真理や有害な真理にさえも到達する危険にさらされている。しかし実際には、真理は到達不可能であって、それゆえ真理の探究は危険な誤謬や危険な懐疑論へ導くのである。ところで社会の基本的要素は信仰であり意見である。したがって、学問、すなわち、意見を知識によって置き換えようとする試みは、必然的に社会を危うくするのである。(15)さらに自由な社会は、その成員が慣習的な自由のために、すなわち、それを作り出すために各人が貢献することができた共同体の法や斉一的な行為の規則に従うために、彼らのもつ根源的ないし自然的自由を放棄することを前提している。市民的社会は一致調和を要求し、あるいは自然的存在者としての人間が市民に変身することを求める。しかし哲学者や学者の方は、絶対的な誠実さをもって、すなわち、一般意志や共同体の思考様式に配慮することなく、「自分自身の守護神」に従わねばならない。(16) 最後に、自由な社会は、慣習的平等が自然的平等に取って代わることによって出現する。しかしながら、学問の探究は才能すなわち自然的不平等の開発を必要とする。不平等の育成が学問探究の特徴であってみれば、我々は、優越あるいは誇りに対する関心こそ学問や哲学の根元である、と正当に言うことができよう。(17)

ところが、学問あるいは哲学が自由な社会と両立しえず、したがってまた徳とも相容れない、という命題をルソーがうち立てたのは、まさにその学問あるいは哲学によってであった。彼はそうすることによって、学問や哲学が有益でありうること、すなわち、徳と両立しうるものでありうることを、暗黙裡に認めたのである。彼はそれをこのような暗黙の承認に止めておかなかった。彼は『学問芸術論』そのものの中で、その成員が学識と徳性を結び合わせなければならないような教化された社会を高く称揚している。彼は、ベーコン、デカルト、ニュートンを人類の教師と呼び、第一級の学者は宮廷の中に名誉ある保護所を与えられ、そこから人々をその義務に関して啓蒙し、そうして人々の幸福に貢献でき

るようにすべきだと主張した。(18)

ルソーはこのような矛盾に対して三つの異なる解決法を提案した。第一の提案によれば、学問は善き社会には悪しきものであり、悪しき社会には善きものであるということである。腐敗した社会、専制的支配下にある社会においては、あらゆる聖なる意見ないし偏見に対する攻撃は正当である。社会道徳はすでにそうである以上に悪くなることはありえないからである。そのような社会では、ただ学問のみが人間に救済の手段を与えることができる。つまり、社会の基礎についての議論によって、広範に行きわたっている悪習を緩和する道を発見することができるだろう。このような解決策は、もしもルソーがその著作をもっぱら彼の同時代人に向けて、すなわち、腐敗した社会の成員に向けて書いたのだとすれば、十分なものであったろう。しかし彼は、自分の時代を超えた著述家として生きることを願っていたし、また彼は革命を予見していた。それゆえ彼はまた、善き社会の条件、そして実際これまで存在したいかなる社会よりも一層完全な社会、つまり革命後にうち立てられると思われる社会の条件を念頭において、書いたのである。政治的問題に対するこのような最善の解決策は、哲学によって、しかも哲学によってのみ見出される。したがって、哲学は悪しき社会にとって善きものであるばかりでなく、それは最善の社会の出現のために不可欠のものなのである。(19)

ルソーの第二の提案によれば、学問は「個人」にとって、すなわち、「幾人かの偉大な天才」あるいは「幾人かの特権的な魂の持ち主」、つまり彼がその中に自分をも数え入れている「少数の真の哲学者」にとっては善きものであるが、「人民」や「公衆」や「一般人」(*les hommes vulgaires*)にとっては悪しきものということになる。それゆえ、彼は『学問芸術論』においては、学問そのものを攻撃しているのではなく、通俗化された学問あるいは学問的知識の普及を攻撃したのである。学問的知識の普及は、社会にとってのみならず、学問や哲学そのものにとっても不幸なことである。通俗化によって、学問は意見に頽落し、偏見に対する闘いはそれ自体偏見となる。学問は少数者の領分でありつづけなければならない。それは一般人からは秘匿されていなければならない。いずれの書物も、一握りの少数者のみならず、それを読むことのできるすべての者が手にしうるものであるから、ルソーは自らの原理に従って慎重に多大の留保つきで自分の哲学的ないし学問的教説を提示せざるをえなかった。たしかに彼は、自分の住んでいるような腐敗した社会においては哲学的知識の普及はもはや有害ではありえないと信じていたが、しかし、すでに述べたように、彼は彼の同時代人のためにのみ書いたのではなかった。『学問芸術論』はこのような事実に照らして理解されなければならない。この著作の役割は、すべての人がでなくただ一般人が学問から離れるように警告することにある。ルソーが学問を端的に悪しきものとして斥ける場合、彼は一般人に語りかける一人の一般人の役に扮して語っている。しかし彼は、自分が一般人であるどころか、単に一般人に仮装して現われた哲学者であること、そしてまた、自分が究極的には「人民」に向かって語っているどころか、単に彼らの時代の、彼らの国の、彼らの社会の意見によって支配されていない人々に向かってもっぱら語っているのだということを、示唆している。[20]

ルソーが個人と社会の間の葛藤は解決不可能だと信じたこと、また彼が最善の社会の要求にさえ対抗して、「個人」すなわち少数の「特権的な魂の持ち主」のために究極的な留保を与えたことの主たる理由は、彼が学問と社会（あるいは「人民」）間の根本的不調和を信じていたことにある、と思われるかもしれない。このような印象は、ルソーが社会の基礎を身体の欲求のうちに見出しているという事実、また彼自身、彼の身体的利益に関係するいかなることもかつて彼の魂を真に占めることはできなかったと述べている事実によって、強められる。彼自身、純粋無私の観想——たとえば、テオフラストゥスの精神による植物研究のような——の喜びと恍惚の中に至福と神のごとき自己充足を見出すのである。[21]こうして、ルソーは啓蒙主義に対抗するものとして哲学の古典的観念を回復させようと努めたのではないかという印象が強くなってくる。彼が人間の天賦の知的才能に関する自然的不平等を決定的に重要なものとしてあらためて主張したのは、たしかに啓蒙主義に対抗してのことである。しかし、ルソーが古典的見解を手にするや否や、彼は自らをそこから解放しようと努めてきたまさにその力に再び屈することとなることを、ただちに付け加えておかなければならない。市民的社会から転じて自然に訴えるよう彼に強いるのと同じ理

由が、彼に哲学あるいは学問から転じて自然に訴えるように強いるのである。(22)

『学問芸術論』にみられる学問の価値に関する矛盾は、第一および第二の提案がその部分をなしている第三の提案によって、ルソーとしては最も完全に解決されている。第一および第二の提案は、学問が語りかける二種類の相手を区別することによって、矛盾を解決した。第三の提案は二種類の学問を区別することによって矛盾を解決する。すなわち、徳とは両立しえず、我々が「形而上学」（あるいは純粋に理論的な学問）と呼びうる種類の学問と、徳と両立し、我々が「ソクラテス的知恵」と呼びうる種類の学問の二種類を区別するのである。ソクラテス的知恵とは自己知である。それは自己の無知の認識である。したがってそれは一種の懐疑論、「不本意な懐疑論」であるが、しかし危険な懐疑論ではない。ソクラテス的知恵は徳と同一のものではない。なぜなら、徳は「醇朴なる魂の学問」であるのに、ソクラテス的知恵は醇朴なる魂ではないからである。すべての人が有徳的である可能性をもつのに対し、ソクラテス的知恵は少数者の領分である。ソクラテス的知恵は本質的に補助的なものであって、徳の謙虚で無言の実践こそ唯一の肝要な事柄なのである。ソクラテス的知恵は、あらゆる種類のソフィスト的な知から「醇朴なる魂の学問」あるいは良心を擁護する働きをもっている。そのような擁護が必要なことは、偶然的なことではなく、また腐敗の時代に限られるわけでもない。ルソーの最大の弟子の一人が述べたように、醇朴性や無垢はなるほど素晴らしいことではあるが、それは容易に誤り導かれうるものである。「それゆえ、本来は知識よりも、行為や行為の抑制において成り立つ知恵は、学問を必要とする」。ソクラテス的知恵が必要であるのは、ソクラテス自身のためにでなく、醇朴なる魂の持ち主あるいは人民のためにである。真の哲学者は、彼と自由な社会の守護者であるという絶対必要な役割を果たす。彼らは、そして彼らのみが、人類の教師として、人々を、その義務に関して、またよき社会の正確な本性に関して、啓蒙することができる。この役割を果たすためには、ソクラテス的知恵はその基礎として理論的学問の全体を必要とする。ソクラテス的知恵は理論的学問の究極であり冠である。本来、徳に奉仕するものではなく、したがって悪しきものである理論的学問は、それが善きものとなるためには、徳に奉仕するようにならなければならない[23]。しかしながら、理論的学問が善きものとなりうるのは、ただその研究が、本来人々を導くように運命づけられた少数者の領分であるにとどまる場合に限られる。ただ秘教的な理論的学問のみが善きものとなりうるのである。このことは、腐敗の時代において、学問の一般化に対する制限が緩和されることがありえ、またそうされなければならぬことを否定するものではない。

もし「自然人」でなく有徳な市民がルソーの究極的な基準であるのなら、このような解決策は最終的なものとみなされるだろう。しかし、ルソーによれば、哲学者は幾つかの点においては有徳な市民がそうであるより一層自然人に近いのである[24]。ここでは哲学者が自然人と共有している「怠惰さ」に言及しておけば十分である。ルソーは自然の名において、哲学のみならず都市や徳も同様に問題にしたのである。彼がそうしなければならなかったのは、彼の場合のソクラテス的知恵は、究極的には理論的学問に、あるいはむしろ一種特別の理論的学問すなわち近代自然科学に基礎づけられていたからである。

ルソーの理論的原理を理解するためには、彼の『不平等起源論』に向かわなければならない。近年の学者たちの傾向とは反対に、彼は常にこの著作（『不平等起源論』）を「最も重要な作品」とみなしていた。彼はその中で、自分の原理を「完全に」展開しているとか、『不平等起源論』は彼が自分の原理を「無謀とまでは言わないが最大の大胆さをもって」提示した作品である、と主張している[25]。『不平等起源論』は事実ルソーの最も哲学的な作品であり、彼の基本的な反省を含んでいる。とりわけ『社会契約論』は、『不平等起源論』の中で定礎された基礎に基づいている[26]。『不平等起源論』は明確に「哲学者」の作品である。そこでは、道徳性は疑問の余地のない不可疑の前提とみなされているのではなく、一つの対象あるいは一つの問題とみなされている。

『不平等起源論』は人間の「歴史」であることを目指して書かれている[27]。その歴史はルクレティウスがその詩の第五巻で記した人類の運命の記述を模している。しかしルソーはその記述をエピクロス派的文脈から取り出し、近代の自然科学と社会科学によってしつらえられた文脈の中に置き入れる。ルクレティウスは、人類の運命が神的な働きに訴えなくとも完全に理解されうることを示すために、人類の運命を記述したのだった。彼は、自ら言及せざるをえなかった災厄に対する救済策を、政治的生からの哲学的撤退のうちに求めたのであった。他方、ルソーが人間の物語を語るのは、自然権に合致した政治的秩序を見出すためである。さらに彼は、少なくとも最初のうちは、エピクロスよりもむしろデカルトに従っている。すなわち彼は、動物が機械であること、そして人間はただその魂の精神性のゆえに全般的なメカニズムあるいは（機械論的）必然性の次元を越えることを、前提している。デカルトは「エピクロス派の」宇宙論を有神論的枠組みの中に組み入れた。神が物体を創造し、物体の運動法則を定めたのち、人間の理性的な魂は別として、宇宙は純粋に機械論的過程を経て現われてきた。理性的な魂は、思惟作用が運動する物体の変容としては理解されえないために、特別の創造を必要とする。理性の所有は多くの動物の中で人間を区別する種差である。ルソーは物体の創造のみならず、人間についての伝統的な定義をも同様に問題視している。動物が機械であるという見解を受け入れると同時に、彼は、人間と動物の間には理解力に関して程度の差があるにすぎないこと、あるいは力学の法則が観念の形成を説明することを、示唆している。物理的には説明されえないが、人間の魂の精神性を証示するものは、人間の選択能力およびこの選択の自由についての人間の意識である。「したがって、動物の中での人間の種差をなしているのは、理解力であるよりもむしろ自由な行為という人間の質である」。しかし、ルソーがこの問題に関してどれほどの信念を持っていたにせよ、『不平等起源論』の議論は、意志の自由こそ人間の本質をなすものであるという前提に基づいてはいない。より一般的に言い表わせば、その議論は二元論的形而上学に基づいてはいない。ルソーはさらに、いま言及された人間の定義はなお論議の余地があると述べ、それゆえ彼は「自由」を「完成能力」によって置き換えている。人間が完成能力という点で動物から区別されるという事実は、誰も否定することができない。ルソーは自分の教理を最も強固な基盤の上に置こうとしている。彼は自分の教理を二元論的形而上学に依拠させることを望まない。二元論的形而上学は、「解決不可能な反論」、「強力な反対論」、「克服されえない困難」にさらされているからである。[28]『不平等起源論』の議論は、唯物論者にも他の者にと同様に受け入れられるようにされている。それは、唯物論と反唯物論の間の争いに関して中立的であり、現代の用語法では「科学的」であるはずのものである。[29]

『不平等起源論』の「自然学的」探究は、[30]自然権の基礎の研究、したがって道徳性の基礎の研究と同一のものと考えられている。「自然学的」探究は、自然状態の正確な特性を明らかにしてくれるはずである。自然権を確立するためには自然状態にまでさかのぼらねばならないことを、ルソーは当然のこととみなしていた。彼はホッブズの前提を受け入れている。古代の哲学者たちの自然権理論を斥けながら、彼は、「ホッブズは自然権についての近代的定義がすべて持っている欠陥を非常によく見抜いていた」と言っている。「近代人」や「我々の法学者たち」(「ローマの法学者たち」すなわちウルピアヌスとは区別された)

は、人間は本性的に自分の理性を十分に使用することができること、すなわち、人間たる限りでの人間は自然法の完全な義務に服していることを、誤って想定していた。ルソーは明らかに「自然権の近代的定義」によって、彼の時代のアカデミックな教説の中になお支配的であった伝統的な定義のことを理解している。そこで彼は伝統的自然法の教説に対するホッブズの攻撃に同意している。つまり、自然法は理性に先行する原理、すなわち、必ずしも人間に特有のものとは限らぬ情念の中に、その根拠を持たなければならない。彼はさらに、自己保存の権利の中に自然法の原理を見出す点で、ホッブズと一致している。この自己保存の権利は、自己保存のための適切な手段が何であるかについての唯一の判定者たる権利が各人にそなわっていることを含意している。ホッブズとルソーの両者によれば、この見解は、自然状態における生は「孤独」であること、すなわち、その生は社会が存在しないだけでなく、社会性すら存在しないことによって特徴づけられることを、前提している。[31] ルソーは、自然法の教説のホッブズ的改革の精神に対する彼の忠誠心を、次のことによって表明している。すなわち、「道理にかなった正義の崇高な格率「他人から自分にしてほしいと望むとおりに他人にもせよ」に代えて、完全性においては劣るがおそらく一層有用な格率「他人に対してできるだけ害悪を及ぼさないようにして、自分自身に対して善をなせ」」を置くことによって表明している。彼はホッブズに劣らず真剣に正義の根拠を、あるべき人間ではなく「あるがままの人間をとらえること」によって見出そうと試みる。そして彼は、徳を社会的徳へと還元するホッブズを受け入れるのである(32)。

ルソーがホッブズから離反するのは、彼がこれまでのすべての政治哲学者から離反するのと同じ二つの理由からである。まず第一に、「社会の基礎を検討した哲学者たちは、全員が自然状態にまでさかのぼる必要性を感じたが、誰一人としてそこに到達した者はいなかった」。彼らは誰もが自然人あるいは自然状態における人間を描くと称しながら、実際には文明人を描いたのである。ルソーの先行者たちは、現在の人間の様子から判断して、自然人の特性を確定しようと試みた。この方法は、人間が自然本性的に社会的であるという想定が成立している限りでは、合理的であった。このような想定を立てながら、人為的なものを明白に協約によって確立されたものと同一視することによって、自然的なものと実定的あるいは人為的なものとの間に一線を画すことができた。また、少なくとも人間のうちに社会の命令とは独立に生じてくるすべての情念は自然的であることを、当然のこととみなすことができた。しかし、ホッブズとともに、ひとたび人間の自然的社会性を否定してしまえば、我々が観察する人間の中に生じる多くの情念も、それらが社会の、したがって協約の隠微で間接的な影響を受けて生じたものである限り、人為的であることを、可能性としてみとめなければならなくなる。ルソーは、彼がまさにホッブズの前提を受け入れたがゆえに、ホッブズから離反することになる。ホッブズは一方では、人間が自然本性的に社会的であることを否定しながら、他方では、自然人の特性を確定するのに自分の人間経験、すなわち社会的人間の経験を参照したのであるから、まったく首尾一貫しないのである。[33] ルソーは、伝統的見解に対するホッブズの批判を考え抜くことによって、今日の大半の社会科学者たちを困惑させている困難に直面した。人間の人間に関する経験の反省ではなく、ただ特殊的に「学問的な」方法のみが、人間の自然本性に関する真正の知識へと人を導きうるように思われる。ルソーの自然状態についての省察は、ホッブズのそれとは反対に、「自然学的」探究という性格を帯びるのである。

ホッブズは自然人を未開人と同一視した。ルソーはしばしばこの同一視を受け入れ、それに伴って、当時の民族学的文献も広範に利用している。しかし、彼の自然状態の教理は、原理的には、この種の知識からは独立したものである。なぜなら、彼が指摘しているように、未開人といえどもすでに社会の型にはめられていて、したがってもはや厳密な意味での自然人ではないからである。彼はまた自然人の特性を確定するのに役立つと思われる幾つかの実験を提案している。しかしこれらの実験は完全に未来に属する事柄なので、彼の教理の根拠とはなりえない。彼が用いている方法は、「人間の魂の第一のそして最も単純な働きを省察すること」である。社会の存在を前提するような精神の働きは、人間の自然的特質に属することはできない。人間は自然本性的に孤独なものだからである。[34]

ルソーがホッブズから離反する第二の理由は、以下のように述べることができる。ホッブズは、自然権が有効なものであるべきならば、それは情念のうちに根ざしていなければならない、と教えていた。その一方で彼は、自然法（人間の自然的義務を命ずる規則）を、明らかに伝統的な仕方で、理性の命令として考えていた。彼は自然法を「結論あるいは定理」として述べていた。ルソーは、伝統的見解に対するホッブズの批判は正しいのだから、自然法についてのホッブズの考え方を問題にしなければならない、すなわち、自然の権利だけでなく自然の法、あるいは人間の自然的義務ないし人間の社会的徳もまた、情念のうちに直接根ざしていなければならない、それらは推論や計算より一層強力な支えを持たなければならない、という結論を引き出している。本来、自然法は「直接自然の声で語らねばならない」。それは理性以前のものでなければならず、「自然的感情」あるいは情念によって命じられなければならない[35]。

ルソーは、彼の自然人研究の結果を、人間は本性的に善であるという言明の中に集約している。この結論は、ホッブズの前提に基づきつつホッブズの教理を批判した成果として、理解することができる。ルソーは次のように論じている。すなわち、ホッブズが認めたように、人間は自然本性的に非社会的である。しかし、誇りや自尊心（*amour-propre*）は社会を前提とする。したがって自然人は、ホッブズが主張したのとは異なって、自尊心や虚栄心をもつわけではない。しかしまたホッブズが主張しているように、自尊心と虚栄心こそ一切の悪徳の根源である。それゆえ、自然人は一切の悪徳から免れている。自然人は自愛心ないし自己保存への関心によって左右される。したがって、他者を害することによって自己を保存できると信ずる場合には、他者に危害を加えるであろう。しかし自然人は、自尊心や虚栄心がある場合には十分ありうるように、他者への加害それ自体のために、他者へ害を加えることに関与することはないだろう。さらに、自尊心と同情とは相容れないものである。我々は自分の威信にとらわれている限りにおいて、他者の苦しみには無感覚である。同情の能力は、洗練と人為の要素が増加するにつれて減退する。ルソーは、自然人が同情心に厚かったことを示唆している。もし自己保存本能の強力な衝動が同情心によって緩和されることがなかったとしたら、人類は何らかの人為的な規制ができるまで生き残ってはいなかっただろう、というのである。彼は、種の保存への本能的欲求が生殖と同情への欲求へと二分化する、と仮定していたように思われる。同情はあらゆる社会的徳の源泉となる情念である。ルソーは、人間は自然本性的に自己愛と同情によって動かされていて、虚栄心や自尊心からは免れているのだから、自然本性的に善である、と結論している(36)。

自然人は、彼が自尊心を持たないのと同じ理由で、知性や理性、またそれとともに自由をも持たない。理性は言語とつながりを持ち、言語は社会を前提とする。つまり、自然人は前‐社会的段階にあるので、前‐理性的なのである。ここでもまたルソーは、ホッブズの前提から、ホッブズ自身は導き出さなかった必然的結論を引き出している。理性を持つことは、一般観念を持つことを意味する。ところで、記憶や想像力の心像とは異なって、一般観念は自然的ないし無意識的過程の産物ではない。一般観念は定義を前提しており、その存在を定義に仰いでいる。それゆえ一般観念は言語を前提する。言語は自然的ではないのだから、理性も自然的ではないのである。このことから我々は、ルソーが、人間は理性的動物であるという伝統的定義を、新しい定義によって置き換えた理由を、最もよく理解することができる。さらに、自然人は前-理性的であるのだから、「彼は自分が必要とする事物への権利を理性によって［に合致して］自分自身に帰属させて」はいるけれども、彼には理性の法たる自然の法についてのいかなる認識も全くもって不可能なのである。自然人はあらゆる点において前-道徳的である。つまり彼は心を持たない。自然人は人間以下なのである。[37]

人間は自然本性的に善であるというルソーの命題は、人間は自然本性的には人間以下のものであるという彼の主張に照らして、理解されなければならない。人間が自然本性的に善であるのは、彼が自然本性的に善くも悪くもなりうる人間以下の存在者だからである。人間には語るに値する自然的性質というものは何もない。特別に人間的であるようなものはすべて、獲得されたものであり、究極的には作為ないし人為によるものである。人間は自然本性的にほとんど無限に完成への道を歩みうるものである。人間のほとんど無限の進歩に対して、あるいは悪から自らを解き放とうとする彼の能力に対しては、それを妨げる自然的障碍は何もない。それと同じ理由で、人間のほとんど際限のない堕落に対しても、それを防ぐ障壁は何もない。人間はほとんど無限の順応性をもっている。レナル師の言葉によれば、人類は我々がそう作り上げたいと思うとおりのものである。人間は、自らが自分自身から作り出すことのできるものに一定の制限を設けるような、厳密な意味での自然本性は、持ち合わせていないのである。(38)

もし人間の人間性が獲得的なものだとするなら、その獲得性が説明されなければならない。「自然学的探究」の要件にそって、人間の人間性は偶然的な因果関係の産物として理解されなければならない。このような問題は、ホッブズにとってはほとんど存在しなかった。しかしこの問題は、彼の前提を基礎とするなら、そこから、必然的に生起してくるものである。彼は自然的存在者の自然的ないし機械論的生産と人間的構成の意志的ないし恣意的生産とを区別していた。彼は人間の世界を一種の宇宙内宇宙と考えていた。彼は人間が自然状態を離れて市民的社会を設立する事態を、人間の自然に対する一種の反抗と考えていた。しかしながら、スピノザが指摘したように、ホッブズの全体者の観念は、自然状態と市民的社会状態の二元論、あるいは自然的世界と人間的世界の二元論が自然的世界の一元論へと還元されるべきこと、あるいは、自然状態から市民的社会への移行、つまり自然に対する人間の反抗が一つの自然的過程として理解されるべきことを、要求していた。(39)ホッブズはこの必要性を自ら押し隠してしまったが、それは一つには、彼が誤って、前－社会的人間はすでに理性的存在者であり、契約を結ぶ能力のある存在者である、と想定し社会契約の締結と同時であった。しかしルソーは、ホッブズの前提の必然的含意を認識していたがゆえに、その移行を自然的過程において成立するものとして、あるいは少なくともその過程によって決定的に準備されたものとして、考えざるをえなかった。すなわち、人間が自然状態を離れて文明という冒険的企てに乗り出して行くのは、人間が自由を善くあるいは悪く行使したことに起因することではなく、あるいは本質的必然性によることではなく、機械論的因果性あるいは一連の自然的偶然事によることと、考えざるをえないのである。

人間の人間性ないし合理性は獲得的なものである。理性は身体の基本的欲求より遅れて現われる。理性はこれらの欲求を満足させる過程において現われる。元来、これらの単純で一様な欲求は容易に満足させられるものである。しかしまさにこの事実から膨大な人口増加がもたらされ、かくして基本的欲求の満足さえ困難なものとなる。したがって人間は生き残るために、考えること——考えることを学ぶことを余儀なくされる。さらに、基本的欲求は、さまざまな気象その他の条件の下で、さまざまな仕方で満足させられる。それゆえ精神は、基本的欲求やその満足が個々の環境によって変化するその個別的な仕方に正確に対応しつつ発達する。これらの環境が人間の思考力を形成する。ひとたびこのように思考力が形成されると、人間は新たな欲求を発展させ、それらの新たな欲求を満足させようとする試みにおいて、精神はさらに発展する。それゆえ精神の進歩は必然的過程である。

それが必然的であるのは、一つの目的に向かうのではなく、したがって偶然的ではあるが、なお自然的原因の必然的な結果である（島嶼《とうしょ》の形成や火山の爆発などの）もろもろの変化によって、人間は考案するよう強いられるからである。偶然事が人間に知性とその発達を強要するのである。とりわけ自然状態から文明生活への移行の性格がこのようなものだとするなら、文明化の過程が自然状態の人間以下的至福を破壊してしまったり、あるいは人間が社会を組織化するにあたって重大な過ちを犯してしまったとしても、驚くには当たらないだろう。しかもこれらの悲惨と愚行のすべては必然的なものである。これは初期段階の人間の経験不足と哲学の欠如とからくる必然的帰結である。それにもかかわらず、たとえ社会がどれほど不完全なものであるにせよ、その社会の中で、社会によって、理性は発達する。最終的には、初期段階の経験と哲学の欠如は克服され、そして人間は堅固な基盤の上に公共的正義を確立することに成功する。(40) その瞬間から、――それはまさにルソーの瞬間なのだが――人間はもはや偶然的な環境によってでなく、むしろ理性によって形成されることとなるであろう。盲目的な運命の所産である人間は、ついには己れの運命を見通す巨匠となる。理性の創造性、あるいは自然の盲目的威力に対する支配力は、それ自体そのような盲目的威力の所産なのである。

ルソーの自然状態の教理において、近代の自然権の教説はその危機的段階に達する。ルソーはその教説を考え抜くことによって、それを全面的に放棄する必要に直面させられたのである。もし自然状態が人間以下の状態であるのなら、その中に人間に対する規範を見出そうとしてそこへ戻って行くことは馬鹿げている。ホッブズは、人間が自然的目的を持つことを否定していた。彼は人間の起源の中に、権利の自然的で非恣意的な根拠を見出しうると信じていた。ルソーは、人間の起源においては、あらゆる人間的特性が欠けていることを示した。それゆえ、ホッブズの前提を基礎としながらも、権利の根拠を自然の中に、つまり人間的自然の中に見出そうとする試みは、全面的に放棄することが必要となった。そしてルソーは一つの代案を示したように思われる。それというのも、彼は、特徴的に人間的なことがらは自然の賜物ではなく、自然を克服しあるいは変化させるために人間がなしたことであり、あるいはなすよう強いられたことであることを、すなわち、人間の人間性は歴史的過程の産物であることを、示したからである。しばらくの間は——それは一世紀以上続いたのであるが——人間の行為の基準を歴史的過程のうちに求めることが可能であるように思われた。この解決策は、歴史的過程ないしその結果は自然状態より明らかに望ましいものであること、あるいはその過程は「有意味」なものであることを、前提していた。ルソーはその前提を受け入れることができなかった。彼は、歴史的過程が偶然的である限りにおいて、それは人間に基準を与えるものではないこと、そしてもしその過程が隠された目的をもつとしても、その合目的性は、超歴史的基準が存在する場合を除いては認識されえないことを、自覚していた。歴史的過程は、その過程の目標や目的についての先行知識がなければ、進歩的なものとして認識されることはできない。歴史的過程は、それが有意味であるためには、真の公共的正義についての完全な知識をきわめなければならない。人間は、そのような知識を持たないならば、己れの運命を見通す巨匠ではありえないし、またそのような巨匠にはなりえないであろう。それゆえ、人間に真の基準を与えるのは、歴史的過程の知識ではなくて、真の公共的正義の知識なのである。

ルソーが陥っていた苦境は単なる誤解によるものであったことを、これまで示してきた。彼の時代のアカデミックな教説では、自然状態は人間が最初の段階で実際に住んでいた状態としてではなく、単なる「仮説」として理解されていた。すなわち、自然状態における人間は、彼のもつ本質的な諸能力は十分に発達させながら、ただ自然法にのみ服している と「考えられる」人間、したがって自然法から導き出されるすべての義務と権利、しかもそのような義務と権利だけを有していると「考えられる」人間なのである。人間がいかなる実定法にも服してはいないような状態に、実際に人間がかつて生きていたかどうかは、関係のないことである。『不平等起源論』においてルソー自身、このような自然状態の考えに言及し、それを受け入れているように見える。また『社会契約論』の冒頭においては、「歴史的な」自然状態の知識は自然権の知識にとっては無関係なものであると、彼は言っているように思われる。したがって彼の自然状態に関する教説は、二つの全く無関係な自然状態の意味を、つまり人間の原初的状態としての（したがって過去の事実としての）自然状態と人間としての人間の法的状態としての（したがって一つの抽象あるいは想定としての）自然状態を、相互に完全に区別する必要性を十二分に明らかにしたという以外の、功績をもたないように思われるだろう。換言すれば、ルソーは、アカデミックな自然権の教説がホッブズやロックのような人たちの教説よりも優れていたという事実に対するいくぶん気乗りのしない証人であるように見える。(41) このような批判は、自然権の内容ならびに存在に関する問題と自然権の承認に関する問題との間の必然的結合関係を無視している。後者の問題は、全体の中での人間の地位の問題、あるいは人間の起源の問題と同一のものである。それゆえ、すべての政治哲学者は自然状態、つまり人間の原初的状態にまでさかのぼる必要性を感じていた、とルソーが言っても、あながち完全に間違いというわけでもない。すべての政治哲学者は、正義の要求は人間の立法から独立した別個の支えを持つのかどうか、またそれはどの程度においてなのかについて、反省することを余儀なくされた。ルソーとて、当時のアカデミックな自然権の教説が陰に陽にその基礎としていた伝統的自然神学を端的に受け入れることがなければ、そのようなアカデミックな自然権の教説に回帰することもありえなかったであろう。(42)

自然権の内容ならびにその性格は、人間の起源が構想される仕方によって決定的な影響を受けるであろう。このことは、自然権が現存する人間に当てられていて、ルソーのいわゆる自然状態に棲息していた無知蒙昧の動物に向けられているのではないという事実までも排除するものではない。したがって、ルソーがどのようにして彼の自然権の教説を、彼が自ら自然人あるいは自然状態における人間について知っていると信じていた事柄の上に基礎づけることができたかを、理解することは困難である。彼の自然状態の観念は、もはや人間の自然の考察に基づくのではない自然権の教説の方向に傾いている。あるいは、もはや自然の法としては理解されない理性の法の方向に傾斜しているといってよい。(43) ルソーは、彼の一般意志に関する教説、つまり伝統的自然法の「現実的な」代替物を見出そうとする試みの成果とみなしうる教説によって、そのような理性の法の性格を指し示していたと言うことができよう。その教説によれば、人間の欲望に対して制限が設けられるのは、人間の完成という効果性に乏しい条件によってではなく、人が自分自身に対して要求するのと同一の権利をすべての他者において認めることによってである。すべての他者が彼ら自身の権利が承認されることに実際的な関心を必ず抱くのに対し、他人たちの人間的完成に積極的な関心を抱く者は、皆無か少数の者に限られるのである。これが事実なのであるから、私の欲求は「一般化される」ことによって、すなわち、社会の全成員を平等に拘束する法律の内容として考えられることによって、合理的な欲求へと変形する。「一般化」のテストをくぐり抜けた欲求は、まさにこのテストをくぐり抜けたという事実によって、合理的であり、したがって正当であることが判明する。ルソーがもし理性の法を自然の法として考えることを止めていたとしたら、彼は自らのソクラテス的知恵を自然科学から根本的に独立させることができたであろう。しかし彼はそのような方法をとらなかった。彼がモンテスキューから学んだ教訓が、彼の思想の内部で、自然的国制（憲）法に固有の空論的傾向に対して反対に作用した。極端な空理空論は、理性の法を人間の自然本性についての知識から完全に独立させようとする試みの帰結であった[44]。

ルソーがホッブズの前提から引き出した自然状態に関する結論は、人間を社会的動物とする考え方への復帰を示唆しているように思われる。ルソーがそのような考え方へ復帰したと思われる理由はまだ他にもあった。ホッブズによれば、一切の徳や義務は自己保存への関心からのみ生じ、したがって計算から直接生じてくるものである。しかしながら、ルソーは、計算や利己心は社会の紐帯となるほどの十分な強さをもっていず、社会の根底となるほどの深さをもってはいない、と感じた。しかも彼は、人間が自然本性的に社会的存在者であることを認めることは拒んだ。彼は、社会の根底は人間の基本的社会性とは区別された人間の情念や感情の中に見出されうる、と考えた。彼の理由は次のように言い表わすことができる。すなわち、もし社会が自然的であるなら、社会は本質的に諸個人の意志に基づいているのではない。人間を社会の成員たらしめているのは自然であって、人間の意志ではない。他方において、社会との関係において個人が有する優位は、もしもホッブズが計算や利己心に割り当てた位置が情念や感情に対して割り当てられるとすれば、保持されるのである。そこでルソーは、個人の、すなわちすべての人間の根源的な独立性に関心を寄せていたのであるから、社会的動物としての人間という考えに回帰することを拒否した。彼は自然状態という観念は保持した。なぜなら、自然状態は個人の根源的独立性を保証するからである。個人の独立性に対して最高度に有利に働くような自然的基準に関心を寄せていたからこそ、彼は自然状態という観念を保持したのであった(45)。ルソーが心ならずも引き起こした自然状態の価値低落や空無化が、彼の思想の中で、もしも独立や自由という自然状態における人間にそなわる最も特徴的な性質の重要性をそれ相応に増大させることによって十二分に補われることがなかったら、彼が自然状態の観念を保持することはありえなかったであろう。ホッブズの理論においては、自由、あるいは己れの自己保存に有益な手段の唯一の判定者であるという各人の権利は、自己保存に付随するものであった。自由と自己保存とが衝突する場合には、自己保存が優先する。しかしながら、ルソーによれば、自由は生命よりも崇高な善である。実際に彼は、自由と徳あるいは善とを同一視する傾向がある。彼は、自由とは人が自らに課した法への服従であると言う。このことは、まず第一に、単に法に対する服従だけでなく、立法それ自体が個人に起源を持たねばならぬことを意味している。第二にそれは、自由は徳の条件や帰結であるというよりはむしろ徳そのものであることを意味している。徳について当てはまることは、ルソーが徳から区別していた善についてもまた言える。すなわち、自由は善と同一のことであって、自由であること、自分自身であることは、善くあることである。——これは、人間は自然本性的に善である、というルソーの命題の一つの意味である。とくに彼は、人間の伝統的定義が新しい定義によって、すなわち、理性ではなく自由を人間の種差とする定義によって、置き換えられなければならないことを示唆した。[46] ルソーは「自由の哲学」を創始したと言うこともできよう。「自由の哲学」の発展形態、すなわちドイツ観念論と、ルソー、したがってまたホッブズとの関係を、ヘーゲルほど明確に表わしている者はいない。ヘーゲルはカントおよびフィヒテの観念論と、「反社会主義的な自然権の体系」、すなわち人間の自然的社会性を否定して「個人の存在を第一義的で最高の事柄として措定する」自然権の教理との類縁性に着目したのである。[47]「反社会主義的な自然権の体系」は、エピクロス主義を変形することによって出現した。エピクロス派の教理によれば、個人は本性的に一切の社会的絆から自由である。なぜなら、自然的善は快と同じものであり、基本的に身体にとっての快と同じものだからである。しかし、同じ教理によれば、快には自然的限度、すなわち最大の快、最高の快というものがあるのだから、個人は本性的に一定の限界内にとどめられる。果てしなき追求は自然に反するともいわれる。ホッブズによるエピクロス主義の変形は、個人を彼の意志にもとづくのでないあらゆる社会的束縛からのみならず、いかなる自然的目的からも解放しようとするものであった。彼は人間の自然的目的という観念を斥けることによって、個人の「善き生」を、意志される以前に了解されている普遍的範型への個人の服従ないしは同化とはもはや解さなくなった。彼は善き生をば、人間の始原によって、あるいは人間の義務や完全性や徳からは区別された人間の自然権によって考えた。彼の理解した自然権は、無限の欲望を制限するよりはむしろそれに対して回路を与えるものである。自己保存への関心に起因する力への飽くなき無限の欲望は、幸福の正当な追求と同一視されることになる。このように理解された自然権は、結局、ただ条件つきの義務と欲得ずくの徳に導くにすぎない。ルソーは、ホッブズが理解した幸福は恒常的な悲惨と区別できないものであり[48]、道徳性に関するホッブズやロックの「功利主義者的」理解は不適切であること、すなわち、道徳は計算よりも一層堅固な支えを持たなければならないことを確認した。幸福と道徳についての適切な理解を取り戻そうとして彼が頼ったのは、伝統的自然神学の改訂版であった。しかし彼はそのような自然神学の改訂版も「解決不可能な反対論」にさらされていると感じた[49]。彼がこのような反対論の威力を感じる程度に応じて、彼は、完全性や徳や義務の優先からは区別された権利や自由の優先というホッブズ的な考え方から出発することによって、人間的生の理解を試みるよう強いられたのである。彼は無条件的義務と欲得ずくでない徳の観念を、自由や権利の優先というホッブズ的観念に接ぎ木しようと試みた。いわば彼は、義務は権利から派生したものとして考えられなければならないこと、あるいは、本来的に言って、人間の意志に先行する自然法というようなものは存在しないことを認めたのである。とはいえ、彼は、当の基本的権利というものは自己保存の権利ではありえないこと、すなわち、自己保存の権利はただ条件つきの義務をもたらすにすぎないのであり、それ自体としては人間が動物と共有する衝動から導き出される権利であるが、当の基本的権利はそのような権利ではありえないことを、感知していた。道徳性や人間性が適切に理解されるべきであったとするなら、それらは根源的に人間に特有の権利や自由にさかのぼって求められなければならなかった。ホッブズは暗黙のうちにそのような自由の存在を認めていた。というのも、彼は、精神と物体という伝統的な実体二元論がもし放棄されるならば、科学が可能でありうるのは、意味や秩序や真理がただ人間の創造的活動によってのみ発現する場合か、あるいは人間が創造者の自由をもつ場合に限られることを、暗黙のうちに認めていたからである。(50) 事実、ホッブズは物体と精神という伝統的二元論を、唯物論的一元論によってではなく、自然(あるいは実体)と自由という新しい二元論によって、置き換えることを余儀なくされた。ホッブズが科学に対して実際に示唆したことを、ルソーは道徳に適用した。ルソーは根源的自由あるいは基本的権利のことを、まさに他ならぬ無条件的義務の確立をもたらすような創造的行為として考える傾向にあった。自由とは本質的に自己立法なのである。このような試みの究極的な帰結は、徳に代えて自由を置いたことであった。人間を自由たらしめるのが徳というわけではなく、人間を有徳的たらしめるのが自由である、という見解に達したことであった。

たしかにルソーは、真の自由あるいは道徳的自由を、市民的自由からばかりでなく、とりわけ自然的自由からも区別した。つまり、真の自由あるいは道徳的自由は、人が自分自身に課した法への服従において成立し、市民的社会を前提とするものであり、他方、自然的自由は、自然状態、すなわち、盲目的な欲求の支配、したがって道徳的意味での奴隷状態によって特徴づけられる状態に属するものであって、ルソーは両者を区別した。しかし彼がこの区別を曖昧にしたこともまた事実である。それというのも、市民的社会においては人はすべて「ただ自分だけに服従するのであって、彼は以前と同じく自由でありつづける」、すなわち、自然状態にいた時と同じく自由でありつづける、とも彼は言っているからである。このことは、自然的平等が市民的平等のモデルでありつづけているのとまさに同じく、自然的自由が市民的自由のモデルでありつづけていることを意味している(51)。市民的自由の方から言えば、それはある意味では自分自身にのみ服従することであるから、たしかに道徳的自由に非常に近いものとなる。自然的自由、市民的自由、それに道徳的自由の区別を曖昧にしたことは、決して偶然的な誤りではない。つまり、道徳的自由の新しい理解が、第一義的な道徳的現象は自然状態の自由であるという考えに、その源を発していたのである。それはともかく、「自由」の地位向上が、ほとんど論破されていた自然状態の観念を、ルソーの理論において延命させることになるのである。

ホッブズとロックの教理においては、自然状態は、人が言うように、消極的な基準であった。自然状態は、一つのそして唯一の十分な解決として「その血液が貨幣であるところの強力なリヴァイアサン」を指示するというような自己矛盾を特徴としている。しかしながらルソーは、ホッブズやロックが考えたような市民的社会はもちろんのこと、市民的社会そのものが根本的な自己矛盾を特徴とすること、そして自己矛盾から免れているのは他ならぬ自然状態であるということを考えていた。自然状態における人間は根源的に独立しているがゆえに幸福であり、他方、市民的社会における人間は根源的に依存的であるがゆえに不幸である。それゆえ、国家社会は人間の最高目的の方向へではなく、その始原の方へ、人間の最も遠い過去の方向へと超えられなければならない。こうしてルソーにとっては、自然状態は積極的な基準となるに至ったのである。しかし彼は、人間が偶然的な必要に迫られて自然状態を離れなければならなくなり、そのような至福の状態に帰ることは永久にできないような仕方で変質させられたことを認めている。このようにして、善き生の問題に対するルソーの答えは、次のような形をとることになる。善き生とは自然状態に向かって人間性のレヴェルにおいて可能な限り接近することにある、というのである[52]。

政治的領域においては、そのような最大限の接近は、社会契約の要件に従って建設された社会によって達成される。ホッブズやロックと同じく、ルソーも、自然状態においてはすべての人が自由かつ平等であり、また根本的欲求は自己保存欲である、という前提から出発する。しかし彼は先行者たちから脇道へ逸《そ》れて次のことを主張する。すなわち、最初は、つまり原初的な自然状態においては、自己保存欲の衝動は同情によって緩和されていたということ、そして原初的な自然状態は、人間が市民的社会にはいるに先立って、偶然的な必要によってかなりの変化を蒙ったということを主張する。つまり、市民的社会は自然状態が続いた後の遅い段階になってはじめて必要となり可能となったのである。自然状態の内部で生じた決定的な変化は、同情心の減退であった。同情心が減退したのは、虚栄心や自尊心の発生、そして究極的には不平等の発生、したがって人間の仲間への依存関係の出現にその理由がある。このような展開の結果、自己保存は困難の度を加えていった。危機的な分岐点に到達するや、自己保存は、自然的同情にかわる人工的代替物の導入、原初期に存在していた自然的自由と平等にかわる人為的代替物の導入を必要とする。原初的自由と平等への最大限可能な接近が社会の内部で達成されるべきことを要求するのは、まさに各人の自己保存なのである。(53)

したがって市民的社会の根拠は、もっぱら自己保存欲のうちに、あるいは自己保存の権利のうちに求められなければならない。自己保存の権利は、自己保存に必要な手段への権利を含意している。したがって、専有への自然権が存在することになる。各人は本性的に、大地から産み出されたもののうち自分が必要とするものを、自分自身で専有する権利を有している。各人は自らの労働によって、そして自らの労働によってのみ、自ら耕作した大地の産物に対する独占的権利を獲得することができ、またそれとともに、土地そのものに対する独占的権利を、少なくとも次の収穫期までは獲得することができる。継続的な耕作は、耕作された土地の継続的な所有を正当化しさえするかもしれぬが、しかしそれは、その土地における所有権を生み出すものではない。所有権は実定法が生み出すものである。実定法によって認可されるまでは土地は不法に占拠されているのである。すなわち、力によって獲得されただけであって、真に所有されたわけではない。そうでなければ自然権はおそらく自分自身の落ち度によるわけでもないのに土地を所有し損ねた人々の自己保存の権利を犠牲にして、最初の占有者の権利を神聖化することになろう。貧しい者も自由人として、彼らが自己保存に必要とするものを獲得する自然権を保有している。もしも彼らが、すべてのものが他人たちによってすでに専有されているために、自分たちの必要とするものを自分自身の小土地を耕すことによって専有することができない場合には、彼らが暴力を行使することも許されよう。こうして、最初の占有者の権利と、暴力に頼らざるをえない者たちの権利の間で抗争が生ずることになる。生活必需品を専有しようとする欲求は、自然状態の最終段階を最も恐るべき戦争状態へと変貌させる。いったんこの段階に立ち至れば、正義が暴力に後続すること、すなわち、黙約ないし契約によって平和が保証されることが、貧しい者にも富める者にも等しく、各人にとっての利益となる。このことは結局、「賢明なるロックの格言によれば、所有権のないところには不正もありえぬ」、あるいは、自然状態においては誰もが「自分の心を引きつけ、また自分で入手しうるすべての物に対する無制限の権利」を有している、というのと同じことになる。現実社会の基盤をなしている契約が、自然状態の最終期に存在した人間の事実上の所有を、真正の所有権に変えたのである。それゆえ、契約はそれ以前の強奪を認可したことになる。現実の社会は貧しい者に対して富める者が仕掛けた策略にもとづいている。政治権力は「経済的」力にもとづいている。国家社会の抱えるこのような根源的な欠陥を、いかなる改善策も癒すことはできない。法律が持てる者に味方して、持たざる者に不利に働くことは避けがたいことである。しかし、それにもかかわらず、すべての人の自己保存は、社会契約が結ばれて守られることを要求するのである。(54)

社会契約は、個人が自分自身の保存に必要な手段の判定者でありつづけることを、あるいは個人が以前と同様に自由でありつづけることを、許さないようなものであるとしたら、個人の自己保存を危険に陥れることになろう。他方において、私的判定が公的判定によって取って代わられるべきことも、市民的社会の本質に属することである。この相反する要求は、もしも行政行為となって実行される公的判定が法律に正確に合致し、法律となっている公的判定が市民共同体の作り出したものであり、そして法律に従うすべての成人男子が投票を通じて法律の内容に影響を与えることができるならば、最大限に調停されたことになる。法律について投票することは、自分の私的ないし自然的意志の対象を、万人を等しく拘束し、万人に等しく利益をもたらす法律の対象として考えることを意味する。あるいは、他のすべての人が各自の利己的欲求を同様にほしいままにした場合に生じてくる望ましくない結果を考慮することによって、自分の利己的欲求を制限することを意味する。それゆえ、全員を包括する市民共同体による立法は、自然的同情にかわる人為的代替物である。市民は無制約の私的な判定に追随することができないのであるから、自然状態における人間よりは自由でない。しかし彼は彼の同輩たちによって恒常的に護《まも》られているのだから、自然状態における人間より自由である。市民は、ただ法律に、あるいは公共的意志に、あるいは一般意志にのみ服従していて、いかなる他人の私的意志にも服従しないのであるから、（原初的）自然状態における人間と同様に自由である。しかし、もしあらゆる種類の個人的依存関係あるいは「私的統治」が避けられるべきものだとするなら、すべての人すべての物は一般意志に従わねばならない。社会契約は、「すべての参加者をそのすべての権利もろとも共同体全体に対して全面的に移譲すること」を要求する。あるいは「自分自身で一個の完全で単独の全体者であるすべての個人を、ある意味ではその個人が自分の生命と存在とをそこから受けとるところのより大きな全体者の一部分へと」変換させることを要求する。人間が社会の中でも彼が以前そうであったのと同じく自由でありつづけるためには、彼は完全に「集産化され」あるいは「脱自然化され」てしまわねばならない(55)。

社会において自由が可能となるのは、ただ各人（そしてとりわけ政府）が自由な社会の意志に完全に身を委ねることによってである。すべての権利を社会に委ねることによって、人間は社会の判定つまり実定法を不服として自然権に訴える権利を失うことになる。すなわち、あらゆる権利は社会的実定的権利となる。自由な社会は、自然権が実定法によって吸収されることに基づいており、またそのことに依存している。自然権が、それに合致して構成された社会の実定法によって吸収されるのは正当なことである。一般意志が自然法に取って代わる。「主権者はまさに主権者であるという単なる事実によって、常にあるべき姿の主権者なのである」(56)。

ルソーは彼が構想していたような自由な社会を、「民主制」と呼ぶことがあった。民主制は他のいかなる体制よりも自然状態の平等に近い。しかし民主制は「賢明に調節され」なければならない。すべての者が投票権を持たなければならない一方で、投票は、大都市の下層民(*la canaille*)に対抗するものとしての中産階級や田舎の住民に有利になるような仕方で「調整され」なければならない。そうでなければ、失うべき何物も持たない者たちは、パンと引きかえに自由を売り渡しかねないのである(57)。

適当に制限を加えられた民主政体の実定法による自然権の吸収は、もし一般意志——これは実際には合法的な多数者の意志を意味する——が誤ることのないものであるという保証があるならば、弁護されうるであろう。一般意志あるいは人民の意志は、それが常に人民にとっての善を意志している限り、決して誤ることはないが、しかし人民は常に人民にとっての善を知っているわけではない。一般意志はそれゆえ啓蒙される必要がある。啓蒙された個人であれば、社会にとっての善を知っているだろうが、しかし社会にとっての善が彼らの私的な善と矛盾する場合に彼らが前者を支持する保証はない。計算と利己心は、社会的紐帯となりうるほど十分に強くはないのである。したがって、全体としての人民も個々人も同様に導きを必要とする。すなわち、人民は自らが意志する対象を知るべく教育されなければならないし、個人は、自然的存在者としてもっぱら自分の私的善に関わっていたが、躊躇することなく自分の私的善よりは共通善を選ぶ市民へと脱皮させられなければならない。このような二重の問題の解決は、立法者あるいは国父によって、すなわち卓越した叡知の持ち主によって与えられる。彼は、自ら考案した法典を神的起源のものとなし、あるいは彼自身の知恵をもって神々を讃えることによって、彼が人々の票決に委ねるべく提出した法律のよさを人々に得心させ、個人を自然的存在者から市民へと脱皮させるのである。立法者のこのような働きによってのみ、人為的なるものは、自然的なるものの、資格ではなくとも、少なくとも力を獲得できる。立法者が市民たちに対して、彼の神的使命や彼の法典の神による認可を納得させるときの議論が、おのずと根拠の疑わしいものであることは言うまでもない。ひとたび法典が承認され、「社会的精神」が発達し、賢明なる立法がその僭称する由来によってよりも、すでに実証された知恵のゆえに受け入れられるとなると、法典の超人間的な起源に対する信仰はもはや必要ではなくなる、と考えることもできよう。しかしこのような示唆は、次のような事実を見過ごしている。すなわち、古来の諸法に対するいまも生きている尊敬、つまり社会の健康にとって不可欠の「古きものへの偏愛」は、諸法の起源に関する説明が公然と問題にされた後も、辛うじてではあれ生き残ることができたという事実である。換言すれば、自然人の市民への転換の問題は、社会自体の問題と同時に古くからのものであって、またそのゆえに社会は、立法者の神秘的で畏怖心を与えるような行為に少なくとも相当するものを絶えず必要としている。それというのも、社会は、社会によって生み出された意見や感情が自然的感情に打ち克ち、いわばこれを消滅させる場合にのみ、健康でありうるのだからである。すなわち、社会は、政治哲学が社会の基礎をなすものとして市民たちの注目の焦点に提示したまさにそのような事実を、市民たちが忘却してしまうように、可能なあらゆる手を打たなければならない。自由な社会の存否は、哲学ならば当然反対するような一種の蒙昧化にかかっている。政治哲学によって提起された問題は、政治哲学が導く解決が実効あるものとなるためには、忘れられなければならないのである。(58)

ルソーの立法者の教理は、それがルソー自身の役割を示唆しているという点を除いては、実際的解決策を提示することよりは、むしろ市民的社会の基本的問題を明らかにすることを意図するものである、ということは疑いもなく正しい。彼が古典的な立法者観を放棄しなければならなかったことの正確な理由は、そのような立法者観が人民の主権を不明瞭にする傾きがあるということ、すなわち、それが実際面では、ややもすれば人民の完全主権に代えて法律に至上権を置くことになりかねないということにあった。古典的な立法者観は、ルソーの自由の観念とは相容れないものである。ルソーの自由の観念は、既成の全秩序から離れて人民の主権意志へ、あるいは過去の世代の意志から離れて現存の世代の意志へ断続的に訴えかけるよう求めるものである。それゆえルソーは、いわゆる立法者の行為に代わるものを見出さなければならなかった。ルソーの最終的な提言によれば、立法者に元来委ねられていた役割は市民宗教によって果たされなければならない。もっとも、一方の『社会契約論』と他方の『エミール』とでは、市民宗教はいくらか異なる観点から述べられているのではあるけれども。ただ市民宗教だけが市民に求められる感情を生み出すであろう。我々は、ルソー自身、彼がサヴォアの助任司祭の信仰告白において提示した宗教に完全に同意していたかどうかの問題に立ち入る必要はない。これは、その告白のゆえに迫害されている時に彼が述べたことを引き合いに出して答えられるような問題ではない。決定的なことは、知識や信仰と人民の関係についての彼の明確な見解によれば、人民はあれこれの宗教の真理に関しては、意見以上のものを持ちえないという事実である。サヴォアの助任司祭の説く宗教も「解決不可能な反対論」にさらされるのであるから、誰か人間がこの点に関して何か本物の知識を持ちうるのかどうかを、疑問視することさえできよう。それゆえ、結局のところ、すべての市民宗教は、立法者が自らの法典の起源について加える説明と、少なくとも両者が科学によって助長された「危険なピュロニズム」によって本質的に危険にさらされている限りにおいて、同一の性格を帯びているように思われる。あらゆる宗教のうちの最良のものでさえ免れることのできない「解決不可能な反対論」は危険な真理なのである。もしも市民宗教の基本的な教条を疑う者が外面的にもそれに服さないとすれば、自由な社会はまさしく存在しえないのである。(59)

市民宗教を別にすれば、原初期の立法者の行為に相当しうるものは慣習である。慣習もまた、立法者の行為のうちで生起した意志の一般化とは別個に、個々人の意志を社会化したものである。法律は慣習に先行されているとさえいえる。それというのも、国民や部族、すなわち、その集団の全成員が同一の自然的影響を蒙り、それによって形作られたという事実から生じてくる慣習によってまとまりをつけられた集団が、市民的社会に先行するからである。市民的社会以前の国民は市民的社会よりも自然的である。なぜなら、契約によって産み出された市民的社会の生成の場合よりも、市民的社会以前の国民の生成の場合において、自然的原因は一層効果的に働くからである。国民的集団は市民的社会よりも原初的自然状態に一層近く、そのゆえに、重要な点において市民的社会より優位にある。市民的社会は、もしそれが国民性という自然的な基盤にもとづくならば、あるいはもしそれが国民的個性をもつならば、人間性のレヴェルにおいてかなりの程度、自然状態に接近することになろう。国民的な慣習や国民的結合は、計算や利己心に比べて、したがって社会契約に比べて、市民的社会の一段と深い根基なのである。国民的慣習や国民的「哲学」は、まさに感情が理性の母体であるように、一般意志の母体である。したがって自分自身の国民の過去、とりわけ最も遠い過去が、いかなるコスモポリタン的大望よりも、一層崇高な尊厳性を帯びる傾向が生じてくる。もしも人間の人間性なるものが偶然的な因果性によって獲得されるものならば、その人間性は、国民ごとに、時代ごとに、根本的に異なったものとなるであろう[60]。

ルソーは、自分の考えていた自由な社会を、人間の問題を解決するものとはみなしていなかったが、そのことは何ら驚くべきことではない。たとえその社会が自由の要求を他のいかなる社会にもまして満たしてくれるにせよ、そこから帰結してくることは、真の自由は市民的社会の彼方に求められなければならないということだからである。ルソーが示唆しているように、市民的社会と義務とが同じ広がりを持つものならば、人間の自由は義務や徳をさえ越えたところに求められなければならない。ルソーは、徳と市民的社会の結合関係、それとともに徳と幸福の関係の問題性を考慮しつつ、徳と善良さとを区別した。徳は努力や習慣化を前提している。徳はまずもって負担であり、その要求するところは厳しい。善良さ、すなわち、善行への欲求、あるいは少なくとも悪行への欲求の完全なる不在は、まったく自然なことである。善良さにともなう快は自然から直接的に出てくるものである。善良さは同情という自然的感情と直接的に結びつけられている。善良さは良心や理性によりも、むしろ心胸に属する。ルソーはたしかに、徳は善良さに優ると教えた。しかし、彼の自由の観念の両義性、換言すれば、社会以前の生の至福状態への彼の憧憬は、この教えを彼自身の観点からも問題の多いものとするのである。(61)

我々はこの点から、ルソーの家族に対する態度、より正確には単なる異性間の愛のみならず夫婦愛と父性愛に対する態度を理解することができる。愛は市民的社会状態や義務や徳よりも原初的な自然状態に近い。愛は強制そして自制とさえも相容れないものである。愛は自由である。さもなければ愛は存在しない。夫婦愛と父性愛が、「人間が知っている」「最も甘美なる感情」あるいは「自然の最も甘美なる感情」でさえありうるのは、まさにその理由による。また、異性間の愛が「最も甘美なる情念」あるいは「人間の心胸のうちに抱かれうる最も美味の感情」でありうるのも、そのためである。これらの感情は「血の権利」と「愛の権利」を生じさせる。いかなる人工的な絆よりも聖なる絆を作り出すのである。愛によって人間は、市民としての生活や徳の生活によるよりも、人間性のレヴェルにおいて自然状態への一層の接近を達成する。ルソーは古典的都市から家族および愛し合う夫婦へと回帰して行く。彼自身の言葉を使えば、我々は、彼が市民的関心事からブルジョア的な最も高貴な関心事へと回帰した、と言うこともできる。(62)

しかし、少なくとも、ルソーが「無謀とは言わないまでも、最大の大胆さをもって」彼の原理を明らかにした著作(『不平等起源論』(63))によれば、愛のうちにさえ人為的なものないしは作為的なものの要素は存在する。愛は社会的現象であり、人間は自然本性的に非社会的であるのだから、孤立的な個人は、人間性のレヴェルにおいて可能な自然状態への最大限の接近をなしえないのかどうかを、考えてみることが必要になってくる。ルソーは強烈な言葉をもって、孤独なる瞑想の魅力と恍惚について語った。「孤独なる瞑想」によって彼が理解しているのは、哲学でもなければ哲学の極致でもない。彼が理解する孤独なる瞑想とは、思索や観察に敵対するものとは言わないまでも、それらとはまったく異なるものである。それは、「存在の感情」すなわち自分自身が存在しているという喜ばしい感情から成り立ち、あるいはその感情へと導くものである。もし人間が自分の外部にあるすべての事柄から身を退くならば、もし人間が存在の感情以外のいかなる感情をも自分の内からなくしてしまうならば、その人間は至高の浄福――神のごとき自足と無感覚を享受する。彼は完全に自己自身であり、また完全に自己自身のものであることによって、ただ自らのうちに慰めを見出す。過去も未来も彼にとっては消滅しているのだからである。文明人が人間性のレヴェルにおける原初的自然状態への回帰を全うするのは、自分自身をこのような感情へ完全に没入させることにおいてである。というのは、社交的な人間が彼の存在感情を、いわばもっぱら自分の同輩たちの意見から引き出してくるのに対し、自然人は――実際未開人さえもが――彼の存在を自然に感じるのだからである。彼は「未来についてのいかなる観念も持つことなしに、自分が現に存在しているというそれだけの感情に身を委ねている」。存在の感情が「人間の最初の感情」である。それは自己保存の欲求以上

に根本的である。存在そのもの、単なる存在が本来快いものであるゆえ、人間は自分の存在の保持に配慮するのである。(64)

ルソーが経験し、記述したような存在の感情は、自然状態の人間が経験したような存在の感情には欠けていたはずの豊かな分節化をもっている。文明化された人間、あるいは国家から孤独へと回帰した文明人たちは、ここにおいてついに、愚かな動物には全く到達不可能であった幸福の段階に達する。結局、ルソーをして何のためらいもなく、市民的社会の出現は人類あるいは共通善にとっては悪いものであったが、個人にとっては善いものであった、と主張させたものは、ただこのような文明人の、あるいは文明人の中の最良の者たちの卓越性なのである。(65)そうした場合、市民的社会の最終的な正当化は、市民的社会がある種の個人に、市民的社会から身を退くことによって、すなわち、その辺縁に住むことによって、至高の浄福を享受することを認めているという事実によることになる。彼の最初期の重要な著作において、ジュネーヴの市民は、「すべての役立たずの人間は有害な人間とみなされてよい」と言っていたのに、彼の最後の著作においては、彼自身が実際いつでも役立たずの人間であったこと、しかも彼の同時代たちは彼をただ無用の成員として社会から立ち退かせるかわりに、有害な成員として社会から追放した点で不正を犯したと述べている。(66)ルソーによって予示されたタイプの人間、つまり市民的社会を超えることによって市民的社会を正当化するタイプの人間は、もはや哲学者ではなくて、のちに「芸術家」と呼ばれるようになった者である。彼が特権的待遇を要求できた根拠は、彼の知恵というより彼の感受性、彼の徳というより彼の善良さや同情心にあった。彼は自分の要求が根拠のあやふやな性格のものであることを認めている。彼は悪しき良心をもつ市民であることを認めている。しかし彼の良心は単に彼自身だけでなく彼が属する社会をも同時に告発するのであって、そのために彼は自分自身を社会の良心とみなす傾向がある。しかし彼は社会の悪しき良心であるために、悪しき良心を持たざるをえないのである。

我々はルソーの孤独な瞑想の夢見心地の性質と哲学的観想の覚醒とを対比させなければならない。それに加えて、彼の孤独な瞑想の前提と彼の自然神学（それとともにそのような神学に基づく道徳）の前提との間にある解決不可能な矛盾をも、考慮に入れなければならない。そうすると我々には、彼が社会に背を向けて個人のために、あるいは幾人かの稀有の個人のためにかかげた要求が、明白さと明確さに欠けることが分かってくる。より正確には、要求という行為の明確さが要求の内容の不明確さと著しい対照をなすことが分かってくる。このことは驚くべきことではない。善き生は人間性のレヴェルでの自然状態への回帰、すなわち、あらゆる人間的特性を完全に欠落させた状態への回帰にあるとする考えは、必然的に、個人は社会からの自由を、すなわち、いかなる明確な人間的内容をも欠落させたような究極的な脱社会的自由を要求する、という結論に導くのである。しかし、人間的願望の目標としての自然状態のもつこのような根本的欠陥も、ルソーの眼からすれば、自然状態を完全に正当化するものであった。つまり、人間的願望の目標としての自然状態にみられるまさにこの不明確さこそが、当の自然状態を自由の理想的な媒体となしたのである。自然状態の名によって社会に対して留保をつけることは、まさにそのために留保がつけられるところの生き方や理由や営為を指し示すよう強いられることもなく、あるいは指し示すことができるわけもないのに、社会に対して留保をつけることを意味している。人間性のレヴェルにおいて自然状態に回帰するという考えは、何物かのための自由とは異なる社会からの自由を主張するのに理想的な根拠となった。それは、社会から離れて何か無規定なもの、規定されえぬものに、つまり、埋め合わせすることも正当化することもできない個人の個人としての究極的な神聖さに訴えるための理想的な根拠であった。このことがまさに、自由がかなりの数の人々に意味するに至ったことがらであった。何物かのための自由であるすべての自由、個人より、単なる人間としての人間より一段と高い何ものかに照らして正当化されるすべての自由は、必然的に自由を制限する。あるいは、同じことだが、それは自由と放縦の間に筋の通った区別を設ける。自由はそのためにそれが要求された当の目的に条件づけられたものとされてしまう。ルソーが多くの彼の追随者たちと区別されるのは、彼がなおはっきりと、このように無規定的で規定されえぬ自由と市民的社会の要求との間にある齟齬《そご》を見抜いていたという事実によってである。彼が生涯の最後に告白したことだが、いかなる書物もプルタルコスの著作ほどに彼を魅了し、彼に益を与えたものはなかった。[67] 孤独なる夢想者はなおプルタルコスの英雄たちに向かって脱帽していたのである。

B バーク

ルソーが近代自然権の教説を受け入れ、それを考え抜くことによって陥った困難は、前近代的自然権概念への復帰を示唆していたとも言えよう。そのような復帰を、いわば土壇場になって試みたのが、エドマンド・バークであった。バークはキケロやスアレスの側に立って、ホッブズやルソーに反対した。「我々は今も過去二世代の人々と同様、古代の健全な著作家たちを、現在のヨーロッパ大陸の人々が読んでいると思われる以上に一般に読みつづけている。彼らは我々の心を捉えている」。バークは「古代の健全な著作家たち」の側に立って、「新道徳」の創始者ないし「道徳における大胆な実験者」である「パリの哲学者たち」、とくにルソーに反対した。彼は「道徳の南方の地（*terra australis*）において発見をなしたと称している哲学」を嘲笑しつつ斥けた。[68] 彼の政治的活動はたしかにイギリスの国制に対する献身に導かれていたが、しかし彼はイギリスの国制を、かつてキケロがローマの政体に対して抱いていたのと似通った精神において考えていた。

バークは、政治の原理に関する理論的著作を一冊も書いていない。彼の自然権についての発言は、すべて対人的(*ad hominem*)言明の中で行なわれたものであり、特殊的な実際上の目的に直接役立てられるべくなされたものである。したがって、彼の提示する政治的原理は、ある程度は、政治的状況の変化に伴って変化している。このことから、彼はしばしば首尾一貫性を欠くと見られることもあった。しかし実際には、彼は生涯を通じて同一の原理を保持した。アメリカ植民者やアイルランドのカトリック教徒の肩を持ち、ウォーレン・ヘースティングス〈一七三二―一八一八、英国の政治家、初代インド総督〉やフランス革命に反対した彼の活動は、ただ一つの信念によって動かされたものであった。彼の思想はすぐれて実践的な傾向を帯びていたのだが、そのために彼は、そのような言論が最もさし迫って必要とされている時に、自らの原理を最も力強く最も明確に述べたのである。すなわち、そのような原理が最も非妥協的に最も力強く攻撃された時――フランス革命勃発後に、そうしたのである。フランス革命は、ヨーロッパの将来の進歩に関する彼の予測に変化をもたらしたが、しかし、道徳的および政治的に何が正であり何が邪であるかについての彼の考え方に変更を求めるどころか、むしろ彼の考え方を裏づけるものであった[69]。

バークは自分の推奨する政策の正しさを当時の聴衆に説得するのに役立ちうると思われる場合には、いつでも躊躇することなく近代的自然権の用語を用いたが、その理由の一部は、バークの思想の実践的な性格から説明される。彼は自然状態、自然権、人間の権利について、また、社会契約、国家(コモンウェルス)の人為的性格について語った[70]。しかし彼は、これらの諸観念を古典的あるいはトマス的枠組みの中に組み込んだとも言えるのである。

我々は二、三の例を挙げるに止めなければならない。バークは、自然状態にある人間、つまり「契約以前の」人間が自然権を持つこと、自然状態においては、すべての人が「第一の自然法たる自己防衛の権利」、自分自身を支配する権利、すなわち「自分自身で判断し、自分自身の言い分を主張する権利」、それに「あらゆる事物に対する権利」さえも有することを、すすんで認めている。しかし「あらゆる事物に対する権利を有することによって、彼らはあらゆる事物を欲求する」。自然状態は、「我々の赤裸々なおぞましい自然本性」の状態である。すなわち、我々の徳によって我々の自然本性がいかなる仕方においてもまだ影響を受けていない状態、つまり原初的な野蛮の状態である。したがって、自然状態およびこの状態に属する「人間の完全なる権利」は、文明化された生活のための基準を与えることはできないのである。我々の自然の欠乏はすべて──たしかに、我々のより高次の自然的欲求はすべて──自然状態から転じて市民的社会の方へ志向する。つまり、「粗野な自然状態」ではなく市民的社会こそが真の自然状態なのである。バークは、市民的社会が「人為の所産」あるいは「契約の所産」であることを認めている。しかしそれは特殊な種類の「契約」であり「共同」である──「あらゆる徳とあらゆる完全性をもってする共同」である。それは神慮にもとづく全秩序、「永遠の社会の偉大なる太古の契約」

が契約と言われるのとほとんど同じ意味での契約なのである。(71)

バークは市民的社会の目的が人間の権利、とくに幸福追求の権利の擁護にあることを認めている。しかし幸福は、ただ徳によって、すなわち、「徳によって情念に対して課される」拘束によってのみ見出されうる。それゆえ、理性、統治体、法律に対する服従、つまり、「人々に対する拘束は、彼らの自由と同様に、彼らの権利のうちに数え入れられるべきである」。「人間は決して相互間の完全な独立の状態にあるのではない」から、「道徳的束縛なしに」振る舞うことは決してできない。人間の意志はつねに、理性や思慮や徳の支配下になければならない。それゆえバークは、政府の根拠を「我々の義務への合致の中に」求め、「人間の想像上の権利」の中には求めていない。したがって彼は、我々のすべての義務が合意や契約に由来するという主張を否定している。(72)「人間の想像上の権利」に関する議論は、各人が自らの自己保存あるいは幸福にとって何が有益であるかについての唯一の判定者であるという権利に集中して、すすめられている。このように申し立てられている権利が、すべての人は政治権力に何らかの形で参与すべきであり、ある意味ではいかなる他人とも同等に参与すべきであるという主張を正当化するように思われていた。バークは、このいわゆる基本的権利が基づいている原理にまでさかのぼることによって、この主張を問題にした。彼は各人が自己保存および幸福追求への自然権をもつことは認める。しかし彼は、もし各人が自らの自己保存と幸福に導く手段の判定者たる権利をもたないならば、各人の有する自己保存と幸福追求の権利は実効性のないものとなるということは否定する。それゆえ、欲求を満足させる権利や社会から便宜を受ける権利は、必ずしも政治権力に参与する権利ではなくなる。なぜなら、多数者の判断、あるいは「多数者の意志、多数者の関心は、非常にしばしば異なるはずのものだからである」。政治権力や政治権力への参加は、人間の権利に属するものではない。なぜなら、人間はすぐれた政治への権利を有するが、すぐれた政治と多数者の政治の間には何らの必然的関係も存在しないからである。正しく理解された人間の権利は、「真に自然的な貴族政治」の優位、それとともに財産とくに土地財産の優位を指し示している。換言すれば、各人はたしかに、煽動家によって唆かされて自らの苦境を想像を加えて判断するようなことがなければ、正しく自らの苦境を感情によって判断できる。しかし、苦境の原因は「感情の問題ではなく、理性と先見、そしてしばしば長期的な思慮の問題であり、［大多数の者には］全く把握することのできない多くの事情が組み合わさった問題である」。それゆえ、バークは統治の根拠を、「人間の想像上の権利」の中にではなく、「我々の欲求への配慮の中に、そして我々の義務への服従の中に」求めている。したがって彼は、自然権がそれだけで一定の国制の正統性を十分に主張しうることは否定する。すなわち、人間の欲求のために配慮し、社会における徳の促進に最も適合的な国制が、その社会において正統性をもつのである。国制の適合性は、自然権によってでなく、ただ経験によって決定されうるのである。[73]

バークは、あらゆる権威はその究極的起源を人民のうちにもつとか、主権者は究極的には人民であるとか、あるいは、あらゆる権威はこれまで「契約を結んだことのない」人々の契約に究極的には由来するというような見解を、斥けるのではない。しかし彼は、これらの究極的真理や半真理が政治的に本質的関わりをもつとは考えない。「もしも市民的社会が人為的な約束事の所産であるとするなら、その約束事とは市民的社会の法でなければならない」。ほとんどすべての実践的目的にとって、約束事、原始契約、確立された体制は最高の権威あるものである。市民的社会の役割は欲求を満足させることにあるのだから、確立された体制は、その権威を本源的な約束事やその起源から導出するというよりは、むしろその体制が幾世代にもわたって有効に働いてきたことや、あるいはその成果から導き出してくるのである。正統性の根拠は、同意あるいは契約にではなく、明らかになった有効性すなわち古くからの慣習にあるのである。「契約を結んだことのない」未開人の原始契約とは異なった古くからの慣習のみが、法律の知恵を証示することができ、したがってまた法律を正当化することができる。原始契約の基盤の上に生み出された習慣、とりわけ徳の習慣が、原始契約の行為そのものよりも、この上なく重要である。原初的行為とは異なる古くからの慣習のみが、一定の社会的秩序を聖化することができる。人民は国制の主人であるよりもむしろその所産である。人民の主権という概念は正確には、現存する世代が主権者であることを意味する。「現在の便益性」が、国制に対する唯一の「愛着の原理」となる。国家（コモンウェルス）における「一時的な所有者と生命の賃借人たち」は、「彼らがその祖先から何を受け継いだかについては無頓着」であって、また「彼らの子孫に何が引き継がれるべきかについても」、必然的に無頓着となる。人民、それにまたいかなる他の主権者も、自然法の主人であることはない。自然法は主権者の意志や一般意志によって吸収されつくすことはない。したがってバークにとっては、正しい戦争と正しくない戦争の区別は、十分その意味を持っている。彼は、一国の外交政策はもっぱらその「物質的関心」によって決定されるべきだとする考えを、忌み嫌っていた(74)。

バークは、一定の条件下では人民は既存の秩序を改変しうることを、否定しない。しかし彼は、このことを究極的権利としてのみ認めたにすぎない。社会が健康であるためには、人民の究極的な主権はほとんど常に休眠中であることが望ましい。彼がフランス革命の理論家たちに反対するのは、彼らが「緊急の場合のことを法的規定」にしてしまうからであり、あるいは、彼らが極端な場合にのみ妥当することを通常の場合にも妥当することとみなすからである。「しかし、このような極端な場合を一般化して述べる習慣自体、褒められたことではないし、安全なことでもない」。他方、バークの意見は、「その基礎が極端なものには反対するという点におかれているのだから、決して極端には至りえないのである(75)」。

バークはフランス革命の過激主義の原因を新しい哲学のうちに見出している。「古い道徳」は「社会的善意と個人的自己否定の」道徳であった。パリの哲学者たちは、「個人的自己抑制」や自制や「厳格で制限を加えるような徳」の高貴さを否定する。彼らが認めるのは、ただ「自由な」徳、「彼らが人間性とか善意と名づける徳」だけである。(76)このように理解された人間性は放埒さとうまく調和する。それは放埒さを助長しさえする。それは結婚の絆を弛《ゆる》めさせ、劇場をもって教会の代わりとする。それに加えて、「彼らの道徳を弛緩させるのと同じ規律」が、「彼らの心をかたくなにする」。フランス革命の理論家たちの極端な人道主義は、必然的に獣性へと転じる。なぜなら、そのような人道主義は、基本的な道徳的事実は、根本的な身体的欲求に対応した権利であるという前提に立脚しているからである。すべての社会性は派生的なものであり、事実、人為的なものである。たしかに、市民的社会は根本的に人為的なものである。それゆえ、市民の徳は、「自然的感情の幹に」接ぎ木されるわけにはいかない。しかし、市民的社会は必要なばかりか、高貴で神聖なものとみなされている。したがって、自然的感情、しかもすべての自然的感情は、いわゆる愛国心や人間性の要求と称されているもののために、無慈悲にも犠牲にされなければならない。フランスの革命家たちがこれらの要求に到達したのは、彼らが科学者、幾何学者、化学者の態度をもって人間的事象に取りかかったからである。それゆえ、彼らは最初から、「道徳的世界の支えであるような感情や習慣に対しては、無関心という以上に一層悪い方向にあったのである」。彼らは「人間を実験の中で考察するのであって、エア・ポンプや有毒ガスの容器の中のネズミを考察するのと変わりがない」。したがって「彼らは、二千年といえども彼らが追求している善にとっては長すぎる期間だとは思わない、と公言する腹づもりなのである」。「彼らの人間性は消滅することはない。彼らはそれを長く停止させているだけである。……彼らの人間性は彼らの地平線上にある。——そして地平線と同じく、彼らの前方を常に逃げ去っていく」。フランスの革命家たちが、かつて慇《いん》懃《ぎん》な態度の作為性に対抗する何か自然的なものとして打ち出した彼らの放埒さが、「風体をわきまえぬ、粗野で、不愉快な、陰鬱で、衒学《げんがく》趣味と野卑の甚だしい混合」である理由を説明してくれるのも、彼らとその教師たちのこのような「科学的」態度なのである。(77)

したがって、バークは単に道徳的な教説の実質に関する改変に反対しているだけではない。同様に、それどころかむしろ主として、彼は道徳的な教説の態様に関しての改変に反対している。つまり、新しい道徳の教説は、働く人が目前の仕事について考えるような仕方でよりもむしろ幾何学者が図形や平面について考えるような仕方で、人間的事象について考える人間たちの所産である。バークによれば、フランス革命に独自の性格を与えたものは、このような実践的アプローチから理論的アプローチへの根本的な変換なのである。「フランスにおいて現在進行中の革命は、私の目からすれば……これまでヨーロッパにおいて純然たる政治的原理にもとづいて引き起こされたいかなる革命とも、ほとんど類似性ないし類比性をもたない。それは教理および理論的教条の革命である。それは宗教的根拠にもとづいて行なわれた変革、つまり改宗の精神がその本質的部分をなしているような変革の方に、より一層の類似性をもっている」。フランス革命はそれゆえ、宗教改革にある種の類似性をもっている。しかし「この一般的な政治党派の精神」あるいはこの「武装せる教理」は、「宗教からは分離されて」いて、実際それは無神論的である。フランス革命を導いた「理論的教条」は純粋に政治的なものである。しかし、その革命は政治の威力を宗教にまで、さらには人間精神の構造にまで及ぼしていったのであり、それゆえに、それは人類の歴史上最初の「完全な革命」なのである。しかしながら、その革命の成功は、それを動かした政治的諸原理によっては説明されることができない。これらの諸原理は、「ものを考えない多数者の自然的傾向性に最も媚びるもの」であるから、いつでも力強い魅力をもっていた。「このような人間の権利にもとづく」反乱の企てが、中世におけるジャックリー〈一三五八年に起こったフランス史上最大の農民一揆〉とジョン・ボール〈?―一三八一、ワット・タイラーの乱の指導者のひとり。「アダムが耕し、イヴが紡いだとき、誰がいったい貴族であったか」の言葉で有名〉の反乱、イギリス内乱期の過激派の奮闘のように、早くからあったのもそのためである。しかしこれらの企ては、一つとして成功しなかった。フランス革命の成功は、それを他のすべての類例から区別する多くの特性中の一つの特性によってのみ説明されることができる。フランス革命は最初の「哲学的革命」である。それは、文士たち、哲学者たち、「サラブレッドの形而上学者たち」が、「反乱の従属的な手先やラッパ吹きとしてでなく、主謀者や監督として」成し遂げた最初の革命である。それは「野望の精神と思弁の精神とが結び合わさった」最初の革命なのである。[78]

バークは、このように思弁的あるいは理論的精神が実践あるいは政治の領域にまで侵犯することに反対して、理論だけでは実践の十分な指針とはなりえないとする古い時代の見解を復活させたと言うこともできよう。彼はとくにアリストテレスに回帰したと言ってもよい。しかし、他のことはさておくとしても、バーク以前には誰もこの問題について、バークほどの力強さをもって語ってはいないことを、急いで付け加えておかなければならない。政治哲学という観点からすれば、理論と実践との問題に関するバークの所見は、彼の著作の中でも最も重要な部分であるとさえ、我々は言うことができよう。彼はこの問題について、とりわけアリストテレスがなした以上に力点をおいて力強く語った。というのも、彼は、新しい最も強力な「空論主義」の一形態、つまり哲学的起源をもつ政治的空論と闘わなければならなかったからである。政治に対するそのような「空論家的」アプローチは、フランス革命よりもかなり以前から、彼が批判的に注目する対象となっていた。一七八九年より数年もまえに、彼は「われら思弁的時代の空論主義者たち」について語っていた。人生のきわめて早い時期にバークの注意を、最も強力な仕方で「思弁と実践という古くからの抗争」に向かわせたのは、重要さを増しつつあった思弁のもつ政治的意義であった。[79]

彼がその最大の政治行動の着想、つまり、フランス革命に反対する行動のみならず、アメリカ植民者に味方する行動の着想を得たのは、そのような思弁と実践の抗争に照らし合わせてのことであった。いずれの場合にも、バークが反対した政治的指導者たちはある種の権利を主張した。すなわち、イギリス政府は統治権を主張し、フランスの革命家たちは人間の権利を主張した。いずれの場合にも、バークは全く同じ態度ですすんだ。彼は権利の方はあまり問題とはせず、権利を行使するための知恵の方を問題とした。いずれの場合にも、彼は法律尊重主義的アプローチに対抗させて、真の政治的なアプローチを復活させようと努めた。ところで彼は、独得の仕方で、法律尊重主義的アプローチを、歴史家や形而上学者や神学者や数学者のアプローチもそうなのであるが、「空論主義」の一形態とみなした。政治的事柄に対するこれらのアプローチはすべて、次のような共通点――あらゆる実践を統御する徳たる慎慮によって統御されていないという共通点をもっている。バークの用語法の適否については言うべき余地はあるにせよ、ここでは次のことを指摘しておけば十分である。すなわち、バークはその生涯における二度の重要な行動において彼が対立した政治的指導者たちを判定するに当たって、彼は彼らの慎慮の欠落を情念のせいにするよりも、むしろ理論的精神による政治的領域への侵犯のせいにしたということである。(80)

バークは、彼の時代に優勢だった理論を、歴史の名において攻撃したと、しばしば言われてきた。後に明らかになるように、この解釈も全く正当化されないというわけではない。

しかし、この解釈が限定的な正しさしか持たないことを知るためには、次のような事実から出発しなければならない。すなわち、バーク以後の世代の者にとって、歴史の発見とは言わないまでも、歴史への転換と映じたものは第一義的には、実践あるいは慎慮から区別された理論は本質的に限界を有するものであるとする伝統的見解への復帰であった、という事実である。

最も徹底した形の「空論主義」とは、実践が必要とする光はすべて、理論、哲学、科学によって与えられるとする見解のことであろう。このような見解に対抗してバークは、理論は実践を導くには不十分であって、それに加えて、実践を誤り導く傾向を本質的に持つものである、と主張する。[81] 実践、したがって実践知ないし慎慮は、まず第一に、それらが個別的で可変的なものに関わるのに対し、理論は普遍的で不変的なものに関わるという事実によって、理論から区別される。「人間および人間的事象に関わる」理論は、主として、道徳の原理に関わるとともに、「拡大された道徳の原理であるところの真の政治の原理」すなわち「統治の正しい目的」に関わる。我々は統治の正しい目的を知ってはいても、それらの目的が、今ここで、定着していると同時に一時的でもあるような個別的な状況の下で、どのようにして、またどの程度まで実現されうるかについては、何ごとも知らないのである。そして、「あらゆる政治的原理に対して独得の色合いと独自の効果」を与えるのは、これらの状況である。たとえば政治的自由は、状況の異なるに応じて、恩恵とも災いともなる。「国家（コモンウェルス）を建設し、それを刷新し、改革する学問」は、政治学の原理に関する知識とは異なって、「ア・プリオリには教えられるべくもない経験的学問」である。理論は統治の正しい目的ばかりでなく、目的に対する手段をも取り扱う。しかし、手段に関する普遍的に妥当するような規則というものはまず存在しない。時として我々は、「道徳そのものの原理のゆえに、道徳自体の規則を留保しなければならないような極度の危急の状態に直面すること」さえある。(82) 大抵の場合に有効であるような、この種の規則も数多く存在していて、それらはもっともらしさを持ってはいるが、それも稀な場合にはその適用が命取りとなり、積極的に誤りを犯すことになる。そのような規則は、偶然性をしかるべく考慮に入れていないのである。「あらゆる人間的事象において偶然性はきわめて大きな役割を割り当てられる資格を当然もっているのに、空論家たちはそのような大きな役割を偶然性にすすんで与えようとはしない」。彼らは偶然性の力を低く見て、そうして「なにほどかの確かさをもって我々の手の内にある唯一の道徳的信頼こそが、おそらく我々自身の時代の関心事である」ことを忘れてしまうのであるから、「預言者として語りはしても、政治家として語りはしないのである」。普遍的なものや一般的なものに対する関心は、個別的なものや独自のものに対する一種の盲目性を作り出す傾きがある。経験から導き出された政治的規則は、現在に至るまでの成功例や失敗例から引き出された教訓を表わしている。それゆえ、それらは新しい状況には適用されえない。これまでの経験に矛盾することがなかったために普遍的に妥当すると認められていたまさにそのような規則に対する反作用として、新しい状態が生じてくることもあるのである。人間は善においても悪においても創造的である。それゆえ、「[当該ケースの実際的状況とは異なる]他のデータにもとづく経験が、あらゆるものの中で最も当てにならない」というようなことも起こりうるのである。(83)

このことから、歴史がきわめて限られた価値しか持たないことが、帰結されてくる。歴史から「多くの政治的知恵が学びとられよう」が、しかしそれはただ「慣行としてであって、規範としてのものではない」。歴史は人間の知性を「目前の仕事」から逸らせて、人を誤らせるような類推へと向け変える傾きがある。そして人間は本来そのような誘惑に屈しがちである。それというのも、その個別的な性格のままにこれまで分節化されていなかった状況を分節化することは、その状況を、すでに分節化の済んでいる先例に照らして解釈することに比べて、格段に大きな努力を必要とするからである。「私は、大多数の人々が政治の事柄においては少なくとも五十年は遅れているのに……書物においてはすべてのことが、彼らがかなりの勤勉さや利口さを発揮する必要もなしに、解決されているのを、常々見てきた」とバークは言っている。このことは、政治家が「目前の仕事」のために歴史を必要とする場合もあることを、否定するものではない。理性や良識は、たとえば、「我々が追求してきた方策のために困難に陥った時はいつでも、我々はこれらの方策を厳密に再検討すべきである」こと、あるいは、我々は「もっと広範に歴史の細部にまで立ち入って調べるべきである」ことを、絶対的に命じる。歴史は実践知と――両者とも個別的なことに関わるという点で――共通している。歴史はまた理論と――歴史の対象、すなわち、過去の行為や事蹟 (*acta*) は、本来の行為の対象 (*agenda*)、すなわち、我々が今なすべき事柄ではないという点で――共通している。このようにして、歴史あるいは「回顧的知恵」は、それが古くからの思弁と実践の抗争を見事に和解させるのに役立ちえたかのような幻想を生み出している(84)。

困難な状況の解明と処理に含まれている難題を避けようとして人々が採用するもう一つの方法は、法律尊重主義である。彼らは時として、本来の政治的問題、つまり、それ自体としては今ここに関わる問題が、それ自体としては普遍的な事柄に関わる法律に訴えることによって十分に解決されうるという想定に立って、振る舞っている。バークが法律的アプローチを「理論的」とか「形而上学的」と呼ぶことがあるのは、慎慮にもとづくことと法律にもとづくこととの相違を念頭においてのことである。彼は、「通常の場合に適合的」な法律的なるものの「限定的で固定的な」性格と、「新しい困難な場面が出現したときに」人々を導きうる唯一のものである慎慮とを、対比させている(85)。

したがって理論は、実践知には必然的に欠けている単純性、斉一性、厳密性をそなえている。人間および人間的事象に関わる理論の特性は、それが最善の秩序あるいは端的に正しい秩序かもしくは自然状態かを主として取り扱うという点にある。いずれの形をとる場合も、理論は主として最も単純な場合に関わる。このような単純な場合は、実際には決して生じない。現実の秩序が端的に正しいことはないし、あらゆる社会秩序は自然状態とは根本的に異なる。それゆえ、実践知はつねに、例外、変更、均衡、妥協、混合などを取り扱わなければならない。「日常生活の中に入り込んだこれらの形而上学的諸権利は、濃密な媒質の中に射し込んだ光線と同じく、自然の法則によって、直進方向から屈折させられる」。「社会の諸目的はこの上なく複雑である」ために、「人間の本源的諸権利」は「その本来の方向の単純性」を維持することができない。「そして［これらの諸権利は］形而上学的に真であるのに応じて、道徳的かつ政治的に偽なるものである」。それゆえ実践知は、理論とは対照的に、「きわめて繊細で複雑な練達」を必要とする。それは長年の多様な実践からのみ生まれてくる練達である。[86]

他方において、バークは理論を「精緻な」あるいは「洗練された」ものと特徴づけ、単純さと平明さの中に健全な政治の本質的性格を見ている。「洗練された政策はこれまで常に混乱の生みの親であった」。社会がそれに対して備えねばならない欲求や、社会が従わねばならない義務は、各人にとって、彼の感情や良心によって知られる、と言うことができよう。政治理論は政治問題に対する最善の解決策に関して問題を提起する。他のことはさておき、この目的のためには、政治理論は日常的経験の限界を超出することになる。すなわち、それは「洗練される」。市民的分別の人は、最善の解決策については漠然と意識するにすぎないが、現下の状況では最善の解決策にどのような変更を加えたものが適切であるかについては、明確な意識をもつものである。今日的な例をとって言えば、彼は、現在はただ「単純ではあっても広域にわたる文化[87]」のみが可能であるという事実に気づいている。健全な行為にとって必要な明快さは、最善の解決策に関する明快さが高められたからといって、あるいは、何か他の種類の理論的明快さが高められたからといって、必ずしも高められるものではない。すなわち、象牙の塔あるいはまた実験室の明るい光は、政治的な事象を、その事象がその中に存在している媒体そのものを損うことによって、むしろ曖昧にしてしまうのである。一定の状況下での統治目的にかなりの程度適合する政策を立案するには、「きわめて繊細で複雑な練達」を必要とする。しかし、そのような政策も、もし人民がその健全さを見ることができなければ、失敗に終わる。「洗練された政策」は信用を損ね、したがってまた完全な服従をも得られなくなる。政策は、「あらゆる政策の一層広範な根拠」という点からすれば、「平明」でなければならないが、他方、「計画の一部をなす特定の措置の根拠」が、その措置を享受するはずの人々の通常の能力に適合的であるということ、あるいは、その根拠が彼らに知らされているということさえも、必要ではない。「彼らの感情と経験」によって「好奇心の少ない人」は、「最も本質的な点において」、「最も賢く利口な人と同等で」ありうるし、またあるべきである[88]。

さらに、実践は個別的なものへの関与、もっと正確に言えば、「本人自身のもの」(本人の祖国、本人の属する民族、本人の宗教団体等々)への関与を前提するが、他方、理論は関与することなく離れている。何物かに関与することは、それを配慮すること、それと関わりをもつこと、それによって影響されること、それに利害関係をもつことを意味する。実践的事柄は、理論的問題とは異なって、「人間の本務と人間の内奥に帰ってくる」。理論家は本来の姿としては、他の事柄以上に自分の事柄や自分の属する集団の事柄に関心を抱くことはない。彼は、「冷淡で動きが鈍い」とは言わないまでも、公平で中立的である。「思弁家は中立的であるべきだが、大臣は中立的であるわけにはいかない」。行為する人間は、必然的にかつ正当にも、自分自身のものに対して贔屓《ひいき》する。一方に加担することは彼の義務である。バークが意味していることは、理論家は「価値判断」を下してはならないということではなく、彼は理論家としては、いつどこで見出されるかにかかわりなく、卓越せるものの味方である、ということである。彼は彼自身のものを差し置いて、善いものの方を無条件に選ぶ。しかしながら、行為する人間はまず第一に、自分自身のものに、自分に一番身近で大切なものに、それが卓越性においてどれほど欠けているにせよ、関与する。実践の地平は理論の地平に比べて必然的に狭い。理論はより広い展望を開くことによって、またそのことにより実践的営為の限界をあらわにすることによって、ややもすれば実践への全面的献身を危うくしがちである(89)。

実践は待つことができないから、理論のもつ自由をも欠いている。「我々は事柄を……時間に従わせなければならない」。実践的思考は、最終期限を念頭においた思考である。それは最も適切なものよりは、むしろ最も焦眉のことに関わる。それは理論のもつ気楽さやゆとりに欠ける。それは「意見の表明を避けたり」判断を留保したりすることを許さない。それゆえ、それは理論的思考に比べて、一段低い程度の明晰性と確実性で満足しなければならない。すべての理論的「決定」は、取消し可能であるが、行動は取消し不可能である。理論は幾度でも最初からやり直しができるし、またやり直さなければならない。最善の社会秩序を問題にすること自体、「現体制の崩壊を想定した上で……問題を討究している」ことを意味している。すなわち、実践的思考においては「悪しき習慣」とされるようなことをしていることを意味している。理論とは対照的に実践は、過去の決定によって、したがって確定されたことによって、限定される。人間的な事柄においては、所有は正当な権原とみなされる。それに反して、理論的な事柄においては、通念となっている見解を支持する前提というものは存在しないのである。[90]

思弁は、本質的には「私的なもの」であるから、世論に配慮することなく、真理そのものに関わる。しかし「国家の政策」や「政治問題は第一義的に真偽に関わるというわけではない。それらは善悪に関わる」。それらは平和や「相互の便益」に関わるのであり、それらを満足のゆくように処理するためには、「猜疑心をもたぬ信頼」、同意、協約、妥協が必要である。政治的行動には、「人民の気分を賢明に統御すること」が求められる。「共同体の一般的意識に……方向性」を与えようとする場合にさえ、政治的行動は「公衆の傾向に……従わ」なければならない。「人民の声の抽象的価値」について人がどのように考えるべきかにかかわりなく、「……「国家」の偉大な支柱たる意見は、人民の声に全面的に[依存している]」。そこから、形而上学的に真なることが政治的には偽であるということも、容易に生じてくるのである。「確立された意見」、「公共の平穏に寄与するところが大きく一般に承認されている意見」は、「不可謬のもの」ではないとしても、揺るがされてはならない。偏見は「宥和され」なければならない。本来の基本的原理は、それ自体としては既存の国制を超出するものであるが、政治的生はこのような基本的原理が休眠状態にとどまることを必要とする。継続性の一時的中断は、「目にふれぬよう遮蔽され」なければならないし、あるいは「抜け目なく上手に仕立てられたヴェール」がその上を覆うように投げかけられなければならない。「あらゆる政府の開始には、それを覆う聖なるヴェールがある」。思弁は「革新的」であり、学問を「湛える水」は「それが力能を発揮するに先立って掻き立てられなければならない」のに対し、実践はできるだけ先例や実例や伝統に沿っていなければならない。「古くからの慣習こそが世界中のすべての政府の偉大な支えなのである」。たしかに社会は同意に基づくものである。しかし同意は論証だけで達成されるものではない。それはとくに共に生きることから得られる利点を単に計算することによって——短期間を視野に入れて完結される計算によって——ではなく、長い時期にわたって熟成してきた習慣や偏見によってはじめて達成されうるものである。理論は誤謬や偏見や迷信を斥けるが、政治家はそれらを利用する。[91]

理論の政治への侵犯は、政治の不安定さを増し、それを煽り立てる効果をもつ。いかなる現実の社会的秩序も完全ではない。「理論的探究」は、既存の秩序の不完全性を必ず明るみに出すものである。これらの探究が政治的議論の中に導入されると、政治的議論は当然のことながら「哲学的探究の冷静さ」を欠いているのだから、既存の秩序に関して「人々の間に不満を掻き立て」がちである。そしてこの不満が、合理的改革を不可能にすることもありうるのである。最も正統的な理論的問題は、政治の世界では「厄介な問題」となり、「論争好きの精神」と「熱狂主義」を引き起こす。「国家や王国の論理」を超えた考察は、「学校に」委ねられねばならない。「というのも、学校においてのみ、それらは安全に議論されうるからである」[92]。

これまでの段落から推量されることであるが、バークは、実践知を理論的学問の侵略から守ることだけでは満足しなかった。彼は、理論とりわけ形而上学を軽侮することによって、アリストテレス的伝統と訣別する。彼は「形而上学」とか「形而上学者」という言葉を、しばしば蔑称的意味で用いている。このような用語法と次の事実、すなわち、彼がエピクロスの自然学を「合理性に最も接近したもの」と考えたのに対し、アリストテレスの自然哲学を「彼にふさわしくないもの」とみなしていたという事実との間には、連関がある。[93] バークが形而上学に浴びせる酷評と、彼の同時代ヒュームとルソーの懐疑論的傾向との間にも連関がある。少なくとも次のことだけは言っておかなければならない。すなわち、バークの理論と実践の区別はアリストテレスのそれとは基本的に異なるということである。なぜなら、バークの場合の区別は、理論ないし理論的生活の究極的優越性についての明確な信念に基づいているのではないからである。

このような主張を支えるのに我々は、バークの用語法や彼の思想傾向から由来する一般的印象に全面的に依存する必要はない。彼は『崇高と美の観念の起源に関する哲学的探究』という一冊の理論的著作を書いている。その著作の中で、彼は理論的学問の限界について、非論争的口調で次のように語っている。「我々が事物の直接的に感覚しうる性質から一歩でも踏み出す時に、我々は自分の背の立たない深みに入るのである。その後に我々が試みることはすべてはかないもがきでしかない。そのことは、我々が我々に属していない領分に居るということである」。物体的現象と精神的現象についての我々の知識は、それらの作用する仕方、つまりそれらの「いかに」(How) に限られていて、それらの「なぜに」(Why) には決して至ることができない。この探究の標題そのものが、バーク唯一の理論的労作の系譜を示している。それはロック、そしてバークの知人たるヒュームを思い出させるものがある。バークはロックについて、「この偉大な人物の権威たるや疑いもなく他に並ぶ者もないほど偉大である」と述べている。『崇高と美』の最も重要な命題は、イギリス的感覚論と完全に一致し、古典的理論とはあからさまに対立する。バークは、一方における美、他方における完全性、均衡、徳、便宜性、秩序、適宜性、その他の「知性の産物」、両者の間に連関があることを否定する。換言すれば、可視的あるいは感覚的な美を知性的な美の視点から理解することを拒否している。[94]

感覚的美を、伝統的に想定されてきたように知性的な美の方へ方向づけるやり方から解放することは、感情と本能とを理性からある程度解放することを、あるいは理性のある程度の価値低落を予示し、それに伴うものである。このような理性に対する新しい態度が、バークが理論と実践の相違について述べたときの非古典主義的な論調を説明してくれる。近代の「合理主義」に対するバークの反対の態度は、「合理主義」そのものに対する反対へとほとんど無意識的に移行していった。[95]理性の欠陥に関して彼が述べていることは、たしかに部分的には伝統的なものである。彼は、「人類の判断」、「種」の知恵、「人類古来の永遠の良識」、すなわち一般的合意（*consensus gentium*）に与《くみ》して、個人の判断を貶《おとし》めることと以上には進まなかった場合もあれば、「長く継続する幾世代もの」経験や「幾時代もの集約された理性」の経験の広がりと多様性とに与して、個人が獲得しうる経験を貶めることと以上に出なかった場合もある。[96]バークの理性批判の斬新さは、その最も重要な実践的帰結のうちに曖昧さを残すことなく現われている。彼は、国制は「成長」しなければならないとする見解に与して、国制は「制作」されることができるとする見解を斥ける。したがって彼は、最善の社会秩序は個人の、賢明なる「立法者」あるいは創始者の作品でありえ、またそうでなければならないとする見解を、とりわけ斥けるのである。(97)

この点を一段と明確に見るには、イギリスの国制についてのバークの見解――彼は控え目に言ってもイギリスの国制をどの国制にも劣らぬものとみなしていた――を、最善の国制に関する古典的見解と対比してみることが必要である。古典的理論によれば、最善の国制は理性の考案物、すなわち、一個人あるいは少数の個人による意識的活動や計画の考案物である。それは人間的自然の完成の要件を最高度に満たすものであるゆえ、あるいは、その構造は自然の範型を模倣するものであるゆえ、自然と合致している、あるいは自然的秩序なのである。しかし、その産出の仕方に関して言えば、それは自然的ではない。それは、構想、計画、意識的作成の産物であって、自然的過程ないしその模倣によって出現したものではない。最善の国制は多様な目的に向けられているが、それらの多様な目的は、それらの目的のうちの一つが最高の目的となるような仕方で、本性的に相互に結び合わされている。それゆえ、最善の国制は、本性的に最高の目的であるような単一の目的に特に向けられている。他方、バークによれば、最善の国制が自然と一致し、自然的であるのは、また、そして何よりもまず、それが計画によってではなく、自然的過程の模倣によって成立したからである。すなわち、主導的な反省によるのでなく、継続的に、無意識のうちにとは言わないまでも、ゆるやかに、「非常に長い時間をかけて、また非常にさまざまな偶然によって」出現したからである。「新しく空想され、新しく捏造《ねつぞう》された国家」は必然的に劣悪である。最善の国制はそれゆえ、「正規の計画に基づいて、あるいは統一的な立案によって形成されるもの」ではなく、「この上なく多種多様な目的」に向けられたものである。(98)

もし誰かが、健全な政治的秩序は歴史の産物でなければならないとする見解をバークによるものとするなら、彼はバーク自身の発言内容を越えている。「歴史的」と呼ばれるようになったものは、バークにとっては依然として、「地方的で偶然的なもの」のことであった。「歴史的過程」と呼ばれるようになったものは、彼にとっては依然として、偶然的因果作用か、あるいは、生起した状況の賢明な処置によって変形された偶然的因果作用であった。したがって、健全な政治的秩序も、彼にとっては結局、偶然的因果作用の予期せざる結果なのである。彼は健全な政治的秩序を生み出すのに、近代の政治経済学が公共的繁栄の産出について教示したことを応用した。すなわち、共通善は、それ自体共通善に向かって指図されたのではない活動の産物である、というのである。バークは、古典的原理とは正反対の近代政治経済学の原理を受け入れた。「利得欲」、「この自然にして、この合理的なる……原理こそ」「あらゆる国家の繁栄の偉大なる原因である」(99)。善き秩序や合理的秩序は、それ自体としては善き秩序や合理的秩序に向けられていない努力の産み出す結果である。この原理は最初は惑星系に適用され、その後で「欲求の体系」すなわち経済学に適用された(100)。健全な政治的秩序の生成に対するこの原理の適用は、歴史の「発見」における二つのきわめて重要な要素のうちの一つである。もう一つの同等に重要な要素は、同じ原理を人間における人間性の理解のために適用することによって与えられた。人間における人間性も、偶然的な因果作用によって獲得されたものとして理解されたのである。このような見解は、その古典的叙述をルソーの『不平等起源論』の中に見出すことができるが、結局次のような結論に導くものである。すなわち、「歴史的過程」は絶対的瞬間という頂点に達するものと考えられる。つまり、盲目的運命の所産である人間が、何が政治的かつ道徳的に正であり不正であるかを、はじめて適切な仕方で理解することによって、自らの運命を見通す巨匠となる瞬間という頂点に到達するというのである。この見解は、「完全なる革命」、「人間精神の構造にまで」及ぶ革命に導くのである。バークは、絶対的瞬間の可能性は否定する。人間は決して自らの運命を見通す巨匠にはなりえない。最も賢明な個人が自ら考え抜いたことでも、「きわめて長い時間をかけて、きわめて多様な偶然によって」生み出されたものに比べれば、常に劣るのである。それゆえ彼は、「完全なる革命」の実現可能性ではなくとも、少なくとも正統性を否定する。フランス革命の根底に存する誤りに比べれば、他のすべての道徳的あるいは政治的誤りは色褪せてほとんど無にひとしい。フランス革命の時代は、絶対的瞬間であるどころか、「最も蒙昧なる時代であり、市民的社会が最初に形成されて以来おそらく立法する資格に最も欠けた人間の時代」である。それは完全に邪悪な時代であると言いたくなる。現在を賛美するのでなく軽蔑すること、古代の秩序ひいては騎士道の時代を軽蔑するのでなく賛美すること、それが健全な態度である。――すべて善きものは相続される。必要なものは「形而上学的法論」ではなく「歴史的法論」である。[101] こうしてバークは「歴史学派」への道を掃き清めるのである。しかしバークがフランス革命に対して非妥協的なまでに反対したにしても、我々はそのことによって、次の事実を見失わされてはならない。すなわち、彼はフランス革命に反対するのにも、その革命理論の根底にあったのと同一の根本的原理、これまでの思想とは異質の原理に依拠していたという事実である。

バークが、一方における「利得欲」と繁栄の結合関係、他方における「きわめて多様な偶然」と健全な政治的秩序の結合関係を、摂理の秩序の一部とみなしていたことは、言うまでもないことである。人間の反省によって導かれたのでない過程は摂理の秩序の一部であるから、その過程の所産は人間の反省の所産に比べて、叡知において限りなく優越している。同様の観点からカントは、ルソーの『不平等起源論』の教説を弁神論として解釈していた。[102] したがって、歴史の観念は、近代の政治経済学と同じく、摂理への伝統的信仰を改変することによって出現することができた。この改変は通常「世俗化」として記述されている。「世俗化」とは、霊的なものや永遠的なものの「時間化」である。それは永遠的なものを時間的な脈絡の中に統合しようとする試みである。したがってそれは、永遠的なものはもはや永遠的なものとしては理解されないことを前提している。換言すれば、「世俗化」は思想の根本的な転換を、つまり思想の一つの地平から全く異なる地平への移行を前提している。この根本的な転換は、近代哲学ないし科学の出現においてまぎれもない形で現われている。それは神学の内部にとどまる転換ではない。神学概念の「世俗化」として現われてきたものは、結局のところ、伝統的神学を、近代哲学や自然的ならびに政治的科学によって生み出された知的雰囲気に適応させたものとして理解されなければならないだろう。摂理解釈の「世俗化」は、神の道は十分に啓蒙された人間にとっては測り知ることのできるものであるという見解において頂点に達している。神学的伝統は、摂理の神秘的性格を、神は自らの善き目的のためには悪をも用いあるいは許し給うというまさにその事実によって認めていた。それゆえ、神学的伝統は、人間は神の摂理によっては自らの方向を見定めることはできず、ただ神の法によって、つまり悪をなすことを人間に端的に禁ずる神の法によってできるだけである、と主張した。摂理の秩序が人間にとって理解可能なものとみなされてくるにつれて、したがってまた、悪が明らかに必要かつ有用なものとみなされてくるにつれて、悪しき行為を禁じることは、その明証性を失っていった。こうして、以前には悪として非難されていたさまざまな行為の様態が、今や善とみなされるようになった。人間の行為の目標は低いところに置かれるようになった。しかしこのような目標の低位化は、近代の政治哲学がその最初から意識的に意図していたことなのである。

バークはフランス革命が全面的に悪いものであることを信じていた。彼はフランス革命を、今日我々が共産主義革命を非難するのと同じく、強硬に無条件に非難した。彼は、「あらゆる宗派、あらゆる宗教に対して戦争を」仕掛けたフランス革命が勝利を収めることがありうることを、そしてその結果、革命的状態が「数百年にわたって地上の一つの災厄として」存続することが可能であるとみなしていた。したがって彼は、フランス革命の勝利が摂理によって定められていることもありうるとみなしていた。このことから、摂理についての彼の「世俗化された」理解に応じて、彼は次のような結論を引き出している。すなわち、「もし法律や慣習や宗教や政治を取り入れているヨーロッパの制度」が破滅を運命づけられているのだとすれば、「人間的事象におけるこのような強力な流れに頑強に抗しつづける人は、……確固として不抜というのではなく、偏屈で頑固ということになろう」[103]。バークは、人間的事象における完全に邪悪な流れに抗することは、もしその流れが十分に強力なものであるときには、偏屈でしかない、と言いかねないところまで来ている。彼は最後の防衛線まで抵抗することの貴さを忘れている。人類の敵に対して孤立無援の状態でなされる抵抗は、「火をふく銃砲や翻る旗とともに没落しても」、それは誰も思いもかけなかったような仕方で、人類が被った甚大な損失の記憶を呼びさましておくことに貢献し、その回復の欲求や希望をかき立て強化し、果てしなく見える暗黒と破壊の谷間の中でつつましやかに人間的な仕事を続けている人々への狼煙となるかもしれぬことを、彼は考えないのである。彼がこのことを考えないのは、現在失われている大義は永遠に失われたのではないかということを人が知りうること、道徳法則とは異なる摂理の配剤の意味を人は十分に理解しうることを、彼がまた確信しているからである。バークのこのような思想から、ほんの一歩進めば善と悪との区別を、進歩的なことと後退的なこととの区別、歴史的過程に調和することと調和しないこととの区別によって、取りかえるという考えになる。我々はここでは確かに、失われた大義をあえて支持するカトーとは、反対の極にいるのである。

バークの「保守主義」は古典的思想と完全に一致しているのに、彼の「保守主義」に関する彼自身の解釈は、フランス革命の理論家たちの「ラディカリズム」が人間的事象に対して示したアプローチがそうであった以上に、古典的思想とは無縁なアプローチを準備するものであった。政治哲学ないし政治理論は、その始まりの時から、あるべき姿の市民的社会の探究であった。バークの政治理論は、イギリスの国制の理論、すなわち、現実の国制の中に「浸透している潜在的な叡知を見出そう」とする試みと、同じものであり、あるいは同じものとなろうとする傾きがある。バークがイギリスの国制を賢明なものと認めるためには、当の国制を超えた基準によってそれを計らなければならなかった、と考えられよう。彼がある程度まではまさにそのことを実行していることは疑えない。彼は、それ自体としてイギリスの国制に先行する自然権について、倦むことなく語っている。しかし彼はまた、「我々の国制は古くからの慣行にもとづく国制である。それは太古の昔から存在していることを唯一の権威の拠りどころとしている国制である」、すなわち、イギリスの国制はイギリス人の自由を、「何か他のより一般的で先行する権利に関わりなく、とりわけこの王国の人民に属する一つの財産として」要求し主張する、とも言っている。古くからの慣行は体制にとっての唯一の権威ではありえない。したがって、国制に先立つ権利、つまり自然権に訴えることも、もし慣行が善きものをそれだけで十分に保障するものではないとすれば、余分なことではなくなる。もしも基準が過程そのものの中に内在しているとすれば、すなわち、「現実的なものと現存するものは理性的である」とすれば、超越的基準はなくて済ませうる。善きものと父祖伝来のものとのあの太古の同一視への回帰として現われてきたものこそ、実際、ヘーゲルを準備したものであった[104]。

先に我々は、後になって歴史の発見として現われてきたものは、本来はむしろ理論と実践の区別を復活させたものであったことを指摘しておいた。この区別は十七、十八世紀の空論主義によって、あるいは本質的に同じことであるが、あらゆる理論を本質的に実践に奉仕するものとして理解する立場(知ハ力ノタメニ *scientia propter potentiam*)によって曖昧にされてしまった。理論と実践の区別の復活は、最初から、理論的形而上学に関する懐疑主義によって、すなわち、実践を重視し理論を軽視することで頂点に達する懐疑主義によって、変更を加えられていた。これらの先蹤に従って、実践の最高の形態——政治社会の設立と形成——は、反省によっては統御されない準-自然的過程とみなされるようになり、こうしてそれは純粋に理論的なテーマとなることができた。政治理論は、実践が生み出したものを理解し、あるいは現実的なものを理解するものとなり、あるべきものの探究であることを止めた。政治理論は、「理論的に実践的」（すなわち、一歩退いた地点での熟慮）であることを止め、形而上学（および自然学）が伝統的に純粋に理論的であると理解されたのと同じ仕方で、純粋に理論的なものとなった。ここに新しいタイプの理論、新しいタイプの形而上学が誕生することになった。すなわち、人間の行為の対象とは決してなりえぬ全体者よりもむしろ人間の行為とその所産とを、その最高のテーマとする新しいタイプのものである。人間の行為は、全体者およびそれに定位する形而上学の中では、高くはあるが従属的な位置を占めているにすぎない。形而上学が、今日そうしているように、人間の行為とその所産とを、他のあらゆる存在者と過程とが目指すべき目的とみなすに至ったとき、形而上学は歴史の哲学となった。歴史の哲学は何よりもまず、人間の実践についての、必然的にそれとともに人間の完結した実践についての理論であり、観照であった。それは、有意義な人間的行為、つまり歴史は完結することを前提した。実践は哲学の最高のテーマとなることによって、本来の実践、すなわち、なされるべきこと（*agenda*）に関わることを止めた。キルケゴールやニーチェの側でのヘーゲル主義に対する反抗は、それが現在世論に強い影響を及ぼしている限りにおいて、実践の可能性を回復する試みとして、すなわち、有意義な未決定の未来をもつ人間生活の可能性を復活する試みとして現われてくる。しかしこれらの試みは、理論の可能性そのものを徹底的に破壊したのであるから、混乱を増幅させることになった。「空論主義」と「実存主義」は、誤れる両極論として我々の目の前に現われている。両者は相互に対立しつつも、決定的な点——「この天の下なる世界の神」である慎慮を無視する点において、相互に一致する。(105) 慎慮と「この天の下なる世界」は、「天上の世界」についての知がなければ——真正のテオリアがなければ、十全に知られることはできない。

過去の偉大な著作のうちでキケロの『国家』以上に、バークがイギリスの国制についてなした報告に精神的に近いものはないように思われる。キケロのこの傑作は一八二〇年になるまで発見されなかったのであるから、バークはこの作品を知りえなかった。それだけに両者の類似性は一層注目に値する。バークがイギリスの国制をモデルとみなしたのとちょうど同じく、キケロも最善の政体はローマの政体であると主張した。キケロは、ソクラテスがプラトンの『国家』のなかでなしたように新しい政体を考案するというのでなく、むしろローマの政体を記述することを選んだ。バークとキケロのこのような主張は、それだけを取ってみれば、古典的原理と完全に合致する。すなわち、最善の政体は本質的に「可能」なのだから、それはある場所ある時点において現実化されえたということになる。

しかしながら、注目すべきことは、バークがモデル的体制は彼の時代に実現されていたと考えたのに対し、キケロは最善の政体は過去において実現されていたがもはや現実のものではないと考えていたことである。とりわけキケロは、最善の政体の特徴は、いかなる実例をも、とくにローマ政体の実例をも顧慮することなく、決定されうることを、完全に明らかにした。いま論じている点については、キケロとプラトンの間には何ら特別に相違はない。プラトンは『国家』の続篇、すなわち『クリティアス』を書き始めたが、そこにおいては『国家』の「考案された」政体は過去のアテナイにおいて実現されていたことが示されることになった。バークとキケロの間の以下のような一致点は、一層重要なことに思われる。すなわち、バークがイギリスの国制の卓越性の原因を、それが「きわめて長い期間をかけて」成立したものであって、「幾つもの時代の集約された理性」を体現しているという事実に求めたのとちょうど同じく、キケロもローマ政体の優越性の原因を、それが一人の人間あるいは一世代の作品でなく、多くの人間と多くの世代による作品であったという事実に求めたという点である。キケロは、ローマの秩序が最善の政体に発展していった道程を「ある自然な道」と呼んでいる。しかし「新しい統治体の制作という考えそのもの」に対して、キケロはバークのように「嫌悪と恐怖」を抱いていたわけではない。キケロが、一人の人間の作品であるスパルタの政体よりも、多くの人間と多くの世代の作品であるローマの政体の方を好んだとしても、彼は、スパルタの政体が尊敬に値することを否定したわけではない。ローマの政体の起源に関するキケロの叙述において、ロムルスはほとんどリュクルゴスと対《つい》をなす人物として現われてくる。キケロは、市民的社会が卓越した個人によって設立されるとする考えを、放棄してはいない。ローマの政体がその完成態へ至ったときに辿った「自然の道」とキケロが解するものは、運とは対極にある「協議と訓練」であった。彼は「自然の道」を反省によって導かれることのない過程とは解していない。(106)

バークは健全な社会秩序の特性に関して、古典理論とは意見を異にしていたために、健全な社会秩序の生成に関しても、古典理論とは見解を異にした。彼の見るところでは、健全な社会的ないし政治的秩序は「規則正しい計画や統一的立案にもとづいて形成される」はずのものではない。なぜなら、そのような「体系的な」手順、人間の考案する知恵へのそのような思い込みは、可能な最高度の「人格的自由」とは相容れないと思われるからである。国家は「最大限に多様な目的」を追求しなければならず、「それらの目的のうちのどの一つをも、他の目的のために、あるいは全体のために犠牲にすること」はできるだけ少なくしなければならない。国家は「個性」に関わらなければならないし、「個人の感情や個人の利害」に対してできるかぎり最大限の配慮を払わなければならない。まさにこのために、健全な社会秩序の生成は、反省の導きによる過程であってはならず、自然的で無意識な過程にできるだけ近い過程でなければならない。自然的なものは個人的なものであり、普遍的なものは知性の所産である。自然性と個性の自由な開花とは同一のことである。したがって、個人がその個性において自由に発展することは、混沌に導くどころか、最善の秩序を、すなわち、「全体集団のなかでの若干の不規則性」と両立するのみならず、その不規則性を必要ともするところの秩序を生み出すのである。不規則性の中にこそ美が存在する。「方法と厳密性、均整の精神は、美の原因にとって利するよりも、むしろそれを損なうものであることが知られる」(107)。古代人と近代人の間の論争は、結局のところ、そしておそらくその最初から、「個性」の位置づけに関係している。バーク自身は、なおあまりにも深く「健全な古代」の精神を吸い込んでいたので、個性への関心が徳への関心に打ち克《か》つことを許すことができなかったのである。

原注

序論

（1） "Ernst Troeltsch on Natural Law and Humanity," in Otto Gierke, *Natural Law and the Theory of Society*, translated with Introduction by Ernest Barker, I (Cambridge: At the University Press, 1934), 201-22.

（2）「専制政治の中にはいかなる法秩序も存在せず、そこに支配しているものは専制君主の恣意である、という主張は全くもって馬鹿げている……専制的に支配された国家といえども、人間的振舞いの何らかの秩序を表わしているからである。……かかる秩序はまさに法秩序なのである。そこに法的性格を認めようとしないのは、単なる自然法的素朴さ、あるいは思い上がりでしかない。……恣意と思われたものは、あらゆる決定を独占し、従属的諸機関の活動を無制約的に規定し、ひとたびうち立てられた規範をいつでも一般的あるいは単なる特殊的効力をもって撤廃したり変更したりする独裁者の法的可能性にすぎない。そのような状態はたとえ不都合に思われようとも一つの法的状態である。そのような状態もよき側面を持つ。その近代の法治国家においても独裁を求める声が稀でないことがこのことを明瞭に物語っている」(Hans Kelsen, *Allgemeine Staatslehre* [Berlin, 1925], pp. 335-36)。ケルゼンは自然権に対する態度を自ら変えはしなかったのだから、私にはなぜ彼が英訳版からこの教訓的な一節を削除したのかその理由が分からない(*General Theory of Law and State* [Cambridge: Harvard University Press, 1949], p. 300)。

（3） *Physics* 196a25 ff., 199a3-5.

I

(1) 以下を考察せよ。Plato, *Republic* $456^{b}12$–$^{c}2$, $452^{a}7$–8 and $^{c}6$–$^{d}1$; *Laches* $184^{d}1$–$185^{a}3$; Hobbes, *De cive*, II, 1; Locke, *Two Treatises of Civil Government*, Book II, sec. 12. それと連関して *An Essay on the Human Understanding*, Book I, chap. iii. また Rousseau, *Discours sur l'origine de l'inégalité*, Preface; Montesquieu, *De l'esprit de lois*, I, 1-2; Marsilius, *Defensor pacis* ii. 12. 8 と比較せよ。

(2) Aristotle, *Eth. Nic.* $1134^{b}24$–27.

(3) 十九世紀と二十世紀の法実証主義は、コンヴェンショナリズムとも歴史主義とも単純に同一視することはできない。しかしそれは究極的には一般に受け入れられている歴史主義の前提からその力を引き出しているように思われる（とくに Karl Bergbohm, *Jurisprudenz und Rechtsphilosophie*, I [Leipzig, 1892], 409 ff. を見よ）。自然権の可能性に対するベルクボームの真っ向からの反論（実定法秩序に対して自然権が及ぼす破壊的な結果を示すことだけを意図した反論とは区別される）は、「人間によっては把握されることができず、ただ信仰篤き者においてのみ予感されうる一なる者以外には、いかなる永遠にして絶対的なるものも存在せぬ、という否定しがたい真理」（p. 416 n.）に、すなわち、「我々が歴史的・実定的法に判定を下す際に参照した基準は、……それ自体絶対的にその時代の子供であり、常に歴史的かつ相対的である」（p. 450 n.）という仮説に基づいている。

(4) Plato, *Minos* $314^{b}10$–$315^{b}2$.

(5) 「……［その国家の］不完全性について言えば、国家にもしそれがあるとした場合、いったいそれらの中に種々異なるものがあるという事実がすでに、それらの多くが不完全性を持つことを証示するのに十分である……」(Descartes, *Discours de la méthode*, Part II)。

(6) 人類の歴史への関心と死後の生への関心との間の緊張については、カントの"Idea for a universal history with cosmopolitan intent," proposition 9 (*The Philosophy of Kant*, ed. C. J. Friedrich ["Modern Library"], p. 130)。また、ヘルダーが十九世紀の歴史の思想に影響を及ぼしたことはよく知られているが、彼の命題「この人生には五幕あり」をも考えてみよ (M. Mendelssohn, *Gesammelte Schriften, Jubiläums Ausgabe*, III, 1, pp. xxx-xxxii を見よ)。

(7) "Âme," *Dictionnaire philosophique*, ed. J. Benda, I, 19.

(8) レッシングのメンデルスゾーン宛の書簡(一七七一年一月九日付)を見よ。

(9) この選択を理解するためには、一方ではその選択とニーチェが「カリクレス」に対して抱いた共感との関係、他方では彼が観照的な生よりも「悲劇的な生」を選んだことを考慮しなければならない (Plato, *Gorgias* 481^{d} and 502^{b} ff. それに *Laws* 658^{d} 2-5 を見よ。また、ニーチェの *Vom Nutzen und Nachteil der Historie für das Leben* [Insel-Bücherei ed.], p. 73 を参照せよ)。この一節は、ニーチェが歴史学派の根本的前提と考えられるものを採用したという事実をはっきりと示している。

(10) 「条件」と「源泉」との区別は、アリストテレスの『形而上学』第一巻における哲学の「歴史」と歴史主義の歴史との相違に対応している。

II

(1) *Gesammelte politische Schriften*, p. 22; *Gesammelte Aufsätze zur Wissenschaftslehre*, p. 208.

(2) *Wissenschaftslehre*, pp. 13, 15, 18, 19, 28, 35-37, 134, 137, 174, 195, 230; *Gesammelte Aufsätze zur Sozial-und Wirtschaftsgeschichte*, p. 517.

(3) *Wissenschaftslehre*, pp. 152, 183, 224 n.; *Politische Schriften*, pp. 19, 437; *Gesammelte Aufsätze zur*

Religionssoziologie, I, 82, 524.

(4) *Wissenschaftslehre*, pp. 58–60, 97, 105, 111, 155, 160, 184.

(5) *Ibid*., pp. 60, 152, 170, 184, 206–9, 213–14, 259, 261–62.

(6) *Ibid*., pp. 60, 62, 152, 213, 247, 463, 467, 469, 472; *Politische Schriften*, pp. 22, 60.

(7) *Wissenschaftslehre*, pp. 90, 91, 124, 125, 150, 151, 154, 155, 461–65, 469–73, 475, 545, 550; *Gesammelte Aufsätze zur Soziologie und Sozialpolitik*, pp. 417–18, 476–77, 482. 社会科学を事実の研究に局限することと、自然科学のもつ権威的性格への信仰との関連については *Soziologie und Sozialpolitik*, p. 478 を見よ。

(8) *Wissenschaftslehre*, pp. 32, 40 n., 127 n., 148, 401, 470–71, 501, 577.

(9) Aristotle, *Physics* $194^{a}26$–27.

(10) *Religionssoziologie*, I, 204 を *Wissenschaftslehre*, pp. 469–70 および 150–51 と比較せよ。

(11) *Politische Schriften*, p. 22; *Religionssoziologie*, I, 33–35; *Wissenschaftslehre*, pp. 30, 148, 154, 155, 252, 463, 466, 471; *Soziologie und Sozialpolitik*, p. 418.

(12) *Wissenschaftslehre*, pp. 38, n. 2, 40–41, 155, 463, 466–69; *Soziologie und Sozialpolitik*, p. 423.

(13) *Wissenschaftslehre*, pp. 38, 40, 132–33, 469–70, 533–34, 555.

(14) *Ibid*., pp. 455, 466–69, 546; *Politische Schriften*, pp. 435–36.

(15) *Wissenschaftslehre*, pp. 61, 152, 456, 468–69, 531; *Politische Schriften*, pp. 443–44.

(16) *Wissenschaftslehre*, pp. 60–61, 184, 546, 554.

(17) *Ibid*., pp. 380, 462, 481–83, 486, 493, 554; *Religionssoziologie*, I, 33, 82, 112 n., 185 ff., 429, 513; II, 165, 167, 173, 242 n., 285, 316, 370; III, 2 n., 118, 139, 207, 209–10, 221, 241, 257, 268, 274, 323, 382, 385 n.; *Soziologie und Sozialpolitik*, p. 469; *Wirtschaft und Gesellschaft*, pp. 240, 246, 249, 266.

(18) *Wissenschaftslehre*, p. 158; *Religionssoziologie*, I, 41, 170 n.; *Politische Schriften*, pp. 331, 435-36.
(19) *Wissenschaftslehre*, pp. 125, 129-30, 337-38; *Soziologie und Politik*, p. 483.
(20) *The Theory of Social and Economic Organization* (Oxford University Press, 1947), pp. 359, 361; *Wirtschaft und Gesellschaft*, pp. 140-41, 753 を参照せよ。
(21) *Religionssoziologie*, I, 89; II, 136 n., 143-45; III, 232-33; *Wissenschaftslehre*, pp. 93-95, 170-73, 184, 199, 206-9, 214, 249-50.
(22) *Religionssoziologie*, I, 81-82, 103-4, 112. ウェーバーが彼の資本主義の精神についての研究の中で提示した問題は、すでに解決されたとは言いがたい。この問題の解決に向かうためには、この問題のウェーバーによる定式化を、彼の「カント主義」に起因する特殊的限定から解放しなければならないであろう。彼が資本主義の精神を、無制限の資本蓄積と有利な資本投資は一つの道徳的義務であり、そしておそらく最高の道徳的義務であるとする見解と同一視したのは正しかったし、また、この精神こそ近代西欧世界を特徴づけるものであると主張したことも正しかったと言えよう。しかし、彼はまた、資本主義の精神は無制限の資本蓄積を自己目的とする点にあるとも述べた。彼はこの後者の主張を、不確実で曖昧な印象を引き合いに出すことによってしか論証できなかった。彼がそのような主張をなさねばならなくなったのは、彼が「道徳的義務」と「自己目的」とを同一視したからである。彼はまた、その「カント主義」のゆえに、「道徳的義務」と「共通善」との連関をすべて断ち切らざるをえなかった。彼は以前の道徳思想を分析するのに、何らテキストによる裏付けもないまま、無制限の資本蓄積の「倫理的」正当化と、その「功利主義」的正当化との区別を導入することを余儀なくされた。「倫理」に関する彼の特殊的な考えの結果として、以前の文献における共通善への言及はいずれも、彼の目からすれば、低級な功利主義への堕落と映じたのであった。しかしあえて言うならば、これまでいかなる著述家も、精神病院にいるのでない限り、共通善への奉仕以外の理由で、無制限に物を獲得する義務や道徳的権利を正当化したものはいなかったと言えよう。それゆえ、資本主義の精神の生成の問題は、「しかし無制限なる資本蓄積は最も共通善のためになる」という小前提の出現の問題と同一である。なぜなら、「共通善や隣人愛への献身は我々の義務である」という大前提は、資本主義の精神の出現によっても何ら影響を受けなかったからである。そのような大前提は哲学的伝統によっても神学的伝統によっても受け入れられていた。そこで問題は、哲学的伝統、神学的伝統、あるいはその両者のいかなる変化が上述の小前提の出現の原因となったか、ということである。ウェーバーは、その原因は当然神学的伝統における変化、すなわち、宗教改革のうちに求められねばならないと考えた。しかし彼とても、「歴史的弁証法」を使用するかあるいは問題の多い心理学的解釈によるのでなければ、資本主義の精神の起源を宗教改革、とりわけカルヴィニズムにまでさかのぼることに成功しはしなかった。せいぜい彼は資本主義の精神の起源をカルヴィニズムの堕落に求めたとしか言うことができないのである。トーニーが正しくも指摘したことではあるが、ウェーバーの研究した資本主義的ピューリタニズムは後期ピューリタニズムなのであって、すでに「現世」と和解してしまったピューリタニズムなのであった。このことが意味しているのは、ここで問題となっているピューリタニズムは、すでに現存している資本主義的世界と和解してしまっているということ、したがって当のピューリタニズムは資本主義的世界あるいは資本主義的精神の原因ではないということである。もし資本主義の精神の起源を宗教改革に求めることができないとすれば、いま考察している小前提は神学的伝統の変化とは区別される哲学的伝統の変化によって出現してきたのではないかと考えてみなければならなくなる。ウェーバーは、資本主義の精神の起源がルネッサンスに求められるべきではないかという可能性も考慮した。しかし、彼が正しく見てとったように、ルネッサンスそのものは古典古代の精神、すなわち、資本主義の精神とは全く異なった精神を回復せんとする試みであった。ところが彼は、十六世紀には全哲学的伝統からの意識的な断絶、つまり純粋に哲学的、合理的、世俗的な思想の地平で生じた断絶が存在することを考慮しなかった。この断絶はマキアヴェリによって生み出され、ベーコンとホッブズの道徳理論にまで至っている。そしてこれらの思想家たちの著作は、ウェーバーの命題の論拠となっている彼らの同胞のピューリタンの著作に先行すること数十年でしかないのである。ピューリタニズムがローマ・カトリシズムやルター主義がなした以上に根底的に「異教の」哲学的伝統（主としてアリストテレス主義）から袂を分かっていたにしても、我々に言いうることは、ピューリタニズムがローマ・カトリシズムやルター主義以上に新しい哲学に対して寛容であったということくらいである。こうしてピューリタニズムは、新しい自然哲学と道徳哲学――全くピューリタン的でないタイプの人々によって創り出された哲学――のきわめて重要な、そしておそらくは最も重要な「運搬者」となりえたのであった。要するに、ウェーバーは、神学的地平で生じた革命の重要性を過大評価し、合理的思想の地平で生じた革命の重要性を過小評価したのである。我々がもし、ウェーバーがなした以上に純粋に世俗的な発展に注意を払ったなら、彼によって恣意的に切断されてしまった、資本主義の精神の成立と経済学という科学の成立との関係を修復しうるであろう（Ernst Troeltsch, *The Social Teaching of the Christian Churches* [1949], pp. 624 and 894 をも参照せよ）。

(23) *Wissenschaftslehre*, pp. 90, 124-25, 175, 180-82, 199.

(24) *Ibid.*, pp. 466, 479; *Politische Schriften*, pp. 17-18, 310.

(25) *Politische Schriften*, pp. 18, 20; *Wissenschaftslehre*, pp. 540, 550; *Religionssoziologie*, I, 568-69.

(26) *Wissenschaftslehre*, pp. 154, 461.

(27) ウェーバーはかなり頻繁に一般的な仕方で、相当数の解決不可能な価値の対立に言及しているのに、彼が自らの根本的主張を論証しようとするに際しては、私の知る限りでは、彼の議論はほんの三つか四つの実例を議論するだけに限られている。本書で議論される予定のない実例としては、エロチシズムと非個人的あるいは超個人的諸価値との対立に関わるものがある。つまり男女の純粋なる性愛的関係も、「ある一定の観点からすれば」純粋な生へと向かう「唯一の、あるいは少なくとも最もすぐれた王道」とみなされうるのである。もし誰かが、純粋に性愛的な情熱の名でもって、あらゆる神聖性、あらゆる善良さ、あらゆる倫理的・美的規範、文化や人格性という観点から価値を有するすべてのものに対して反対するとすれば、理性はそれに対して完全に沈黙せざるをえない。このような態度を許容したり助長したりする特殊な立場は、人が言うように、カルメンの立場であるのではなく、生活の専門化、あるいは「専門職化」に悩まされている知識人のそれである。そのような人々にとっては、「婚姻外の性生活こそ、（いまや古代の素朴で有機的な農耕者の生活のサイクルから完全に離反してしまった）人間をなおも一切の生命の自然的根源へと結びつける唯一のものと見えたかもしれない」。ここではおそらく、現象は人を欺くものであると言っておけば十分である。しかし、人間における最も自然的なものへの最近のこのような回帰は、ウェーバーによれば、彼が「性の領域の組織的整備」と呼びたがっていたものと結びつくものであることを、付け加えておかねばならないように思われる（*Wissenschaftslehre*, pp. 468–69; *Religionssoziologie*, I, 560–62）。こうして、たしかに彼は、彼の解するエロチシズムが「あらゆる美的規範」とは対立するものであることを明らかにしたのだが、同時に彼は、エロチシズムによって生の専門化から脱出しようとする知識人たちの試みが、エロチシズムを専門化するに至るだけでしかないことをも明らかにした（*Wissenschaftslehre*, p. 540 参照）。言い換えれば、彼は、彼の性愛的世界観が人間理性の法廷の前では弁護されえぬものであることを明らかにしたのである。

(28) *Wissenschaftslehre*, p. 467.

(29) 「責任」と「心情」の問題について一層適切な議論を行なうためには、以下のものを参照せよ。Thomas Aquinas, *Summa theologica* i. 2. qu. 20, *a*. 5; Burke, *Present Discontents* (*The Works of Edmund*

Burke ["Bohn's Standard Library"], I, 375-77); Lord Charnwood, *Abraham Lincoln* (Pocket Books ed.) pp. 136-37, 164-65; Churchill, *Marlborough*, VI, 599-600. *Wissenschaftslehre*, pp. 467, 475, 476, 546; *Politische Schriften*, pp. 441-44, 448-49, 62-63; *Soziologie und Sozialpolitik*, pp. 512-14; *Religionssoziologie*, II, 193-94.

(30) *Wissenschaftslehre*, pp. 33, n. 2, 39, 154, 379, 466, 469, 471, 540, 542, 545-47, 550-54; *Politische Schriften*, pp. 62-63; *Religionssoziologie*, I, 566.

(31) *Wissenschaftslehre*, pp. 60-61, 184, 213, 251, 469, 531, 540, 547, 549; *Politische Schriften*, pp. 128, 213; *Religionssoziologie*, I, 569-70.

(32) *Wissenschaftslehre*, pp. 546-47, 551-55; *Religionssoziologie*, I, 204, 523.

(33) *Wissenschaftslehre*, pp. 5, 35, 50-51, 61, 67, 71, 126, 127 n., 132-34, 161-62, 166, 171, 173, 175, 177-78, 180, 208, 389, 503.

(34) Jacob Klein, "Die griechische Logistik und die Entstehung der modernen Algebra," *Quellen und Studien zur Geschichte der Mathematik, Astronomie und Physik* (1936), III, 125 を参照せよ。

III

(1) Aristotle, *Metaphysics* $981^{b}27$-29, $982^{b}18$ (cf. *Nicomachean Ethics* $1117^{b}33$-35), $983^{b}7$ ff., $1071^{b}26$-27; Plato, *Laws* 891^{c}, $892^{c}2$-7, $896^{a}5$-$^{b}3$.

(2) Burke, *Letters on a Regicide Peace*, i and iv; cf. Herodotus iii. 38 and i. 8.

(3) 「正しい仕方」は、「仕方」(あるいは「慣習」)一般と「第一存在」、すなわち「自然」の二つの最も重要な意味の根基をつなぐ連結環であるように思われる。「自然」の二つの最も重要な意味の根基とは、事物や事物群の本質的性格としての「自然」と「第一存在」としての「自然」のことである。第二の意味についてはプラトンの *Laws* $891^{c}1$–4 and $892^{c}2$–7 を見よ。第一の意味についてはアリストテレスとストア派が自然を定義するさいに参照する「仕方」(Aristotle, *Physics* $193^{b}13$–19, $194^{a}27$–30, and $199^{a}9$–10; Cicero, *De natura deorum* ii. 57 and 81) を参照せよ。「自然」が退けられる時には、「慣習」が元の場所に復位する。Maimonides, *Guide of the Perplexed* i. 71 and 73; Pascal, *Pensées*, ed. Brunschvicg, Frags. 222, 233, 92 を参照せよ。

(4) Plato, *Laws* $624^{a}1$–6, $634^{e}1$–2, $662^{c}7$, $^{d}7$–$^{e}7$; *Minos* $318^{c}1$–3; Cicero, *Laws* ii. 27; cf. Fustel de Coulanges, *La Cité antique*, Part III, chap. xi.

(5) Plato, *Charmides* $161^{c}3$–8 と *Phaedrus* $275^{c}1$–3 を *Apology of Socrates* $21^{b}6$–$^{c}2$ と比較せよ。また Xenophon, *Apology of Socrates* 14–15 を *Cyropaedia* vii. 2. 15–17 と比較せよ。

(6) Plato, *Laws* $634^{d}7$–$635^{a}5$; *Apology of Socrates* $23^{c}2$ ff. を *Republic* $538^{c}5$–$^{e}6$; Herodotus iii. 76 (cf. i. 132) と比較せよ。

(7) Plato, *Republic* $538^{d}3$–4 and $^{e}5$–6; *Statesman* $296^{c}8$–9; *Laws* $702^{c}5$–8; Xenophon, *Cyropaedia* ii. 2. 26; Aristotle, *Politics* $1269^{a}3$–8, $1271^{b}23$–24.

(8) Plato, *Laws* 888^{c}–889^{c}, $891^{c}1$–9, $892^{c}2$–7, $966^{d}6$–$967^{e}1$. Aristotle, *Metaphysics* $989^{b}29$–$990^{a}5$, $1000^{a}9$–20, $1042^{a}3$ ff.; *De caelo* $298^{b}13$–24. Thomas Aquinas, *Summa theologica* i. qu. 2, *a*. 3.

(9) この見解は、ある程度まで、以下のA・N・ホワイトヘッドの所見からも直ちに理解されることである。「アリストテレス以後、倫理的・宗教的関心が形而上学的結論に影響を与えはじめた。……一般形而上学といわれるものが、他の問題への関心をひそかに導き入れることなしに、アリストテレスから先へ進みえたかどうかは疑わしい」(*Science and the Modern World* [Mentor Books ed.], pp. 173–74)。cf.

Thomas Aquinas, *Summa theologica* i. 2. qu. 58, *a.* 4-5, and qu. 104, *a.*1; ii. 2, qu. 19, *a.* 7, and qu. 45, *a.* 3（哲学の道徳と宗教への関係について）。

(10) *Odyssey* x. 303-6 を参照せよ。

(11) 自然と慣習の区別に関する最初期の記録については、Karl Reinhardt, *Parmenides und die Geschichte der griechischen Philosophie* (Bonn, 1916), pp. 82-88 を見よ。

(12) Plato, *Minos* 315^{a}1–^{b}2 and 319^{c}3; *Laws* 889^{e}3-5, 890^{a}6-7, 891^{e}1-2, 904^{a}9–^{b}1; *Timaeus* 40^{d}–41^{a}; cf. also Parmenides, Frag. 6 [Diels]; P. Bayle, *Pensées diverses*, § 49.

(13) Cicero, *Laws* ii. 13 and 40; *De finibus* iv. 72; v. 17.

(14) *The Republic* (New York, 1934), p. 38.

(15) Cf. Plato, *Laws* 889^{d}7-890^{a}2 with 891^{c}1-5 and 967^{a}7 ff.; Aristotle, *Metaphysics* 990^{a}3-5 and *De caelo* 298^{b}13-24; Thomas Aquinas, *Summa theologica* i. qu. 44, *a.* 2.

(16) Frag. 102; cf. Frags. 58, 67, 80.

(17) Spinoza, *Tractatus theologico-politicus*, chap. xix (§ 20, Bruder ed.). Victor Cathrein (*Recht, Naturrecht und positives Recht* [Freiburg im Breisgau, 1901], p. 139) は、「人格的創造者や世界統治者の存在を否定したならば、自然権はもはや保持されえない」と言っている。

(18) *Nicomachean Ethics* 1178^{b}7-22; F. Socinus, *Praelectiones theologicae*, cap. 2; Grotius, *De jure belli ac pacis*, Prolegomena § 11; Leibniz, *Nouveaux essais*, Book I, chap. ii, § 2. ルソーの『社会契約論』の以下の箇所を参照せよ。「契約の当事者の間には、自然法だけしかよるべがなく、彼らの相互の約束を保証する何ものもないことがわかる……」(III, chap. 16)。「事柄を人間的に考察してみると、自然が制裁を加えてはくれないのだから、正義の法は人間たちの間では効き目がない」(II, chap. 6)。

(19) この観念は、キケロが強調しているように（*De finibus* v. 17）、「ほとんどすべての」古典期の哲学者たちによって受け入れられた。その観念を斥けたのは、とりわけ懐疑論者たちである（Sextus Empiricus, *Pyrrhonica* iii. 235 を見よ）。

(20) Plato, *Republic* 493c1–5, 504d4–505a4; *Symposium* 206e2–207a2; *Theaetetus* 177c6–d7; Aristotle, *Nicomachean Ethics* 1094a1–3 and b14–18.

(21) 人間は「誕生の瞬間から」どのようであったかについての反省に関しては、たとえば、Aristotle, *Politics* 1254a23 and *Nicomachean Ethics* 1144b4–6; Cicero, *De finibus* ii. 31–32; iii. 16; v. 17, 43, and 55; Diogenes Laërtius x. 137; Grotius, *op. cit.*, Prolegomena § 7; Hobbes, *De cive*, i. 2, annot. 1 を見よ。

(22) 野蛮な原始状態の仮定と自然権の受容との関連については、Cicero, *Pro Sestio* 91–92 with *Tusc. Disp.* v. 5–6, *Republic* i. 2, and *Offices* ii. 15 を参照せよ。また Polybius vi. 4. 7, 5. 7–6. 7, 7. 1 を見よ。Plato, *Laws* 680d4–7 と Aristotle, *Politics* 1253a35–38 の意味を考察せよ。

(23) Hegel, *Philosophy of Right*, § 258; cf. Kant, *Metaphysik der Sitten*, ed. Vorlaender, pp. 142 and 206–7.

(24) Cf. Aristotle, *Politics* 1252a18 ff. and 24 ff. with 1257a4 ff. with Plato, *Republic* 369b5–7, *Laws* 676a1–3; also Cicero, *Republic* i. 39–41.

(25) Plato, *Laws* 677b5–678b3, 679c; Aristotle, *Metaphysics* 981b13–25.

(26) Aristotle, *Nicomachean Ethics* 1094b14–16 and 1134b18–27; Cicero, *Republic* iii. 13–18 and 20; Sextus Empiricus, *Pyrrhonica* iii. 218 and 222. Cf. Plato, *Laws* 889e6–8 and Xenophon, *Memorabilia* iv. 4. 19.

(27) Cicero, *Republic* iii. 13 and *Laws* i. 47; Plato, *Laws* 889e.

(28) Cicero, *Laws* i. 33 and 47.

(29) Cf. Locke, *An Essay concerning Human Understanding*, Book I, chap. iii, sec. 20.

(30) Aristotle, *Nicomachean Ethics* 1134^{b}19.

(31) Plato, *Republic* 340^{a}7–8 and 338^{d}10–^{e}2; Xenophon, *Memorabilia* iv. 6. 6; Aristotle, *Nicomachean Ethics* 1129^{b}12; Heraclitus, Frag. 114.

(32) Plato, *Hippias maior* 284^{d-e}; *Laws* 644^{d}2–3 and 780^{d}4–5; *Minos* 314^{c}1–^{e}5; Xenophon, *Memorabilia* i. 2. 42 and iv. 4. 14; Aeschylus, *Seven* 1071–72; Aristophanes, *Clouds* 1421–22.

(33) Cf. Aristotle, *Nicomachean Ethics* 1129^{b}17–19 and *Politics* 1282^{b}15–17 with Plato, *Theaetetus* 167^{c}2–8, 172^{a}1–^{b}6, and 177^{c}6–178^{b}1.

(34) Plato, *Laws* 889^{d}4–890^{a}2 and 714^{b}3–^{d}10; *Republic* 338^{d}7–339^{a}4 and 340^{a}7–8; Cicero, *Republic* iii. 23.

(35) Aristotle, *Politics* 1252^{a}7–17, 1253^{b}20–23, 1255^{a}8–11 (cf. *Nicomachean Ethics* 1096^{a}5–6, 1109^{b}35–1110^{a}4, 1110^{b}15–17, 1179^{b}28–29, 1180^{a}4–5, 18–21; *Metaphysics* 1015^{a}26–33). Plato, *Protagoras* 337^{c}7–^{d}3; *Laws* 642^{c}6–^{d}1; Cicero, *Republic* iii. 23; *De finibus* v. 56; Fortescue, *De laudibus legum Angliae* chap. xlii (ed. Chrimes, p. 104).

(36) Antiphon, in Diels, *Vorsokratiker* (5th ed.), B44 (A7, B2). Plato, *Protagoras* 337^{c}7–^{d}3; *Republic* 456^{b}12–^{c}3 (and context); *Statesman* 262^{c}10–^{e}5; Xenophon, *Hiero* 4. 3–4; Aristotle, *Politics* 1275^{a}1–2, ^{b}21–31, 1278^{a}30–35; Cicero, *Republic* iii. 16–17 and *Laws* ii. 5. 市民的社会を「群れ」にたとえることの意味を考えよ(Xenophon, *Cyropaedia* i. 1. 2; cf. Plato, *Minos* 318^{a}1–3 を見よ)。

(37) Plato, *Republic* 335^{d}11–12 and 351^{c}7–^{d}13; Xenophon, *Memorabilia* iv. 4. 12 and 8. 11; Aristotle, *Nicomachean Ethics* 1129^{b}11–19, 1130^{a}3–5 and 1134^{b}2–6; Cicero, *Offices* i. 28–29; *Republic* iii. 11–31.

(38) Thrasymachus, in Diels, *Vorsokratiker* (5th ed.), B8; Plato, *Republic* 343^{c}3, 6–7, ^{d}2, 348^{c}11–12, 360^{d}5; *Protagoras* 333^{d}4–^{e}1; Xenophon, *Memorabilia* ii. 2. 11–12; Aristotle, *Nicomachean Ethics* 1130^{a}3–5,

1132b33-1133a5, 1134b5-6; Cicero, *Republic* iii. 16, 20, 21, 23, 24, 29-30.

(39) Plato, *Protagoras* 322b6, 327c4-e1; Cicero, *Republic* i. 39-40, iii. 23, 26; *De finibus* ii. 59; cf. also Rousseau, *Discours sur l'origine de l'inégalité* (Flammarion ed.), p. 173.

(40) Aristotle, *Politics* 1253a37-38.

(41) Antiphon, in Diels, *Vorsokratiker* (5th ed.), B44, A5; Thucydides v. 105; Plato, *Republic* 364a2-4 and 538c6-539a4; *Laws* 662d, 875b1-c3, 886a8-b2, 888a3; *Protagoras* 352d6 ff.; *Clitophon* 407d4-6; *Eighth Letter* 354e5-355a1 (cf. also *Gorgias* 495d1-5); Xenophon, *Memorabilia* ii. 1; Cicero, *Laws* i. 36 and 38-89.

(42) *Laws* 889b-890a.

(43) Epicurus, *Ratae sententiae* 7; Diogenes Laërtius x. 137; Cicero, *De finibus* i. 30, 32, 33, 35, 37, 38, 42, 45, 54, 55, 61, 63; ii. 48, 49, 107, 115; iii. 3; iv. 51; *Offices* iii. 116-17; *Tusc. Disp.* v. 73; *Acad. Pr.* ii. 140; *Republic* iii. 26. フィリップ・メランヒトンによるエピクロス主義原理の定式化を参照せよ（*Philosophiae moralis epitome*, Part I: *Corpus Reformatorum*, Vol. XVI, col. 32）。「この行ないは自然本性が強制によってではなく自ら向かうところの目的である。愉楽へと人間は最大の弾みをつけられて駆り立てられるが、徳の方へは嫌々ながら引き立てられるだけだ。したがって愉楽こそ人間の目的である」。Cf. also Hobbes, *De cive*, i. 2.

(44) Epicurus, *Ratae sententiae* 34; *Gnomologium Vaticanum* 23; Cicero, *De finibus* i. 51 (cf. 41), 65-70; ii. 28 and 82; *Offices* iii. 118. エピクロスは『主要教説』三一のなかで「自然の正［あるいは正義］は、人間が相互に傷つけたり傷つけられたりせぬことから得られる利益を指示する符号（*symbolon*）である」と言っている。『主要教説』三二以下で示されるごとく、このことは、厳密な意味での自然的正、すなわち、一切の信約や契約に先立ち、それとは独立に正が存在することを意味するものではない。符号はある種の約束事である。エピクロスが示唆していることは、正しいことは無限に多様であるにもかかわらず、正義あるいは正は、どこにおいてもまず一次的には同一の役目を果たすべく意図されているということである。普遍的、一次的な役目において理解された正は、ある意味で「自然の正」である。それは、諸都市において一般に受け入れられている正義の神話的あるいは迷信的な説明に反するものである。「自然の正」は、コンヴェンショナリストの説によって認められている正の原理である。こうして「自然の正」は、正に関する誤れる意見に反して、「正の自然（本性）」と同じ意味のものとなる（『主要教説』三七）。「正の自然（本性）」という表現は、『国家』（359b4-5）においてコンヴェンショナリストの説がグラウコンによって要約される際に用いられている。すなわち、正の自然（本性）は自然に反するある種の慣習に存している、というのである。エピクロス主義の著名な復興者ガッサンディは古代のエピクロス主義よりも一段と、自然的正の存在を主張すべき動機をもっていた。それに加えてホッブズが彼に、エピクロス主義が自然的正の主張と結びつきうる所以を教えた。しかしガッサンディはこの新しい好機を活用しなかった。ガッサンディの『主要教説』三一のパラフレーズ（*Animadversiones* [Lyon, 1649], pp. 1748-49）を見よ。

(45) ルクレティウスの詩を読む際に常に心に留めておかねばならぬことは、読者をまず引きつけるもの、また読者をまず引きつけるべく期待されているものは、「甘いこと」（あるいは非哲学的人間にとって快いこと）であって、「苦いこと」あるいは「悲しいこと」ではない、という事実である。詩がウエヌスの賛歌で始まり、災厄の陰惨な描写で終わるのは、第一巻九三五行以下および第四巻一〇行以下で述べられている原則の最も重要ではないが最も明白な例である。人間の社会を扱った箇所（V. 925-1456）を理解するには、そのことに加えて、この特別の箇所の概略を考えておかなければならない。(a)政治社会以前の生(925-1027)、(b)政治社会以前の生に属する考案（1028-1104）、(c)政治社会（1105-60）、(d)政治社会に属する考案（1161-1456）。一〇一一行と一〇九一行以下における火への言及とを比較せよ。一一一一－一一三行と一一七〇—七一行および一二四一行以下における美貌と力や黄金への言及とを比較せよ。この観点から、九七七—八一行および一二一一行以下参照のこと。また、一一五六行および一一六一行、一二二二—二五行（第二巻六二〇—二三行および Cicero, *De finibus* i. 51 を見よ）を参照のこと。また、第一巻七二—七四行、九四三—四五行、第三巻一六—一七行、五九—八六行、第五巻九一—一〇九行、一一四—二一行、一三九二—一四三五行、第六巻一—六行、五九六—六〇七行を見よ。

(46) Plato, *Republic* 344a-c, 348d, 358e3-362c, 364a1-4, 365c6-d2; *Laws* 890a7-9.

(47) *Protagoras* 322b6-8, 323b2-c2, 324a3-c5, 325a6-d7, 327d1-2. 『プロタゴラス』と『テアイテトス』両篇の神話の間には矛盾があるように思われる。『テアイテトス』では、コンヴェンショナリストの命題はプロタゴラスの命題の改良版として描かれているが、それは通常抱かれている見解を否定している点でコンヴェンショナリズムを大きく踏み出している（167c2-7, 172a1-b6, 177c6-d6）。しかし、文脈から示されているように、『プロタゴラス』の神話においてプロタゴラスが述べていることは、同じく彼の命題の改良版である。『プロタゴラス』での改良は、状況の圧力（有望な生徒の同席）の下でプロタゴラス自身によってなされたが、『テアイテトス』においてはソクラテスによってプロタゴラスのためになされている。

(48) Aristotle, *Politics* 1280b10-13; Xenophon, *Memorabilia* iv. 4. 13-14（Cf. *Resp. Laced.* 8. 5).

(49) *Crito* 50c4-52e5（cf. 52e5-6); *Republic* 519c8-520e1.

Ⅳ

(1) Cicero, *Tusc. Disp.* v. 10; Hobbes, *De cive*, Preface の冒頭近く。政治哲学のいわゆるピタゴラス的起源については、Plato, *Republic* 600a9-b5, Cicero, *Tusc. Disp.* v. 8-10; *Republic* i. 16 を参照せよ。

(2) Plato, *Apology of Socrates*, 19a8-d7; Xenophon, *Memorabilia* i. 1. 11-16; iv. 3. 14; 4. 12 ff., 7, 8. 4;

Aristotle, *Metaphysics* 987^{b}1–2; *De part. anim.* 642^{a}28–30; Cicero, *Republic* i. 15–16.

(3) Plato, *Republic* 456^{b}12–^{c}2, 452^{a}7, ^{c}6–7, 484^{c}7–^{d}3, 500^{d}4–8, 501^{b}1–^{c}2; *Laws* 794^{d}4–795^{d}5; Xenophon, *Oeconomicus* 7. 16 and *Hiero* 3. 9; Aristotle, *Nicomachean Ethics* 1133^{a}29–31 and 1134^{b}18–1135^{a}5; *Politics* 1255^{a}1–^{b}15, 1257^{b}10 ff.

(4) Cicero, *Republic* ii. 52 と比較せよ。そこでは政治的行動のモデルの設定とは区別された市民的事柄の理（*ratio rerum civilium*）の理解がプラトンの『国家』の目的だと言われている。

(5) Xenophon, *Memorabilia* i. 1. 16; iv. 6. 1, 7; 7. 3–5.

(6) Plato, *Republic* 358^{e}3, 367^{b}2–5, ^{e}2, 369^{a}5–6, ^{c}9–10, 370^{a}8–^{b}1.

(7) Plato, *Gorgias* 499^{e}6–500^{a}3; *Republic* 369^{c}10 ff.; *Republic* 352^{d}6–353^{e}6, 433^{a}1–^{b}4, 441^{d}12 ff., 444^{d}13–445^{b}4 を Aristotle, *Nicomachean Ethics* 1098^{a}8–17; Cicero, *De finibus* ii. 33–34, 40; iv. 16, 25, 34, 37; v. 26; *Laws* i. 17, 22, 25, 27, 45, 58–62 と比較せよ。

(8) Plato, *Gorgias* 497^{d}8 ff.; *Republic* 402^{d}1–9; Xenophon, *Hellenica* vii. 3. 12; Aristotle, *Nicomachean Ethics* 1174^{a}1–8; *Rhetoric* 1366^{b}36 ff.; Cicero, *De finibus* ii. 45, 64–65, 69; v. 47, 61; *Laws* i. 37, 41, 48, 51, 55, 59.

(9) Plato, *Republic* 369^{b}5–370^{b}2; *Symposium* 207^{a}6–^{c}1; *Laws* 776^{d}5–778^{a}6; Aristotle, *Politics* 1253^{a}7–18, 1278^{b}18–25; *Nicomachean Ethics* 1161^{b}1–8 (cf. Plato, *Republic* 395^{e}5) and 1170^{b}10–14; *Rhetoric* 1373^{b}6–9; Isocrates, *Panegyricus* 23–24; Cicero, *Republic* i. 1, 38–41; iii. 1–3, 25; iv. 3; *Laws* i. 30, 33–35, 43; *De finibus* ii. 45, 78, 109–10; iii. 62–71; iv. 17–18; Grotius, *De jure belli*, Prolegomena, §§ 6–8.

(10) Cicero, *Republic* v. 6; *Laws* i. 24, 40; *De finibus* iv. 18.

(11) Plato, *Republic* 423^{a}5–^{c}5; *Laws* 681^{c}4–^{d}5, 708^{b}1–^{d}7, 738^{d}6–^{e}5, 949^{e}3 ff.; Aristotle, *Nicomachean Ethics*

1158^{a}10–18, 1170^{b}20–1171^{a}20; *Politics* 1253^{a}30–31, 1276^{a}27–34 (cf. Thomas Aquinas, *ad loc.*), 1326^{a}9–^{b}26; Isocrates, *Antidosis* 171–72; Cicero, *Laws* ii. 5; cf. Thomas, *Summa theologica* i. qu. 65, *a*. 2, ad 3.

(12) Plato, *Republic* 372^{b}7–8 and 607^{a}4, 519^{e}4–520^{a}5, 561^{d}5–7; *Laws* 689^{e} ff.; Aristotle, *Nicomachean Ethics* 1130^{a}1–2, 1180^{a}14–22; *Politics* 1254^{a}18–20, ^{b}5–6, 1255^{a}3–22, 1325^{b}7 ff.

(13) Thucydides, iii. 45. 6; Plato, *Gorgias* 464^{b}3–^{c}3, 478^{a}1–^{b}5, 521^{d}6–^{e}1; *Clitopho* 408^{b}2–5; *Laws* 628^{b}6–^{e}1, 645^{b}1–8; Xenophon, *Memorabilia* ii. 1. 17; iii. 2. 4; iv. 2. 11; Aristotle, *Nicomachean Ethics* 1094^{b}7–10, 1129^{b}25–1130^{a}8; *Politics* 1278^{b}1–5, 1324^{b}23–41, 1333^{b}39 ff.; Cicero, *Republic* i. 1; iii. 10–11, 34–41; vi. 13, 16; Thomas Aquinas, *De regimine principum* i. 9.

(14) Plato, *Republic* 374^{e}4–376^{c}6, 431^{c}5–7, 485^{a}4–487^{a}5; Xenophon, *Memorabilia* iv. 1. 2; *Hiero* 7. 3; Aristotle, *Nicomachean Ethics* 1099^{b}18–20, 1095^{b}10–13, 1179^{b}7–1180^{a}10, 1114^{a}31–^{b}25; *Politics* 1254^{a}29–31, 1267^{b}7, 1327^{b}18–39; Cicero, *Laws* i. 28–35; *Republic* i. 49, 52; iii. 4, 37–38; *De finibus* iv. 21, 56; v. 69; *Tusc, Disp.* ii. 11, 13; iv. 31–32; v. 68; *Offices* i. 105, 107. Thomas Aquinas, *Summa theologica* i. qu. 96, *a*. 3 and 4.

(15) Plato, *Republic* 497^{a}3–5, 544^{d}6–7; *Laws* 711^{c}5–8. Xenophon, *Ways and Means* 1. 1; *Cyropaedia* i. 2. 15; Isocrates, *To Nicocles* 31; *Nicocles* 37; *Areopagiticus* 14; Aristotle, *Nicomachean Ethics* 1181^{b}12–23; *Politics* 1273^{a}40 ff., 1278^{b}11–13, 1288^{a}23–24, 1289^{a}12–20, 1292^{b}11–18, 1295^{b}1, 1297^{a}14 ff.; Cicero, *Republic* i. 47; v. 5–7; *Laws* i. 14–15, 17, 19; iii. 2. キケロは、彼の『国家』と『法律』の場面を対照的に設定することによって、「法律」とは区別された「体制」のもつ尊厳を指し示している。『法律』は『国家』の続編という意味あいを帯びている。『国家』では、哲人王の小スキピオが当時の人々と最善の体制について三日間にわたって話し合っている。『法律』では、キケロが当時の人々と最善の体制にふさわしい法律についてまる一日話し合っている。『国家』の討論は冬に行なわれ、参加者たちは陽のあたる場所をさがしている。

さらにその討論が行なわれたのはスキピオが亡くなった年〔前一二九年〕であり、政治の事柄が永遠性の観点から考察されている。『法律』の討論は夏に行なわれていて、参加者たちは日陰を求めている（*Republic* i. 18; vi. 8, 12; *Laws* i. 14, 15; ii. 7, 69; iii. 30; *Offices* iii. 1)。一層の理解のために、とくに Machiavelli, *Discorsi*, III, 29; Burke, *Conciliation with America*（末尾近く）; John Stuart Mill, *Autobiography* ("Oxford World's Classics" ed.), pp. 294 and 137 を参照せよ。

(16) Plato, *Republic* 457a3-4, c2, d4-9, 473a5-b1, 499b2-c3, 502c5-7, 540d1-3, 592a11; *Laws* 709d, 710c7-8, 736c5-b4, 740e8-741a4, 742e1-4, 780b4-6, e1-2, 841c6-8, 960d5-e2; Aristotle, *Politics* 1265a18-19, 1270b20, 1295a25-30, 1296a37-38, 1328a20-21, 1329a15 ff., 1331b18-23, 1332a28-b10, 1336b40 ff.

(17) Plato, *Republic* 431b9-433d5, 434c7-10; Xenophon, *Cyropaedia* viii. 2. 23; *Agesilaus* 11. 8; Aristotle, *Nicomachean Ethics* 1120a11-20, 1135a5; *Politics* 1288b10 ff., 1293b22-27, 1296b25-35 (cf. [Thomas Aquinas] *ad loc.*), 1332a10 ff.; *Rhetoric* 1366b31-34; Polybius vi. 6. 6-9.

(18) Plato, *Statesman* 293e7 ff.; *Laws* 680e1-4, 684c1-6, 690b8-c3, 691d7-692b1, 693b1-e8, 701e, 744b1-d1, 756e9-10, 806d7 ff., 846d1-7; Xenophon, *Memorabilia* iii. 9. 10-13; iv. 6. 12; *Oeconomicus* 4. 2 ff., 6. 5-10, 11, 1 ff.; *Anabasis* v. 8. 26; Aristotle, *Nicomachean Ethics* 1160a32-1161a30, *Eudemian Ethics* 1242b27-31; *Politics* 1261a38-b3, 1265b33-1266a6, 1270b8-27, 1277b35-1278a22, 1278a37-1279a17, 1284a4-b34, 1289a39 ff.; Polybius vi. 51. 5-8; Cicero, *Republic* i. 52, 55 (cf. 41), 56-63, 69; ii. 37-40, 55-56, 59; iv. 8; Diogenes Laërtius vii. 131; Thomas Aquinas, *Summa theologica* ii. 1. qu. 95, *a.* 1 ad 2 and *a.* 4; qu. 105, *a.* 1.

(19) Aristotle, *Nicomachean Ethics* 1134b18-19; *Politics* 1253a38; *Digest* i. 1. 1-4.

(20) Thomas Aquinas, *Summa theologica* ii. 1. qu. 105, *a.* 1 を qu. 104, *a.* 3, qu. 100, *a.* 8, qu. 99, *a.* 4; ii. 2. qu. 58, *a.* 6 and *a.* 12と比較せよ。また以下を参照せよ。Heinrich A. Rommen, *The State in Catholic*

Thought (St. Louis, Mo.: B. Herder Book Co., 1945), pp. 309, 330-31, 477, 479. Milton, *Of Reformation Touching Church-Discipline in England* (*Milton's Prose* [“Oxford World's Classics” ed.], p. 55)「我々の基盤は、コモン・ローや市民法ではなく、敬虔と正義である。敬虔と正義は、貴族制、民主制、君主制などの前にでて、腰をかがめたり、顔色を変えたり、それらの政治の正しい針路を遮ったりはしない。敬虔と正義は、このような些細な事柄に留意するというようなことは超越して、両者が出会えばいつでも、満腔の共感をもって互いに抱きあうのである」(傍点は引用者)。

(21) Plato, *Republic* 523^{a}1-524^{d}6; *Statesman* 285^{d}8-286^{a}7; *Phaedrus* 250^{b}1-5, 263^{a}1-^{b}5, *Alcibiades* i. 111^{b}11-112^{c}7; Aristotle, *Nicomachean Ethics* 1097^{b}24-1098^{a}18, 1103^{a}23-26, 1106^{a}15-24; *De anima* 415^{a}16-22; Cicero, *De finibus* iii. 20-23, 38; v. 46; Thomas Aquinas, *Summa theologica* ii. 1. qu. 54, *a*. 1, and 55, *a*. 1.

(22) Cicero, *De finibus* iii. 68; Diogenes Laërtius, vi. 14-15; vii. 3, 121; Sextus Empiricus, *Pyrrhonica* iii. 200, 205. モンテーニュは「より自由なストア派」を「お上品な逍遥学派」に対置した(*Essais*, II, 12 [“Chronique des lettres françaises,” Vol. IV], p. 40)。

(23) Plato, *Republic* 331^{c}1-332^{c}4, 335^{d}11-12, 421^{e}7-422^{d}7 (cf. *Laws* 739^{b}8-^{e}3 and Aristotle, *Politics* 1264^{a}13-17), 433^{e}3-434^{a}1; *Crito* 49^{c}; *Clitopho* 407^{e}8-408^{b}5, 410^{b}1-3; Xenophon, *Memorabilia* iv. 4. 12-13, 8. 11; *Oeconomicus* 1. 5-14; *Cyropaedia* i. 3. 16-17; Cicero, *Republic* i. 27-28; iii. 11; *Laws* i. 18-19; *Offices* i. 28, 29, 31; iii. 27; *De finibus* iii. 71, 75; *Lucullus* 136-37; cf. Aristotle, *Magna moralia* 1199^{b}10-35.

(24) Plato, *Statesman* 271^{d}3-272^{a}1; *Laws* 713^{a}2-^{e}6; Xenophon, *Cyropaedia* i. 6. 27-34; ii. 2. 26; Cicero, *Republic* iii. 33; *Laws* i. 18-19, 22-23, 32, 61; ii. 8-11; Frag. 2; *De finibus* iv. 74; v. 65, 67; *Lucullus* 136-37. J. von Arnim, *Stoicorum veterum fragmenta* iii, Frags. 327 and 334. このパラグラフで論じられている問題は、プラトンの『国家』の中ではとりわけ次のような特徴的な形で素描されている。ポレマルコスの定義

するところでは、正義とは友人を助け敵を害することである。この定義は、守護者たることの条件、すなわち、犬のように、友人や見知っている人には穏やかであるが、敵や見知らぬ人にはその正反対の態度をとらなければならないという条件の中に保持されている（375^{a}2-376^{b}1; cf. 378^{c}7, 537^{a}4-7; and Aristotle, *Politics* 1328^{a}7-11）。「敵」の問題を最初に持ち出したのはソクラテスであって、ポレマルコスではなかったこと（332^{b}5; cf. also 335^{a}6-7）、そしてポレマルコスは、ソクラテスがトラシュマコスと討論する際のソクラテス側の証人であり、クレイトポンがトラシュマコス側の証人であること（340^{a}1-^{c}1; cf. *Phaedrus* 257^{b}3-4）は注意されるべきことである。これらのことを考慮するならば、『クレイトポン』（410^{a}7-^{b}1）の中でソクラテス自身がクレイトポンに示した正義に関する唯一の定義が、『国家』の中でポレマルコスがソクラテスの助けをかりながら示した定義と同じものであったことを知らされても、もはや当惑することはないだろう。プラトンを解釈した多くの人たちは、ソクラテスが正義を説くことばかりでなく、正義の何たるかを理解すること、すなわち、複雑な正義の問題全体を理解することにも同様に関わっていたという可能性を、十分には考慮していない。というのは、もしも人が正義の問題を理解することに関わっているのなら、彼は、正義が市民道徳と同一のものとして現われた段階を精査しなければならないのであって、その段階を駆け足で単に通り過ぎるというのではいけない。このパラグラフで素描された議論の結論を、人は、もし神の規則や摂理というものがないなら、真の正義は存在しえない、という言葉で表現することができよう。常に極度の欠乏の状態に生きていて生存だけのために常時お互いに闘わねばならないような人々に対して、多くの徳や正義を期待するのは無理というものであろう。もし人々の間に正義が存在すべきものなら、人々が常時もっぱら自己保存のことを考えるよう強いられることのないように、また人々がその仲間に対してそのような状況下で大抵の人が振る舞うような仕方で対応するよう強いられることのないように、配慮されなければならない。しかしそのような配慮は、人間の配慮のよくするところではない。

もし人間の人間としての状態が、したがってとりわけ人間の原初の状態（そこでは人間はまだ誤れる意見によって堕落させられてはいなかった）が、非欠乏の状態であったとしたら、正義の根拠は限りなく強められる。その場合には、自然法の観念と完全なる原初期という観念、すなわち黄金時代あるいはエデンの園の間には深い結合が存在する。Plato, *Laws* 713^{a}2–^{e}2, *Statesman* 271^{d}3–272^{b}1 and 272^{d}6–273^{a}1 を参照。神の支配は豊饒と平和をともなう。欠乏は戦争に導く。*Statesman* 274^{b}5 ff.; *Protagoras* 322^{a}8 ff. を参照。

（25） Cicero, *Laws* i. 61–62; iii. 13–14; *De finibus* iv. 7, 22, 74; *Lucullus* 136–37; Seneca, *Ep*. 68. 2.

（26） Plato, *Republic* 486^{b}6–13, 519^{b}7–^{c}7, 520^{e}4–521^{b}11, 619^{b}7–^{d}1; *Phaedo* 82^{a}10–^{c}1; *Theaetetus* 174^{a}4–^{b}6; *Laws* 804^{b}5–^{c}1. 正義とエロスの関係の問題については、『ゴルギアス』の全体と『パイドロス』の全体とを比較することが必要である。この線にそった試みが David Grene, *Man in His Pride: A Study in the Political Philosophy of Thucydides and Plato* (Chicago: University of Chicago Press, 1950), pp. 137–46（cf. *Social Research*, 1951, pp. 394-97）によってなされた。Aristotle, *Nicomachean Ethics* 1177^{a}25–34, ^{b}16–18, 1178^{a}9–^{b}21; *Eudemian Ethics* 1248^{b}10–1249^{b}25. *Politics* 1325^{b}24–30 を、『国家』における個人の正義と国家の正義の並行論と比較せよ。Cicero, *Offices* i. 28; iii. 13-17; *Republic* i. 28; *De finibus* iii. 48; iv. 22; また、*Republic* vi. 29 を iii. 11 と比較せよ。Thomas Aquinas, *Summa theologica* ii. 1. qu. 58, *a*. 4-5.

（27） Plato, *Republic* 414^{b}8–415^{d}5 (cf. 331^{c}1–3), 501^{a}9–^{c}2 (cf. 500^{c}2–^{d}8 and 484^{c}8–^{d}3); *Laws* 739, 757^{a}5–758^{a}2; Cicero, *Republic* ii. 57.

（28） Cf. R. Stintzing, *Geschichte der deutschen Rechtswissenschaft*, I (Munich and Leipzig, 1880), pp. 302 ff., 307, 371; また、たとえば Hooker, *Laws of Ecclesiastical Polity*, Book I, chap. x, sec. 13 をも見よ。

（29） たとえば *De finibus* iii. 64–67 を見よ。

（30） *Laws* i. 15, 18, 19, 21, 22, 25, 32, 35, 37–39, 54, 56; ii. 14, 32–34, 38–39; iii. 1, 26, 37; *Republic* ii. 28; iv. 4;

De natura deorum ii. 133 ff.; iii. 66 ff., 95; *De divinatione* ii. 70 ff.; *Offices* i. 22; *De finibus* ii. 45; *Tusc. Disp.* v. 11. 上記の注（24）を chap. iii, n. 22 と比較せよ。

（31） *Republic* i. 18, 19, 26–28, 30, 56–57; iii. 8–9; iv. 4; vi. 17–18; *ibid.* ii. 4, 12, 15, 20, 22, 26–27, 31, 53 を i. 62; iii. 20–22, 24, 31, 35–36 と比較せよ。cf. also *De finibus* ii. 59.

（32） L. Strauss, *Persecution and the Art of Writing* (Glencoe, Ill.: Free Press, 1952), pp. 95–141 を見よ。

（33） アリストテレスが承認している正に関する他の原理については、ここでは次のことを指摘しておけば十分である。すなわち、彼によれば、市民的社会の構成員となりえない人間は、必ずしも欠陥人間というわけではなく、反対に、彼が超人間ということもありうるのである。

V

（1） *Elements of Law*, Epistula dedicatoria, I, 1, sec. 1; 13, sec. 3, and 17, sec. 1. *De corpore*, Ep. ded.; *De cive*, Ep. ded. and praefatio; *Opera Latina*, I, p. xc. *Leviathan*, chaps. xxxi（241）and xlvi（438).『リヴァイアサン』からの引用では括弧内の数字は Blackwell's Political Texts 版のページを示している。

（2） *De cive*, praef., and XII, 3; *Opera Latina*, V, 358–59.

（3） *Elements*, Ep. ded.; *Leviathan*, chaps. xv (94–95), xxvi (172), xxxi (241), and xlvi (437–38).

（4） *De cive*, I, 2; *Leviathan*, chap. vi (33). ホッブズは快楽よりも自己保存の方に一層力点を置いて語っている。したがって彼はエピクロス派よりもストア派に近いようにも見える。ホッブズが自己保存を強調する理由は、快楽は「現象」であって、その根底的実在は「運動にすぎない」のに対し、自己保存は「現象」の領域に属するだけでなく、同時に「運動」の領域にも属するということにある（Spinoza, *Ethics*, III, 9 scholium and 11 schol. を参照せよ）。したがってホッブズが快楽よりも自己保存を重視した理由は彼の自然観あるいは自然学観に求められるのであって、それゆえに一見同様に見えるストア的な考え方とは全く異なった動機を有しているのである。

（5） *Thoughts on French Affairs*, in *Works of Edmund Burke* ("Bohn's Standard Library," Vol. III), p. 377.

（6） *Leviathan*, chap. xlvi (438); *English Works*, VII, 346.

（7） ホッブズがデカルトの第一『省察』（*Meditation*）の命題に同意していたことを参照せよ。

（8） *Elements*, Ep. ded. and I, 13, sec. 4; *De cive*, Ep. ded.; *Leviathan*, chap. xi (68); cf. Spinoza, *Ethics*, I, Appendix.

（9） *English Works*, VII, 179 ff.; *De homine*, X, 4-5; *De cive*, XVIII, 4, and XVII, 28; *De corpore*, XXV, 1; *Elements*, ed. Toennies, p. 168; デカルトの『省察』への第四反論。ホッブズの学問観が直面している困難は、彼が述べているように、あらゆる哲学や学問はそれが「経験」（*De cive*, XVII, 12）に出発点を取りながら、「諸帰結を織り上げる」（*Leviathan*, chap. ix 参照）ものであるという事実、すなわち、哲学や学問が究極的に依存するのは、所与のものに対してであり、構成されたものに対してではないという事実によって示されている。ホッブズは、純粋に構成的あるいは論証的な本来の学問（数学、運動学、政治学）とそれよりも低い地位にある自然学（*De corpore*, XXV, 1; *De homine*, X, 5）とを区別することによって、この困難を解決しようとした。この解決策はしかしまた新たな困難を生み出した。というのは、政治学は自然学の一部である人間の自然本性についての学的な研究を前提とするからである（*Leviathan*, chap. ix in both versions; *De homine*, Ep. ded.; *De cive*, VI, 6)。ホッブズがこの新たな困難を次のような仕方で解決しようとしていたのは明らかである。すなわち、政治的諸現象の原因は、より一般的な現象（運動の自然本性、生ける存在者の自然本性、人間の自然本性）からそれらの原因へと下降すること、および経験によって万人に知られている政治的諸現象そのものからそれと同じ原因へと上昇すること、この二つのことによって認識することができるというのである（*De corpore*, VI, 7）。少なくともホッブズは、政治学が「論証」とは異なる「経験」に基づく、あるいは「経験」からなる、と強く主張したのであった（*De homine*, Ep. ded.; *De cive*, praef.; *Leviathan*, Introd. and chap. xxxii, beginning）。

(10) 対立する陣営に属しはするものの精神的には同族である二人の著述家からの引用がこの点の説明に役立つであろう。フリードリヒ・エンゲルスの『ルードヴィヒ・フォイエルバッハとドイツ古典哲学の終焉』の中に次のような一節が見られる。「［弁証法的哲学］の前では、絶え間のない生成と消滅の過程、より低次なるものからより高次なるものへの止むことのない上昇の過程より他には、何ものも存続しはしない。……我々はここでは、このような考え方が今日の自然科学の立場と完全に一致するかどうかを問う必要はない。自然科学は、地球の存在さえ終わりを迎えるかもしれず、それ以上にかなり確実に地球上に人が住むこともやがて終わりを告げるだろうと予言しており、したがってまた人類史に単に上り道があるだけでなく下り道のあることも認めている。いずれにせよ我々はまだこの転回点からはかなり隔たったところにいるのだが」。J・J・バハオーフェンの『タナクイルの言葉』の中には次のような一節が見られる。「東洋人は自然の立場を信奉しているが、西洋人はその立場に代えて歴史の立場を置いた。……このように神的理念を人間的理念に従属させることのうちに、以前のより崇高な立場からの堕落の最後の段階を認めたくもなる。……しかしこのような退行は、非常に重要な進歩へと向かう萌芽を含んでもいる。なぜなら、どのような形であれ宇宙的‐自然的な生命観の息苦しい束縛から我々の精神を解放することは、そのようなものとみなされるべきものだからである。……心配性のエトルリア人が自分の種族に限りがあると信じているとき、ローマ人は自らの国家の永遠なることを喜んでいた。彼はその永遠性に疑いをさしはさむことなどできなかったのである」（傍点は引用者）。

(11) *De corpore*, I, 6. 実践の優位のために思弁あるいは理論の優位を放棄することは、プラトニズムとエピクロス主義が戦いを演じた地平を放棄したことからの必然的帰結である。なぜならプラトニズムとエピクロス主義の綜合は、理解することは作ること、という見解に大きく依存しているからである。

(12) Aristotle, *Nicomachean Ethics*, 1141^{a}20–22; *De cive*, praef.; *Opera Latina*, IV, 487–88 を参照せよ。哲学の唯一重要な部分は政治哲学である。

(13) Bacon, *Advancement of Learning* ("Everyman's Library" ed.), pp. 70–71.

(14) *De cive*, Ep. ded.

(15) *Ibid.*, II, 1.

(16) 『リヴァイアサン』の副題(『コモンウェルスの素材、形態、力』)の中にその目的は挙げられていない。また、ホッブズが『市民論(*De cive*)』への序論で自らの方法について語っていることを見よ。彼は自分は起源から目的を演繹したと主張する。しかし実際には彼は目的をあらかじめ決めてかかっている。なぜなら彼は目的(平和)を考慮に入れながら人間の自然本性および人間的事象を分析することによって起源を見出しているからである(*De cive*, I, 1, and *Leviathan*, chap. xi beginning を参照せよ)。同様にホッブズは、権利あるいは正義の分析に際して、一般に受け入れられている正義についての見解を当然のこととして受け入れている(*De cive*, Ep. ded.)。

(17) *Elements*, Ep. ded.

(18) *Ibid.*, I, 14, sec. 6; *De cive*, Ep. ded., I, 7, and III, 31; *Leviathan*, chaps. xiv (92) and xxvii (197). 今日の道徳的な態度決定における探偵小説の役割を理解するためには、ここから出発しなければならないであろう。

(19) *De cive*, II, 10 end, 18–19; III, 14, 21, 27 and annot., 33; VI, 13; XIV, 3; *Leviathan*, chaps. xiv (84, 86–87), xxi (142–43), xxviii (202), and xxxii (243).

(20) Otto von Gierke, *The Development of Political Theory* (New York, 1939), pp. 108, 322, 352 を参照せよ。また、J. N. Figgis, *The Divine Right of Kings* (2nd ed.; Cambridge: At the University Press, 1934), pp. 221-23 も参照せよ。カントにとっては、道徳哲学がなぜ義務論と呼ばれ権利論と呼ばれないのかはすでに一つの問題であった（*Metaphysik der Sitten*, ed. Vorlaender, p. 45 を見よ）。

(21) *Thoughts on French Affairs*, p. 367.

(22) *De cive*, VI, 5-7; *Leviathan*, chaps. xvii (113) and xxviii (202-3).

(23) *De cive*, praef.:「(自然状態と呼ばれる) 市民的社会以外の人間の状態」。Locke, *Treatises of Civil Government*, II, sect. 15 を参照せよ。この術語の本来の意味を確認するためには、Aristotle, *Physics* 246ᵃ10-17; Cicero, *Offices* i. 67; *De finibus* iii. 16, 20; *Laws* iii. 3 (cf. also *De cive*, III, 25) を参照せよ。古典的理論によれば、自然状態とは健全な市民的社会における生であり、市民的社会以前の生ではなかった。コンヴェンショナリズムの立場に立つ人々は、たしかに、市民的社会が約束に基づくものであるとか人為的なものであるとか主張したのであるが、それは市民的社会の価値を低下させることを意味した。コンヴェンショナリズムの立場に立つ大多数の人々は市民的社会に先立つ生活と自然状態とを同一視はしない。彼らは自然に即した生を人間性を実現する生（それが哲学者の生であれ、あるいは僭主の生であれ）と同一視する。それゆえ自然に即した生は、市民的社会に先立つ原始的な状態においては不可能である。他方、自然に即した生ないしは自然状態と、市民的社会に先立つ生とを同一視するコンヴェンショナリズムの立場の人々は、自然状態を市民的社会よりも好ましい状態とみなす（Montaigne, *Essais*, II, 12, *Chronique des lettres françaises*, III, 311 を参照せよ）。ホッブズの自然状態観は、古典的見解とともにコンヴェンショナリズムの見解をも斥けることを前提している。というのも彼は、自然的目的、つまり最高善（*summum bonum*）の存在を否定するからである。それゆえ彼は自然的生を「原初」、すなわち、最も根源的な欠乏に支配された生と同一視する。それと同時に、彼はこの原初には欠陥があり、この欠陥は市民的社会によって修復されると考えた。そこでコンヴェンショナリズムによれば市民的社会と自然的なるものとの間にはある種の緊張が存在するのに、ホッブズによれば両者の間には何らの緊張も存在しないことになる。したがって、コンヴェンショナリズムによれば自然に即した生は市民的社会より優れたものであるのに、ホッブズによれば前者は後者より劣る。加えて、コンヴェンショナリズムは必ずしも平等主義ではないのに、ホッブズの立場は平等主義を必要とする。トマス・アクィナスによれば、自然法状態（*status legis naturae*）は、人間がモーゼの法の啓示以前に生きている状態である（*Summa theologica* i. 2. qu. 102, *a.* 3 ad 12)。それは異教徒が生きている状態であり、それゆえそれは一つの市民的社会の状態である（Suarez, *Tr. de legibus*, I, 3, sec. 12; III, 11［「純粋な自然の中であるいは異国の中で」］; III, 12［「純粋な自然状態にある時、そこでは真なる神が自然に尊崇されている」］を参照せよ)。また、グロティウスの『戦争と平和の法』5, sec. 15. 2は「自然状態」を「キリスト教的法状態」と対比させて用いている。グロティウスが［iii. 7, sec. 1］「人間の行為以前に、あるいは原初的自然状態において」と言うとき、彼は「原初的」という語を付け加えることによって、自然状態そのものが「人間の行為以前」のことではなく、したがって本質的に市民的社会に先行するのではないことを示している。しかしながら、もし人間の法が人間の堕落の結果とみなされるなら、自然法状態（*status legis naturae*）は人間がただ自然法にのみ服していて、まだいかなる人間的諸法にも服していない状態となる（Wyclif, *De civili dominio*, II, 13, ed. Poole, p. 154)。ホッブズの自然状態という概念の前史については、スアレス前掲書（II, 17, sec. 9）に報告されたソートー（Soto）の教理も参照せよ。

（24） *De cive*, I, 9; III, 13; *Leviathan*, chaps. xv (100) and xlvi (448).

（25） *De cive*, VI, 19; XIV, 1 and 17; *Leviathan*, chap. xxvi (180); また、Sir Robert Filmer, *Observations concerning the Original of Government*, Preface も参照せよ。

(26) *Elements*, I, 17, sec. 1; *De cive*, Ep. ded.; III, 3–6, 29, 32; VI, 16; XII, 1; XIV, 9–10, 17; XVII, 10; XVIII, 3; *De homine* XIII, 9; *Leviathan*, chaps. xiv (92), xv (96, 97, 98, 104), and xxvi (186).

(27) 「節制は道徳的な徳というよりも、むしろ利欲的な本性に起因する害悪（それによって害を受けるのは都市であるよりもその人自身である）の不在（である）」(*De homine*, XIII, 9)。このような観点から「私的には悪徳ではあっても公的には利益」という観点まではもう一歩である。

(28) 一七九一年六月一日付 Rivarol 宛書簡。

(29) *De cive*, I, 2, 5, 7; XIII, 4–6; *Leviathan*, chaps. xi (63–64) and xiii end; *De corpore*, I, 6.

(30) *Leviathan*, chap. xxx, ラテン語版の第三、第四パラグラフ。*De cive*, IX, 3; x, 2 beginning, and 5; XI, 4 end; XII, 8 end; XIV, 4; また、Malebranche, *Traité de morale*, ed. Joly, p. 214 も参照せよ。通常の意味での自然法と自然公法との間には次のような相違がある。すなわち、自然公法とそれが主題とするもの（コモンウェルス）は一つの根本的虚構、すなわち、主権者の意志は万人の意志であり各人の意志である、あるいは主権者は万人を代表するとともに各人を代表する、という虚構に基づくという点である（*De cive*, V, 6, 9, 11; VII, 14)。実際には、主権者の意志と個々人の意志、つまり唯一自然なる意志との間には本質的な相違が存するのに、主権者の意志は万人の意志であり個々人の意志であるとみなされねばならない。つまり、主権者に服従するとは、まさに主権者の意志するところをなすことを意味し、私の意志するところをなすことではないのである。たとえ私の理性が習慣的に主権者の意志するところを私も意志するよう命じるにせよ、このような理性的な意志は必ずしも完全なる私の意志、実際の明確な私の意志と同一のものではないのである（*Elements*, II, 9, sec. 1 における「暗黙の意志」への言及を参照せよ。また、*De cive*, XII, 2 も参照せよ）。したがってホッブズ的な前提に立脚すれば、「代理制」(representation) は、便宜的なものではなく、本質的に必要なものである。

(31) Fr. J. Stahl, *Geschichte der Rechtsphilosophie* (2nd ed.), p. 325 を参照せよ。「国家理論（自然法）と政治術（特にいわゆる政治的政策）とは二つの全く異なった学的知識であるというのが新しい時代の特徴である。このような分離は、この時代において学問を支配している精神のなせる業である。エートスは理性の内に求められるが、しかし理性は出来事や自然的成果に対しては何の力も持たない。外面的な関係を要求したり強要したりするものは理性とは全く一致しないのであって、理性に対して敵対的に振る舞うものである。それゆえエートスを考慮することは国家の倫理に関わる問題ではない」。Grotius, *De jure belli*, Prolegomena, sec. 57 を参照せよ。

(32) *De cive*, praef. の最後に論じられる、一方における最良の統治形態の問題と他方における主権者の権利の問題とが全く異なった地平のものであることに関しての議論を参照せよ。

(33) *De cive*, VII, 2-4; XII, 4-5; *Leviathan*, chap. xxix (216). しかし *De cive*, XII, 1 and 3 における正統的な王と正統的でない統治者への言及を見よ。*De cive*, VI, 13 の最後のところと VII, 14 は、ホッブズが解したような自然法が王制と僭主制とを客観的に区別するための根拠を与えるものであることを示している。また、*ibid.* XII, 7 と XIII, 10 を比較せよ。

(34) ホッブズの教理と人間が実際に行なっていることとの乖離に関しては、*Leviathan*, chaps. xx end, and xxxi end を参照せよ。ホッブズの主権論の革命的性格に関しては、*De cive*, VII, 16 and 17. 同様にまた、*Leviathan*, chaps. xix (122) and xxix (210) を見よ。時効によって取得された権利というようなものはないのであって、主権者とは現存する主権者のことである（*Leviathan*, chap. xxvi [175]）。

(35) *Leviathan*, chap. xxix; Kant, *Eternal Peace*, Definitive Articles, First Addition.

(36) たとえば *Leviathan* の英語版とラテン語版十章の標題と *Elements* II, 3 and 4 の標題とを *De cive*,

VIII, and IX の標題と比較せよ。力能（*potentia*）と権能（*potestas*）の同義語的用法の実例としては、*De cive*, IX, 8 を参照のこと。*Leviathan* という題名と *De cive* の序文（方法についての節の最初のところ）とを比較すれば、「力能（power）」が「産出（generation）」と同義であることが分かる。*De corpore*, X, 1 を参照せよ。そこでは力能（*potentia*）は原因（*causa*）と同じものである。ホッブズはブラムホール主教に反対して、「力能（power）」と「潜勢力（potentiality）」との同一性を主張しているのである（*English Works*, IV, 298）。

（37） *De cive*, XIV, 1, and XVI, 15; *Leviathan*, chap. x (56).

（38） *De cive* X, 16 and VI, 13 annot. end. 許されるということと名誉に値するということとを区別するためには *Leviathan*, chap. xxi (143)を参照せよ（Salmasius, *Defensio regia* [1649], pp. 40-45 参照）。

（39） *Leviathan*, chaps. xiii (83) and xv (92). この困難はまた次のようにも述べることができる。すなわち、懐疑論に基づく独断論の精神においてホッブズは、懐疑論者カルネアデスが正義擁護論に対する決定的反論とみなしたものと、そのような擁護論の唯一可能な正当化とを同一視したのだ、と。つまり、極端な状況――海で遭難した二人の人間が一人しか助からない板の上にいるというような状況――は正義の不可能性ではなく、正義の根拠を示している、というのである。しかし、カルネアデスは、そのような状況にあっては人は自らの競合者を殺さざるをえなくなるなどと主張したのではなかった（Cicero, *Republic* iii. 29-30）。極端な状況は本当に必要なことを明らかにするものではないのである。

（40） *Leviathan*, chap. xxi (142-43); また、*De cive*, VIII, 9 も参照せよ。

（41） *Leviathan*, chap. xxi (143); *English Works*, IV, 414. *Leviathan*, chap. xxx (227) と *De cive*, XIII, 14 をロックの征服についての章と比較せよ。

（42） *Leviathan,* chaps. xiv (92) and xxiv (215). また、*ibid.,* chap. xxxviii の冒頭を参照せよ。*De cive,* VI, 11; XII, 2, 5; XVII, 25 and 27.

（43） ベールの有名な命題をファウストゥス・ソキヌスの教理よりもホッブズのそれと結びつける正当な理由は、たとえば、ベールの次の言葉（*Dictionnaire,* art. "Hobbes," rem. D）によって与えられている。「ホッブズはこの著作［*De cive*］で多くの敵をこしらえた。しかしこのきわめて明敏な人物ですら政治の根本はまだ十分に洞見されていないことを認めざるをえなかった」。ここでは、ホッブズ自身の無神論観によってさえ、彼が無神論者であったことを私は証明することができない。私は読者が *De cive,* XV, 14 と *English Works,* VI, 349 とを比較されるようお願いするだけにとどめておかねばならない。この種の主題について書いている多くの現代の学者たちにしても、生き延びたいとか平和のうちに死にたいとか願っている「逸脱者たち」に以前に必要とされた考え、すなわち、一般通念に対してどの程度まで警戒するか、あるいはどの程度まで適応するかについての十分な考えを、持ち合わせているようには見えない。これらの学者たちは暗黙裡に、ホッブズの著作の中で宗教の問題に当てられたページは、たとえばバートランド・ラッセル卿のそれに相当する発言を読むような仕方で読まれたならば、理解することができると考えている。換言すれば、ホッブズが有神論者でありそれどころか忠実な英国国教徒でさえあったことを証示するのに、ホッブズ自身が用いもしまた他のすべての者が用いることのできる章句が、ホッブズの著作中に数多くあるという事実を私はよく知っている。広く行なわれているやり方は、もしその結果が、個人の精神はその社会を支配している意見から自らを解放することなどできない、というドグマを支えるために用いられているという事実がなければ、歴史的誤謬、それどころか重大な歴史的誤謬に至るであろう。公的な礼拝の問題に関するホッブズの最後の言葉は、コモンウェルスは公的な礼拝を制定してもかまわない、というものである。もしコモンウェルスが公的な礼拝制度を制定しないとすれば、すなわち、もしコモンウェルスが「多くの種類の礼拝」を認めるなら、いずれにせよ「そのコモンウェルスは何らかの宗教をもっている……とは言うことはできないのである」(*Leviathan*, chap. xxxi [240] をラテン語版 [p. m. 171] と比較せよ)。

(44) *De cive*, Ep. ded.; *De corpore*, I, 7 を参照せよ。曰く、内乱の原因は戦争と平和の原因についての無知にある。それゆえ道徳哲学こそ救済策となるものである、と。それゆえホッブズは、アリストテレス (*Politics* 1302b35 ff.) とは異なる独得の仕方で、主として誤った教理の中に謀叛の原因を求めている (*De cive*, XII)。民衆を啓蒙する見込みへの信念——*De homine*, XIV, 13; *Leviathan*, chaps. xviii (119), xxx (221, 224-25), and xxxi end——は、天賦の知的能力面での人間の自然的不平等など取るに足りないものであるという見解に基づいている (*Leviathan*, chaps. xii [80] and xv [100]; *De cive*, III, 13)。ホッブズが啓蒙から期待したことは、彼が情念、とりわけ自尊心や野心のもつ力を信じたことと矛盾するように見える。この矛盾は、市民的社会を危険に陥れる野心は少数者の特性、「つまり王国の富裕で有能な臣民、あるいは最も教養があるとみなされている者」の特性であることをよく考慮すれば解決される。もし生活の糧を「自らの商いや労働によって得ている」「民衆」が適切に教育されたなら、少数者の野望とか貪欲も無力なものとなるだろう。*English Works*, IV, 443-44 をも参照せよ。

(45) 注 (9) を参照せよ。

(46) *Treatises of Government*, I, secs. 86, 101; II, secs. 6, 12, 30, 96, 118, 124, 135. *An Essay concerning Human Understanding*, I, 3, sec. 13, and IV, 3, sec. 18. *The Reasonableness of Christianity* (*The Works of John Locke in Nine Volumes*, VI [London, 1824], 140-42).

(47) デカルトの「著者は倫理学についてはすすんで書くことはしない」(*Œuvres*, ed. Adam-Tannery, V, 178) を参照せよ。

(48) *Treatises*, I, secs. 39, 56, 59, 63, 86, 88, 89, 111, 124, 126, 128, 166; II, secs. 1, 4, 6, 25, 52, 135, 136 n., 142, 195; *Essay*, I, 3, secs. 6 and 13; II, 28, sec. 8; IV, 3, sec. 18, and 10, sec. 7; *Reasonableness*, pp. 13, 115, 140, 144 (「最高の法、自然の法」), 145; *A Second Vindication of the Reasonableness of Christianity* (*Works*, VI, 229):「我々は人間として神を我々の王に持っている、そして我々は理性の法の下にいる。キリスト教徒として我々は救世主イエスを我々の王に持っている。そして我々は福音の中で彼によって啓示された法の下にいる。そして理神論者としてもキリスト者としてもキリスト者はすべて自然の法と啓示された法の両者を学ぶ責務を課せられている……」。注(51)を参照せよ。

(49) *Essay*, I, 3, secs. 5, 6, 13; II, 28, sec. 8; IV, 3, sec. 29; *Reasonableness*, p. 144:「しかしそれらの責務〔正邪の正しい尺度に基づく責務〕が完全に知られ、承認されるのはいかなる場合においてであったか、そしてそれらの尺度が一つの法の命令、すなわち自然法という最高の法の命令として受け入れられるのはいかなる場合においてであったか。立法者についての、また立法者に従うか否かにより人々に与えられる賞と罰についての明白な知識と承認なくしては、それは不可能であった」。*ibid.*, pp. 150–51:「天国と地獄の考えは、この現世でのはかない快楽を軽視させ、理性、関心、利己心がそれをこそ認め選ばざるをえないところの徳に魅力を与え、これを奨励するであろう。道徳が確固たるものとなり、競争に打ち克って行けるのは、かかる根拠に基づいて、しかもかかる根拠にのみ基づいてである」。*Second Reply to the Bishop of Worcester* (*Works*, III 489; see also 474 and 480):「真理の精神によって生み出された真理はきわめて動かし難いものである。自然の光は来世の状態について、ある種のぼんやりとした予感とある種の不確かな希望を与えはするが、しかし、人間の理性はそれについて、いかなる明晰性にも確実性にも達することはできない。「福音を通じて生命と不死性とに光を投じた」のは、ひとりイエス・キリストのみであった。……聖書が我々に保証している……啓示の項目はただ啓示によってのみうち立てられ確証されるのである」（傍点は引用者）。

(50) *Second Reply to the Bishop of Worcester*, p. 476, *ibid.*, p. 281 を参照せよ。そこでは次のように言われている。「それが神の証言であることを私が知っている場合には……神の証言を信頼することができると私は考える。なぜなら、そのような場合、その証言は事柄の有り様を私に単に信じさせることができるばかりでなく、私がそれを正しいと考える場合には、事柄が事実そうであるという認識を私に可能にするからである。したがって私は確信がもてるのである。というのも、神の誠実は他の証明の仕方と同様に、命題が真なることの認識を私に可能にするからであり、したがって、そのような場合には、私は命題が真なることを単に信じているばかりでなく、認識してもいて、確実性に達しているのである」。*Essay*, IV, 16, sec. 14 をも参照せよ。

(51) *Reasonableness*, p. 139:「これまで自然宗教においてなされてきた僅かなことからしても、道徳をその全領域にわたって、その真の基礎の上に明晰で確信を与えるような光をもって確立することは、理性だけの力ではあまりにも難しいことであるように思われる」。*ibid.*, pp. 142-43:「もちろん自然法は存在する。しかし誰かその全体を一つの法として、すなわち、自然法の中に含まれていたものおよび自然法の義務内容に比べて、それ以上でもそれ以下でもない一つの法として、我々に与えもしくは与えようとした者がかつていただろうか。誰か自然法のすべての部分を作り、それらを綜合し、世の人たちに彼らの責務を指示した者がかつていただろうか。我らの主キリストの時代より以前に、人類の誤りのない規則として、頼ることのできるような法典がどこかにあっただろうか。……イエス・キリストはそのような道徳律を、新約聖書の中で……啓示によって我々に与えたのである。我々はキリストから、我々の態度を決めるのに完全かつ十分であるとともに理性の規則とも一致した規則を授かったのである」。*ibid.*, p. 147:「それゆえ、道徳的に教化されるためには、その霊的な書物を読むより他には何も必要とはしない。そこにはあらゆる道徳的義務が明白で平明に、理解するのに容易な仕方で述べられている。そしてここで私が訴えているのは、これが最も確実で最も安全かつ効果的な教え方ではないのかということである。我々がさらに次のようなことを考慮するなら、すなわち、そのような方法が理性的被造物のうち最も低い能力の者に適しているばかりか、最も高い能力の者にも有効であり、彼を満足させ、それどころか啓発しさえすることを考慮するなら、なおさらそうではないかということである」。

(52) *Essay*, I, 3, sec. 3.

(53) Macaulay, *The History of England* (New York: Allison, n.d.), II, 491.

(54) *Letter to the Bishop of Worcester* (*Works*, III, 53–54).

(55) *Reasonableness*, pp. 35, 42, 54, 57, 58, 59, 64, 135–36.

(56) *Treatises*, I, sec. 58.

(57) "A discourse of miracles," *Works*, VIII, 260–64; *Reasonableness*, pp. 135 and 146. *Ibid.*, pp. 137–38. 旧約聖書の「啓示は世界の小さな片隅に封じ込められていた。……我らが救い主キリストの時代とそれより数世代前には、異教徒の世界は、ヘブライ人たちがそれによって自分たちの信仰をうち固めた奇跡に関して何らの証拠をも持つことができなかった。彼らがその証拠を持つことができるようになったのは、ユダヤ人自身によってであるが、そのユダヤ人たちは人類の大半の人々には知られず、また実際彼らを知っている国民からは、軽蔑され、卑しいと考えられていた民族であった。……しかし我らが救い主キリストは……彼の奇跡と福音をカナンの地やイェルサレムの礼拝者たちに限らなかった。彼は自らサマリアで教えを説き、テュロス〈富裕と悪徳で聞こえた地中海に面する古代フェニキアの港〉とシドン〈同じく古代フェニキアの海港〉との境界地方であらゆる地域から参集した群衆の前で奇跡を行なった。イエスは復活した後、使徒たちを民衆の中に遣わし、奇跡を行なわせた。それは、あらゆる地方できわめて頻繁に、あらゆる種類の数多くの証人たちの前で、白日の下でなされたので、……キリスト教に敵対する者たちもあえてそれを否定することはしなかった。いや、ユリウス帝自身も否定できなかった。彼には真相を調査する技術も力もなかったわけではないのに」。注（59）を参照せよ。

（58） *Second Reply to the Bishop of Worcester*, p. 477:「私もホッブズやスピノザに十分通じているわけではありませんから、この問題［死後の生］に関して彼らの意見がどうであったかを言うことはできません。しかしおそらく、その問題においては、かの当然にも非難された名前の者たちよりも閣下の権威の方が自分たちにとって有用であると考える人たちがいるでしょう」。*A Second Vindication of the Reasonableness of Christianity* (*Works*, VI, 420):「私は……彼がリヴァイアサンから引用した言葉がそこにあったこと、あるいは何かそれとよく似たものがあったことは知らなかった。しかし彼の引用からは、私にはそれらがそこに存在すると私が信じていることより以上は分からない」。

（59） "A Discourse of Miracles," p. 259. おそらく、ロックが「奇跡を否定しないこと」と「奇跡を認めること」との微妙な区別をなしていたことは示されるであろう。その場合、新約聖書に報告されている奇跡が決して否定されなかったし、またされえないとしても、そうだからといってイエスが神の使者であることを証明する訳ではないし、またそれについての論証的な証拠など存在しないであろう。いずれにせよ、いま述べられたことは、ロックが他のところで言っていることと矛盾する。*Second Vindication*, p. 340で述べられている、「［特に救世主のものだと認められる］これらの徴表のうち最も主要なものは、彼が死から復活したことであり、それは彼が救世主であることの最大でかつ明示的な証拠である」という言葉と、*ibid*., p. 342で言われている。「彼が救世主であるか否かは［彼の復活］にかかっている……一方を信じれば両方を信ずることになるし、いずれか一方を否定すればいずれをも信じることはできなくなる」という言葉を比較せよ。

（60） *Second Vindication*, pp. 164, 264–65, 375.

（61） *Essay*, IV, 18, sec. 4–8; 前掲注（50）参照。

（62） このことから、「それがどんなに奇妙に見えようとも、立法者は道徳上の徳・悪徳に何ら関与するところはないのであって」、彼の役割は財産の保存に限られるということになる（cf. *Treatises*, II, sec. 124; and J. W. Gough, *John Locke's Political Philosophy* [Oxford: Clarendon Press, 1950], p. 190）。もし徳がそれだけでは有効でないなら、市民的社会は人間の完全性やそこへと向かう傾向性とは別のところに基礎を持たなければならない。市民的社会は人間のうちにある最も強力な欲求、つまり自己保存の欲求、したがって財産に対する関心によって基礎づけられねばならないのである。

（63） *Reasonableness*, pp. 148–49:「徳と繁栄はしばしば相互に伴わないことがある。それゆえ徳に従おうとする者はほとんどいなかった。徳に伴う不利益は目に見えて直ぐに生じ、徳に伴う報酬といえば疑わしく、いつのことかわからないような状態で、徳が広く行なわれなかったとしても何ら不思議ではない。人類は自分たちの幸福を追求することを認められており、また認められねばならず、それどころか妨げられることはできないのであるから、自分たちの主目的たる幸福に両立しがたいと思われる規則など厳格に遵守しなくとも差し支えないと自ら考えざるをえなかったのである。かえってそれらの規則は彼らを現世の喜びから遠ざけるものであって、来世に関する確証や保証などほとんど持ち合わせてはいないのである」。*ibid.*, pp. 139, 142–44, 150–51; *Essay*, I, 3, sec. 5, and II, 28, sec. 10–12 を参照せよ。

（64） *Reasonableness*, pp. 144 and 139; *Essay*, I, 3, secs. 4, 6, and 10（傍点は引用者）; *Treatises*, II, secs. 7, 42, and 107.

（65） また、*Essay*, II, 28, sec. 11 も参照せよ。

（66） *Treatises*, II, secs. 142 (cf. sec. 136 n.), 180, 184; また、前掲注（51）をも参照せよ。*ibid.*, secs. 21, 176,

241; cf. Judges 11: 12–24; cf. also Hobbes's *Leviathan*, chap. xxiv (162).

(67) とりわけ *Treatises*, II, sec. 90 n. におけるフッカーからの引用文とフッカーにおけるコンテキストとを比較せよ。フッカーではロックが引用した文のすぐ前に『ローマ人への手紙』一三・一からの引用文が置かれている。そのパウロの言葉はある一つの引用文中に用いられている（*Treatises*, sec. 237）。また、*ibid.*, sec. 13 をも参照せよ。そこでロックは「神は確かに政府を設け給うた」という言葉が用いられている異論に言及しているが、その言葉はロックの返答の中には用いられていない。

(68) *Treatises*, II, secs. 101, 109, and 115.

(69) *Ibid.*, I, sec. 90.

(70) *Ibid.*, I, secs. 27 and 39; II, sec. 25; cf. also II, secs. 6 and 87; and II, secs. 36 and 38. II, secs. 56–57 においては、ロックはアダムは堕罪に先立つ自然状態にいたと言っているようである。*ibid.*, sec. 36 (cf. 107, 108, 116) によれば、自然状態は「世界の開闢の時代」あるいは「事物の始まり」のところに置かれている（Hobbes, *De cive*, V, 2 参照）。また、*Treatises*, II, sec. 11 の最後の部分を『創世記』4: 14–15 および 9: 5–6 と比較せよ。

(71) *Reasonableness*, p. 112, and *Treatises*, I, secs. 16, 44–45 を *ibid.*, II, secs. 110–11, 128 と比較せよ。「すべてのそれらの［諸時代］」*ibid.*, sec. 110 という複数形に注意せよ。自然状態の実例は数多く存在するが、無垢の状態はただ一度存在しただけである。

(72) *Treatises*, I, sec. 47.

(73) ロックの所有についての教説と新約聖書の教説との関係については、ここでは彼の『ルカ伝』一八・二二の解釈を挙げておけば十分である。「その箇所の意味はこうだと私は思う。つまり彼が持っているものをすべて売り払って貧しい人たちに与えるというのは［イエスの］王国の不変の法なのではない。それはこの若者が本当にイエスを救い主だと信じているかどうか、彼の命令に従う準備ができていて、王なるイエスが求める場合には、一切を放棄して彼に従う準備ができているかどうかを試さんとして試みた命令だということである」(*Reasonableness*, p. 120)。

(74) 夫婦社会をテーマとした議論は『第二論文』の第七章、「夫婦社会について」ではなく「政治社会すなわち市民社会について」と題されたところでなされている。その章はたまたま『市民政府論』全体の中で「神」という言葉でもって開始される唯一の章である。そしてその章にはまた、たまたまこの著作全体の中で「人間」という言葉でもって開始される唯一の章が続くのである。第七章は『創世記』二・一八に記されているような神的な婚姻制度にはっきりと言及することをもって始まる。それだけに一層、聖書の教理(とりわけそのキリスト教的解釈の中での)とロック自身の教理との間のコントラストは決定的である。偶然ではあるが『人間知性論』の中にも「神」という言葉で始まる章が一つだけあり、それにはその最初の言葉が「人間」という言葉である『知性論』中の唯一の章が続いている(III, 1 and 2)。「神」という言葉で始まる『知性論』中の唯一の章でロックは、言葉が「究極的には感覚的観念を表わすようなものから導き出される」ことを示そうとしている。そして彼は自ら引き合いに出した観察によって、「我々は言葉の最初の使用者の心を占めていた観念がいかなる種類の観念であったか、そしてそのような観念がどこから出てくるのかについて、ある種の推測をなしうる」ということを述べている(傍点は引用者)。こうしてロックは、彼が『市民政府論』(II, sec. 56)でとり上げた聖書の教理に用心深くではあるが論駁を加えるのである。聖書の教理によると、言語を最初に成立させた人であるアダムは、「その身体と精神とが力と理性とを十分に具備していて、彼の存在の最初の瞬間から……神によって植えつけられた理性の法の命ずるところにしたがって自らの行為を統御できるような完全な人間として創造されていた」。

(75) *Treatises*, I, secs. 59, 123, 128; II, secs. 65 and 79–81. *Treatises*, II, secs. 88 and 135(および注)を、

一方ではフッカーの*Laws of Ecclesiastical Polity*, I, 10, sec. 10 and III, 9, sec. 2 と、他方ではホッブズの*De cive*, XIV, 9 と比較せよ。Gough, *op. cit.*, p. 189 参照。父権に比して一層高次のものである母権については、とりわけ*Treatises*, I, sec. 55 を見よ。そこではロックは暗黙のうちにホッブズ（*De cive*, IX, 3）にしたがっている。後出の注（84）を参照せよ。

（76） *Treatises*, I, secs. 63, 90, 100; II, secs. 52, 65-67, 69, 71-73. ロックは、他のことは同じだとしても、富者の子供たちは貧者の子供たちに比してその両親を敬うという点では一層厳格な責務を負わされている、と言っているように思われる。このことは、裕福な両親は貧しい両親よりも一層強固にその子供たちの服従を義務づけるという事実と完全に一致するであろう。

（77） *Treatises*, I, sec. 141; *Essay*, I, 4, sec. 8; *Second Reply to the Bishop of Worcester*, p. 486. *Reasonableness*, p. 144:「それらの正邪の正しい尺度は……その真の根拠のうえに立脚している。それらは社会の紐帯とみなされ、日常生活に便宜を与えるもの、賞賛に値する慣行とみなされた。しかしそれらの責務が［イエスに先立って］完全に知られ、承認されるのはいかなる場合においてであったか、そしてそれらの尺度が一つの法の命令、すなわち自然法という最高の法の命令として受け入れられるのはいかなる場合においてであったか。立法者についての明白な知識と承認なくしては、それは不可能であった」（本書二八三ページおよび前掲注（49）と比較せよ）。

（78） したがって、ロックは時折自然法を理性の法とではなく理性そのものと同一視している（*Treatises*, I, sec. 101をII, secs. 6, 11, 181 と比較せよ。また、*ibid.*, I, sec. 111 の終わりにかけての部分を参照せよ）。

（79） Gough, *op. cit.*, p. 123.

（80） *Treatises*, II, sec. 52 の始めとI, sec. 109 の始めを*Essay*, III, 9, secs. 3, 8, 15 それにchap. xi, sec. 11と比較せよ。*Treatises*, Preface, I, secs. 1 and 47; II, secs. 165, 177, 223, and 239.

(81) *Reasonableness*, p. 146. *Treatises*, II, sec. 21 の終わりにある来世への言及と sec. 13 の終わりの部分とを比較せよ。*Treatises*, II, secs. 92, 112, 209–10 での宗教への言及を参照せよ。

(82) *Treatises*, II, secs. 5–6 においてロックはフッカー I, 8, sec. 7 から引用している。その一節はフッカーでは自分自身と同様に隣人をも愛する義務を確立するために用いられている。ロックではその一節は万人の自然的平等を確立するために用いられている。それと同じ文脈で、ロックはフッカーが語っていた相互愛の義務を、他者を傷つけることのないようにする義務に置き換えている。つまり、彼は博愛の義務は放擲するのである（Hobbes, *De cive* IV, 12, and 23 を参照せよ）。フッカーによれば（I, 10, sec. 4）、父たちは自然本性的に「その家族の中で最高の権力を持っている」のに、ロックによれば（*Treatises*, II, secs. 52 ff.）、控え目に言っても、父のもつ自然的権利はいずれも母によって完全に分有される。前掲注（75）参照。フッカーによれば（I, 10, sec. 5）、自然法は市民的社会に命じるのだが、ロックによれば（*Treatises*, II, secs. 95 and 13）「幾人かの人々が集まれば」市民的社会を形成し「うるのである」（傍点は引用者）。Hobbes, *De cive*, VI, 2 および前掲注（67）参照。フッカー I, 5, sec. 2 における自己保存の解釈を *Treatises*, I, secs. 86 and 88 におけるそれとは全く異なった解釈と比較せよ。とりわけ、自然法の証明たる一般的同意（*consensus gentium*）に関してのフッカー（I, 8, secs. 2–3）とロック（*Essay*, I, 3）との根本的な不一致を考慮せよ。

(83) *Treatises*, II, secs. 9, 13, and 15; sec. 91 n. 参照。ロックはそこの注釈の中で、フッカーを引用しながら、フッカーでは触れられていない自然状態に言及している。また sec. 14 を Hobbes, *Leviathan*, chap. xiii (83) と比較せよ。自然状態においては各人が自然法の執行権力を有する、という教理の「奇妙な」性格に関しては、一方では、Thomas Aquinas, *Summa theologica* ii, 2. qu. 64, *a*. 3 と Suarez, *Tr. de legibus*, III, 3 secs. 1 and 3 を、また他方では、Grotius, *De jure belli* ii. 20. secs. 3 and 7 and ii. 25. sec. 1 とともに

Richard Cumberland, *De legibus naturae*, chap. 1, sec. 26 を参照せよ。

（84） *Reasonableness*, p. 114:「……［イエスの法］の違反者に対する罰則がないなら、彼の法は王の法ではなく……効力も影響力もない空虚な言葉でしかないであろう」。*Treatises*, II, secs. 7, 8, 13 end, 21 end; *ibid.*, sec. 11 を I, sec. 56 と比較せよ。*Essay*, I, 3, secs. 6-9, and II, 28, sec. 6; Hobbes, *Leviathan*, chap. xxix (212). 万人の有する自然法の執行者であるという自然権に関して語る時、ロックは、「『誰であれ人の血を流した者は己れが血を流されるであろう』（『創世記』九・六）という偉大な自然法」に言及している。しかし彼は、「というのは神は自らの姿に似せて人間を創られたからである」という聖書的理由を省略している。ロックが殺人者に対して死刑を科す権利を認めた理由は、人は人間にとって「有害なものは破壊してよい」ということにある（傍点は引用者）。ロックは殺人者も殺された者も、ともに神の姿に似せて創られたものであるという事実を見ない。つまり殺人者は、「人間が到底それらとともに社会を形成することもできなければ安全に過ごすこともできない野獣であるライオンや虎と同じように殺されて然るべき」ものなのである（*Treatises*, II, secs. 8, 10, 11, 16, 172, 181; I, sec. 30 を参照せよ）。Thomas Aquinas, *Summa theologica* i. qu. 79, *a.* 13 and ii. 1. qu. 96, *a.* 5 ad 3 (cf. *a.* 4, obj. 1); Hooker, I, 9, secs. 2-10, sec. 1; Grotius, *De jure belli*, Prolegomena, secs. 20 and 27; Cumberland, *loc. cit.*

（85） *Treatises*, I, sec. 43; II, secs. 6, 7, 11, 19, 28, 31, 51, 56-57, 110, 128, 171, 172.

（86） *Ibid.*, II, secs. 13, 74, 90, 91 and note, 94, 105, 123, 127, 128, 131, 135 n., 136, 212, 225-27.

（87） *Ibid.*, secs. 32, 37, 38, 41-43, 49.

（88） *Ibid.*, secs. 21, 74, 101, 105, 116, 127, 131 beginning, 132 beginning, 134 beginning (cf. 124 beginning), 211, 220, 243; I, sec. 56 と sec. 88 を比較せよ。上の二節ならびに I, sec. 97 および II, secs. 60, 63, 67, 170 を *Essay*, I, 3, secs. 3, 9, 19 と比較せよ。

(89) とりわけ *Treatises*, II, secs. 11 の終わりの部分、および 56 を *Essay*, I, 3, sec. 8 および I, 4, sec. 12 と比較せよ。*Treatises*, II, secs. 6, 12, 41, 49, 57, 94, 107, 124, 136; *Essay*, I, 3, secs. 1, 6, 9, 11–13, 26, 27; *Reasonableness* pp. 146, 139, 140. 前掲注（74）参照。

(90) *Treatises*, II, secs. 10, 11, 87, 128, 218, 230 における（"sin" とは区別された）"crime" という語の用法を *Essay*, II, 28, secs. 7–9 と比較せよ。

(91) *Essay*, I, 3, secs. 3 and 12; *Reasonableness*, p. 148; *Treatises*, II, sec. 123 (cf. sec. 6). Cf. Hobbes, *De cive*, I, 7, and III, 27 n.

(92) *Treatises*, I, secs. 86–88, 90 beginning, 111 toward the end; II, secs. 6, 54, 149, 168, 172. 自己保存の権利の幸福追求の権利に対する関係は、次のように述べることができる。つまり、前者は「生存する」権利であって、人間が存在するのに必要なものに対する権利を意味するのに対し、後者は「生活の便宜を享受する」権利とか「安楽な生命保存」の権利であって、それゆえにまた、人間の存在にとって必要というのではなくても人間の存在にとって有用なるものへの権利を意味している（*Treatises*, I, secs. 86, 87, 97; II, secs. 26, 34, 41）。

(93) *Ibid.*, II, secs. 10, 13, 87, 94, 105, 129, 168, 171.

(94) *Ibid.*, secs. 4, 6–11, 13, 96, 99, 127–30, 134, 135, 142, 159.

(95) *Ibid.*, secs. 1, 12, 176–77, 202; *Essay*, III, 5, sec. 12, and IV, 12, secs. 7–9 (cf. Spinoza, *Ethics*, IV, praef. and 18 schol.).「自然と理性の法」に含まれている法的虚構の要素に関しては、*Treatises*, II, sec. 98 beginning を sec. 96 と比較せよ。*Reasonableness*, p. 11の「理性の法、あるいは、いわゆる自然の法」という語句を参照のこと。また、A節の前掲注（8）および後出注（113）（119）を参照せよ。Hobbes, *De cive*, Ep. ded., and *Leviathan*, chap. xv (96 and 104–5).

(96) *Leviathan*, chap. xiii (83) ——ラテン語版も見よ——を *Treatises*, II, secs. 14, 100–103, 110 と比較せよ。ロックがホッブズから離反した理由は、ホッブズでは自然状態はいかなる種類の統治よりも劣るのに対し、ロックによれば、自然状態は恣意的で無法の統治よりも好ましいということにある。それゆえロックは、自然状態は良識ある人たちの目からすれば「絶対君主制」よりも生活しやすい状態であると説いているのである。すなわち、自然状態は実際に存在しなければならないし、また実際に存在したに違いないと説くのである。

(97) *Treatises*, II, secs. 111, 121, 163 参照。Hobbes, *De cive* 序文の「国家の権利と国民の義務を探究するに当たって必要なことは、国家がバラバラにされることではなく、あたかもバラバラにされているかのように考えられねばならないということである」を参照せよ。

(98) *Treatises*, I, secs. 33 and 41; II, secs. 13, 17, 23, 24, 85, 90–95, 99, 131, 132, 137, 153, 175–76, 201–2; cf. Hobbes, *De cive*, V, 12, and VIII, 1–5.

(99) *Treatises*, II, secs. 89, 95–99, 132, 134, 136; Hobbes, *De cive*, V, 7; VI, 2, 3, 17; VIII, 5, 8, 11; また *Leviathan*, chaps. xviii (115) および xix (126) を参照せよ。

(100) *Treatises*, II, secs. 149, 168, 205, 208, 209, 230. ロックは、一方では、社会は政府がなくても存在しうると説いているのに（*ibid.*, secs. 121 end and 211）、他方では、社会は政府がなければ存在しえないとも説いている（*ibid.*, secs. 205 and 219）。この矛盾は、ただ革命の時点においてのみ社会は政府がなくても存在し活動しているという事実を考えれば解消する。もし政府が、すなわち、合法的政府が存在しない間は社会ないしは「人民」も存在しえず、したがってまた活動しえないとすれば、現に存在する（*de facto*）政府に反対する「人民」の活動もありえないだろう。旧権力を撤廃する瞬間に新たな立法的最高権力を設立する一種の多数決による決定は、このような革命行為と解されうる。

(101) このことと一致して、ロックはホッブズ以上に力を込めて個人の兵役義務を主張している(*Treatises*, II, secs. 88, 130, 168, 205, 208 を *Leviathan*, chaps. xxi [142-43], xiv [86-87], xxviii [202] と比較せよ)。

(102) *Treatises*, II, secs. 168 and 208.

(103) *Ibid.*, secs. 94, 134, 136, 142, 143, 149, 150, 153, 157-59.

(104) *Treatises*, II, sec. 201 で言及されている専制支配の例を見よ。多数者による僭主支配の実例は挙げられてはいないのである。人民の特性について述べたロックの所見をも参照せよ。*ibid.*, sec. 223 では、人民は「気まぐれ」というよりもむしろ「緩慢」であるとされている。

(105) *Ibid.*, secs. 34, 54, 82, 94, 102, 131, 157-58.

(106) 私はこの章を終えてしまった後、C・B・マクファーソンの"Locke on Capitalist Appropriation," *Western Political Quarterly*, 1951, pp. 550-66 という論文に注目することとなった。所有についての章に関するマクファーソン氏の解釈とこの書物の中で展開されている解釈との間にはかなりの一致点が見られる。*American Political Science Review*, 1950, pp. 767-70 を参照せよ。

(107) 「実際に効力を有している所有権の根拠としてこのように「同意」を受け容れることと、政府というものは自然的な所有権を保護するために存在するという理論との間には、不一致が存在するように思われる。ロックはおそらく、いつものとおり「自然法」の用語法から功利主義的な考察へと移行することによって、そのような矛盾を解決したことであろう」(R. H. I. Palgrave, *Dictionary of Political Economy*, "Locke" の項)。ロックは自然法から功利主義的考察へと「移行」する必要はなかった。なぜなら彼の理解していた自然法、すなわち、平和と公共的な幸福の条件を定式化したものとしての自然法は、それ自体「功利主義的なもの」だからである。

(108) *Treatises*, II, secs. 26–30, 34, 44.

(109) *Ibid.*, secs. 31, 37, 38, 46.

(110) *Ibid.*, secs. 40–44 を Cicero, *Offices* ii. 12–14 と比較せよ。キケロが人間が人間を援助するという徳を証明するために用いたのと同じタイプの実例が、ロックでは労働の徳を証明するために用いられている。

(111) *Treatises*, II, secs. 30, 36, 37, 45. secs. 32-51 において現在形から過去形に移っている点を考慮せよ。特に sec. 51 を考慮せよ。

(112) *Ibid.*, secs. 27, 31, 33, 34, 36.

(113) *Ibid.*, secs. 6, 32, 37, 41, 42, 43, 49, 107, 110. 人間は最初のうちは「必要以上のものを」欲求することはなかった、とロックは述べている。しかし最初のうち地上に住んでいた「貧しく惨めな」個人たちが人間に必要なものを常に持っていたかどうかは疑ってみなければならない。その書物で述べられている理由では、人間は、他の人々に十分残されているかどうかにかかわりなく、自らの自己保存に必要なものを自らの労働によって専有する自然権を有していなければならない。これと同じ考え方から、合法的な専有は何も労働による専有ばかりとは限らない、という一歩進んだ結論が導き出されるように思われる。というのも、極端な欠乏の状態においては、他の者が餓死しようがしまいがにかかわらず、もっぱら自己保存のために必要とするものを他の者から奪い取っても構わないからである。しかし、このことが意味しているのは、極端な欠乏状態においては平和など全く不可能であるということ、そして自然法は、もし平和が全面的に不可能というわけではない場合に、人間は平和のためにいかに行動すべきであるかを定式化するものである、ということに過ぎない。つまり、所有に関する自然法は必然的に、自然法それ自体に対して設けられた限界の内にとどまるのである。しかし、この限界を越えて拡がる霧にかすむ原野に存在するのは、自己保存の権利だけである。この権利はどこにおいても不可侵のものであるが、そのような原野においてはこの権利はまた不安定なものでもある。

(114) *Ibid.*, secs. 33, 34, 37, 46.

(115) *Ibid.*, secs. 45, 48.

(116) 「自然法が命じる義務は社会状態になっても止むのではなく、むしろ多くの場合には一層厳密にされる」(*ibid.*, sec. 135)（傍点は引用者）。所有の場合はロックがいうところの「多くの場合」には属さない。

(117) 「労働が最初は所有に対する権利を与えた」(*ibid.*, sec. 45)。「労働が最初、所有の権原を開始することができた」(sec. 51)。また、secs. 30 and 35 も参照せよ（傍点は引用者）。

(118) *Ibid.*, secs. 36, 48, 50.

(119) Luigi Cossa, *An Introduction to the Study of Political Economy* (London, 1893), p. 242 では次のように言われている。ロックは「労働の生産的な力をはっきりと主張することによって、土壌や節約までも生産の構成要素に数え上げたホッブズのかつての誤謬を回避している」と。ロックによれば、所有に関する原初的自然法は市民的社会間の関係においては依然として有効である。というのも、「あらゆる共同体はお互いに対して自然状態にある」からである（*Treatises*, II, secs. 183, 184; Hobbes, *De cive*, XIII, 11 および XIV, 4 また、それとともに *Leviathan*, chaps. xiii [83] および xxx [226] をも参照のこと）。したがって原初的自然法は、正当な戦争によって征服者が被征服者に対して獲得する権利を規定する。すなわち、正当な戦争において征服者は被征服者の持っていた土地所有に対する権原を獲得するのではない。彼にできることは、蒙った損害に対する賠償として金銭をとり立てることである。というのも、「そのような富や財宝は……空想的な想像上の価値しか持たないからである。自然はそのような価値をそれらの上に置きはしなかった」(*Treatises*, II, secs. 180–84)。このように言いながらもロックは、金銭が市民的社会にあっては無限の価値を有するものであるという事実、そして征服が市民的社会の存在を前提するという事実を決して忘れてはいないのである。この難点は次のように考えることによって解決される。すなわち、征服に関してのロックの論究の第一義的な目的は、征服によっては合法的統治の権原まで与えられはしないことを示すことにある、と考えればよいのである。それゆえ彼は、とりわけ、征服者はその土地の所有者になることによって被征服者の合法的統治者になることはない、ということを示さねばならなかった。そこから彼は、土地と貨幣との根本的な相違、そして自己保存のためには前者の方がより大なる価値を有することを強調しなければならなかったのである。さらに彼は、この文脈の中で、商業と工業が行き詰まってしまって、(征服された人々のうち何の罪もない部分の) 快適な自己保存ではなしに自己保存そのものが危機に瀕しているような状態について語っている。このような状態は本来の自然状態の内に存在する状態とは根本的に異なるものである。前者の状態にあっては、征服者は「あり余るほど持っている」のに、被征服者が用いるものは何も残されてはいない。それゆえ征服者は慈悲深くあるのでなければならない(Treatises, II, sec. 183)。しかし、本来の自然状態にあっては、誰もが「あり余るほど持って」はいないか、さもなければ他の人々にも十分なものが残されているかのいずれかである。ロックは、もし征服者たちが「あり余るほど持って」いなかったならどうすればよいか、あるいは言い換えるなら、「世界全体が住民過多である場合は」どうすればよいか、については議論を差し控えている。彼の原則からすれば、征服者は彼らの自己保存が脅かされるような場合には、被征服者の要求を考慮する義務はないのであるから、彼は、その問題に対してホッブズが「その場合、すべてにとっての最後の救済策は戦争である。それはすべての者に対して勝利かさもなくば死を与える」(*Leviathan*, chap. xxx [227]; cf. *De cive*, Ep. ded.) と答えたのと同様に答えたに違いない。

(120) *Treatises*, II, sec. 41. 「所有権――すなわち、個人が自分だけ独立して利己的に用い享受するために、自分自身の勤勉が生み出すところの全体を、自分自身に最も快適な仕方で自由に処分する能力をもって所持する、あるいは私有する権利――かかる権利を私は、社会の福祉にとっても、そしてまた社会の持続的な存在にとっても、……ロック氏とともに自然がそのような権利を確立したと信じながら……必要不可欠であるとみなしている」(Thomas Hodgskin, *The Natural and Artificial Right of Property Contrasted* [1832], p. 24; W. Stark, *The Ideal Foundations of Economic Thought* [London, 1943], p. 59 からの引用である)。

(121) *Treatises*, II, secs. 34, 37, 38, 40–44, 48–49; *Essay*, I, 4, sec. 15, and IV, 12, sec. 12; Hobbes, *Leviathan*, chap. xxiv を参照せよ。そこでは「貨幣はコモンウェルスの血液」と言われている。

(122) *Treatises*, II, secs. 42, 107, 124, 131; *The Federalist*, No. 10 (傍点は引用者)。前掲注(104)を参照せよ。

(123) *Treatises*, II, secs. 37, 46, 51 end, 75, 111.

(124) *Ibid.*, I, sec. 40, 43; II, secs. 31, 43. 自然の恵みと人間労働の相対的な重要性についてのロックの所説とアンブロシウスの *Hexaemeron*, translated dy George Boas, in *Essays on Primitivism and Related Ideas in the Middle Ages* (Baltimore: Johns Hopkins Press, 1948), p. 42 の中の所説とを比較せよ。

(125) *Treatises*, I, sec. 39; II, secs. 6, 27, 123. ついでに言えば、もし「自然状態にある人間が彼自身の……所有物の絶対的主人で[ある]なら」、あるいはもし財産が「所有者の利益と独占的な便宜のためのものであるなら」、「両親の財産を相続する」(*ibid.*, I, secs. 88, 93, 97; II, sec. 190) 子供たちの自然権は、子供たちは彼らの両親がその財産を他の仕方で処分――ロックによれば彼らはそうすることができる(I, sec. 87; II, secs. 57, 65, 72, 116 end)――しない場合に限って、この権利を持つ、という決定的な条件に従うことになる。両親の財産を相続するという子供たちの自然権といっても、それは結局のところ、両親が遺言を残さず死んだ場合に、両親は見知らぬ者よりは自分の子供たちを、その財産の相続人として選んだであろうと想定されるということに尽きるのである。I, sec. 89 を Hobbes, *De cive*, IX, 15 と比較せよ。

(126) *Treatises*, I, sec. 42（"sin"という言葉の使用に関しては前掲注（90）を参照のこと）。*ibid*., sec. 92を参照せよ。そこでは「財産は……所有者の利益と独占的な便宜のためのものである」（傍点は引用者）と言われている。征服についての章（ii, sec. 183）における博愛の義務への言及に関しては、前掲注（119）を見よ。前掲注（73）参照。

(127) ロックは彼の敵対者たちがなすべきではない譲歩について語りながら次のように言っている。「というのも、そうすることで彼らは、これら諸原理についての知識を我々の思惟の労作に基づけるのだから、彼らが非常に好きなように思われる自然の恵みを台なしにしてしまうことだろう」（*Essay*, I, 2, sec. 10）（傍点は引用者）と。

(128) *Essay*, II, 21, secs. 55, 61, 71; chap. 20, sec. 6.

(129) *Treatises*, II, secs. 30, 34, 37, 42.

VI

(1) この節の注では、文献の標題について以下のとおりの省略形が用いられる。

"*D'Alembert*" = *Lettre à d'Alembert sur les spectacles*, ed. Léon Fontaine.

"*Beaumont*" = *Lettre à M. de Beaumont* (Garnier ed.)

"*Confessions*" = *Les Confessions*, ed. Ad. Van Bever.

"*C. S.*" = *Contrat social.*

"*First Discourse*" = *Discours sur les sciences et sur les arts*, ed. G. R. Havens.

"*Second Discourse*" = *Discours sur l'origine de l'inégalité* (Flammarion ed.)

"*Émile*" = *Émile* (Garnier ed.)

"Hachette" = *Œuvres complétes*, Hachette ed.
"*Julie*" = *Julie ou la Nouvelle Héloïse* (Garnier ed.)
"*Montagne*" = *Lettres écrites de la Montagne* (Garnier ed.)
"*Narcisse*" = *Préface de Narcisse* (Flammarion ed.)
"*Rêveries*" = *Les Rêveries du promeneur solitaire*, ed. Marcel Raymond.

（2） *First Discourse*, p. 134; *Narcisse*, pp. 53-54, 57 n.; *Second Discourse*, pp. 66, 67, 71-72; *D'Alembert*, pp. 192, 237, 278; *Julie*, pp. 112-13; *C. S.*, IV, 4, 8; *Montagne*, pp. 292-93. 現代の思想家のうち誰一人としてルソー以上にポリスの哲学的概念を理解したものはいなかった。つまり、ポリスとは人間の知と愛の能力の及ぶ自然的範囲に見合った完全な結合体だというのである。とりわけ *Second Discourse*, pp. 65-66 および *C. S.*, II, 10 を見よ。

（3） *First Discourse*, pp. 102 n., 115 n., 140.「人は私が徳の事例を古代のなかからとってくる振りをしているといって非難する。もし私がさらに古くまでさかのぼることができれば、なお一層よい例を見つけたことだろう、とでも言っているようである」(Hachette, I, 35-36)。

（4） ルソーについてのこのような解釈の古典的定式化はカントの『世界公民的見地における一般史考』の第七命題のうちに見出される（*The Philosophy of Kant*, ed. Carl J. Friedrich ["Modern Library" ed.], pp. 123-27)。

（5） *C. S.*, I, 1; II, 7, 11; III, 15; *Émile*, I, 13-16, 79-80, 85; *Second Discourse*, pp. 65, 147, 150, 165.

（6） *First Discourse*, pp. 97-98, 109-10, 116. Hachette, I, 55: 道徳性は悟性の驚異に比して無限に崇高である。

（7） *First Discourse*, pp. 122, 140-41; *Émile*, II, 51; *Julie*, pp. 502 ff., 603; *Montagne*, p. 180.

（8） *First Discourse*, pp. 120–22; *Second Discourse*, p. 150; *Julie*, p. 325. Hachette, I, 45–46: 根源的平等が「あらゆる徳の源泉である」 *Ibid*., p. 59. カトーはかつて存在したうちで最も純粋な徳の光景と範型を人類に与えた。

（9） *Narcisse*, pp. 54, 56, 57 n.; *Émile*, I, 308; *C. S.*, I, 8; *Confessions*, I, 244.

（10） Hachette, I, 41, 45–46; *Second Discourse*, pp. 66, 143–44; *Montagne*, p. 252. *First Discourse* (pp. 118–20) におけるプラトン『ソクラテスの弁明（*Apology of Socrates*）』（21^b ff.）からの引用とプラトンの原文とを比較せよ。ルソーはソクラテスの（民主制的・共和制的）政治家への非難を引用してはいない。それに彼はソクラテスの手職人への非難を芸術家への非難に置き換えている。

（11） *First Discourse*, p. 162; *Second Discourse*, pp. 107–10; *Émile*, I, 286–87, 307; *Confessions*, I, 199; Hachette, I, 31, 35, 62–63.

（12） このようなやり方は非のうちどころのないものである。というのも、ルソー自身も言っていたように、『学問芸術論』では彼はまだ十分に自らの原理を示してはいず、その著作はまた他の理由からも不十分なものだからである（*First Discourse*, pp. 51, 56, 92, 169–70）。そして他方では、『学問芸術論』は、後期の著作以上にはっきりと、ルソーの根本的考えの統一性を示している。

（13） *First Discourse*, pp. 107, 121–23, 141–46; *Narcisse*, pp. 49 n., 51–52, 57 n.; *Second Discourse*, pp. 65–66, 134–35, 169–70; *C. S.*, II, 8 (toward the end); *Émile*, I, 13; *Gouvernement de Pologne*, chaps. ii および iii; *Montagne*, pp. 130–33.

（14） *First Discourse*, pp. 101, 115, 129–32, 150; Hachette, I, 62; *Narcisse*, pp. 50–53; *Second Discourse*, p. 150; *D'Alembert*, pp. 120, 123, 137; *Julie*, p. 517; *Émile*, I, 248.

（15） *First Discourse*, pp. 107, 125–26, 129–33, 151, 155–57; *Narcisse*, pp. 56, 57 n.; *Second Discourse*, pp. 71,

152, C. S., II, 7; *Confessions*, II, 226. Hachette, I, 38 n.「これらさまざまな学派の有害な格率と不敬なドグマを明らかにすることは、実際、哲学にとってはかなり不名誉なことになるだろう。……一体これらすべての学派の中で何か危険な誤謬に陥らなかった学派が一つでも存在するのだろうか。また、すべての哲学者たちによって貪るように受け入れられ、彼らが公に教えていたこととは反対の意見をひそかに表明することに役立った二つの教理の区別については、何と言えばよいのだろうか。ピタゴラスは奥儀の教理を利用した最初の人であった。彼は長らく試した後、最大の秘儀を行なった上でなければ、奥儀を弟子たちに授けなかった。彼はひそかに弟子たちに無神論の教えを授け、ジュピターには、厳かに百頭の牛の贄を捧げた。哲学者たちはこのようなやり方に大いに満足していたので、そのやり方は急速にギリシアの中へと拡がり、そこからローマにまで拡がっていった。それは、法廷弁論において力をこめて立証した不死の神々を、友人たちと一緒になって嘲笑したキケロの作品に見られるとおりである。奥儀の教理がヨーロッパからシナへ運びこまれたことは決してなかったが、それはシナでもまた哲学と共に生み出された。この教理のお蔭で、シナ人たちは自らの内にかくも多くの無神論者や哲学者たちを持つこととなったのである。もし学識ある真面目な人がこのような決定的な教理の歴史を書いたとすれば、それは古今の哲学に対する恐るべき打撃となることであろう」(傍点は引用者)。*Confessions*, II, 329 参照。

(16) *First Discourse*, pp. 101-2, 105–6, 158–59; *Second Discourse*, p. 116; *C. S.*, I, 6, 8; II, 7; *Émile*, I, 13-15.

(17) *First Discourse*, pp. 115, 125–26, 128, 137, 161–62; *Narcisse*, p. 50; *Second Discourse*, p. 147; *C. S.*, I, 9 (end); Hachette, I, 38 n.

(18) *First Discourse*, pp. 98–100, 127–28, 138–39, 151-152, 158–61; *Narcisse*, pp. 45, 54.

(19) *First Discourse*, p. 94 (cf. 38, 46, 50); *Narcisse*, pp. 54, 57–58, 60 n.; *Second Discourse*, pp. 66, 68, 133, 136, 141, 142, 145, 149; *Julie*, Preface (beginning); *C. S.*, I, 1; *Beaumont*, pp. 471–72.

(20) *First Discourse*, pp. 93-94, 108 n., 120, 125, 132-33, 152, 157-62, 227; Hachette, I, 23, 26, 31, 33, 35, 47 n. 1, 48, 52, 70; *Second Discourse*, pp. 83, 170, 175; *D'Alembert*, pp. 107-8; *Beaumont*, p. 471; *Montagne*, pp. 152-53, 202, 283.『学問芸術論』の批評家は、次のように言った、「一般の趣味にあれほど真正面から衝突する真理をあまり明るみに出してはいけないだろう……」と。ルソーはこの人物に答えて言った、「私は全く同意見ではない、お手玉遊びは子供たちに任せておけばよいと思う」と(Hachette, I, 21; また、*Confessions*, II, 247 も参照)。ルソーの原理は「すべての有用なる事柄において」(*Beaumont*, pp. 472, 495; *Rêveries*, IV) 真理を述べることであった。したがって、有用であることの可能性を少しも持たないような真理は、それを押し隠したり偽ったりしてもよいだけでなく、それと反対のことを主張して真理について積極的に人を欺いてもよく、そのことで嘘つきの罪を犯したことにはならないのである。有害なあるいは危険な真理に関しても帰結は明白である(*Second Discourse* 第一部の終わりの部分と *Beaumont*, p. 461 をも参照せよ)。Dilthey, *Gesammelte Schriften*, XI, 92 を参照せよ。「奇妙な任務について[ヨハネス・フォン・モイラーは次のように語った。]すなわち、「臣民がそれを理解しなかったとしてもお上は本当のことを知っているというように見せかけること、そして、臣民たちが自らのおかれた状態の幸運を十分に確信しうるほどに彼らを教育すること」と」。

(21) *First Discourse*, p. 101; *Montagne*, p. 206; *Confessions*, III, 205, 220-21; *Rêveries*, V-VII.

(22) *First Discourse*, p. 115 n.; *Narcisse*, pp. 52-53; *Second Discourse*, pp. 89, 94, 109, 165; *Julie*, pp. 415-17; *Émile*, I, 35-36, 118, 293-94, 320-21; Hachette, I, 62-63:「人は理性に反対して本能に味方するようなことをするものだろうか。私が要求するのはまさにこのことである」。

(23) *First Discourse*, pp. 93, 97, 99-100, 107, 118-22, 125, 128, 129, 130 n., 131-32, 152-54, 161-62; Hachette, I, 35; *Narcisse*, pp. 47, 50-51, 56; *Second Discourse*, pp. 74, 76; *Émile*, II, 13, 72, 73; *Beaumont*, p. 452. Cf.

Kant, *Grundlegung zur Metaphysik der Sitten*, Erster Abschnitt (toward the end).

(24) *First Discourse*, pp. 105-6; *Second Discourse*, pp. 91, 97, 122, 150-51, 168; *Confessions*, II, 73; III, 205, 207-9, 220-21; *Rêveries*, VI (end) and VII.

(25) *Confessions*, II, 221, 246.

(26) とりわけ *C. S.*, I, 6 (beginning) を参照せよ。そこでは、社会契約の存在理由は『社会契約論』においてではなく『不平等起源論』において説明されていることが示されている。*C. S.*, I, 9 も参照のこと。

(27) *Second Discourse*, p. 84; また *Confessions*, II, 244 も参照せよ。Jean Morel, "Recherches sur le sources du discours de l'inégalité," *Annales de la Société J.-J. Rousseau*, V (1909), 163-64 を見よ。

(28) *Second Discourse*, pp. 92-95, 118, 140, 166; *Julie*, p. 589 n.; *Émile*, II, 24, 37; *Beaumont*, pp. 461-63; *Rêveries*, III. *First Discourse*, p. 178 を参照せよ。

(29) このようなアプローチの先史については、本書二三八—二三九ページおよび二七一—二七二ページを見よ。

(30) *Second Discourse*, pp. 75, 173.

(31) *Ibid.*, pp. 76, 77, 90, 91, 94-95, 104, 106, 118, 120, 151; *Julie*, p. 113; *C. S.*, I, 2; II, 4, 6; また、*Émile*, II, 45 を参照せよ。

(32) *Second Discourse*, p. 110; また、*C. S.*, I (beginning) も参照せよ。*D'Alembert*, pp. 246, 248 および *Confessions*, II, 267. ルソーは自然状態の反聖書的意味については十分意識していた。そのため彼はもともと自分の自然状態に関する説明を純然たる仮説として提示したのであった。自然状態がかつて実在したことがあるという考えは、あらゆるキリスト教的哲学者が受け入れざるをえない聖書の教えに矛盾する。しかし『不平等起源論』の教えはキリスト教徒のそれではない。それは人類に向けて語る人の教えである。

それはプラトンやクセノクラテスの時代のリュケイオンにこそふさわしいものであって、十八世紀にではない。それは人間の自然本性の研究に自然の光を当てることによって到達された教えであり、自然は決して嘘をつくことはない。このような言説と一致する形で、ルソーは後に、自分は自分の自然状態説を証明したのだと主張している。自然状態から専制政治へと向かう発展の説明、あるいは「統治形態の歴史」は、依然として仮説的なものであり、自然状態説以上に不確実なものにとどまっている。二つの部分からなるその著作の第一部の終わりのところで、ルソーは自然状態を一つの「事実」と呼んでいる。問題は「実在的なものとして与えられた二つの事実を」、「一連の中間項的事実、しかも実際にあるいはおそらく未知の事実によって」結びつける点にある。与えられた事実とは自然状態とその当時の専制的支配の状態である。ルソーが『社会契約論』の第一章において、自分はそれらを知らない、と言ったときに言及しているのは、この中間項的な諸事実に対してであって、自然状態の諸特質に対してではないのである。もしルソーの自然状態説が仮説的なものであったなら、彼の政治理論全体が仮説的なものとなろう。その実践的帰結は祈りと忍従ということになり、不満はなく、たとえ可能だとしても改革ということにはならないだろう。*Second Discourse*, pp. 75, 78-79, 81, 83-85, 104, 116-17, 149, 151-52, 165 参照。また、人間精神の発達に必要とされる「何千もの世紀」に対する言及（*ibid.*, p. 98）と聖書年代学とを比較せよ。また、Morel, *op. cit.*, p. 135 を見よ。

(33) *Second Discourse*, pp. 74-75, 82-83, 90, 98, 105-6, 137-38, 160, 175.

(34) *Ibid.*, pp. 74-77, 90, 94-95, 104, 124, 125, 174; また、Condorcet, *Esquisse d'un tableau historique des progrès de l'esprit humain*, Première Époque (beginning) を参照せよ。

(35) *Second Discourse*, pp. 76-77, 103, 107-10; また、*Émile*, I, 289 をも参照のこと。

(36) *Second Discourse*, pp. 77, 87, 90, 97-99, 104, 107-10, 116, 120, 124-25, 147, 151, 156-57, 160-61, 165,

176–77.

(37) *Ibid.*, pp. 85, 89, 93-94, 98-99, 101, 102, 105-6, 109, 111, 115, 118, 157, 168. モレルは（*op. cit.*, p. 156）ルソーが「一般観念の自然的生成に代えて学問的反省によるそれらの構成を置いた」と述べて正しい指摘を行なっている（本書二三七―二三八ページ参照）。ルソーのモデルとなっているルクレティウスの詩において（v. 1028-90）は、言語の起源が理性の起源とは関わりなしに述べられている。つまり理性は人間の自然的性質に属するのである。ルソーでは、言語の起源は理性の起源と同時である（C. S., I, 8; *Beaumont*, pp. 444, 457)。

(38) 人間は自然本性的に善であるというルソーの主張は、わざと曖昧なものとなっている。それは――どちらかと言えば伝統的な見解と全くの反伝統的見解という――二つの両立し難い見解を言い表わしている。前者の見解は次のように表現されうる。すなわち、人間は自然本性的に善である。彼が悪であるのは彼自身の責任による。ほとんどあらゆる悪は人間に起源を持つものである。つまりほとんどあらゆる悪は文明に帰される。文明はその根を自尊心、すなわち、自由の誤用のうちに持っている。この見解の実践的な帰結は、人間は忍従と祈りの精神でもって、文明という今や不可避的な悪に耐えるべきだということである。ルソーによれば、この見解は聖書的な啓示信仰に基づいている。加えて、ルソーが述べているように、自然人あるいは自然状態における人間は自尊心を持たない。したがって自尊心はそのような人間が自然状態（無垢の状態）を離れる理由、あるいは彼が文明の冒険へと乗り出して行く理由ではありえなかった。もっと一般的に表現すれば、自然人は意志の自由を持たないから自由を誤用することもできない。自然人を特徴づけるものは自由ではなく完成能力（perfectibility）である。*Second Discourse*, pp. 85, 89, 93-94, 102, 160 参照。C. S., I, 8; 前掲注(32) 参照。

(39)『スピノザ書簡集』(五〇) におけるホッブズ批判を『神学・政治論』四章（冒頭）および『エチカ』

Ⅲ序論と比較せよ。本書第Ⅴ章注（9）を参照せよ。

（40）*Second Discourse*, pp. 68, 74-75, 91, 94-96, 98-100, 116, 118-119, 123, 125, 127, 128, 130, 133, 135, 136, 141, 142, 145, 179; *Narcisse*, p. 54; *Julie*, p. 633 n.

（41）Moses Mendelssohn, *Gesammelte Schriften* (Jubilaeums-Ausgabe), II, 92; *Second Discourse*, p. 83 および本書三〇一―三〇二ページを参照せよ。

（42）C. S., II, 6（本書第Ⅲ章注（18）を見よ）。『社会契約論』と『不平等起源論』との関係については、本章前掲注（26）および（32）を見よ。

（43）C. S., II, 4 と *Second Discourse*, p. 77 を参照せよ。

（44）ルソーが古典的理論家たちと一致するのは、彼が「モンテスキューによって確立された原理」、すなわち、「自由はどんな風土においても実を結ぶというようなものではないからすべての人民がこれに達する訳にはいかない」（C. S., III, 8）という原理にはっきり賛同することによってである。この原理を受け入れたことが、直接利用されることを念頭においたルソーの提案のほとんどが穏当な性格のものであることを説明してくれる。しかし、ルソーは、モンテスキューや古典的理論家たちとは異なって、「あらゆる正当な政府は共和制的であり」（II, 6）、したがって、ほとんどすべての現存体制は不当である、つまり、「ごく僅かの国民しか法律を持たない」（III, 15）と教えるのである。これは結局、大抵の場合、専制的体制は、かかる事実によって正当なものとならなければ、不可避である、と言うに等しいのである。つまりサルタンを絞殺することは、サルタンのあらゆる統治行為と同じように合法的なのである（*Second Discourse*, p. 149）。

（45）Hachette, I, 374; *Émile*, I, 286-87, 306, II, 44-45.

（46）*Second Discourse*, pp. 93 (cf. Spinoza, *Ethics*, III, 9 schol.), 116, 130, 138, 140-41, 151; C. S., I, 1 (beginning), 4, 8, 11 (beginning); III, 9 n. (end). Hobbes, *De cive* の最初の二つの部分の冒頭を参照せよ。また、Locke, *Treatises*, II, secs. 4, 23, 95, 123 をも参照のこと。

（47）『自然法の学問的取扱い方』（"Wissenschaftliche Behandlungsarten des Naturrechts," *Schriften zur Politik und Rechtsphilosophie*, ed. Lasson, pp. 346–47）では次のように言われている。「より低次なる抽象においては、無限性はたしかに主観の絶対性として、幸福論一般において強調されており、またとりわけ自然法においては、反社会主義的と言われ個々人の存在を第一義的で最高の事柄として措定するような体系によって重視されてはいるが、しかし、カントやフィヒテの観念論において達成されたごとき純粋な抽象にまでは至っていない」。ヘーゲルの *Encyclopädie*, secs. 481–82 を参照せよ。

（48）*Second Discourse*, pp. 104–5, 122, 126, 147, 160–63; また、*Émile*, I, 286–87 をも参照せよ。

（49）前掲注（28）参照。

（50）本書二三七―二三八ページを参照せよ。

（51）*C. S.*, I, 6, 8; *Second Discourse*, p. 65.「自由」の多義性については *Second Discourse*, pp. 138–41 をも参照せよ。

（52）*Second Discourse*, pp. 65, 104–5, 117–18, 122, 125–26, 147, 151, 160–63, 177–79; *Julie*, p. 385; *C. S.*, II, 11; III, 15; *Émile*, II, 125.

（53）*Second Discourse*, pp. 65, 75, 77, 81, 109–10, 115, 118, 120, 125, 129, 130, 134; *C. S.*, I, 6 (beginning); I, 2.

（54）*Second Discourse*, pp. 82, 106, 117, 118, 125, 128–29, 131–35, 141, 145, 152; *C. S.*, I, 2, 8, 9; II, 4 (toward the end); *Émile*, I, 309; II, 300.

（55）*C. S.*, I, 6, 7; II, 2–4, 7; *Émile*, I, 13.『不平等起源論』における社会契約についての議論は明らかに暫定的なものでしかない（p. 141）。

（56） C. S., I, 7; II, 3, 6. *Ibid.*, II, 12（「法の分類」）をホッブズ、ロック、モンテスキュー、それに言うまでもなくフッカーやスアレスのそれに対応する箇所と比較せよ。ルソーは自然法に言及することさえしていない。

（57） *Second Discourse*, pp. 66. 143; *Julie*, pp. 470–71; *C. S.*, IV, 4; *Montagne*, pp. 252, 300–301. *Narcisse*, pp. 50–51および *Second Discourse*, pp. 179–80 における古典的理論の貴族政治的原理へのルソーの批判を参照せよ。

（58） *Narcisse*, p. 56; *Second Discourse*, pp. 66–67, 143; *C. S.*, II, 3, 6–7; III, 2, 11. 立法者の章（*C. S.*, II, 7）における奇跡への言及を、*Montagne*, ii–iii における奇跡の問題についてのあからさまな議論と比較せよ。

（59） *Julie*, pp. 502–6; *C. S.*, IV, 8; *Beaumont*, p. 479; *Montagne* pp. 121–36, 180; また、前掲注（28）を参照のこと。

（60） *Narcisse*, p. 56; *Second Discourse*, pp. 66–67, 74, 123, 125, 150, 169–70; *C. S.*, II, 8, 10, 12; III, 1; *Émile*, II, 287–88; *Pologne*, chaps. ii–iii; また、Alfred Cobban, *Rousseau and the Modern State* (London, 1934), p. 284 をも参照せよ。

（61） とりわけ *C. S.*, I, 8 および II, 11; *Second Discourse*, pp. 125–26, 150; *Julie*, pp. 222, 274, 277; *Émile*, II, 48, 274–75; *Confessions*, II, 182, 259, 303; III, 43; *Rêveries*, vi を参照せよ。

（62） *Second Discourse*, pp. 122, 124; *D'Alembert*, pp. 256–57; *Julie*, pp. 261, 331, 392, 411 (cf. also pp. 76, 147–48, 152, 174 n. 193, 273–75); *Rêveries*, x (p. 164).

（63） *Second Discourse*, pp. 111, 139.

（64） *Ibid.*, pp. 96, 118, 151, 165; *Émile*, I, 286; *Rêveries*, V and VII. 本書三三七―三三八ページを参照せよ。

（65） *Second Discourse*, pp. 84, 116, 125–26; *Beaumont*, p. 471.

(66) *First Discourse*, p. 131; *Rêveries*, VI (end).

(67) *Rêveries*, IV (beginning).

(68) *The Works of Edmund Burke* ("Bohn's Standard Library"), II, 385, 529, 535, 541; VI, 21-23. 以下"*Works*"として引用される。

(69) *Ibid.*, II, 59-62; III, 104; VI, 144-53. 進歩の問題に関しては、II, 156; III, 279, 366; VI, 31, 106; VII, 23, 58; VIII, 439; *Letters of Edmund Burke: A Selection*, ed. Harold J. Laski, p. 363（以下"*Letter*"として引用される）を参照せよ。また、*Burke, Select Works*, ed. E. J. Payne, II, 345 も参照せよ。

(70) たとえば、*Works*, I, 314, 348, 470; II, 19, 29-30, 145, 294-95, 331-33, 366; III, 82; V, 153, 177, 216; VI, 29を参照せよ。

(71) *Ibid.*, II, 220, 332-33, 349, 368-70; III, 82, 86; V, 212, 315, 498.

(72) *Ibid.*, II, 310, 331, 333, 538; III, 109; V, 80, 122, 216, 424.

(73) *Ibid.*, I, 311, 447; II, 92, 121, 138, 177, 310, 322-25, 328, 330-33, 335; III, 44-45, 78, 85-86, 98-99, 109, 352, 358, 492-93; V, 202, 207, 226-27, 322-23, 342; VI, 20-21, 146.

(74) *Ibid.*, II, 58, 167, 178, 296, 305-6, 331-32, 335, 349, 359-60, 365-67, 422-23, 513-14, 526, 547; III, 15, 44-45, 54-55, 76-85, 409, 497, 498; V, 203-5, 216; VI, 3, 21-22, 145-47; VII, 99-103.

(75) *Ibid.*, I, 471, 473, 474; II, 291, 296, 335-36, 468; III, 15-16, 52, 81, 109; V, 120. G. H. Dodge, *The Political Theory of the Huguenots of the Dispersion* (New York, 1947), p. 105 を参照せよ。ジュリュー〈一六三七―一七一三〉は、人々は「公共の平和のためには」自分たちの力が本当はどんなものであるかなど知らない方がよい、と考えた。人民の権利とは「救済手段のようなものだが、それは小悪の場合に費やされたり用いられたりすべき代物ではない。それは神秘的なものであって、あまりにも庶民の眼前に曝しすぎて汚されるようなことがあってはならない」。「国家や宗教が破壊される段になると、「このような救済手段が」生み出されうるのである。さらに、私は、それが沈黙に覆われていることが悪いことであるとは考えない」。

（76）一七九一年六月一日付の Rivarol 宛の手紙（cf. *Works*, I, 130–31, 427; II, 56, 418）, *Works*, V, 208, 326. 純粋さとは区別された物腰の柔らかさと商業との関係については、Montesquieu, *De l'esprit des lois*, XX, 1（および XIX, 16）を参照せよ。

（77）*Works*, II, 311, 409, 419, 538–40; V, 138, 140–42, 209–13.

（78）*Ibid.*, II, 284–87, 299, 300, 302, 338–39, 352, 361–62, 382–84, 403–5, 414, 423–24, 527; III, 87–91, 164, 350–52, 354, 376, 377, 379, 442–43, 456–57; V, 73, 111, 138, 139, 141, 245, 246, 259（傍点は引用者）.

（79）*Ibid.*, I, 311; II, 363; III, 139, 356; V, 76; VII, 11.

（80）*Ibid.*, I, 257, 278, 279, 402, 403, 431, 432, 435, 479–80; II, 7, 25–30, 52, 300, 304; III, 16; V, 295; VII, 161; VIII, 8–9; また、Ernest Barker, *Essays on Government* (Oxford, 1945), p. 221 を参照せよ。

（81）*Works*, I, 259, 270–71, 376; II, 25–26, 306, 334–35, 552; III, 110; VI, 148; *Letters*, p. 131.

（82）*Works*, I, 185, 312, 456; II, 7–8, 282–83, 333, 358, 406, 426–27, 431, 520, 533, 542–43, 549; III, 15–16, 36, 81, 101, 350, 431–32, 452; V, 158, 216; VI, 19, 24, 114, 471; VII, 93–94, 101.

（83）*Ibid.*, I, 277–78, 312, 365; II, 372, 374–75, 383; III, 15–17; V, 78, 153–54, 257.

（84）*Ibid.*, I, 311, 384–85; II, 25; III, 456–57; V, 258.

（85）*Ibid.*, I, 199, 406–7, 431, 432; II, 7, 25, 28; V, 295.

（86）*Ibid.*, I, 257, 336–37, 408, 433, 500–501; II, 29–30, 333–35, 437–38, 454–55, 515; III, 16; V, 158; VI, 132–33.

(87) Winston S. Churchill, *Blood, Sweat, and Tears* (New York, 1941), p. 18.

(88) *Works*, I, 337, 428–29, 435, 454, 489; II, 26, 30, 304, 358, 542; III, 112, 441; V, 227, 278; VI, 21, 24; VII, 349.

(89) *Ibid.*, I, 185–86, 324, 501; II, 29, 120, 280–81, 548; III, 379–80; VI, 226; VIII, 458.

(90) *Ibid.*, I, 87, 193, 323, 336, 405; II, 26, 427–28, 548, 552; VI, 19; VII, 127.

(91) *Ibid.*, I, 87, 190, 257, 280, 307, 352, 375, 431, 432, 471, 473, 483, 489, 492, 502; II, 27–29, 33–34, 44, 292, 293, 306, 335, 336, 349, 429–30, 439; III, 39–40, 81, 109, 110; V, 230; VI, 98, 243, 306–7; VII, 44–48, 59, 60, 190; VIII, 274; *Letters*, pp. 299–300.

(92) *Works*, I, 259–60, 270–71, 432; II, 28–29, 331; III, 12, 16, 25, 39, 81, 98–99, 104, 106; VI, 132.

(93) *Ibid.*, VI, 250–51.

(94) *Ibid.*, I, 114 ff., 122, 129, 131, 143–44, 155; II, 441; VI, 98.

(95) 『崇高と美』の中で、バークは「他になにもなくとも、我々の庭園が、数学的観念が美の本当の尺度ではないと我々が感じ始めていることをはっきりと示している」と述べ、そしてこの誤った見解は「プラトンの適合と適性の理論から生じた」と述べている（*Works*, I, 122)。『フランス革命の省察』において、彼はフランスの革命家たちをフランスの「装飾庭園師」になぞらえている（*Works*, II, 413)。Cf. *ibid.*, II, 306, 308; I, 280.

(96) *Works*, II, 359, 364, 367, 435, 440; VI, 146–47.

(97) 『フランス革命の省察』のドイツ語訳者 Friedrich von Gentz は言っている。「国制が作り出されるなどということは全く不可能である。それは自然の作品と同じようにそれ自身の漸次的な発展によって形成されなければならない。……この真理こそ最も貴重な、そしておそらく唯一の実質的に新しい真理である

（なぜなら、以前にはそのような真理はせいぜい予感されていたにすぎず、完全に認識されていたわけではなかったのだから）。フランス革命はその真理によって国家学を豊かなものにした」（*Staatsschriften und Briefe* [Munich, 1921], I, 344）（傍点は引用者）。

(98) *Works*, II, 33, 91, 305, 307-8, 439-40; V, 148, 253-54.

(99) *Ibid.*, II, 33; V, 313; VI, 160; *Letters*, p. 270. バークの近代「経済的政論家」との一致については、特に *Works*, I, 299, 462; II, 93, 194, 351, 431-32; V, 89, 100, 124, 321; VIII, 69 を見よ。バークがフランス革命によって学んだと思われる数少ないことがらの一つは、権力や影響力は必ずしも財産に付随するものではないということである。*Works*, III, 372, 456-57; V, 256 を VI, 318 と比較せよ。また、Barker, *op. cit.*, p. 159 を見よ。

(100) Hegel, *Rechtsphilosophie*, § 189 Zusatz を参照せよ。

(101) *Works*, II, 348-49, 363; VI, 413; また、Thomas W. Copeland, *Edmund Burke: Six Essays* (London, 1950), p. 232 を見よ。

(102) *Works*, II, 33, 307; V, 89, 100, 321; Kant, *Sämtliche Werke*, ed. Karl Vorländer, VIII, 280.

(103) *Works*, III, 375, 393, 443; VIII, 510; *Letters*, p. 308.

(104) *Works*, II, 306, 359, 443; III, 110, 112; VI, 146; Hegel, *op. cit.*, Vorrede; また、Barker, *op. cit.*, p. 225 を参照せよ。

(105) *Works*, II, 28.

(106) Cicero, *Republic* i. 31-32, 34, 70-71; ii. 2-3, 15, 17, 21-22, 30, 37, 51-52, 66; v. 2; *Offices* i. 76. また、Polybius vi. 4. 13, 9. 10, 10. 12-14, 48. 2 も考慮せよ。

(107) *Works*, I, 117, 462; II, 309; V, 253-55.

訳者あとがき

本書は、レオ・シュトラウス（Leo Strauss）の主著、*Natural Right and History*（1953）の全訳である。シュトラウスは二十世紀を代表する政治哲学者のひとりでありながら、これまで我が国においては、ごく一部の熱心な研究者たちの間でしか言及されることがなかった。我が国におけるシュトラウスの知名度の低さは、そのまま彼の著作の翻訳の遅れに反映している。*Natural Right and History* は名著の聞こえ高く、すでに数多くの外国語に訳されている。フランス語訳（一九五四年）、ドイツ語訳（一九五六年）は言うに及ばず、イタリア語訳（一九五七年）、ポーランド語訳（一九六九年）、クロアチア語訳（一九七一年）も刊行されていると聞く。このような著書が、翻訳出版の盛んな我が国において、これまで完訳を持たなかったというのは異例のことと言ってよいが、そのことの原因がどこにあるかは我々には詳らかでない。それはともあれ、*Natural Right and History* は初版以来三十五年を経た今日でもいささかも価値を失っておらず、教わるところのきわめて大きな書物だと考える我々は、翻訳を通してこれを広く我が国の読者に紹介したいと願った。

レオ・シュトラウスは一八九九年九月にドイツのヘッセン州マールブルクの東方約十キロに位置するキルヒハイン（Kirchhain）のユダヤ人の家系に生まれた。マールブルク、ハンブルク、フライブルクの各大学で哲学を学び、一九二一年にはハンブルク大学からヤコービに関する研究によって学位を授けられている。一九二五年から三二年にかけてベルリンのある研究所（Academy for Jewish Research）につとめたのち、一九三三年には故国を去り、パリ、ケンブリッジを経て、三八年以降はアメリカに定住した。アメリカでの経歴を記せば次のとおりである。一九三八―四九年、Professor, New School for Social Research, New York, 一九四九―六八年、Robert Maynard Hutchins Distinguished Service Professor of Political Science, University of Chicago, 一九六八―六九年、Professor of Political Science, Claremont Men's College, California, 一九六九―七三年、Scott Buchanan Scholar-in-Residence, St. John's College, Annapolis, Maryland. 一九七三年十月、彼は政治哲学の分野に大きな足跡を残して他界した。

ここでシュトラウスの残した著作を年代順に挙げておくことにする。

Die Religionskritik Spinozas als Grundlage seiner Bibelwissenschaft: Untersuchungen zu Spinozas Theologisch-politischem Traktat. Akademie Verlag, Berlin, 1930.

Philosophie und Gesetz: Beiträge zum Verständnis Maimunis und Vorläufer. Berlin, 1935.

The Political Philosophy of Hobbes: Its Basis and Its Genesis. Translated from the German manuscript by Elsa M. Sinclair. Foreword by Ernest Barker. Oxford: Clarendon Press, 1936. Reissued with a new preface, Chicago, 1952. The German original was published in 1965.

On Tyranny: An Interpretation of Xenophon's Hiero. Foreword by Alvin Johnson. New York, 1948. Reprint. Glencoe, Ill., 1950.

Persecution and the Art of Writing. Glencoe, Ill., 1952.

Natural Right and History. Chicago, 1953.

Thoughts on Machiavelli. Glencoe, Ill., 1958.

What is Political Philosophy? Glencoe, Ill., 1959.

History of Political Philosophy. Coeditor. Chicago, 1963.

The City and Man. Chicago, 1964.

Socrates and Aristophanes. New York, 1966.

Liberalism Ancient and Modern. New York, 1968.

Xenophon's Socratic Discourse: An Interpretation of the "Oeconomicus." Ithaca, 1970.

Xenophon's Socrates. Ithaca, 1972.
The Argument and the Action of Plato's Laws. Chicago, 1975.
Political Philosophy; six essays. ed. by Hilail Gildin. Indianapolis, New York, 1975.
Studies in Platonic Political Philosophy. With an Introduction by Thomas L. Pangle. Chicago, 1983.

本書『自然権と歴史』の内容に関しては、詳しくは本書に目を通していただくとして、ここではシュトラウスの政治哲学のもつ意義について僅かながら触れておきたい。彼は二十世紀のファシズムによってもたらされた悲惨な結果の一要因が自然権の否定にあると考えている。しかしこのファシズムの経験は、なんら教訓化されることなく、今日の社会科学は依然として、究極的な価値の問題に関与することを回避する傾向にある。このような傾向に対してシュトラウスは次のように言う。「現代の社会科学は、我々が選びとった一定の目的のための手段に関しては、我々を大いに賢くあるいは利口にしてくれる。しかしそれは、妥当な目的と不当な目的、正しい目的と正しくない目的を区別するに際しては、我々の助けとはなりえないことを自認している。そのような科学は道具的であり、道具以外の何ものでもない。つまりそれは生まれながらにして、現存の権力や利害の侍女なのである」（本書一七ページ）。現代の社会科学はこうして「最も重要な点に関しては完全な無知に身を委ねるほかはない」（同前）のであるが、このような社会科学に依拠するかぎり、「我々は自らの選択の究極の原理に関しては、……いかなる知識ももちえない」（同前）と言うのである。このような現状は乗り越えられなければならない。シュトラウスはこの乗り越えを、ソクラテス、プラトン、アリストテレスの古典的自然権理論に立ち返ることによって成し遂げようとする。つまり、十八世紀後半に危機的状況に陥り、十九、二十世紀にはもはや顧みられなくなった自然権思想を、古典古代の豊饒な自然権・自然的正の理論に照らして再考し、その復権をはかることによって成し遂げようとするのである。

翻訳中多くの方々からご教示や励ましの言葉をいただいた。とりわけ、大阪産業大学の河井徳治教授をはじめ大阪大学文学部倫理学研究室関係の諸氏には大変お世話になった。この場を借りてお礼申し上げたい。

最後に本書の出版に終始熱意を持ってご尽力下さった昭和堂編集部の津久井輝夫氏に心からお礼申し上げたい。

一九八八年五月

石崎嘉彦

＊

石崎嘉彦君と共同して訳書『自然権と歴史』を刊行することとなった。まず石崎君が最初の訳稿を作り、塚崎がそれを原書と照合しつつ加筆し清書することによって、原稿を作成した。翻訳中もっとも気がかりだったのは、そして今でも懸念しているのは、本書のキー・ワードNatural Rightの訳語のことである。近代のホッブズ以後のNatural Rightを「自然権」と訳すことにためらいはなかったが、古代・中世のNatural Rightに「自然権」の訳語を当てることには問題が感じられ、むしろ「自然法」と訳した方が適切ではないかと思われることが多かったからである。しかしながら、古代・中世を論じた第Ⅳ章(本書一七九・二〇〇・二〇七・二〇九・二一一ページ等)において「自然法」(Natural Law)の語が別個に用いられているので、Natural Rightに「自然法」の訳語を当てることは避けなければならなかった。シュトラウスがRightの語を使用したとき、彼の母国語であるドイツ語のRechtが念頭にあったのではないかと想像されるが、周知のごとくRechtは、フランス語のdroitやイタリア語のdirittoと同じく、権利と法の両義をそなえていて、そのことに我々の訳語選定の難しさの遠因があるようにも思われた。我々はそこで「自然権」という訳語のほかに「自然的正」という訳語を採用することにした。かつて高田三郎先生が御高訳『ニコマコス倫理学』の訳注(岩波文庫、上巻二八〇―二八一ページ)に、

> 「自然本性的な正」（ト・フュシコン・ディカイオン）なるものはラテン訳では、iustum naturale ないしは ius naturale とされた。ius naturale は「自然法」とも邦訳されるが、それはむしろ、「人間本然の権利」という意味を有している。「過少に甘んずること」「不当な取扱いに満足すること」をもってむしろ悪徳に擬したアリストテレスにとって、こうした意味関連は決して不自然ではないであろう。してみれば、「基本的人権」という理念は、古代奴隷制の社会的条件の制約の下にではあるが、アリストテレスの正義論にまでその淵源を遡ることができよう。（傍点引用者）

と記されていたのに示唆を得てのことである。ただ我々が訳語「自然権」と「自然的正」の使い分けをどこまで的確になしえているかについては、なお若干の不安が残っているが、それはもとより我々の責任である。またその他にも思わぬ誤りを犯していないとも限らない。読者各位のご教示をお願いする次第である。

一九八八年五月

塚崎　智

解説　レオ・シュトラウスの政治哲学——文庫版訳者あとがきに代えて

二十世紀を代表する政治哲学者レオ・シュトラウスの主著『自然権と歴史』が「ちくま学芸文庫」から再刊されることになった。この機会に、本書に挑戦しようとする方々に、旧版の刊行以来明らかになってきた知見をも踏まえて、参考になると思われるいくつかの事柄を取り上げ、論じておきたい。紙幅の関係から、以下の四点に的を絞って述べることにする。

一つは、シュトラウス政治哲学の中で「自然権」の議論がどのような位置を占めるかという問題である。第二は、本来「非歴史的」な営みである政治哲学と、この書物で行なわれている「政治哲学の歴史」の研究とがどのような関わりにあるかという問題である。第三は、歴史主義的な歴史研究に対置される非歴史主義的な歴史研究の要となる「秘教主義」と「著述の技法」の問題である。そして最後に、その「著述の技法」の問題を考慮に入れた『自然権と歴史』についての議論が、近代以後を見据える政治哲学に対して持つ意味についてである。以上の四点に簡潔に触れることでもって、本書の解説としたい。

第一の点は、何ゆえシュトラウスが「自然権」を自らの思考の中心テーマとして据えたのか、という問題に言い換えることができる。自然権の概念がシュトラウス政治哲学においてきわめて重要な意味を持つことは間違いないが、この概念の重要性は二十世紀という時代に生きそして死んでいった数多くの人間的生の存在と重なり合う。

近代性の危機と自然権

シュトラウスは、本書の「序論」を、アメリカ合衆国独立宣言のなかの自然権に触れた一節を引き合いに出すことから始めている。そしてそれに続けて、第二次世界大戦前夜のドイツの精神的状況と大戦終結後のアメリカ思想、とりわけそこでの社会科学の学問的姿との間の類似性を指摘している。そのような記述には、明示的にではないが、彼が本書の議論に込めた思いがにじみ出ている。シュトラウスがそこから議論を開始しているのは、一九二〇年代のドイツで見られた「自然権の否定」が関わっていると言ってよいであろう。彼はそうすることによって、二〇年代ドイツと同じ傾向を強めていた当時のアメリカの社会科学に警鐘を打ち鳴らすとともに、自然権の問題が、第二次世界大戦に勝利した「リベラル・デモクラシー」の体制全体にとっても、致命的な問題になりかねないことを、人々に告げ知らせようとしたのである。

シュトラウスにとって、リベラル・デモクラシーの体制下での自然権の忘却は、決して看過できる事柄ではなかった。というのも、その生地を捨て、パリ、ロンドンを経てニューヨーク、シカゴへと向かうことをシュトラウスに決断させたものが、当時のドイツにおける自然権の忘却とその否定だったからである。

シュトラウスがドイツからパリに向かったのは、リベラル・デモクラシーの脆弱な部分を突いてナチスが増長し政権を掌握するに至る、ほんの数か月前のことでしかなかった。その共和国の破綻は、ある意味で、スピノザによって設《しつら》えられた政治的自由主義の破綻を意味した。若きユダヤ人にとってその破綻は、まさにスピノザ的ユダヤ人問題の解決が破綻したことを意味したのである。そのような切迫した政治情勢は、シュトラウスを近代性それ自体の根底的批判へと向かわせた。この自然権の研究はそこに生誕地を持つのである。

近代的なリベラル・デモクラシーの理念を体現したはずのワイマール共和国の破綻の根底には、自然権概念の忘却あるいはその否定があった。とすれば、その破綻の原因が何であるのかは、単にユダヤ人といった一民族にとっての問題であるにとどまらず、万人の自由と平等をうたった近代的自然権と、それを基礎づけている近代性それ自体に内在する問題でもある。

シュトラウスにとって、近代的自然権概念の問題点を探り出す作業は、政治哲学全体の存亡が問われる最重要課題となった。それゆえ、この自然権省察の試みは、同時代の多くの論者たちが試みた政治現象の解明としてではなく、自然権の概念の哲学的考察として、つまり、自然権それ自体の「何であるか」の解明として行なわれなければならなかった。その研究はまた、近代的自然権にとどまらず古典的自然権にまでさかのぼり、まさにその観念の出現から衰退に至るまでの全過程を対象とした考察として行なわれることになった。そしてそのような哲学的探究をとおしてシュトラウスは、近代的自然権と政治的自由主義の内に、より一般的には、近代的理性それ自身の内に、自らを否定する契機が備わっていることを突き止めることになったのである。

かくして、『自然権と歴史』は、戦間期ドイツの精神的・思想的な危機的状況の中から生み出されてきた思考の結晶であるということができるが、ここでは、この自然権の考察と並行して進められた『僭主政治について』（二〇〇六—二〇〇七年、現代思潮新社刊）と『迫害と著述の技法』（『政治哲学』二号〔序論〕、五号・七号〔第三章〕、『現代思想』一九九六年度「スピノザ特集号」〔第二章〕に石崎と高木による訳あり）という二つの著作にも簡潔に触れる仕方で、この書物の理解を容易にするための予備的考察を試みておくことにしたい。キーワードは「僭主政治」と「迫害」である。

まずは、本書『自然権と歴史』と『僭主政治について』との関わりに触れておこう。そこでの「僭主政治」がナチズムとスターリニズムという現代の自然権否定の政治体制を念頭に置いていることは言うまでもない。そういった政治現象についての議論は、レジスタンスの行動やマイクや拡声器で行なわれる意思表示から類推されるような声高に唱えられる反僭主政治論となるのが通例であるが、シュトラウスはそのような議論を僭主政治についての古典的なテクスト読解を通して、つまりテクスト解釈として行なうのである。それは実践に関わる思考の営みとしてはきわめて特異なやり方である。それが特異であるのは、それが机上の営みとして行なわれる現代の僭主政治に立ち向かおうとする試みだからである。しかし、哲学の究極の教えが哲人統治であることを思い起こせば、ある意味でそれが最高の実践であることも理解されうるであろう。シュトラウスにとって、古典的テクストの読解は哲学の実践なのである。その意味で、本書を、『僭主政治について』と相互に補完し合う書であると解するならば、その真意がよりよく理解されることになる。同じことは、本書と『迫害と著述の技法』との関係についても言いうることである。

いずれにせよ、『自然権と歴史』を含めたこれら三つの著作はいずれも、独特な仕方で行なわれる「歴史的研究」である。そしてその中でも本書は、最も本源的な意味での歴史的研究である（というのも、それは歴史家クセノフォンの作品を扱ったものであるからである）。『僭主政治について』とユダヤ文脈の上での中世と前近代を扱う歴史研究である『迫害と著述の技法』とは異なり、唯一「現代」をそのうちに含む歴史研究であるところに特徴がある。それは唯一、過去ではないという意味での非歴史的な問題を取り扱っているのである。こうして、われわれの第二番目の論点、すなわち「非歴史的」政治哲学と「政治哲学の歴史」の研究との関わりという問題が浮かび上がってくる。以下において、哲学や思想の歴史の研究の問題に、いくらか触れておくことにしたい。

政治哲学と歴史研究

シュトラウスが政治哲学を非歴史的な学知と解していたことは間違いない。にもかかわらず、彼がその研究活動の大半を「政治哲学」の「歴史」の研究に費やしたということも明らかである。ここには一見、何らかの「矛盾」があるように思えるだろう。しかし彼の歴史の研究が、過去のテクストとの対話という仕方での歴史研究であったことに注意を向ければその矛盾は氷解する。彼は、歴史上の人物たちと会話することによって思想や哲学の研究を行なったのである。『自然権と歴史』の「序論」に見られる、自然権の問題が「想起の事柄である」がゆえに、「歴史的研究を必要とする」という言葉も、その文脈で見られなければならない。事実、本書も多数の過去の思想家たちとの対話からなっているのである。

ところで、本書が「歴史の研究」であるとしても、通常の哲学史や思想史の研究とずいぶん異なっていることは、「目次」を一瞥しただけで分かる。その特徴は、時系列に順を追って述べられていく哲学史の記述とは似て非なるものである。その歴史記述は、現代、古代、近代の順に論が進められている。

このような「歴史」は、どう見ても、一般の歴史とは異なる、異色の歴史である。現代の「歴史」と「科学」の批判的分析が最初にあり、ソクラテス以前、ソクラテス、プラトン、アリストテレスからキケロを経てトマスに至る自然権の観念を取り扱った諸章がそれに続き、ホッブズ、ロック、ルソー、バークという四人の思想家たちが論じられる諸章でもって全体の議論が終わる。それは、時間的配列を拒む、あるいは時間を超えようとする歴史である。それは、現代の解釈家が過去の思想家たちと対話することによって過去を解釈し直すといった類いの「歴史」なのである。

シュトラウスは、「進歩か回帰か」と題された講義においては、「進歩に代わるものを考えてみる必要がある」という言葉を述べている。ここでの年代を無視した歴史は、その「進歩」に代わる「回帰」の立場からする歴史であると言えるかもしれない。そして「回帰」が「悔い改め」を意味すると言われていることからすれば、それは、「進歩」や「新しいもの」を「善」とみなすことによって主役を演じてきた「歴史」に対し、「回帰」の視点から「悔恨」を迫る「歴史」であるということができるのではないだろうか。

それでは、シュトラウスは、「歴史」を「進歩」よりも「回帰」と関わりを持つものと解することによって、いったい何を企てたのであろうか。一言でいえば、それは、現代と過去の思想の見直しである。「進歩」には、通例、過去よりも現在の方が価値的に優ると いう観念がつきまとっている。われわれは、古代中世の迷信や狂信に囚われた思想を越えることによって近代に足を踏み入れ、さらには近代の成立期の未熟な観念に捉えられた制度や思想の欠陥を克服することによって現代に至ったと考えている。近代人は古代や中世の人たちが知りえなかったこと知ることができ、その点で古代の人たちに優っているというわけである。

たしかに、アリストテレス的宇宙観を否定することによって成立した近代物理学的なものの見方に馴染んでいるわれわれは、自然界や宇宙の事柄について古代人たちより多くのことを知っているであろう。しかし、ここでのテーマである自然権の問題に関して言えば、アリストテレスこそがその観念の源泉である。だとすれば、その観念については、彼から学ぶよりほかに手立てがない。少なくとも、自然権については、アリストテレスその人が述べたことを彼が理解したとおりに理解するよりほか、われわれはその知には達しえないのである。そうであるとすれば、われわれはアリストテレスから、何事かを学びうることを否定することはできないのである。

われわれがアリストテレスについてまだ十分な知識に達していないことを、シュトラウスはイスラームの哲学者たちのアリストテレス解釈を知ることによって理解した。われわれもまた、アリストテレスについての十分な理解に達する前にそれを誤りとして退けることは間違いであることに気付かなければならない。いずれにせよ、古代の自然権の教えを精確に理解するためには、「進歩」の観念に支配された偏見を脱することが必要である。

いまアリストテレスについて述べたことは、過去の思想家たちのすべてに当てはまる。近代の科学と歴史の偏見を脱した目からする歴史研究が必要なのである。

その中からシュトラウスは、「過去の著作家が自らを理解したように厳密にその著作家を理解する」（拙監訳『古典的政治的合理主義の再生』ナカニシヤ出版、二七三頁）という思想史の研究における格率を導き出してくる。それは、「古代の著作家が自らを理解した以上にその著作家を理解」（前同）しようとする歴史理解に対置されるものである。後者の理解は、哲学者をその哲学者が自らを理解していた以上によく理解することを目指す、（「進歩」に価値を見る）歴史主義的理解である。それゆえ、このような仕方の向こうを張って進められるシュトラウスの歴史研究は、哲学や思想の「歴史主義的」理解の限界を突破する哲学的企てであると言うことができるのである。

思想史の研究と「著述の技法」

ところで、過去の思想家をその思想家が自らを理解したように理解しようとするシュトラウスの思想史研究の根本には、これまでの偉大な思想家たちは「著述の技法」を心得ていた、というテーゼが存している。さきに触れた『迫害と著述の技法』は、この問題をテーマとする著作である。同書の議論に即して、この問題にいくらか解説を加えておくことが、本稿に課せられた第三番目の課題ということになるであろう。以下、「秘教的著述」

と「著述の技法」の問題に簡潔に触れておきたい。

シュトラウスの最初の著作は『スピノザの宗教批判』であったが、このスピノザの宗教批判と哲学の射程を見極める作業の中で、シュトラウスは、中世ユダヤの哲学を代表するマイモニデス研究へ、そしてそこからさらに、中世イスラームの哲学者アル・ファーラービー研究へと引き寄せられていった。

その過程で彼は、中世哲学研究者たちのキリスト教的スコラ哲学理解と彼らのイスラームとユダヤの中世哲学理解には、理解の水準に差があることに気付いた。そしてそれとともに、キリスト教的スコラの哲学者たちとイスラームとユダヤの哲学者たちとの間に、哲学する自由の度合いについて差があることにも気付いた。前者は、哲学者たちの研究対象が「哲学そのもの」であるか歴史的な対象としての「哲学」であるかということから、つまり哲学者の関心の違いから生じる差であるのに対して、後者は、キリスト教的世界のように比較的自由に哲学が許されていた中で哲学することとユダヤ・イスラーム的世界のように哲学自体がほとんど認められない中で哲学することとの差異の問題であるということができる。

前者の差異からシュトラウスが導き出した結論は、さきに触れた「過去の著作家が自らを理解したように厳密にその著作家を理解する」という命題であったが、後者の差異から、シュトラウスは、迫害が「哲学する」ことの自由を必ずしも妨げるものではないという結論を導き出した。これら二つの事柄は、次の一つの命題にまとめ上げられうる。すなわち、「哲学の歴史家」は、もし彼が有能であろうとするなら、哲学者にならなければならないということ、これである。そして同時に、哲学者であるということによって、彼は精神の自由をわが手に収めた者となるということが導き出されてくる。

迫害の中で哲学したイスラームとユダヤの思想家たちは、哲学する自由が比較的認められていたキリスト教的スコラの哲学者たち以上に、プラトンやアリストテレスに自由にアプローチしていたという事実は、哲学にとって重大なことを物語っている。それでは、思考することが過酷な宗教的統制下に置かれていた世界にあって、イスラームとユダヤの哲学者たちは、いかにして哲学する自由を確保することができたのであろうか。シュトラウスは、さらにもうひとつの重要な結論を導き出してくる。自由な思考にその存否がかかっている哲学は、社会が思考の自由をどの程度容認しているかに関わりなく自らの営みを全うしうる、というのがそれである。

シュトラウスは、イスラームやユダヤの哲学者たちが哲学する自由を確保できたのは、著述技法を心得ていたからであると結論づけた。彼らにとっては、普遍的真理は、何も同時代人たちに対して語られる必要はなかった。彼らは、同時代の検閲官の目に届かない仕方で思想を表明しなければならなかった。彼らは、いつかその真理を理解することのできる人間を名宛人として語ることができたのである。このような仕方で表明される真理は、時間を超越した真理である。それは、われわれの時代に支配的な歴史的真理を超えた、言葉の本来の意味での真理である。

ソクラテスは、彼に七十余年にわたって哲学を許した民主制下のアテナイにおいて哲学した。この事実はわれわれに決定的に重要なことを物語っている。つまり、思考の自由がないところでは、ソクラテスは現われなかったであろうということである。しかし、イスラームとユダヤの哲学者たちがソクラテス的哲学することの自由を守りぬいたということは、もう一つの重要なことをわれわれに教えている。つまり哲学する自由は、たとえそれを容認しない社会にあっても、哲学者が自らを守る防具を手にしさえすれば、確保することができるというものである。

民主制のアテナイにおいてですら完全に思考の自由が保証されていたわけでなかったことは、ソクラテスの死がそのことを物語っている。その弟子であったプラトンは、わが師の置かれたそのような状況を考慮に入れることなく哲学を継承することはできなかった。彼が自らの主著『国家』の哲学的対話の場所を、アゴラ（市場：都市の人々が集まる所）ではなく、「都市」の郊外にあるある私人の館に設定し、もう一つの主著『法律』の哲学的対話の場所をクレタ島にあるゼウスの洞窟に通ずる路上に設定したことは、そのことを考慮に入れたことを物語っている。

しかし、そうすることで哲学的討議が行なわれえたことは、哲学者たちは支配者たちの保証や庇護なしにも、自らの探究を行ないうるということを示している。シュトラウスがそこから引き出した結論は、迫害の中で哲学する者は、普遍的な真理を独特の仕方で表明する技術を心得ていなければならないということである。

彼らは二つの教えを心得ていなければならない。一つは、普遍的な真理を、それを理解できる人にのみ伝えるという技術である。もう一つは、社会にとって有益なことを広く教えるという技術である。前者は真理を伝える教えであるが、後者の教えは真理を隠す教えであり、それゆえ「嘘」である場合も大いにありうるのである。

真なる教説は、注意深い読者、つまり哲学的に思考する訓練を施されたものにとって解しうる教説である。秘教的教説であるこの教えは、「対話」の形式によって表わされるか、書かれたものの場合は、文字の上にではなく行間に書き記される形で表現される。そのため、対話篇のようなテクストの場合は、対話の場面設定や筋書き、さらには話者たちの振る舞いによって、またモノローグで行われる場合は隠喩や寓意などの修辞的技法を駆使してその教説は表現される。このことから、哲学するということのうちに解釈することが含まれることになる。そこから、哲学者は思想の歴史を研究しなければならないし、逆に思想の歴史家は哲学者でなければならないという命題が導かれてくる。

さて最後に、本書のテーマである「自然権」とこの「著述の技法」との関わりについて一言述べ、この書の哲学的意義を確認することによってこの解説文を閉じることにしたい。自然権の原理が超歴史的な原理である以上、哲学的なテーマであることは明らかである。だとすれば、本書が秘教的な仕方で述べられるべき対象を扱うものであることは、言を俟《ま》たない。しかし同時にまた、シュトラウスが本書の「序論」で指摘しているように、ここでの「自然権」は、「社会科学の範囲内」で取り扱われているものでもある。つまり、ここでの自然権は、政治的原理の公教的な教説の対象として論じられているということである。

しかも、シュトラウスが「序論」で述べているもう一つの指摘からすると、本書の議論は、「歴史的研究」ということになる。そして、これまで見てきたように、シュトラウスの歴史研究は、哲学的探究の一部でもあるということであった。加えて、秘教主義とは、二つの言説を使い分けるものである。それゆえ本書においては、自然権をめぐる二重の言説が存在していると心得なければならないであろう。

要するに、シュトラウスは本書で、その政治哲学を、つまり哲学への導入としての意義をもつ政治哲学を語りながら、「著述技法」を考慮に入れて解するならば、同時に、それを自らの哲学として語ってもいるということになる。だとすれば本書は、近代の思考のパラダイムである「科学」と「歴史」の観念によって思想の表舞台から追放された哲学的思考の近代以後のあり方を提示するものとも解されうるのである。本書の議論の配列の特異性は、どうやらその秘教主義の現われであると言いうるようである。そうであるとすれば、われわれもこの書物を読もうとするとき、シュトラウスが古典古代の著作を読むときに心がけたように、「注意深く」読むことが要請されることになる。
本書の標題「自然権と歴史」には、ハイデッガーの「存在と時間」に対する批判が込められているという指摘もある。上述の観点から見れば、そのような指摘もまったくの的外れであるとは言えないかもしれない。というのも、「存在」に対して「自然権」あるいは「ヒューマニティー(人間性)」を対置することは、大きな視点で見れば、自然本性(physis)の探究としての哲学を人間的自然の探究としての政治哲学として読みかえるということを意味すると言ってもよいのであって、それによって物象的世界への道を突き進んでいった近代性の最終結果に対して改めてヒューマニティーとも言い換えうる自然権を対置する思考を明示しているとも言いうるからである。そのように解すれば、シュトラウスは本書によって、近代性を越え行く道を、ポストモダンの地平における哲学的思考のあり方とともに、われわれに指し示しているのである。

*

再刊にあたって、改めて原文に目を通して、旧版にある程度手を加えた。変更箇所は、訳文を明瞭にするために文章自体を改めたところがあるが、大部分は語句の修正であった。主な変更は、「都市国家」と訳されていたcityを「都市」、「国家社会」と訳されていたcivil societyを「市民的社会」に、「理論」と訳されていたtheory, doctrine, teachingを元の語を反映させそれぞれ「理論」、「教理」、「教説」に訳し変えた。

筑摩書房から文庫化の話があって、ほぼ予定どおりに刊行に漕ぎ着けることができたのは、旧版の版元昭和堂の寛大な対処と、共訳者塚崎智先生のご協力があったことが大きかった。記して謝意を表しておきたい。また筑摩書房第三編集局の増田健史氏にはその迅速なお仕事によって大いに助けられた。掉尾《ちょうび》ながら記して感謝申し上げる次第である。

二〇一三年一〇月三〇日

訳者　石崎嘉彦

417,473
モレル（Morel, Jean） 470-472
モンテスキュー（Montesquieu） 225,331,356,416,473,475,477
モンテーニュ（Montaigne） 434,441

【ヤ　行】

唯名論（Nominalism） 239

【ラ　行】

ライプニッツ（Leibniz） 425
ラインハルト（Reinhardt, Karl） 425
ラッセル（Russell, Lord Bertrand） 446
ルクレティウス（Lucretius） 158,232,240,340,429,472
ルソー（Rousseau） 32,250,327-378,400,404,405,416,425,428,466,467,469-473
ルター（Luther） 421
レッシング（Lessing） 417
レナル（Raynal, Abbé） 349
ロック（Locke） 227-229,270-327,354,359,361,362,364,400,416,426,441,445,447,451-457,459-465,474,475
ロンメン（Rommen, Heinrich A.） 433

414,423,433,476,478,479
パスカル（Pascal） 424
バハオーフェン（Bachofen, J.J.） 439
バブーフ（Babeuf） 103
パルメニデス（Parmenides） 425
ビアード（Beard, Charles） 134
ピタゴラス（Pythagoras） 430,468
ヒューム（Hume） 39,400
ファブリキウス（Fabricius） 331
フィギス（Figgis, J.N.） 441
フィヒテ（Fichte） 358,474
フィルマー（Filmer） 285,442
フォーテスキュー（Fortescue） 427
フッカー（Hooker, Richard） 227, 228, 275, 288, 291, 292, 453, 455-457, 475
プラトン（Plato） 28, 29, 33, 48, 62, 92, 155, 156, 161, 163, 165, 168-170, 176, 189, 194, 195, 200-214, 222, 223, 230, 232-234, 236, 267, 277, 327, 411, 412, 416, 417, 424-428, 430-434, 436, 467, 471, 478
プルタルコス（Plutarch） 230, 328, 378
プロタゴラス（Protagoras） 165, 232, 430
ヘーゲル（Hegel） 52, 62, 325, 358, 409, 410, 426, 474, 479
ベーコン（Bacon） 334, 421, 440
ベッカリア（Beccaria） 265
ヘラクレイトス（Heraclitus） 135, 427
ベール（Bayle, Pierre） 266, 425, 446
ベルクボーム（Bergbohm） 416
ヘルダー（Herder） 417
ヘロドトス（Herodotus） 125, 423, 424
ホジスキン（Hodgskin, Thomas） 464
ホッブズ（Hobbes） 161, 228-270, 280, 288, 292, 298-304, 306, 307, 322, 323, 325, 327, 328, 342-362, 378, 416, 421, 426, 429, 430, 437-447, 451, 453, 455-460, 462, 464, 472, 474, 475
ポールグレーヴ（Palgrave, R.H.I.） 460
ホワイトヘッド（Whitehead, A. N.） 424

【マ 行】

マイモニデス（Maimonides） 424
マキアヴェリ（Machiavelli） 17, 221, 222, 243-246, 248, 254, 258, 421, 433
マクファーソン（Macpherson, C.B.） 460
マコーリ（Macaulay） 450
マディソン（Madison, James） 318
マルクス（Marx, Karl） 198
マルシリウス（Marsilius of Padua） 217, 416
マルブランシュ（Malebranche） 443
マーロウ（Marlowe） 243
ミル（Mill, J.S.） 433
ミルトン（Milton） 434
メランヒトン（Melanchthon） 428
メンデルスゾーン（Mendelssohn）

ゲンツ　(Gentz, Friedrich von)　*478*
コッサ (Cossa, Luigi)　*462*
コバン (Cobban, Alfred)　*475*
コープランド (Copeland, Thomas W.)　*479*
コンドルセ (Condorcet)　*471*

【サ　行】

サルマシウス (Salmasius)　*445*
シュタール (Stahl, Fr. J.)　*444*
シュティンツィンク　(Stintzing, R.)　*436*
ジュリュー (Jurieu)　*476*
スアレス　(Suarez)　378, *442*, *456*, *475*
スウィフト (Swift)　327
スターク (Stark, W.)　*464*
ストア派 (Stoics)　32, 169, 189, 202–214, 223, 228, *424*, *434*, *437*, *438*
スピノザ (Spinoza)　279, 280, 349, *425*, *437*, *438*, *451*, *458*, *472*, *473*
セクストゥス・エンピリクス (Sextus Empiricus)　*426*, *434*
セネカ (Seneca)　230, *436*
ソキヌス (Socinus, Faustus)　*425*, *446*
ソクラテス (Socrates)　20, 57, 62, 70, 134, 166, 168–177, 189, 196, 202–214, 228–230, 232, 276, 331, 338, 339, 355, *424*, *430*, *435*, *467*
ソートー (Soto, D.)　*442*
ソフィスト (Sophists)　59, 163–165, 231, 338

【タ　行】

タキトゥス (Tacitus)　230
チャーチル (Churchill)　*423*, *478*
チャーンウッド (Charnwood, Lord)　*423*
ツキュディデス (Thucydides)　92, *428*, *432*, *436*
ディオゲネス・ラエルティオス (Diogenes Laërtius)　*426*, *428*, *433*, *434*
テオフラストゥス (Theophrastus)　337
デカルト (Descartes)　254, 334, 341, *416*, *438*, *447*
デモクリトス (Democritus)　233, 236
トーニー (Tawney, R.H.)　*420*
トマス・アクィナス　(Thomas Aquinas)　22, 23, 169, 202, 216, 218, 223–225, 228, 380, *422*, *425*, *432–434*, *436*, *442*, *445*, *456*, *457*
トラシュマコス (Thrasymachus)　20, 161, *427*, *435*
トレルチ (Troeltsch, Ernst)　*415*, *421*

【ナ　行】

ニーチェ　(Nietzsche)　48, 99, 263, 328, 410, *417*
ニュートン (Newton)　334

【ハ　行】

バーカー　(Barker, Ernest)　*415*, *477*, *479*
バーク　(Burke)　233, 249, 255, 378–

索　引

（斜体の数字は原注ページを示す）

【ア　行】

アイスキュロス（Aeschylus）　*427*
アヴェロエス（Averroës）　216-218
アクトン（Acton, Lord）　21
アリストテレス（Aristotle）　22, 23, 33, 43, 44, 62, 120, 136, 163, 169, 171, 189, 195, 200-202, 214-223, 230, 232, 236, 237, 242, 250, 253, 327, 388, 399, 400, *416-418*, *421*, *423-428*, *430-437*, *440*, *441*, *447*
アリストパネス（Aristophanes）　134, *427*
アンチポン（Antiphon）　*427*, *428*
アンブロシウス（Ambrose）　*464*
イソクラテス（Isocrates）　*431*, *432*
ウェーバー（Weber, Max）　63-116, *419-423*
ヴォルテール（Voltaire）　42, 276
ウルピアヌス（Ulpian）　200, 342
エピクロス（Epicurus）　155, 156, 158, 212, 231-234, 237, 255, 256, 340, 341, 358, 399, *428*, *429*, *437*
エンゲルス（Engels, Friedrich）　*439*

【カ　行】

ガッサンディ（Gassendi）　*429*
カトライン（Cathrein, Victor）　*425*
ガフ（Gough, J.W.）　*452*, *455*
カルヴァン（Calvin）　92-96, *420*
カルネアデス（Carneades）　231, *232*, *445*
カント（Kant）　39, 71, 115, 261, 358, 405, *417*, *419*, *426*, *441*, *444*, *466*, *470*, *474*, *479*
カンバーランド（Cumberland, Richard）　*457*
キケロ（Cicero）　189, 199, 211-213, 223, 230, 232, 378, 411-413, *424-428*, *430-434*, *436*, *441*, *461*, *468*, *479*
キュニコス派（Cynics）　202, 211
キルケゴール（Kierkegaard）　410
ギールケ（Gierke, Otto von）　*415*, *441*
クセノクラテス（Xenocrates）　*471*
クセノポン（Xenophon）　*424*, *426-428*, *430-434*
クライン（Klein, Jacob）　*423*
クーランジュ（Fustel de Coulanges）　*424*
グリーン（Grene, David）　*436*
グロティウス（Grotius, Hugo）　*425*, *426*, *431*, *442*, *444*, *456*
ケルゼン（Kelsen, Hans）　*415*

本書は一九八八年八月二〇日、昭和堂より刊行された。

こどもたちに語るポストモダン
J=F・リオタール
管啓次郎訳
〈普遍的物語〉の終焉を主張しポストモダンを提唱した著者が、アドルノ、ベンヤミンらを想起し、知のアヴァンギャルドたることを説く10の通信。

人間の条件
ハンナ・アレント
志水速雄訳
人間の活動的生活を《労働》《仕事》《活動》の三側面から考察し、《労働》優位の近代世界を思想史的に批判したアレントの主著。（阿部齊）

革命について
ハンナ・アレント
志水速雄訳
《自由の創設》をキイ概念としてアメリカとヨーロッパの二つの革命を比較・考察し、その最良の精神を二〇世紀の惨状から救い出す。（川崎修）

暗い時代の人々
ハンナ・アレント
阿部齊訳
自由が著しく損なわれた時代を自らの意思に従い行動し、生きた人々。政治・芸術・哲学への鋭い示唆を含み描かれる普遍的人間論。（村井洋）

資本論を読む（全3巻）
ルイ・アルチュセール他
今村仁司訳
マルクスのテクストを構造論的に把握して画期をなした論集。のちに二分冊化されて刊行された共同研究（一九六五年）の初版形態の完訳。

資本論を読む　上
ルイ・アルチュセール他
今村仁司訳
アルチュセール、ランシエール、マシュレーの論文を収録。古典経済学の「問い」の構造を問い直し、『資本論』で初めて達成された「科学的認識」を剔抉。

資本論を読む　中
ルイ・アルチュセール他
今村仁司訳
アルチュセール「『資本論』の対象」を収録。マルクスのテクストが解析した「対象」の構造を明かし、イデオロギー的歴史主義からの解放を試みる。

資本論を読む　下
ルイ・アルチュセール他
今村仁司訳
マルクス思想の《構造論》的解釈の大冊、完結。バリバール「史的唯物論の根本概念について」、エスタブレ「『資本論』プランの考察」を収載。

哲学について
ルイ・アルチュセール
今村仁司訳
カトリシズムの救済の理念とマルクス主義の解放の思想との統合をめざしフランス現代思想を領導した孤高の哲学者。その到達点を示す歴史的文献。

ちくま学芸文庫

自《し》然《ぜん》権《けん》と歴《れき》史《し》

二〇一三年十二月十日　第一刷発行

著者　レオ・シュトラウス
訳者　塚崎智（つかざき・さとし）
　　　石崎嘉彦（いしざき・よしひこ）

発行者　熊沢敏之
発行所　株式会社　筑摩書房
東京都台東区蔵前二―五―三　〒一一一―八七五五
振替〇〇一六〇―八―四一二三
装幀者　安野光雅
印刷所　三松堂印刷株式会社
製本所　三松堂印刷株式会社

乱丁・落丁本の場合は、左記宛にご送付下さい。
送料小社負担でお取り替えいたします。
ご注文・お問い合わせも左記へお願いします。
筑摩書房サービスセンター
埼玉県さいたま市北区櫛引町二―六〇四　〒三三一―八五〇七
電話番号　〇四八―六五一―〇〇五三

ISBN978-4-480-09584-8　C0110